O Fetiche dos Direitos Humanos
e outros Temas

Conselho Editorial
André Luís Callegari
Carlos Alberto Alvaro de Oliveira
Carlos Alberto Molinaro
Daniel Francisco Mitidiero
Darci Guimarães Ribeiro
Elaine Harzheim Macedo
Eugênio Facchini Neto
Draiton Gonzaga de Souza
Giovani Agostini Saavedra
Ingo Wolfgang Sarlet
Jose Luis Bolzan de Morais
José Maria Rosa Tesheiner
Leandro Paulsen
Lenio Luiz Streck
Paulo Antônio Caliendo Velloso da Silveira

B274f   Barretto, Vicente de Paulo.
    O fetiche dos direitos humanos e outros temas / Vicente de Paulo Barretto. – 2. ed. rev. e ampl. – Porto Alegre: Livraria do Advogado Editora, 2013.
    372 p.; 25 cm.
    Inclui bibliografia.
    ISBN 978-85-7348-841-8

    1. Direitos humanos. 2. Direito – Filosofia. 3. Dignidade (Direito). 4. Bioética. 5. Hermenêutica (Direito). 6. Cidadania. 7. Direitos sociais. 8. Multiculturalismo. 9. Direito e biologia. I. Título.

    CDU 342.7
    CDD 341.48

    Índice para catálogo sistemático:
    1. Direitos humanos   342.7

    (Bibliotecária responsável: Sabrina Leal Araujo – CRB 10/1507)

Vicente de Paulo Barretto

O Fetiche dos Direitos Humanos e outros Temas

2ª EDIÇÃO
Revista e ampliada

livraria
DO ADVOGADO
editora

Porto Alegre, 2013

© Vicente de Paulo Barretto, 2013

Capa, projeto gráfico e diagramação
Livraria do Advogado Editora

Revisão
Rosane Marques Borba

Direitos desta edição reservados por
Livraria do Advogado Editora Ltda.
Rua Riachuelo, 1300
90010-273 Porto Alegre RS
Fone/fax: 0800-51-7522
editora@livrariadoadvogado.com.br
www.doadvogado.com.br

Impresso no Brasil / Printed in Brazil

Prefácio

O livro *O Fetiche dos Direitos Humanos e outros temas*, de autoria do Prof. Vicente de Paulo Barretto, no âmbito de seu provocativo título, nos oferece um conjunto articulado de textos questionadores das bases conceituais dos direitos humanos nos contextos dos liberalismos, socialismos imperialistas e dos denominados Estados de bem-estar social, ou, como se poderia dizer a partir de um ângulo econômico, em contextos de países de primeiro, segundo e terceiro mundo ou em vias de desenvolvimento, como é o caso do Brasil.

Trata-se, pois, de um livro crítico que, sem perder de vista um adequado crédito à razão iluminista e moderna, debate com o discurso filosófico, político e jurídico dominante em algumas direções essenciais, como a proliferação indiscriminada de direitos patrocinada pelo individualismo egocêntrico de origem liberal, e a perigosa manipulação de discursos sobre o bem, patrocinados por governantes ditos de esquerda, em nome de um socialismo comunitário.

Especificamente, este livro contém aspectos críticos e prospectivos importantes acerca da natureza, da hermenêutica e de políticas públicas regionais sobre os Direitos Humanos. De fundamental importância para politicólogos e juristas, são suas discussões sobre universalismo e relativismo dos Direitos Humanos (Multiculturalismo) e as relações da Ética com os Direitos Humanos, o que o conduz, ao final, para uma interessante discussão sobre a natureza da cidadania, debate que hoje diz respeito a todos os quadrantes do mundo globalizado.

Portanto, neste seu novo livro, Vicente Barretto esgrime com todos aqueles integrantes dos mais diversos matizes ideológicos e que se postam ou vierem a se postar de maneira oportunista com relação aos Direitos Humanos. Nessa direção, pode-se deduzir que decisões sobre Direitos Humanos não podem ser decisões de fundo de quintal, isto é, que releguem a um segundo plano conquistas universais, tanto do ponto de vista conceitual e categorial como material e existencial. Com efeito, Direitos Humanos não são e não podem ser entendidos apenas como um conjunto de normas empíricas editadas por governos que supostamente pretendem atender necessidades básicas fundamentais, senão que necessitam estarem articuladas ao amplo espectro cultural e categorial construído pela humanidade ao longo da História.

Mas o que quer dizer esse tipo de alerta, de posicionamento? Brevemente, a partir de autores que nos são comuns, Jürgen Habermas e Seyla Benhabib, creio ser de interesse partir de alguma definição: por Direitos Humanos pode-se entender um metadiscurso normativo a partir do qual se estabelecem limites e condições aceitáveis para se construir uma legislação ou uma decisão, ou simplesmente um relacionamento humano.

Avançando de mãos dadas com Seyla Benhabib sobre alguns aspectos do que compõe o metadiscurso normativo dos Direitos Humanos, cabe dizer, em primeiro lugar, que o grande mote desse discurso pode ser dado na seguinte questão: qual é o lugar dos direitos dentro de uma teoria discursiva da Ética? Uma teoria discursiva da Ética pode contribuir para a solução de impasses (conflitos de princípios, p.ex.) acerca dos Direitos Humanos?

Esse grande tema, superados os pontos de vista ontológicos, próprios dos jusnaturalismos, recebeu enorme impulso com a metafísica da moral de Kant, na qual, segundo Benhabib, propôs a existência de um direito básico: "toda a ação que por si mesma ou por sua máxima permite que a liberdade da vontade de cada indivíduo coexista com a liberdade de todos os demais em concordância com uma lei universal é justa". Ora, além de célebre, a contribuição de Kant pode até hoje ser entendida como válida, pois diz com algo que tem muito a ver com a superação de discriminações sobre as pessoas, ao ressaltar a importância de uma universalização da "generalidade" e da "reciprocidade" no âmbito fenomênico das regras jurídicas, muito embora as críticas de insuficiência que a ela possam e tenham sido apontadas, mormente quanto ao seu formalismo e idealidade, que de certo modo não atendem a diversidade cultural cada vez mais visível com os processos globalizatórios.

As discussões posteriores e atuais sobre um paradigma ético para os Direitos Humanos, pois, como ressaltam também os autores já nominados, têm procurado avançar pelos *senderos* de uma justificação pós-metafísica dos Direitos que, muito embora superadora de Kant, não negue seu pressuposto fundamental, qual seja o exercício da livre autonomia da pessoa humana, e que Seyla Benhabib formula da seguinte maneira: "em vez de perguntar como seria uma lei universal desejável para todos sem autocontradição, na ética discursiva perguntamos que normas e arranjos institucionais normativos seriam considerados válidos por aqueles que se veem afetados se estiverem participando de argumentações morais especiais chamadas discursos".

Em termos de diferença entre a ética kantiana e outra discursiva, como afirma Benhabib, pode-se dizer que "a ênfase agora passa do que cada um pode desejar via experimento mental que seja válido para todos, a processos justificatórios através dos quais você e eu, em diálogo e com boas razões, podemos nos convencer um ao outro da validade de certas normas, com o que simplesmente quero significar regras gerais de ação".

Diante disso, seria importante assinalar que muito embora Vicente Barretto esteja consciente da importância de uma ética discursiva, seu livro contribui para uma discussão acerca de suas insuficiências, dentre as quais a pergunta sobre o que seriam razões moralmente adequadas em meio a um debate livre, procurando discutir essa questão cidadã a partir da atribuição de adequada importância ao constitucionalismo contemporâneo, no qual definitivamente encontramos a tentativa de enquadramento da pessoa humana como fim, e não como meio, tal como acontece em muitos discursos fetichistas de certos governos sobre os Direitos Humanos.

Enfatize-se, por fim, que a importância do constitucionalismo pós-guerra está em ressaltar que um dos principais argumentos morais de uma ética discursiva enquanto base ou metadiscurso para os Direitos Humanos é a defesa da democracia. Não apenas porque com ela se torna possível instaurar regras do jogo para a participação popular, senão que a importância da democracia se dá pelas condições de possibilidade de, através dela, tornar real o Direito subjetivo público que todos possuem (enquanto cidadãos) de serem ouvidos nas deliberações comunitárias que os envolve, o que conduz Vicente Barretto a uma interessante rediscussão sobre as relações entre constitucionalismo e metaconstitucionalismo, e cidadania liberal e cosmopolita, democracia deliberativa, etc.

Com isto quero dizer da minha alegria em participar da festa soberana, que é o lançamento público de ideias cidadãs através de um livro, e desejar a todos uma ótima leitura.

Dr. José Alcebíades de Oliveira Junior

Prof. Titular da Faculdade de Direito da UFRGS e
Professor e Coordenador Acadêmico do Mestrado em
Direito da Uri – Santo Ângelo. Pesquisador do CNPq.

Sumário

Apresentação da 2ª edição 13
Apresentação da 1ª edição...15
Parte I..17
   1. Do mito ao fetiche jurídico..17
      1.1. O universo mitológico da lei moderna...17
      1.2. O fetiche como substituto da mitologia legal......................................22
      1.3. Uma fundamentação ético-filosófica..24
      1.4. Os direitos humanos originais...25
      1.5. A tipificação dos direitos humanos sequenciais 26
      1.6. Os direitos do "outro" homem..28
      1.7. A utopia por detrás dos direitos positivos...29
   2. Ética e direitos humanos: aporias preliminares..32
      2.1. Entre a afirmação dos textos e a retórica dos direitos.......................32
      2.2. As raízes ideológicas da Declaração Universal de 1948 33
      2.3. Os críticos dos direitos humanos..34
      2.4. Aporias relativas aos direitos humanos...38
   3. Notas kantianas sobre o Direito...41
      3.1. Introdução..41
      3.2. A *quaestio iuris* em Kant..44
      3.3. O discurso jurídico pós-tradicional...47
      3.4. A autonomia e a ordem jurídica..48
      3.5. O direito *lato sensu: aequitas* e *ius necessitatis* 50
      3.6. Os fundamentos da moral kantiana..52
      3.7. A problematização crítica do direito a partir da moral 55
      3.8. Princípios racionais *a priori* do direito..58
      3.9. A divisão do Direito...61
      3.10. Direito à resistência e desobediência civil...61
   4. Sobre a dignidade humana...63
      4.1. Em busca de um conceito...63
      4.2. Direitos humanos e dignidade humana...65
      4.3. Os fundamentos da dignidade humana...66
      4.4. Genealogia do conceito de dignidade humana..................................68
      4.5. A concepção moderna da dignidade humana....................................70
      4.6. O conteúdo do princípio da dignidade humana................................74
      4.7. A natureza jurídica do princípio da dignidade humana..................75
   5. Bioética, responsabilidade e sociedade tecnocientífica 78
      5.1. Introdução..78

    5.2. As transformações do agir humano e a responsabilidade..................................80
    5.3. A responsabilidade como questão filosófica: a resposta kantiana.......................82
    5.4. A teoria da responsabilidade e a problemática da justiça..................................84
    5.5. As novas dimensões da responsabilidade...92

Parte II..95
  1. Filosofia, Direito e Estado Democrático de Direito..95
  2. Philia, autocracia e legitimidade da ordem jurídica...105
    2.1. A literatura desvenda o Direito..105
    2.2. O desafio de Antígona..107
    2.3. Leitores de uma mesma tragédia..109
    2.4. O argumento central em Antígona..112
    2.5. Temas e argumentos jusfilosóficos na Antígona..113
    2.6. Da resistência à teoria da desobediência civil..116
  3. Da interpretação à hermenêutica contemporânea..119
    3.1. Um deus habilidoso..119
    3.2. Desnudando os textos..120
    3.3. Liberalismo e interpretação legal..123
    3.4. A refundação da interpretação do direito..124
    3.5. Uma teoria matricial...126
    3.6. Desafios de um modelo hermenêutico..128
    3.7. Da intersubjetividade ao sujeito de direito..136
  4. Constituição, violência e o mal..146
    4.1. Da natureza da violência e da punição..146
    4.2. Uma relação problemática: as raízes do mal e a Constituição........................147
    4.3. Uma justificativa da pena: o argumento de Hugo Grotius.............................150
    4.4. *Ob quod?*..151
    4.5. *Cuius ergo?*..153
    4.6. A punição como mal em si mesmo..154
    4.7. O cerne da questão...154
    4.8. A resposta da tradição ético-filosófica...157
    4.9. Uma fundamentação ético-dialética da punição..161
  5. Bioética e estado democrático de direito..165
    5.1. A judicialização da bioética...165
    5.2. Vida biológica e vida política..166
    5.3. Engenharia genética e necessidades vitais..167
    5.4. A pessoa humana potencial..172
    5.5. A pessoa como ente político...174

Parte III...179
  1. O conceito moderno de cidadania...179
    1.1. Tipos de cidadania..179
    1.2. A cidadania como ideal político...181
    1.3. A democratização do estado liberal...183
    1.4. A natureza da cidadania moderna...184
  2. Tolerância, exclusão social e os limites da lei..189
    2.1. Introdução..189
    2.2. A evolução de uma ideia...189

2.3. Uma relação conflituosa..194
  2.4. As aporias da tolerância liberal..197
  2.5. A ordem legal e o véu da intolerância 200
  2.6. Tolerância e estado democrático de direito..202
3. Reflexões sobre os direitos sociais..205
  3.1. Um novo paradigma jurídico...205
  3.2. A efetividade dos direitos sociais..208
  3.3. Falácias teóricas sobre os direitos sociais...209
  3.4. Falácias políticas sobre os direitos humanos e sociais........................212
  3.5. Direitos sociais e direitos fundamentais..215
  3.6. Etapas na fundamentação ética dos direitos sociais............................217
  3.7. Justiça e dignidade da pessoa humana...221
4. Globalização e metaconstitucionalismo..223
  4.1. As antinomias da globalização..223
  4.2. Globalização e processo social..224
  4.3. O princípio moral da responsabilidade 228
  4.4. Da cidadania liberal à cidadania cosmopolita 229
  4.5. Em direção à democracia cosmopolita..231
  4.6. Direito Cosmopolítico e Direitos Humanos..234
5. Multiculturalismo e direitos humanos: um conflito insolúvel?..................240
  5.1. Introdução..240
  5.2. Legitimação e eficácia...242
  5.3. Uma falsa dicotomia..243
  5.4. O que são os direitos humanos..246
  5.5. Nacionalismo e direitos humanos..249
  5.6. Dois níveis epistemológicos de análise...250
  5.7. Esboço de uma antropologia filosófica 252
  5.8. Do multiculturalismo à fundamentação universal dos direitos humanos...........256
  5.9. Conclusões 262

Parte IV..267

1. Bioética, biodireito e direitos humanos...267
  1.1. Para além do direito natural..267
  1.2. A face oculta do direito cosmopolita..268
  1.3. Velhos temas, novas perplexidades 272
  1.4. Origem e evolução temática da bioética...274
  1.5. Os princípios da bioética...279
  1.6. A agenda temática da bioética...282
  1.7. Duas respostas aos temas da bioética..283
  1.8. Da bioética aos direitos humanos..286
2. As relações da bioética com o biodireito..293
  2.1. Problemático mundo novo...293
  2.2. Fundamentos e princípios..295
  2.3. Ética e razão demonstrativa...300
  2.4. Crise do paradigma liberal e a bioética...302
3. Biopoder e os limites éticos da sociedade tecnocientífica 312
  3.1. Introdução..312
  3.2. O homem como construtor da imagem da natureza............................317

  3.3. Responsabilidade e técnica...321
  3.4. Conclusão...327
4. A questão da eugenia e os novos direitos...329
  4.1. Introdução..329
  4.2. A compreensão do "efeito bola de neve" 330
  4.3. Por um futuro direito da natureza humana? 334
  4.4. Os caminhos e descaminhos da eugenia liberal..338
    4.4.1. Ronald Dworkin e a contraeugenia..339
    4.4.2. As críticas específicas de Ronald Dworkin ao modelo habermasiano
      de contraeugenia..343
  4.5. Considerações críticas finais..345
5. Bioética, liberdade e a heurística do medo..348
  5.1. Introdução..348
  5.2. Progresso científico, técnica e consciência moral..349
  5.3. As duas faces da responsabilidade...352
  5.4. As transformações do agir humano e a responsabilidade..........................353
  5.5. Esterilização moral da ordem jurídica 354
  5.6. Um projeto de regulação e liberdade...356
Bibliografia..365

Apresentação da 2ª edição

Este livro é uma versão ampliada, mas que se constitui, na verdade, em um novo livro, que tem como eixo editorial o esgotado *O Fetiche dos Direitos Humanos e outros temas*. Compreende esta segunda edição o texto do primeiro livro, todo ele revisto e reorganizado, mas acrescido de sete novos capítulos. Esses capítulos tratam, especificamente, das relações entre os direitos humanos, a bioética, o biodireito e a engenharia genética. Agradeço aos amigos e colegas, referidos a seguir, que tornaram possível esta segunda edição com leitura crítica, sugestões e colaboração editorial, mas que, como na primeira edição, não têm responsabilidade pelas opiniões por mim defendidas: Lenio Streck, Fernanda Frizzo Bragato, Alfredo Culleton, Luiz Fernando de Melo, Leonardo de Camargo Subtil, Marcelle Torres e Sérgio Peixoto.

Rio de Janeiro, dezembro de 2012.

Prof. Dr. Vicente de Paulo Barretto

Apresentação da 1ª edição

Os textos que compõem *O Fetiche dos Direitos Humanos e outros temas* resultaram dos trabalhos desenvolvidos nas atividades do PROCAD UERJ/UNISINOS e no Programa de Pós-Graduação em Direito da UNESA. Durante os seminários, conferências e cursos realizados no âmbito do PROCAD UERJ/UNISINOS, os direitos humanos, os seus fundamentos e abrangência, e o seu estatuto na filosofia do direito e na prática do estado democrático de direito, foram tema recorrente, despertando uma viva participação de professores e alunos do Programa de Pós-Graduação em Direito da UERJ e do Programa de Pós-Graduação em Direito da Unisinos. A questão da teoria e da prática dos direitos humanos, com repercussões em diferentes áreas do conhecimento e nas políticas públicas, ocupa lugar de destaque na vida quotidiana das sociedades democráticas e de suas universidades. Tornou-se, assim, uma indagação permanente, sendo um pressuposto para o pleno entendimento e aplicação da normatização do estado democrático de direito. Essa desafiadora problemática das democracias do século XXI é que foi analisada durante as diversas atividades acadêmicas possibilitadas pelo apoio da CAPES.

Os capítulos deste livro, dividido em duas linhas de investigação – a primeira, sobre os fundamentos ético-filosóficos dos direitos humanos, e a segunda, que trata da necessária relação entre os direitos humanos, a sociedade democrática e a construção de uma sociedade cosmopolita – resultaram desse intercâmbio nos seminários e cursos, realizados em ambas as instituições universitárias. Cada um dos capítulos tem como eixo temático central, explícito ou implícito, os direitos humanos, considerados como essenciais para a realização dos objetivos últimos do estado democrático de direito. O autor beneficiou-se, assim, de uma rica interlocução, que proporcionou um intenso debate com docentes e discentes, sem o qual não se pode exercer com proficiência a atividade acadêmica, como docente e pesquisador.

Agradeço, portanto, à participação de professores e alunos de ambos os programas de pós-graduação em Direito, que me proporcionaram esse ambiente de convivência e estímulo intelectual. Em especial, não posso deixar de me referir a alguns interlocutores que aperfeiçoaram minhas ideias com suas críticas e ajuda na realização das pesquisas, que se constituem nos alicerces do presente trabalho. Agradeço ao Prof. Alfredo Culleton, cuja amizade e constante participação nas nossas atividades tornaram as reuniões do PROCAD extremamente gratificantes; aos Profs. Lenio Streck e

Jose Luis Bolzan de Morais por sua generosa, e intelectualmente desafiadora, acolhida no PPG em Direito da Unisinos; à Profa. Fernanda Bragato, por sua participação na pesquisa e leitura crítica dos originais do livro; ao Prof. Maurício Zanotelli, que com esmero e cuidado assegurou a unidade editorial desses textos; à Profa. Paula Caleffi, por seu apoio constante, agudo espírito crítico e sofisticada interlocução, que serviram para aperfeiçoar o texto e refinar os seus argumentos.

A todos, os meus mais sinceros agradecimentos, eximindo-os de qualquer responsabilidade pelas ideias defendidas neste livro.

Sítio da Cassiopeia, Araras, abril de 2010.

Vicente de Paulo Barretto

Parte I

1. Do mito ao fetiche jurídico

1.1. O universo mitológico da lei moderna

O desafio dos direitos humanos na contemporaneidade consiste em entender a sua estrutura lógico-racional e desvendar a dimensão fetichista que assumiu nas últimas décadas. O esvaziamento progressivo do mito da soberania e da generalidade da lei, expressas pela vontade do legislador, como fontes primárias do direito, provocou o "deslizamento da pirâmide"[1] dogmática em direção a transformações maiores do universo político-jurídico. Thomas Hobbes, no *Leviatã* (1651), imaginava uma personagem alegórica, simbolizando a República, como dotada dos atributos do poder temporal (a espada) e do espiritual (o báculo eclesiástico), o que dotaria o Estado de uma base sólida, formada por duas linhas convergentes, na verdade os alicerces de uma pirâmide.

Essa figura geométrica iria marcar a cultura jurídica contemporânea, e refletiu na obra seminal de Kelsen, Hart e Ross uma visão do mundo caracterizada pela ordem e pela estabilidade. Foi, precisamente, essa visão do mundo que foi implodida pela trágica história do século XX e pelas transformações no modo de pensar a realidade humana. Essa mudança radical se expressou por duas grandes transformações políticas e jurídicas: a passagem da regulamentação para a regulação e do governo para a governança. Nesse contexto, é que os direitos humanos são chamados a servir como referencial, fornecendo o que Ost e van Kerchove consideram como necessário para o novo direito: "um mínimo de transcendência garantidora de sua posição imparcial, uma dose ao menos de distanciamento simbólico garantidor do sucesso de sua magia performativa".[2] Os direitos humanos, no entanto, para recuperarem o seu significado moral original, que possa legitimar e garantir uma nova ordem jurídica e a magia performativa da ordem jurídica, neces-

---

[1] OST, François; KERCHOVE, Michel van de. *De la pyramide au réseau?* Bruxelles: Publications des Facultés Universitaires Saint-Louis, 2002, p. 26.

[2] Ibidem, p. 22.

sitam passar por um processo de desfetichização, que os liberte da máscara fetichista e dogmática em que se encontram aprisionados.

A base teoricamente sólida, que justificou a ordem jurídica do estado moderno, desde Hobbes até Kelsen, desmanchou-se no ar, parodiando a célebre frase marxista, quando a realidade social mutante invadiu o espaço jurídico positivado e colocou em questão as suas principais categorias. Esse vazio lógico-normativo, germinado no seio de uma parafernália de leis de todos os tipos e com todas as suas pretensas previsões e garantias, fez com que o mito do direito, concebido como um sistema unificado e internamente coerente, desse lugar à construção de um fetiche, que, como todo fetiche, tem duas faces: uma positiva e a outra negativa. Os direitos humanos como fetiche surgiram precisamente dessa necessidade de explicar-se o direito e a lei, não mais como a manifestação da vontade do soberano hobbesiano, onde a lei é o direito, e expressa a vontade do soberano legislador, cujas normas são ditadas não como fruto do exercício da sabedoria, mas da autoridade.[3]

Os direitos humanos, que se tornaram em fetiche da contemporaneidade, foram antecedidos pelo culto da mitologia da lei, concebida em seus princípios fundadores pelos autores clássicos da Idade Moderna, especificamente Thomas Hobbes. Esse culto originou-se no contraponto que a modernidade procurou estabelecer em relação aos mitos encontrados na cultura clássica. Essa concepção do Estado, da lei e do direito terminou ela própria como uma mitologia renovada e moderna, que se diferenciou das mitologias clássicas por procurar ser a expressão de uma racionalidade pura. No entanto, continuou a guardar, como veremos a seguir, as características do mito herdadas da cultura clássica.

A palavra "mito" deriva do grego *mythos*, que na poesia de Homero significava "palavra, discurso", mas também tinha o sentido de "projeto, maquinação". A palavra não se definiu, posteriormente, como significando histórias em torno dos deuses, dos seres divinos e dos heróis. Em Platão, a palavra vai significar o discurso que não exige demonstração e que se contrapunha ao *logos*, no sentido de argumentação racional. A definição, entretanto, não nos mostra o significado do "mito".[4] Sócrates irá recordar a interpretação racionalista desses relatos, sem comprovação, segundo a qual o mito consiste na atribuição de uma dimensão fantástica a um fato real, prosaico e comum.[5]

Como escreve Fitzpatrick, a lei pré-moderna irá conservar, apesar de sua proclamada negação, algumas características da mitologia clássica, isto porque terminou por substituir o mito clássico pelo mito da construção racional perfeita e acabada a ser formalizada em um sistema normativo. E esse sistema iria vestir-se de características divinas, encontradas somente

---

[3] HOBBES, Thomas. *Leviathan*. Cap. 26. ed. C.B. Macpherson. Penguin Books, 1968, p. 313.

[4] Verbete *Mito*, In: *Enciclopédia di Filosofia*. Consultor-geral Gianni Vattimo. Garzanti Editore: Milão, 2003.

[5] SOCRATES, In: PLATÃO, *Fedro*, 229b – 230 a.

no próprio Deus.⁶ A lei da modernidade irá revestir-se de inviolabilidade e transcendência, qualidades essas que serão resguardadas pela existência normativa, geral e abstrata da lei. Por sua vez, e em consequência de suas características formalísticas e hierárquicas próprias, a lei moderna criou o seu próprio mundo, fazendo com que a realidade legal resultasse do efeito mágico de invocações de fórmulas processualísticas, que os sacerdotes da lei e os indivíduos aceitam e aderem miticamente.⁷

Esse caráter sacerdotal do jurista já se encontrava presente no direito romano. No *Digesto de Justiniano*,⁸ explica-se a origem da palavra "ius", referindo-se à elegante definição de Celso, para quem o direito consistia na técnica do bom e do justo. E continuava o texto do *Digesto:* essa a razão pela qual podemos "nos chamar de sacerdotes". A idealização do direito e da lei resultaria, afirma o *Digesto,* do fato de que o jurista "cultiva a justiça e professa o saber do bom e do justo, separando o justo do injusto, discernindo o lícito do ilícito, pretendendo tornar bons os homens, não somente pelo temor dos castigos, mas também pelo estímulo aos prêmios, dedicados, sem erro, a uma verdadeira filosofia".

O direito, no seu ensino e na sua prática, trouxe, portanto, desde as suas origens, uma auréola identificadora como se fosse uma criação quase divina. Foi essa mitificação da lei moderna que fez com que o direito terminasse, no século XXI, prisioneiro dentro de uma bolha intelectual rarefeita, que paira sobre o mundo social e o sistema de normas, mas não tem condições de suportar grandes doses de realidade social, política e econômica. A lei unificada e estabelecida pela vontade soberana procura corrigir a sua insuficiência em face da realidade objetiva e das aplicações contraditórias de suas normas, recorrendo a uma coerência racionalmente padronizada. Em consequência, a ciência do direito deveria ficar resguardada e purificada "dos comprometimentos e discursos quotidianos da prática e dos conflitos sociais e políticos".

O pensamento jurídico do último século representou um esforço inaudito na busca de uma definição comum de "lei", que permitisse uma adequação objetiva e racionalmente explicada das relações da norma com a realidade fugidia. Esse esforço, ainda que por caminhos teóricos divergentes, terminou por criar o que Fitzpatrick denominou a "mitologia da lei moderna". Para que se compreenda o caráter mítico da lei moderna, torna-se necessário atentar como a lei moderna não se pretende prender a nenhuma ordem temporal, pois ela tem em vista concretizar uma soberania ilimitada, que estabelece uma ordem normativa autônoma e autossustentável. A lei, na concepção liberal, não tem capacidade de fazer todas as coisas, mas permite-se fazer qualquer coisa. Nesse sentido, à lei pode-se aplicar a definição de mito de Lévi-Strauss: "o mito serve para proporcionar uma solução apa-

---

⁶ FITZPATRICK, Peter. *A Mitologia na Lei Moderna.* Trad. Nélio Schneider. São Leopoldo: Editora Unisinos, 2007, p. 85.

⁷ HAGERSTROM, In: FITZPATRICK, op. cit., p. 86.

⁸ DIGESTO DE JUSTINIANO, Livro I, Título I, 1.

rente, ou 'mediação', de problemas que por sua própria natureza não são passíveis de solução final".[9]

A mitologia da lei na história da Idade Moderna desenvolveu-se em três momentos, que refletiram no campo da teoria do direito, organizações políticas historicamente situadas: o momento fundacional ou do estado absoluto, que encontrou a sua formulação teórica mais acabada na obra de Thomas Hobbes, especificamente, no *Leviatã* (1651); o momento positivista ou do estado liberal, que fundou as suas bases no tripé propriedade, família e contrato e que atingiu a sua mais sofisticada elaboração teórica na obra de Hans Kelsen, a *Teoria Pura do Direito* (1933);[10] o momento da crise, quando se explicitaram as insuficiências do positivismo jurídico diante dos desafios sociais, políticos, econômicos e culturais da sociedade contemporânea. Esse último momento encontrou na obra de H.L.A.Hart,[11] Ronald Dworkin,[12] Eros Grau[13] e Lenio Streck[14] as tentativas mais coerentes, ainda que por caminhos teóricos próprios, de recuperar dos escolhos do positivismo jurídico em crise os fundamentos lógico-racionais de uma nova ordem jurídica, que possa servir ao estado democrático de direito.

A mitologia da lei surgiu em consequência do abandono pelo pensamento político e jurídico do século XVII da tradição clássica, quando direito e lei integravam-se, e a norma legal procurava atender aos valores da justiça, da equidade ou a própria vontade divina. Na Idade Moderna, essa ordem foi substituída, na formulação hobbesiana, pela lei, expressão da vontade do soberano, e que se revestia de um valor em si mesmo. O direito passou a ser aquilo que se encontrava estabelecido no texto legal, ou, em outras palavras, a lei é o direito.

Os dois autores mais representativos da teoria do direito na contemporaneidade, Hart e Dworkin, procuraram uma fundamentação para o sistema jurídico invadido por revolucionárias relações sociais, políticas, econômicas e culturais. Fitzpatrick argumenta que ambos terminaram por criar uma nova mitologia da lei, que pretende substituir a mitologia positivista da lei. Encontramos, a esse respeito, na teoria do direito, duas principais correntes que estabelecem concepções diferenciadas de lei, mas como demonstra Fitzpatrick, sujeitas ao mesmo paradigma mítico. Acham-se essas duas concepções expressas na contraposição da lei como dotada de uma doutrina autônoma e própria (Hart e Dworkin) e a lei como produto das relações

---

[9] LÉVI-STRAUSS, C. In: verbete *Mito, Enciclopedia Garzanti di Filosofia*. Orgs. Gianni Vattimo em colaboração com Maurizio Ferraris e Diego Marconi, 2003.

[10] KELSEN, Hans. *The Pure Theory of Law*. Trad. Max Knight. Berkeley: University of California Press, 1970, p. 24 – 58

[11] HART, H. L. A. *The Concept of Law*. Oxford: Oxford University Press. cap. V., 1972.

[12] DWORKIN, Ronald. *Law's Empire*. Cambridge, Massachusetts: Harvard University Press, 1986, p. 410-413.

[13] GRAU, Eros Roberto. *Ensaio e Discurso sobre a Interpretação/ Aplicação do Direito*. 2. ed. São Paulo: Malheiros, 2003.

[14] STRECK, Lenio Luiz. *Jurisdição Constitucional e Hermenêutica*. 2. ed. Rio de Janeiro: Forense, 2004.

sociais, como sustenta Mangabeira Unger.¹⁵ Ambas terminam por construir concepções míticas da lei, o que faz com que convirjam para uma entronização semelhante da lei, como o mito dos tempos modernos.

A primeira versão, que se desdobra em duas vertentes, expressas na obra de Hart e Dworkin, procurou estabelecer uma concepção do direito e da lei que superasse os impasses encontrados na sociedade contemporânea. Ambas as teorias abandonaram conscientemente o paradigma positivista e foram buscar fora do sistema normativo, precisamente no meio de manifestações das impurezas que, temidas pelo formalismo e o positivismo, viriam manchar a pureza da ordem jurídica.

Hart parte da constatação de que as pessoas comuns possuem uma atitude participativa em relação à lei, pois se encontram dispostas a obedecer aos mandamentos legais e a agir de acordo com suas determinações. Esse elemento de participação popular é o fator determinante na existência da lei. Hart, entretanto, termina por abandonar esse componente objetivo na construção da lei, e recorre a um processo de substituição da aquiescência popular, como fator legitimador da lei, pela figura "mítica da lei e da voz oficial como a fonte da lei".¹⁶ Para amenizar essa conclusão, que o devolve à fonte positivista da qual pretendia libertar-se, irá estabelecer critérios racionais e limitar a ação do legislador através do estabelecimento dos "conteúdos mínimos do direito natural".¹⁷

Por sua vez, Dworkin considera o sistema de normas legais como insuficiente para defrontar-se com as realidades sociais, por não conseguir integrar na lei "nossas próprias práticas".¹⁸ As "nossas próprias práticas", referidas por Dworkin, são os princípios que a concepção da norma sob a perspectiva positivista não deixa incluir no processo judicial. Os princípios introduziriam uma dimensão social que iria desvirtuar o próprio sentido da lei, pois atingia diretamente a sua autonomia. Para resolver esse conflito entre a autonomia e a necessidade da lei incorporar esses princípios, Dworkin caminha para a afirmação de que "a lei é um conceito interpretativo. Os Juízes devem decidir o que é a lei interpretando a prática dos outros juízes ao decidirem o que é a lei... A lei não se exaure por qualquer catalogo de regras e princípios, cada qual com seu próprio domínio sobre algum discreto teatro do comportamento. Nem também por qualquer grupo de autoridades e seus poderes sobre parte de nossas vidas. O império da lei define-se por atitude e não por território, poder ou processo... É uma atitude autorreflexiva dirigida à política no seu sentido mais amplo".¹⁹

---

¹⁵ UNGER, Roberto Mangabeira. *O Direito na Sociedade Moderna*. p. III, trad. Roberto Raposo. Rio de Janeiro: Civilização Brasileira, 1979.

¹⁶ FITZPATRICK, op. cit., p. 27.

¹⁷ HART, op. cit., p. 189-195.

¹⁸ DWORKIN, In: FITZPATRICK, op. cit., p. 2.

¹⁹ DWORKIN, op. cit., p. 410 e 413.

Como argumenta Fitzpatrick, tanto Hart, quanto Dworkin concordam que a existência social da lei demonstra a insuficiência da concepção positivista, pois a lei e sua aplicação não se formulam e dirimem conflitos no nível da abstração teórica. Tanto um quanto outro autor sustenta que a lei depende de sua dimensão social. Essa dimensão, que não se encontrava nas mitologias anteriores, fez-se presente na argumentação inicial da crítica contemporânea ao positivismo jurídico, "mas, quando se chegou no ponto de purificar a lei e sustentar a empreitada positivista", escreve Fitzpatrick, "a dimensão social foi arbitrariamente excluída e a dependência que a lei tinha dela se mostrou prontamente, ainda que misteriosamente, extrincável".[20] Entramos assim em franco processo de mitificação da lei, que deixa de ter uma conexão específica com a sociedade, mas ao mesmo tempo exerce um papel de dominadora sobre essa mesma sociedade. Nas palavras de Fitzpatrick, "a dominação positivista precisa ser constantemente assegurada, em face dos desafios sociais que tornariam a lei algo diferente do que se postula que ela seja".[21] Voltou-se, então, como num processo de retroalimentação, ao paradigma positivista que se pretendia contestar.

A sociologia do direito tem procurado, em face da exaustão do modelo positivista e do contraditório projeto, que volta a consagrá-lo na figura da "autoridade oficial" em Hart e dos "princípios de interpretação" e o juiz Hércules em Dworkin, propor um novo paradigma teórico. O núcleo da argumentação das negações sociológicas e evolucionárias da lei, considerada como uma entidade autônoma, que se basta a si mesma, teve sua crítica mais contundente no marxismo. Os termos do debate podem ser avaliados em diversos autores, destacando-se a contribuição de Mangabeira Unger, que consiste em afirmar que a lei mais do que dominadora da sociedade é produto dessa sociedade. O argumento de Fitzpatrick é o de que, encobrindo a aparente contradição entre o paradigma da autonomia da lei e o paradigma de sua dimensão social, se encontra a mitificação da lei.

1.2. O fetiche como substituto da mitologia legal

Nesse campo teórico, contestado por uma realidade social radicalmente revolucionária, é que iremos delimitar o terreno propício, e a necessidade social, de desmitificar a lei. Para tanto, tornou-se necessário que se abandonasse o mito da eficácia transcendente da lei diante de sua permanente contestação encontrada na realidade social objetiva. O mito da lei, como todo mito, também se viu dotado de atributos contraditórios que terminou por afetar as próprias raízes da fé mitológica. Mas o projeto de estabelecer uma ordem global, cósmica, que tudo abarcasse, manteve-se latente no pensamento social e jurídico. Os direitos humanos foram então erigidos em

---

[20] FITZPATRICK, op. cit., p. 29.

[21] Ibidem.

solução salvadora para a crise da ordem jurídica liberal. O que se pretende sustentar é que nos encontramos no meio desse processo à custa da própria natureza revolucionária dos direitos humanos, transformando-os em fetiche que responda às perplexidades e fracassos da ordem liberal.

Torna-se então necessário que se explicite com precisão qual a natureza ou o aspecto fetichista dos direitos humanos na contemporaneidade. O fetiche é definido como "objeto a que se atribui poder sobrenatural e se presta culto",[22] com vistas a sua ação mágica e benéfica. O culto do fetiche ou fetichismo é uma palavra que se constituiu na principal contribuição das línguas portuguesa e espanhola para a moderna metafísica, filosofia política e teoria. Como escreve Guardiola-Rivera, o termo "fetiche" surgiu da transformação da palavra portuguesa *feitiço* em *hecho*, significando "feito" ou "feito pela arte". A raiz comum da palavra traz a noção de que é alguma coisa produzida pelas mãos do homem, uma cópia, degradada e, portanto, indigna de nossa atenção em virtude da falta de autenticidade.[23]

A palavra, entretanto, tornou-se usual nas ciências sociais quando foi incorporada nas línguas anglo-germânicas para designar as formas afrolológicas de religiosidade, em particular aquelas dos povos da África Ocidental, mas também no estudo das religiões trazidas pelos povos africanos no processo de escravidão, como o vuduísmo, o candomblé e a santería. Essas formas de culto fetichista tornaram-se centrais nos movimentos revolucionários, no Caribe, durante os séculos XVIII, XIX e XX. Nesse uso, ensina a antropologia, o fetiche era o objeto, o encantamento ou o amuleto através dos quais os deuses, espíritos e os ancestrais comunicam-se e intervêm nos assuntos do homem e da sociedade.

Os direitos humanos nascem e desenvolvem-se nesse contexto com uma dupla dimensão. Primeiro, tornou-se um processo para recuperar os fundamentos do sistema jurídico na argumentação moral, contrapondo o direito ao paradigma mitológico da lei moderna. Para tanto, tornava-se necessária a substituição da totalidade normativa pretendida pela vontade do soberano por um conjunto de direitos originais, expressão da liberdade e igualdade naturais entre os homens. Mas a passagem do mito para o fetiche irá consumar-se quando a primeira dimensão, que permitiria a legitimação dos processos legislativos, ganha características nitidamente fetichistas, que eleva ao mais alto grau de simbolismo social os direitos originais, quando escorrega para uma totalização dogmática e normativa que repete o paradigma positivista e formalista. Os direitos humanos ganharam assim características que ameaçam desnaturá-los. Na verdade, o fetiche dos direitos humanos apresenta na modernidade duas faces: uma face simbólica, libertadora e redentora dos seres humanos; e outra face dogmática, formalista e na sua arrogância de tudo abranger limitadora do aperfeiçoamento da sociedade.

---

[22] Verbete *Fetiche In: Dicionário Houaiss da língua portuguesa*.

[23] GUARDIOLA-RIVERA, Oscar. *Being against the World. Rebellion and Constitution*. Oxon: Birkbeck Law Press, 2009, p. 70.

A reavaliação dessa face fetichista dos direitos humanos torna-se assim etapa necessária no processo de situar essa categoria de direitos como constituindo o núcleo moral do estado de direito democrático. E, desde que seja situado nessa perspectiva, torna-se possível demonstrar em que medida a sociedade democrática pressupõe para a sua sobrevivência os direitos humanos, antes de serem juridicamente consagrados, mas entendidos e aplicados como categoria moral. Nesse contexto, Costa Douzinas mostra com precisão em que medida os direitos humanos têm um papel relevante no reconhecimento do ser humano completo: "Essa completude imaginária e essa particularidade existencial, que definem nosso lugar no mundo, existem igualmente em sociedades individualistas ocidentais e em comunidades tradicionais e carregam nelas, embora em proporções distintas as esperanças de liberdade e igualdade, os valores centrais dos direitos humanos".[24]

Para tanto, o processo de desfetichização assume um papel relevante e deve ser desenvolvido considerando-se três aspectos da questão: a análise da fundamentação ético-filosófica dos direitos humanos; como essa fundamentação desdobra-se no plano da teoria do direito e no terreno institucional, estabelecido pelos chamados programas nacionais de direitos humanos e as políticas consequentes.

1.3. Uma fundamentação ético-filosófica

A hipótese a partir da qual se pode inquirir sobre as raízes ético-filosóficas dos direitos humanos consiste em considerar em que medida as raízes míticas da lei moderna constituíram o patamar inicial sobre o qual neste início do século XXI e fez com que os direitos humanos se tornassem um verdadeiro fetiche, positivo e negativo, na cultura contemporânea. A palavra "fetiche", como vimos anteriormente, tem uma rica história, não tendo uma conotação, necessariamente, pejorativa, no caso dos direitos humanos. Diferencia-se do mito, pois este explica, justifica, determina. Nesse sentido, é que alguns autores situam o paradigma do pensamento jurídico moderno como sendo mitológico. Os direitos humanos transformaram-se no processo de crise da lei moderna em uma espécie de fetiche político e jurídico, cultivado e como todo objeto de culto, correndo o risco de acabar descolado da realidade social objetiva. Assim, os direitos humanos, da mesma forma que alguns princípios fundamentais da ordem jurídica democrática, como o princípio da dignidade humana, adquiriu uma valoração adjetiva perdendo muito do seu significado substantivo, e com isto obscurecendo a prática democrática.

Dentro de uma perspectiva abrangente de sua evolução os direitos humanos *stricto sensu* podem ser considerados como resultante da convergência de três tipos, ou momentos, na afirmação de direitos e liberdades, face ao poder autoritário e outras formas de opressão. A distinção dessas três

---

[24] COSTA DOUZINAS. *O Fim dos Direitos Humanos*. Trad. Luzia Araujo. São Leopoldo: Editora Unisinos, 2009, p. 342.

dimensões dos direitos humanos mostra como se trata de um fenômeno especificamente moderno, pois, até o final do século XVIII, os direitos individuais não existiam; os deveres, nascidos nos laços comunitários, eram os sustentáculos da moralidade, baseada em forte sentido de dever moral e virtude. Alguns autores sustentam mesmo que os escravos na Antiguidade tinham uma vida mais digna, em virtude dos deveres dos seus senhores, do que no século XXI minorias sem cidadania – como os refugiados, os sem teto – que têm diversos direitos teóricos, mas sem qualquer proteção real. Essa humanidade subterrânea sem casa, comida ou trabalho, a humanidade dupla, é um contraste vivo com a humanidade oficial, como foi bem enfatizada por Primo Levy: todos somos humanos, mas a humanidade sempre excluiu, desprezou e degradou alguns humanos, por isso ela não é única.

A conceituação precisa dos direitos humanos, do que chamamos de direitos humanos *stricto sensu*, ou originários, para diferenciá-los dos direitos fundamentais, deverá ser realizada, seguindo os passos de Emmanuel Levinas, através de três dimensões. No primeiro momento, consideram-se os direitos humanos originários; no segundo, a expansão da tipificação dos direitos humanos através dos direitos humanos sequenciais e, finalmente, os direitos do outro homem, como cerne dos direitos humanos na contemporaneidade.[25]

1.4. Os direitos humanos originais

Como podemos explicar que nem todos os humanos têm humanidade no mundo dos direitos humanos? Torna-se necessário para sairmos da algaravia que tomou conta do debate sobre os direitos humanos estabelecer o seu significado original. "Direitos humanos" é uma expressão que combina lei e moralidade e expressam desde o século XVIII basicamente o respeito à dignidade da pessoa humana, o direito à vida, à liberdade, à igualdade de todos os homens perante a lei, à segurança, à liberdade de expressão, o acesso à educação e o direito à participação política. Todos esses direitos baseiam-se mais no sentimento de um direito original do que na sua expressão através da lei positiva soberana. Esses direitos, no processo histórico de sua afirmação, serviram e servem para avaliar as leis sob o ângulo de sua fundamentação ética e, portanto, legitimá-las ou deslegitimá-las. Nas palavras de Levinas, esses direitos constituem-se como princípios latentes da lei, "cuja voz – às vezes alta às vezes abafada pelas necessidades da realidade, às vezes interrompida e esmigalhada – pode ser ouvida através da história, desde as primeiras manifestações da consciência, desde o surgimento da Humanidade".[26]

---

[25] LEVINAS, E. *Outside the Subject*. Trad. Michael B. Smith. London: The Athlone Press, 1993, p. 116-125.

[26] LEVINAS, op. cit., p. 116. Veja, sob diferentes perspectivas, a mesma ideia desenvolvida por: COMPARATO, Fábio Konder. *A Afirmação Histórica dos Direitos Humanos*. São Paulo: Saraiva, 2003; NINO, Carlos S. *Ética y Derechos Humano, un ensayo de fundamentación*. Barcelona: Editorial Ariel, 1989; PERRY, Michael J. *The Idea of Human Rights*. New York Oxford: Oxford University Press, 1998.

Os direitos humanos, enfatiza Levinas, não se identificam com as características naturais do homem e nem com sua posição originária na sociedade, sendo, portanto, independentes de qualquer legislação, qualquer título jurídico, qualquer tradição. Direitos que não necessitam serem atribuídos são, portanto, irrevogáveis e inalienáveis. Nas palavras de Levinas, "direitos que, independente de qualquer *outorga*, expressam a alteridade ou o absoluto de cada pessoa, a suspensão de toda *referência*... marca a identidade absoluta da pessoa, ou seja, o caráter não permutável, incomparável e único".[27] Esse caráter absoluto da pessoa é que faz com que os direitos humanos, manifestem o caráter único do ser humano, que se projeta para além da múltipla individualidade constitutiva do gênero humano. Por essa razão, a tradição que Levinas representa sustenta que os direitos humanos manifestam o absoluto da pessoa humana, "apesar da sua subsunção à categoria da espécie humana, ou por causa dessa subsunção".[28]

A construção desde Renascença dessa consciência dos direitos humanos como irrevogáveis e inalienáveis, mesmo quando as condições culturais e históricas os negam, resultou de um processo de exercício da liberdade e da autonomia da pessoa. Nascem da razão humana em busca de condições identificadoras da igualdade dos seres humanos e representam um patrimônio que vem sendo progressivamente desvelado através da história da humanidade. Esse patrimônio resulta da busca da pessoa por seus valores universais e que se encontram submersos por camadas milenares de opressão religiosa, social, política, econômica e social. Assim, os direitos humanos são produto das características únicas e impostergáveis da pessoa humana e não fruto da justiça ou da graça divina.

1.5. A tipificação dos direitos humanos sequenciais

Partes integrantes da ideia original de direitos humanos encontram-se as condições necessárias para o seu exercício, que são todas as normas legais que explicitam e formalizam a garantia dos direitos humanos originais. Dando sequencia e materializando juridicamente os direitos humanos originais, tornando-os possíveis, agregaram-se nos dois últimos séculos um conjunto de direitos, que resultam logicamente da ideia original de direitos humanos, proclamados em documentos internacionais e que receberam regulações diferenciadas nos sistemas jurídicos. Encontram-se nesse caso: o direito à saúde, ao trabalho, às férias, à habitação, à oposição à exploração pelo capital e o direito de reivindicar juridicamente o respeito aos direitos humanos em sua integridade. Esses direitos exigem uma hierarquização, que deve estar atenta ao papel central dos direitos humanos originais na construção de uma sociedade livre e justa. Como veremos abaixo esse risco existe, precisamente,

---

[27] LEVINAS, op. cit., p. 117.

[28] Ibidem.

em virtude da consagração do fetiche negativo com que se revestem os direitos humanos na atualidade do Brasil contemporâneo.

A ideia de direitos humanos sequenciais resulta, como ensina Levinas, da necessidade de se atender às demandas provocadas pelo exercício da liberdade humana e de todos os direitos nela implícitos, apesar dos obstáculos naturais e dos constrangimentos políticos. O simples fato da existência da pessoa humana não garante que os direitos humanos originais estejam garantidos, pois o indivíduo reconhece que se encontra sujeito a determinismos naturais e sociais. Essa ideia de que no cerne da pessoa encontram-se demandas que lhe são essenciais, mas que dependem da superação de condições naturais e sociais, já tinha sido enfatizado na mitologia clássica, quando Prometeu rouba dos deuses o fogo e com isto fornece aos homens o gênio criativo das artes. Essa possibilidade é que irá permitir ao ser humano superar a sua condição animal e tornar-se o único ser vivo capaz de fabricar objetos técnicos, que lhe permitirão superar suas deficiências naturais. A mitologia grega, escreve Luc Ferry,[29] "põe em cena, com uma clarividência e profundidade impressionantes, é a definição totalmente moderna de uma espécie humana cuja liberdade e criatividade são fundamentalmente antinaturais e anticósmicas."

O acesso ao conhecimento irá tornar o homem livre, pois será o ato mais revolucionário de toda a cultura humana. A liberdade e o seu exercício irão impor-se no âmbito do conhecimento humano e, em virtude dele, os direitos humanos terão como condição primeira de sua objetivação as possibilidades da ciência e da técnica. No texto de Levinas, verificamos como essa dependência do florescimento e expansão dos direitos humanos à ciência e à técnica consiste em dotar a pessoa de recursos até então privilégio dos deuses. O homem torna-se mais pessoa, ao mesmo tempo em que corre o risco de ser subjugado pela ciência e pela técnica.

Levinas escreve que o desenvolvimento tecnológico, fruto do conhecimento teórico e da ciência aplicada, tornou possível a inserção da humanidade na modernidade, é nele próprio o paradigma essencial dentro do qual a ideia de direitos humanos, colocado no centro da autoconsciência humana, alargou a sua concepção originária e tornou-se base de toda a legislação humana. A irrupção dos direitos humanos significou a ruptura com uma cultura que se achava prisioneira de forças arbitrárias naturais, individuais, sociais ou supostamente divinas. Nesse contexto em que o homem era mais objeto do que sujeito estabeleceu-se "o *a priori* dos direitos humanos entendidos como *a priori* intelectuais e tornando-se de fato a medida de todas as leis".[30]

Desde a Renascença, as leis positivas passaram a ser avaliadas com referência ao chamado "direito natural", considerado como derivado da ordem

---

[29] FERRY, Luc. *A Sabedoria dos Mitos Gregos- Aprender a Viver II*. Trad. Jorge Bastos. Rio de Janeiro: Editora Objetiva, 2009, p. 131.

[30] LEVINAS, op. cit., p. 119.

da verdade e compreensão e que resultavam da consciência de que a pessoa humana era dotada naturalmente de direitos inalienáveis. A dinâmica do crescimento constante dos direitos humanos caracterizou-se, portanto, como consequência das possibilidades abertas pela ciência e a tecnologia para a libertação do ser humano da opressão imposta pelas forças da natureza e pela vontade arbitrária do soberano, para a realização do ser humano em sua integridade. Chama atenção Levinas para o fato de que essas possibilidades científicas e tecnológicas, que permitiram a explicitação e o crescimento da pauta dos direitos humanos, tornaram-se elas próprias ameaça ao movimento de libertação da qual elas serviram como fonte geradora. O exemplo das sociedades totalitárias do século XX é representativo da ameaça latente de como a ciência e tecnologia podem voltar-se contra as suas próprias raízes ao estabelecer um novo determinismo social, que torna sinônimos "mecanização" e "escravidão". Restam, assim, no núcleo do desenvolvimento os fatores de sua própria negação e, também, como essa universalização dos direitos humanos encontram-se negados nos países subdesenvolvidos. Como nos países do Primeiro Mundo, também onde encontramos a fome, a miséria, a doença, os direitos humanos irão depender do conhecimento e a da tecnologia.

1.6. Os direitos do "outro" homem

Para a solução desse impasse que se estabelece entre ciência e tecnologia, de um lado, com suas exigências econômicas e sociais, e de outro os direitos humanos como salvaguarda da dignidade do ser humano em suas diversas formas, podemos recuperar a reflexão de Levinas sobre a natureza do "outro". Trata-se de admitir que para além das soluções técnicas e legislativas, que podem provocar retrocessos no progresso da humanidade, encontra-se um espaço que remete diretamente aos fundamentos morais da pessoa, da sociedade, do Estado e dos direitos humanos e que permite uma leitura mais sofisticada.

Os direitos estabelecidos pelas leis são os alicerces dos sistemas jurídicos ocidentais, mas por serem humanos refletem um tipo de moralidade e de tratamento que os indivíduos esperam do poder público e privado. Permanece, entretanto, uma pergunta que tem a ver com a possibilidade de manter-se a natureza libertadora dos direitos humanos mesmo em situações de risco como aquelas provocadas pelo conflito e negação desses direitos pelo direito do outro homem. É a pergunta que exige uma resposta para que se preservem os direitos humanos originais no processo de hierarquização, pressuposto para resolver conflitos entre direitos humanos sequenciais.

A contribuição essencial de Levinas para solucionar o conflito entre vontades individuais ou impedir a ação do poder público na atribuição de direitos humanos sequenciais, tendo em vista o resguardo dos direitos humanos originários, como núcleo da sociedade e do estado, consiste em trazer para a reflexão social, política e jurídica a ideia do "outro". Para tanto, considera algumas indagações: em que medida a justiça não representa um limitação dos direitos humanos? Limitados os direitos humanos tornam-se reprimidos e, assim, não ameaçam a paz social?

Levinas argumenta que esse processo corresponde à defesa dos direitos humanos, mas que corresponde a uma vocação que se encontra fora do estado. Mas a defesa dos direitos humanos não se exaure na simples concepção de que esses direitos representam uma esfera e negação de qualquer outra liberdade. "A justiça para não ser iludida requer uma 'autoridade' diferente daquela estabelecida entre vontades que inicialmente se opõem e são opostas", escreve Levinas, que não pode se reduzir às normas de pura medida, significando normas de pura negação, acréscimos ou indiferença.[31] Justiça, escreve Costas Douzinas, citando Levinas, significa constante revisão da justiça, expectativa de uma melhor justiça e o mesmo pode ser dito dos direitos humanos. Eles não se condensam em sistemas normativos e dogmáticos, mas pressupõem uma constante e renovada, tornando-se os instrumentos da ética.[32]

Para superar o estágio de negação e indiferença encontrada no estado liberal, sustenta a teoria do "outro" nos seguintes termos. Na humanidade, estabelece-se uma proximidade que não deriva da proximidade físico-espacial. Para Levinas, a natureza das relações humanas resume-se no outro em face do outro, mais do que isto, consiste em mim existindo para o outro. Consiste essa atitude na renúncia do EU em voltar-se para si mesmo, para o seu egoísmo, mas voltá-lo para o outro homem. Pergunta então Levinas: não garante a fraternidade, essa bondade original onde é embebida a liberdade, e na qual a justiça dos direitos humanos torna-se mais estável, uma garantia melhor do que aquela garantida pelo Estado? A liberdade na fraternidade, onde a responsabilidade pelo outro é afirmada e os direitos humanos são concretamente objetivados na consciência como direitos do outro, não constitui a melhor e mais segura garantia na solução de conflitos e na garantia da paz social?[33]

1.7. A utopia por detrás dos direitos positivos

Por ter um caráter híbrido, os direitos humanos estão sempre em conflito potencial com os estatutos legais. O art. 1º, da Declaração dos Direitos Humanos estabelece que: "todos os seres humanos nascem livres e iguais em dignidade e direitos". Essa determinação choca-se com a realidade da sociedade, onde desigualdades de todos os tipos e natureza desmentem a pretensão legal. A igualdade não é natural, ela deve ser conquistada. Dessa

---

[31] LEVINAS, op. cit., p. 123.
[32] COSTA DOUZINAS, op. cit., p. 359.
[33] LEVINAS, op. cit., p. 125.

forma, os direitos humanos têm força de declarações morais ao afirmar em sua essência que os indivíduos não são livres e iguais, mas devem ser. Incluem-se os direitos humanos na respeitável tradição da preservação de valores, que se caracteriza por uma utopia que é o oposto das utopias clássicas, como escreve Costa Douzinas, que esperavam construir um "novo homem" adequado ao plano coletivo.[34] Mas os direitos humanos são uma utopia na qual as pessoas mantêm uma expectativa de desejo do Outro.

Por essa razão, torna-se relevante o afirmado por Costa Douzinas, quando escreve que "os direitos humanos encontram um lugar desconfortável no texto da lei, nacional ou internacional".[35] Ao serem normatizados passam a exercer a função de controle da sociedade, querendo tudo abarcar em obediência a uma lógica dominante. Precisamente por pertencerem a uma longa e venerável tradição, que se iniciou no desafio de Antígona à lei injusta e que sobrevive nas lutas dos explorados, escravizados e humilhados na sociedade contemporânea, esgotam sua natureza quando reduzidos às categorias e às classificações jurídico-sistemáticas. Como escreve Costa Douzinas, temos a sensação de estar cercados por injustiça sem saber onde a justiça reside.[36] Os direitos humanos representam essa atitude permanente de denúncia, de inconformismo com o injusto e a opressão, e por essa razão podemos classificá-los como um força negativa, tanto em sua natureza como na sua ação.

Podemos assim avaliar como é perigoso para os direitos humanos o espírito que permeia o PNDH – 3. Expressa esse documento uma ilusão, qual seja, a de que, em primeiro lugar, tudo pode ser considerado como presente na categoria dos direitos humanos, e, em segundo, o de que se necessita no Brasil para que se torne realidade a promessa dos direitos humanos basta emparedá-los nas leis, treinar os juízes e doutrinar os policiais. O uso e abuso da expressão "direitos humanos", que na sua abrangência podem tudo abarcar, pois todos os direitos da pessoa são necessariamente humanos, corre o risco de enfraquecer o sentido moral dessa categoria superior de direitos, e sua função política, no seio de uma sociedade democrática. Essa proliferação de direitos parte da pueril suposição de que a codificação irá resolver o caráter volátil dos direitos e a atividade legislativa febril, por sua vez, suprirá a demanda de mais leis e mais direitos em busca de um direito dos direitos. Assim, por exemplo, o Programa Nacional de Direitos Humanos no lugar de valorizar aqueles direitos básicos da pessoa face ao Estado, à injustiça social, à violência, à fome, à miséria e à doença, perdeu-se num emaranhado de reivindicações, muitas delas justas e necessárias para a construção de uma sociedade democrática. Outras, ao contrário, que sob o manto dos direitos humanos, podem provocar a sua própria negação.

Os direitos humanos buscam uma distancia crítica da lei, pois servem como princípio de organização e legitimação de uma sociedade onde a liber-

---

[34] COSTA DOUZINAS, op. cit., p. 347

[35] Ibidem, p. 373

[36] Ibidem.

dade e a igualdade são o princípio da lei. Como sustentam autores das mais diversas correntes filosóficas, os direitos humanos existem antes mesmo de serem promulgados. Os direitos humanos é um princípio negativo que "coloca a energia da liberdade a serviço da nossa responsabilidade ética em relação ao Outro".[37] Essa peculiaridade dos direitos humanos faz com que possam ser retirados do âmbito de uma teoria do direito positivista.

Esse é o principal desafio para uma efetiva inserção dos direitos humanos no contexto de uma sociedade democrática. Não existe uma equalização dos direitos e dos direitos humanos. Estamos falando de conceitos diferentes, pois os direitos humanos consistem precisamente no instrumento de crítica e contestação, exatamente, do sistema de direito positivo. Evidencia-se a pobreza da teoria do direito na sua falta de reflexão sobre o tema moral e quando rejeita o mais avançado discurso e exercício do apelo à transcendência baseada na mediocridade da experiência judiciária. Como escreve Costa Douzinas, o pensamento jurídico condenou o Direito Natural à história das ideias, domesticou a justiça e se tornou uma contabilidade de regras. Para isto, aferrou-se a um fetiche opressor e materialista, consagrado nas leis e venerado por leguleios.

---

[37] COSTA DOUZINAS, op. cit., p. 374.

2. Ética e direitos humanos: aporias preliminares

2.1. Entre a afirmação dos textos e a retórica dos direitos

A questão dos direitos humanos corre o risco de banalizar-se em virtude do uso indiscriminado, mais adjetivo do que substantivo, das reivindicações que tornaram essa categoria política e moral, o cerne do estado democrático de direito. Os direitos humanos encontram-se neste final de século em situação paradoxal: de um lado, proclamam-se em diversos textos legais um número crescente de direitos civis, políticos, sociais, econômicos e culturais, que constituem, na história do direito, a afirmação mais acabada da crença do homem na sua própria dignidade; de outro lado, esses mesmos direitos transformam-se em ideais utópicos, na medida em que são sistematicamente desrespeitados por grupos sociais e governos. Os próprios governos autoritários contribuem para a idealização dos direitos humanos, pois se preocupam mesmo em declarar fidelidade a esses direitos, ainda que, cuidadosamente, defendam interpretações particulares sobre a abrangência, o sistema de proteção e a própria fundamentação dos direitos humanos.

Esse conflito entre valores universais, textos legais e práticas político-jurídicas fez com que os direitos humanos passassem a ser considerados como promessa utópica, fadada a desaparecer no mundo etéreo dos ideais não cumpridos. O debate acadêmico sobre a temática expressou, até recentemente, uma aguda descrença nas possibilidades objetivas dos direitos humanos servirem como núcleo de uma ordem jurídica e política, que impedisse as violações dos direitos fundamentais da pessoa. A descrença intelectual não se refletiu, porém, no sentimento de revolta encontrado no homem comum, que em diversos países tem expressado a sua repulsa às políticas públicas e situações sociais violadoras desses direitos. A interrogação sobre os fundamentos dos direitos humanos e do seu peculiar estatuto na ordem jurídica terminou impondo-se ao jurista, ao juiz e ao legislador, neste início de século XXI, em virtude da conscientização crescente da sociedade civil no que se refere aos seus direitos fundamentais. A ampla legislação internacional e nacional sobre o tema expandiu o domínio dos direitos humanos, que deixaram de ser exclusivamente uma forma de direito pessoal e passaram a expressar, também, direitos sociais, econômicos, culturais e políticos, que se afirmam no processo de liberalização e democratização da maioria das sociedades e dos Estados contemporâneos.

2.2. As raízes ideológicas da Declaração Universal de 1948

A experiência nazifascista fez com que, terminada a II Guerra Mundial, os estados que se reuniram para a constituição das Nações Unidas tivessem como ponto central no estabelecimento da nova organização internacional a definição de direitos básicos com os quais estariam comprometidos na busca da paz mundial. Para a elaboração do que seria a Declaração Universal dos Direitos do Homem de 1948, a recém-fundada Organização das Nações Unidas (ONU) incumbiu a uma comissão de pensadores e escritores – a Comissão da UNESCO para as Bases Filosóficas dos Direitos Humanos –, que representavam diversas correntes do pensamento filosófico e político, a tarefa de estabelecer uma fundamentação dos direitos humanos, tendo em vista, precisamente, os problemas teóricos suscitados pela necessidade de uma declaração universal. Os resultados dos trabalhos dessa comissão foram publicados, pela UNESCO, sob o título *Human Rights. Comments and Interpretations. A Symposium.*

Os argumentos que foram analisados pelos membros da comissão podem ser divididos em dois grupos: aqueles que procuravam uma fundamentação naturalista para os direitos humanos e os argumentos baseados na interpretação historicista. A fundamentação jusnaturalista sustentava que os direitos humanos seriam direitos naturais, posição esta que traçou a linha divisória, quando da elaboração da Declaração das Nações Unidas de 1948, entre os dois primeiros grupos, acima referida. Jacques Maritain, que foi membro da comissão e escreveu a introdução do texto publicado pela UNESCO, explicou as razões e a natureza dessa separação teórica. A lei natural representou o parâmetro divisor dos debates, pois, como escreveu Maritain, em função dela constituíram-se dois grupos opostos: aqueles que aceitam o direito natural como fundamento dos direitos humanos e aqueles que rejeitam essa solução. A natureza dessa separação residia, ao ver de Maritain, na tese de que, para o grupo dos jusnaturalistas, o homem por sua própria essência possui direitos fundamentais, anteriores e superiores à sociedade; para o segundo grupo, o homem encontra-se imerso no processo histórico de diferentes sociedades e, por essa razão, possui direitos de conteúdo variável, sujeitos às mudanças ocorridas na evolução histórica. Na perspectiva teórica e abstrata, "semelhante contraste ideológico é irredutível e não admite conciliação no plano teórico".[38]

No entanto, esse conflito teórico quando se transfere para a prática recebe atenuações, pois tanto os jusnaturalistas, como os historicistas, admitem argumentos do outro grupo. Os jusnaturalistas admitem que o progresso da

---

[38] MARITAIN, Jacques. "Introdução". *In: Los Derechos del Hombre.* Barcelona: Editorial Laia, 1976, p. 26.

consciência moral é que irá assegurar a explicitação desses direitos naturais, como normas de conduta social. Por sua vez, os historicistas reconhecem, também, existir, ao lado dos direitos que surgem na processo de evolução da sociedade, outros direitos mais anteriores, que se originaram no próprio processo de formação da sociedade. Criou-se, nessa atenuação de posições absolutas originais, as condições para que se estabelecesse um campo onde os dois grupos de defensores dos direitos humanos pudessem encontrar-se com vistas a definir uma pauta concreta de direitos, independentemente de sua fundamentação; a Declaração Universal dos Direitos do Homem, aprovada pela Assembleia-Geral das Nações Unidas, em Paris, em 10 de dezembro de 1948, expressou esse denominador comum. Nesse sentido, pode-se afirmar que não existem fundamentos teóricos comuns para os direitos humanos, mas exclusivamente uma concordância em torno de critérios mínimos que abarcam diferentes posições ideológicas e que são formalmente aceitos em diferentes sistemas jurídicos nacionais.

2.3. Os críticos dos direitos humanos

Enquanto os defensores dos direitos humanos achavam-se até muito recentemente voltados para construir argumentos, que explicassem a natureza dos direitos humanos no quadro do sistema jurídico, mas permanecendo prisioneiros de duas concepções, no fundo antagônicas, o jusnaturalismo e o historicismo, que fundamentassem a elaboração de uma agenda de direitos, a crítica aos direitos humanos, desde o final do século XVIII, pode ser situada em dois planos distintos. Em primeiro lugar, essa crítica se expressa no plano político-ideológico, dela participando pensadores conservadores, liberais, anarquistas e marxistas, tendo todos em comum a ideia de que os direitos humanos constituem um véu que encobre os verdadeiros problemas da sociedade. O argumento político-ideológico central dessas correntes críticas na afirmação de que esses direitos surgiram historicamente num processo de ruptura da continuidade histórica das nações e, assim sendo, as declarações revolucionárias em que se proclamaram os direitos humanos, constituíram, antes de tudo, um exercício de abstração. Ao rejeitarem a ordem jurídica do passado, escrevem os críticos dos direitos humanos, os revolucionários norte-americanos e franceses procuraram estabelecer uma ordem ideal, caracterizada pelo "despotismo plebeu que guilhotina para equalizar, que massacra para libertar, e sobretudo, o máximo do horror, que racionaliza o terror em nome do Direito".[39] A crítica aos direitos humanos, independente de sua filiação ideológica, expressou o entendimento de que esses direitos serviram como racionalização do processo político de ascensão da burguesia ao controle do Estado.

O segundo plano em que ocorre a contestação aos direitos humanos refere-se à conceituação desses direitos, estabelecida no quadro de uma con-

---

[39] BINOCHE, Bertrand. *Critiques des droits de l'homme*. Paris: Presses Universitaires de France, 1989, p. 8.

cepção do homem e da sociedade, crítica essa que deita suas raízes em justificativas filosóficas. Essas correntes críticas podem ser classificadas, como propõe Binoche,[40] em três grupos: a crítica empiricista, que se subdivide na crítica tradicionalista (Edmund Burke) e na crítica utilitarista (Jeremy Bentham); a crítica providencialista (Joseph de Maistre); e a crítica historicista, que se subdivide em três subgrupos – historicismo racionalista (Benjamin Constant e Auguste Comte), historicismo organicista (Savigny e Hegel) e o historicismo materialista (a crítica revolucionária francesa, o jovem Marx e Babeuf). Essa sistematização mostra como em torno da ideia da ruptura da continuidade, diferentes famílias intelectuais convergem para identificar nos direitos humanos a expressão dessa cisão.

A leitura contemporânea desses autores sugere, entretanto, que a crítica aos direitos humanos apontou mais para o fenômeno da alienação a que foi levado o homem moderno, não se tratando na realidade de investigação que contemplasse os fundamentos desses direitos. A crítica aos direitos humanos tornou-se, principalmente sob a influência do marxismo e do positivismo, mais radical, passando a identificar no estado de direito e nas declarações de direito das constituições simples construções formais, que excluíam das garantias efetivas grandes contingentes da população. Voltou-se então a crítica, não mais contra os direitos humanos, mas contra o próprio direito na forma encontrada no estado liberal, pois "não se trata mais de atualizar os direitos humanos, mas sim de sair do direito como saímos da religião".[41] O que se passa a questionar no processo contra os direitos humanos é a própria possibilidade da existência do direito, criando-se mesmo a esdrúxula categoria do não direito. Talvez o efeito final da leitura dos críticos dos direitos humanos tenha sido, além da contribuição seminal que trouxeram para que o pensamento social, a de explicitar a inadequação manifesta de certas categorias jurídicas, face à realidade contemporânea, o surgimento de utopias que prescindem não somente dos direitos humanos, mas do Estado e da ordem jurídica. Encontramo-nos, assim, diante de duas negações maiores do direito originadas em diferentes formas do historicismo:[42] a redução do direito à história, sacrificando-se a possibilidade de categorias universais, e a recusa de uma norma metapositiva para o direito, que se reduz, assim, ao direito positivo. Constata-se no pensamento social e jurídico, depois do advento do marxismo, do positivismo e do cientificismo no final do século XIX, a existência de um ponto de inflexão, caracterizado pelo progressivo esvaziamento da milenar tradição da análise do justo e do injusto no quadro do pensamento jurídico, afastando-se, dessa forma, qualquer preocupação com os fundamentos éticos e racionais da ordem jurídica.

---

[40] BINOCHE. Op. cit., p. 8.

[41] Ibidem, p. 112.

[42] STRAUSS, Leo. *Droit Naturel et Histoire*. Paris: Librairie Plon, 1954, p. 263 e segs.

Além da crítica historicista, a ideia dos direitos humanos recebeu, também, uma crítica que se situa no âmbito estrito da insuficiência conceitual da expressão. Esse tipo de crítica teve no pensamento do historiador do direito e filósofo francês Michel Villey a sua formulação mais sistematizada. Ao constatar a fragilidade da argumentação e da eficácia dos direitos humanos – o que justificava a crítica surgida de todos os quadrantes ideológicos – Villey[43] procurou responder à pergunta: "onde reside o seu *vício* radical?". O filósofo francês sustentava que o vício da ideia dos direitos humanos encontrava-se na tentativa de reunir duas ideias, a do homem, a natureza genérica do homem, e a ideia do direito. A "avalanche dos direitos humanos"[44] surgiu, no seu primeiro momento, como instrumento de proteção do indivíduo face ao Estado, mas acabou beneficiando determinadas classes sociais e, no balanço geral, teve quatro principais e funestas consequências: os direitos humanos foram organizados em proveito de uma classe social, a dos proprietários, constituindo-se, portanto, para a benefício dos ricos; a liberdade de opinião também serviu no quadro dos direitos humanos para atender a uma classe social, pois, lembra Villey, o próprio Locke, o filósofo do liberalismo, sustentava que os católicos estariam excluídos do exercício da liberdade religiosa; e, finalmente, Villey argumenta que a proclamação desses direitos, garantidores da felicidade, da saúde e da cultura para todos de forma igual, justificou, também, diferentes formas de despotismo. Os direitos humanos, para Villey, procuraram ocultar diversas situações iníquas, ao ignorar que o "direito" é, basicamente, uma relação multilateral, não se podendo inferir, em consequência, uma relação, que supõe diferentes termos, de um termo único, o homem. A conclusão final do filósofo francês explica o arquétipo teórico dentro do qual irão proliferar as doutrinas antidireito da modernidade: "a aparição dos direitos humanos testemunha a decomposição do conceito de direito. Seu surgimento foi o correlato do eclipse ou da perversão, na filosofia moderna individualista, da ideia de justiça e de seu instrumento, a jurisprudência".[45]

O marxismo, o positivismo e a marcante influência do cientificismo nas ciências sociais, herdadas do século XIX, junto com doutrinas que nada têm de marxistas ou positivistas, como é o caso do pensamento de Michel Villey, criaram o caldo de cultura propício à proliferação, na segunda metade do século XX, da mais radical das contestações aos direitos humanos, que terminou questionando a própria viabilidade do direito. Essa contestação radical à natureza da ordem jurídica levou à tentativa de construção de um "direito sem os direitos humanos".[46]

No pensamento jurídico contemporâneo, essa posição de negação final dos direitos humanos, como uma instância universal, encontrou na obra de

---

[43] VILLEY, Michel. *Le Droit et les Droits de L'Homme*. Paris: Presses Universitaires de France, 1990, p. 22.

[44] Ibidem, p. 151.

[45] Ibidem, p. 154.

[46] RENAUT, Alain; SOSOE, Lukas. *Philosophie du Droit*. Paris: Presses Universitaires de France, 1991, p. 41 e segs.

François Ewald a sua formulação mais acabada. A proposta de Ewald (1986) consistiu em aplicar o método foucauldiano à filosofia do direito, fazendo com que o "Direito", o "poder" e o "Estado", fossem ideias suspensas, a terem a sua falsa evidência reveladas pela arqueologia jurídica. O problema da crítica do direito em função de uma lei universal, que determinaria os critérios da justiça, como foi a preocupação da tradição filosófica durante séculos, passou a ser analisado a partir de uma posição estritamente nominalista, isto é, o Direito é simplesmente um nome, não designando nenhuma substância, mas sòmente práticas jurídicas que são sempre particulares, práticas essas a serem reveladas pelo "positivismo crítico".[47] Com isto, Ewald retirou qualquer possibilidade de análise dos fundamentos dos direitos humanos e da relevância desses direitos como parâmetros universais. Dentro desse modelo intelectual, os direitos humanos para Ewald são considerados, portanto, como formas jurídicas de diferentes experiências, que seriam modos particulares de explicitar ou enfrentar a questão da lei justa. Ao procurar negar o caráter de universalidade dos fundamentos dos direitos humanos, Ewald terminou, no entanto, reintroduzindo o problema da lei justa, sob o rótulo dos direitos humanos, no pensamento positivista.[48]

A conclusão de Ewald permite, entretanto, que se recuperem alguns temas que serão necessários na fundamentação crítica dos direitos humanos. O positivismo crítico, na perspectiva de Ewald, impõe-se como uma tentativa de superação do kelsenianismo, e irá considerar os direitos humanos como referência final obrigatória no quadro do direito positivo. A experiência dos direitos humanos, que é também uma entre outras experiências jurídicas, expressa "o sentimento de que é conveniente encontrar um princípio limitador à uma inflação legislativa e regulamentar, que podemos temer irá produzir um tipo de autoanulação".[49] Essa constatação, entretanto, ocorre no quadro de uma construção positivista, onde a norma fundamental de Kelsen é substituída pela noção de regra de julgamento, que irá expressar a racionalidade própria da lei, da doutrina e da jurisprudência, constituindo-se numa instância reflexiva dentro da própria ordem jurídica. Dessa forma, Ewald não se preocupou em estabelecer princípios racionais, que justificassem uma categoria de direitos comuns a todos os seres humanos, ainda que a regra de julgamento seja expressa na fórmula: não há *direito* (positivo) sem um *direito do direito*, o tipo de racionalidade através do qual se refletem as práticas do direito positivo.[50] O positivismo crítico, em última análise, ainda que reconheça a necessidade de um referencial para avaliar o direito positivo, estabeleceu simplesmente mais um processo hermenêutico interno ao próprio direito.

---

[47] EWALD, François. Pour un positivisme critique: Michel Foucault et la philosophie du droit, In: *Droits*, n.3, 1986, p. 138.

[48] RENAUT, Alain; SOSOE, Lukas. op. cit., p. 60

[49] EWALD, François. op. cit., p. 142.

[50] Ibidem, p. 139.

2.4. Aporias relativas aos direitos humanos

A fundamentação crítica dos direitos humanos não constituiu em si mesma uma teoria dos direitos humanos, e nem a isto se pretende, pois procura somente estabelecer os argumentos racionais e os princípios morais com os quais se pode justificá-los como uma categoria especial de direitos. As dificuldades surgidas no contexto da teoria dos direitos humanos podem, através da fundamentação crítica, receber uma qualificação epistemológica, que as situe no plano da teoria e as retire das circunstâncias empíricas, que não lhe são essenciais.

A própria expansão do âmbito dos direitos humanos, englobando na sua regulamentação uma série de direitos que não se relacionam diretamente com a ideia da dignidade humana, suscitou diferentes tipos de problemas. Essas interrogações podem ser resumidas numa aporia de caráter geral que tem a ver com a heterogeneidade dessa categoria de direitos, que desde as suas primeiras manifestações até a sua constitucionalização, aparece na variada gama de denominações: "direitos e garantias fundamentais" na Constituição brasileira de 1988, onde são definidos como "direitos e deveres individuais e coletivos" (Const. 1988, Título II, cap. I), como "direitos sociais" (*Const. 1988, Título II, cap.II*) e como "direitos políticos" (*Const. 1988, Título II, cap. IV*). Em outras constituições são denominados de modo diverso: conjunto de "direitos fundamentais" (*Lei Fundamental da Alemanha* de 1949), "direitos e deveres dos cidadãos" (*Constituição italiana* de 1947) ou "direitos e deveres fundamentais" (*Constituição portuguesa* de 1976). Os textos constitucionais definem de forma abrangente e incluem no estatuto especial dos direitos humanos uma variedade de direitos, que não se referem diretamente à dignidade do ser humano. Essa sistematização abrangente, sob o rótulo de direitos humanos, suscitou dificuldades de ordem teórica, que podem ser classificadas em duas categorias: aporias relativas à hierarquização desses direitos e aporias relacionadas com a própria natureza desses direitos.

Os direitos humanos podem ser hierarquizados em quatro categorias,[51] pois apesar de serem aceitos como todos tendo a mesma força normativa, a lei positiva estabelece limites, que são previstos na Declaração Universal das Nações Unidas de 1948 no artigo 29-2: essas limitações têm em vista, exclusivamente, assegurar "o reconhecimento e o respeito dos direitos e liberdades do outro e a fim de que sejam satisfeitas as justas exigências da moral, da ordem pública e do bem-estar geral na sociedade democrática".

A hierarquização dos direitos humanos relaciona-se, portanto, com os problemas suscitados quanto às suas garantias efetivas. Em que medida alguns direitos humanos gozam de uma proteção mais efetiva do que outros? Existe na Declaração Universal e nos demais tratados a previsão de uma proteção variável para certos tipos de direitos humanos? A resposta parece pouco explícita, quando se trata da Declaração Universal. Mas quando

---
[51] DELMAS-MARTY, Mireille. *Pour un droit comum*. Paris: Seuil, 1994, p. 177 e segs.

examinamos o Pacto Internacional de Direitos Civis e Políticos (1966), bem como a Convenção Europeia para a Proteção dos Direitos Humanos e das Liberdades Fundamentais (1950), com os seus subsequentes protocolos, e as convenções americanas sobre os direitos humanos, constata-se que "existe uma escala de valores que se acham subentendidas nos direitos humanos".[52] Essa escala, como sugere Delmas-Marty, comporta graus de proteção, onde se encontram pouquíssimos direitos com proteção absoluta. Acima do direito à vida, pois todos os textos referidos admitem as exceções da pena de morte e da legítima defesa, encontram-se os seguintes direitos absolutos: proibição da tortura e de tratamentos desumanos ou degradantes, a proibição da escravidão e da servidão, e a proibição de obrigar alguém sem seu consentimento a submeter-se a experiências médicas e científicas e a obrigação de reconhecer em todos os lugares a personalidade jurídica de cada indivíduo.

Os demais direitos consagrados como direitos humanos, a começar pelo próprio direito à vida, encontram-se em grau menos absoluto, ainda que se proclame a dependência desses direitos à dignidade humana. Nesse contexto é que se situa o debate a respeito da natureza de alguns direitos, como os direitos sociais e econômicos, alguns deles considerados pela legislação como direitos humanos.

Duas linhas de investigação podem ser encontradas na teoria contemporânea, que estão a exigir um maior aprofundamento, principalmente, sob o aspecto dos fundamentos éticos desses direitos, que poderá levar-nos a superar as dificuldades encontradas pela teoria. De um lado, na tradição da crítica a esse tipo de direitos, o argumento de Hayek[53] sustenta que a ideia original dos direitos humanos como instrumentos para a limitação dos poderes, tanto do governo, como de outros grupos sociais e pessoas sobre o indivíduo, transformou-se no último século em demandas particulares e individualistas no contexto do estado do bem-estar social. Esse tipo de demanda foi inventada, escreve Hayek, referindo-se ao Presidente Franklin Roosevelt, "pelo maior dos demagogos modernos" (sic). A satisfação completa das necessidades sociais e econômicas do ser humano nasceu da ilusão, sustenta Hayek, de que o Estado poderia atender a essas demandas e libertar o ser humano da necessidade, como proclamava o Presidente Roosevelt ao prometer a libertação do medo, da ignorância, da doença e das necessidades.

Existe, modernamente, uma outra linha de investigação e argumentação que sustenta haver uma dependência necessária e lógica entre os direitos humanos e os direitos sociais. O argumento de que os direitos sociais se inserem na categoria dos direitos humanos tem sido desenvolvido,[54] em torno da ideia de que a responsabilidade social do Estado, é uma das dimen-

---

[52] DELMAS-MARTY. Op. cit., p. 177.

[53] HAYEK, F. A. *Law, Legislation and Liberty*. London: Routledge & Kegan Paul, vol. 3, 1979, p. 202-203.

[54] HÖFFE, Otfried. *L'État et la Justice*. Paris: Vrin, 1988, p. 102-103.

sões definidoras do estado democrático de direito, ideia essa que se encontra consagrada em diferentes textos constitucionais sob a forma do princípio da solidariedade (Constituição brasileira de 1988, art. 3º, I). Para que essa ideia seja plenamente analisada é necessário situá-la no quadro de uma teoria normativa completa do Estado. Höffe propõe dois tipos de argumentos para legitimar a responsabilidade social do Estado e, em consequência, incluir os direitos sociais como direitos humanos. Os dois argumentos de Höffe fundamentam-se ambos nas raízes morais dos direitos humanos e, em função dessa natureza ética, permite que se analise o problema de ângulo diferente daquele utilizado pelo economicismo. O primeiro argumento de Höffe consiste em demonstrar a importância funcional da responsabilidade social do Estado, isto porque, se o Estado não tem essa responsabilidade, a liberdade e a participação, também objetivo e instrumento do estado democrático de direito, deixam de existir historicamente; o outro argumento de Höffe examina a questão sob o ponto de vista da natureza do Estado, considerando a responsabilidade social do poder público como atributo absoluto da organização estatal.

A leitura, ainda que preliminar de Delmas-Marty e de Höffe, sugere que se aborde a questão contingente da eficácia dos direitos humanos em sua dimensão própria. A eficácia poderá ser redimensionada levando-se em conta que existe uma hierarquização de valores, que se refletem no estatuto dos direitos humanos; também, não se pode deixar de considerar que os direitos humanos, em sua maioria, não são absolutos, dependendo a sua eficácia de outros direitos. A hipótese a que poderá levar uma análise mais circunstanciada do pensamento de Höffe é a de que os direitos sociais seriam condição para a eficácia dos direitos humanos. A plausibilidade dessa hipótese exige, entretanto, que os direitos sociais sejam conceituados no quadro de uma argumentação ética, vale dizer, tenham uma estrutura racional, e não representem simplesmente uma categoria legal, consagrada no âmbito estreito de uma interpretação positivista da ordem jurídica ou no contexto de uma concepção economicista da ordem social.

3. Notas kantianas sobre o Direito

3.1. Introdução

A contribuição kantiana para a reflexão sobre o estado democrático de direito caracteriza-se pela ênfase na necessária complementaridade entre a moral e o direito, como condição de institucionalização dessa forma de regime político. A relação entre essas duas ordens normativas assume função destacada no quadro do estado contemporâneo porque em função delas é que se pode estabelecer o argumento legitimador do sistema democrático. A leitura das constituições do estado democrático de direito torna-se, assim, necessariamente diferenciada em virtude da fonte moral de onde nasce o sistema político-institucional e jurídico. A Constituição por ter uma fonte moral, pois é fruto da manifestação da vontade de agentes morais autônomos, estabelece limites ao arbítrio e à desigualdade social.

Nesse sentido, o regime democrático é mais do que a simples manifestação da vontade da maioria e torna-se um regime dotado de valores morais que o fundamentam e justificam. A importância da recuperação da tradição kantiana torna-se tanto mais urgente quanto o esvaziamento da perspectiva positivista, no contexto da cultura tecnocientífica moderna, exige a construção de um novo paradigma teórico na teoria do direito, que responda de forma consequente às exigências de legitimidade da ordem jurídica do estado democrático de direito.

A análise crítica do direito, da moral e da justiça foi ocupada, durante grande parte do século XX, por um rígido formalismo, que encontrou na teoria pura do direito de Hans Kelsen a sua expressão mais sofisticada.[55] As relações entre valores morais, ordem jurídica e justiça, que deitam as suas raízes na tradição do pensamento do Ocidente, ressurgiram, entretanto, como *vexata quaestio* nos conflitos culturais, sociais e políticos que ocorrem nas sociedades contemporâneas. Esse fato cultural, que se encontra presente em todas as sociedades democrático contemporâneas, torna mais premente a recuperação do pensamento kantiano para que se possa esclarecer e substantivar os argumentos constitutivos do discurso jurídico no estado democrático de direito.

---

[55] KELSEN, Hans. *The Pure Theory of Law*. Op. cit.

No século XVIII, Immanuel Kant promoveu uma revolução copernicana na filosofia ocidental, ao libertá-la do paradigma teológico e metafísico na qual se encontrava prisioneira, desde o ocaso do Império Romano. A filosofia kantiana ao libertar-se da tradição metafísica, estabeleceu os princípios filosóficos da Modernidade,[56] que iria ser caracterizada como a época histórica na qual o homem erigiria a razão como instrumento nuclear no conhecimento e no agir humano. A máxima kantiana bem expressou esse momento revolucionário na história do pensar e do agir humano: "*Sapere aude!*" – "ouse saber", tenha coragem e sirva-se da sua própria inteligência.[57] Para Kant, a época do Iluminismo representava a libertação do homem do estado de tutela em que se encontrava submetido, caracterizado por não fazer uso público da razão. Nas palavras de Kant: "ouço de todos os lados o apelo: *não raciocine!* O oficial diz: não raciocine, execute! O fiscal de rendas diz: não raciocine, pague! O sacerdote diz: não raciocine, creia (Um único mestre no mundo diz: *argumentem* quanto queiram e sobre o que quiserem, *mas* obedeçam)".[58]

A revolução kantiana do ponto de vista moral e político consistiu, assim, em reconhecer que os problemas centrais da filosofia – os problemas clássicos da metafísica, as provas da existência de Deus e a fundamentação da moral – não encontravam respostas adequadas na tradição filosófica. O filósofo escocês David Hume (1711 – 1776), juntamente com Jean-Jacques Rousseau (1712 – 1778), foram os dois pensadores que tiveram influência determinante no pensamento filosófico e moral de Kant. O pensamento de Hume serviu para a sua incursão no campo da filosofia teórica, tendo sido, como reconhecia Kant, responsável em suas palavras, por tê-lo "acordado do sono dogmático e dado uma nova direção nas minhas investigações no campo da filosofia especulativa".[59] Rousseau, cujo retrato era a única decoração do escritório de Kant, foi marcante no campo da filosofia prática. Essa "nova direção" consistiu, num primeiro momento, na distinção entre o conhecimento sensível, de um lado, e o conhecimento inteligível, ou nas palavras de Kant, na distinção entre o mundo fenomênico e o mundo *noumenal* ou da razão.

O projeto filosófico de Kant iniciou-se como uma investigação que possibilitasse a determinação de um patamar epistemológico comum do conhecimento humano, tanto para as matemáticas e as ciências exatas, quanto para a filosofia moral e a estética. Kant chamava a sua ciência filosófica fundamental de filosofia transcendental. Para que se possa distingui-la da filosofia transcendental medieval, modernamente chama-se a filosofia kantiana

---

[56] HÖFFE, Otfried. *Príncipes du Droit*. Cap. 1, Paris: Cerf, 1993.

[57] KANT, Immanuel. Qu'est-ce que les Lumières? In: *Aufklärung. Les Lumières allemandes*. Textes et commentaires par Gerard Raulet. Paris: GF-Flamarion 1995, p. 25.

[58] KANT, op. cit., p. 27.

[59] Cf. HÖFFE, Otfried. *Immanuel Kant*. Trans. By Marshall Farrier. Albany: State University of New York Press, 1994, p. 19.

de filosofia crítica transcendental. Esse patamar deveria servir como critério último racional para todas as formas de conhecimento humano.

Isto porque certas questões não podem ser respondidas ou ignoradas pela razão humana. Não podem ser ignoradas porque a razão humana, diante da variedade das observações e experiências, procura princípios gerais através dos quais essas múltiplas experiências possam mostrar-se não como um caos, mas como uma estrutura global, interconectada e unificada. Esses princípios últimos, unificadores e explicadores da experiência, são incondicionais e se constituem na condição de possibilidade do estabelecimento e do desenvolvimento do conhecimento humano.

A arquitetônica da teoria do conhecimento de Kant baseia-se em um conjunto de elementos constitutivos de qualquer forma de pensamento, os chamados *a priori*, ou seja, aquilo que é determinado a partir de puros conceitos, independentes da própria experiência.[60] Os elementos *a priori* do conhecimento (intuições, categorias e princípios) revelam-se como tais pelo seu caráter de necessidade rigorosa e de validade universal. As três críticas da razão escritas por Kant – *Crítica da Razão Pura*, 1781 e 2ª ed. modificada, em 1787; *Crítica da Razão Prática*, 1788; *Crítica da Faculdade de Julgar*, 1790 – estabelecem esse edifício arquitetônico, procurando cada uma delas responder às perguntas clássicas kantianas. A primeira delas reflete sobre os limites do conhecimento humano argumentando como na ordem do conhecimento, as leis *a priori* da razão impõem-se ao conhecimento. A *Crítica da Razão Prática* estabelece que, na ordem da ação humana, a razão pura prática, dirigindo de modo incondicional e formal a ação humana, determina o imperativo categórico do dever de modo apodítico. A *Crítica da Faculdade de Julgar*, por sua vez, estabelece como os princípios puros *a priori* regem, através do julgamento estético, o que podemos chamar de comunicação intersubjetiva. Em todas as críticas consideram-se os *a priori* racionais que irão sedimentar o *sapere aude* do homem moderno.

Apesar de sua principal contribuição ao *corpus philosophicum* ter sido a análise da possibilidade da razão humana determinar as condições do conhecimento (da ciência), da moral e da estética, a preocupação com o Direito sempre esteve presente na obra de Kant, ainda que não se encontre no seu pensamento uma sistematização do pensamento jurídico. Escreveu, porém, outras obras que evidenciam a importância atribuída por Kant ao direito. Além da *Fundamentação da Metafísica dos Costumes*, dividida na *Doutrina das Virtudes* e na *Doutrina do Direito*, Kant escreveu textos que tratam direta e indiretamente da questão do direito. Alguns desses textos tornaram-se referencial obrigatório na cultura jusfilosófica: *A Paz Perpétua, A Ideia de uma história universal de um ponto de vista cosmopolita, Sobre um suposto direito de mentir* e *Sobre a expressão corrente: pode ser certo na teoria, mas nada vale na prática*.

O objetivo filosófico principal de Kant, no âmbito da filosofia do direito, foi encontrar os fundamentos do Direito e do Estado a partir dos con-

---

[60] EISLER, Rudolf. *Kant-Lexikon*. Verbete *a priori*. Trad. Anne-Dominique Balmés et Pierre Osmo. Paris: Gallimard, 1994.

ceitos *a priori*, ou seja, princípios de uma razão jurídico-prática pura, não empírica, que justificarão racionalmente os limites ao exercício da vontade soberana, como encontrada nos regimes absolutistas do século XVIII.[61] Kant situa-se, assim, em vertente contrária às correntes filosóficas da época, como o utilitarismo e o pragmatismo, não somente porque, para ele, ambas seriam uma variante do empirismo, e, portanto, privilegiariam o espaço da empiria, e não o da razão. Isto porque as investigações de ambas as correntes do pensamento ficariam prisioneiras de tentativas de adaptar-se aos meandros da experiência concreta, sempre contingente, faltando as bases racionais puras, que, para Kant, seriam as únicas capazes de sedimentar o conhecimento filosófico e assegurar uma leitura crítica da realidade jurídica.

A crítica principal de Kant[62] advinha da constatação de que no domínio prático, o Direito, apesar de sua importância e prestígio, nunca se propôs a uma reflexão filosófica que investigasse os princípios que pudessem servir de fundamentos racionais para a ciência do direito. Paradoxalmente, os juristas, apesar de não se preocuparem com esse tipo de investigação dedutiva, a fim de elucidar criticamente a própria ideia do direito, buscam incessantemente uma definição do Direito, que não se concretiza precisamente porque a reflexão jurídica ficar prisioneira da empiria contingente e histórica.

Quando Kant proferiu os seus cursos sobre a filosofia moral, em 1785, procurou, desde então, encontrar uma fundamentação para uma metafísica dos costumes, projeto este que se desdobrou na formulação da teoria das virtudes e da doutrina do direito. A ideia de uma metafísica dos costumes partiu do pressuposto, empiricamente comprovado, de que para além dos diferentes códigos culturais de moralidade e dos sistemas jurídicos positivados, era possível que a inteligência humana pudesse apreender o universal como se encontrava respondida no caso particular, a particularidade das normas morais e das leis jurídicas. O pensamento filosófico, especificamente no campo do direito, necessitava de uma filosofia crítica que pudesse satisfazer à problemática que fundamentasse o criticismo. Essa problemática expressava-se na necessária análise da realidade jurídica sob uma ótica universal, o que somente seria possível se fossem explicitadas as relações de complementaridade entre a moral o direito. Em outras palavras, na arquitetônica do sistema kantiano, a doutrina do direito pretende assegurar que se encontre uma resposta à problematização "crítica" do universo jurídico.

3.2. A *quaestio iuris* em Kant

Alguns autores, como, por exemplo, Hannah Arendt, sustentam que a produção de Kant sobre o direito não se situa no mesmo nível de suas

---

[61] HÖFFE, Otfried. *Immanuel Kant*. op. cit., p. 168.

[62] KANT, Immanuel. *Métaphysique des Moeurs*. Première Partie. Doctrine du Droit. Trad. A. Philonenko. Paris: Librairie Philosophique J. VRIN, 1971, p. 104.

grandes obras filosóficas, talvez, por ter sido uma produção intelectual do final de sua vida.[63] A própria qualidade desses trabalhos foram considerados como indignos da pena kantiana. Assim, por exemplo, Schopenhauer escreveu sobre a produção de filosofia política e do direito de Kant: "Parecem que não é o trabalho desse grande homem, mas o produto de um simples homem comum [*gewöhnlicher Erdensohn*]".[64]

Esses tipos de afirmações não resistem, entretanto, em primeiro lugar, a uma análise consistente da vida intelectual de Kant e, em segundo lugar, são desmentidos tendo em vista a importância hoje adquirida pelo projeto kantiano como instrumento teórico necessário para a consistência teórica e prática do estado democrático de direito. Até 1788, conta-se na obra de Kant doze cursos nos quais o problema do direito é analisado, ainda que se refira somente ao direito natural. Também os cursos sobre filosofia moral mostram a preocupação de Kant com o direito. O próprio Kant, nas *Lições sobre Ética*[65] (1762), desenvolveu uma longa argumentação sobre a natureza da obrigação e mostrou como em torno da ideia de obrigação em relação a si mesmo e obrigação em relação ao outro é que se estruturam todos os sistemas normativos e torna possível a distinção entre a moral e o direito. A teoria da obrigação de Kant constituiu-se no cerne da primeira sistematização de sua filosofia moral, por ele chamada de "filosofia prática universal".

Em outros textos, sobretudo, "*A ideia de uma história universal de um ponto de vista cosmopolita*" (1784),[66] Kant aborda as questões específicas jurídicas da Constituição civil, do direito público e da sociedade das nações, sob a perspectiva da história universal. Mesmo na questão do método, que constitui o objeto da *Crítica da Razão Pura*, as questões de direito – por exemplo, o método dedutivo dos juristas, a "república perfeita" de acordo com Platão, a questão da definição do direito, nunca resolvida pelos juristas – é tema recorrente na reflexão kantiana.

Em 1796, Kant publica a *Doutrina do Direito*, mas foi em 1790, com a publicação da *Crítica da Faculdade de Julgar*, que Kant problematizou de forma sistemática o direito. Como Kant não escreveu uma teoria política, Hannah Arendt considera que a melhor forma de compreender o seu pensamento político é analisarmos a "Crítica do Juízo Estético" (primeira parte da *Crítica da Faculdade de Julgar*). A interpretação de Arendt do pensamento kantiano relaciona o senso comum ou senso comunitário, onde se efetiva a sociabilidade humana, com a possibilidade do juízo sobre a obra de arte. Ou seja, os juízos sobre o belo são fruto da apreensão de um objeto pela imaginação, por meio de um procedimento que se exercita a partir da mais comum experiência, ou seja, a faculdade de julgar e, por consequência, compartilhar o gosto,

---

[63] ARENDT, Hannah. *Lectures on Kant's Political Philosophy*. Chicago: The University of Chicago Press, 1992, p. 8-9.

[64] SCHOPENHAUER, Arthur, *apud* ARENDT, op. cit., p. 8.

[65] KANT, I. *Leçons d'Éthique*. Trad. Par Luc Langlois. Paris: Le Livre de Poche, 1997, p. 69 e segs.

[66] KANT, I. *Idéia de uma história universal de um ponto de vista cosmopolita.*Trad. Rodrigo Naves e Ricardo R. Terra. São Paulo: Brasiliense, 1986.

pressupõe a presença dos outros, no âmbito de uma comunidade dialogal. Como argumenta Arendt, Kant descobriu, por detrás de uma temática favorita do século XVIII, a questão do gosto, uma faculdade humana nova, a faculdade de julgar. Ao mesmo tempo, entendeu essa nova faculdade possibilitaria a formulação de proposições morais. Depois de Kant é mais do que o gosto que decidirá sobre o belo e o feio; da mesma forma a questão sobre o certo e o errado não mais será decidida pela opinião subjetiva, mas unicamente pela razão.[67]

A *"Metafísica dos Costumes"*, na sua Primeira Parte, intitulada "Primeiros Princípios Metafísicos da Doutrina do Direito", é o texto básico para que se possa compreender a filosofia do direito e política kantiana. Essa obra resulta das investigações realizadas na *"Crítica da Razão Prática"*, sendo esta o pressuposto metodológico necessário para a filosofia do direito. Não é, assim, uma teoria dogmática do direito, que respondesse à questão *quid sit iuris* – o que está de acordo com o direito –, mas sim procura responder à questão mais fundamental da reflexão jurídica: *qui iuris,* o que é o direito.

O objetivo de Kant consistiu em submeter o sistema jurídico positivado ao tribunal da razão a fim de descobrir os cânones que permitissem compreender o sentido de todo o ordenamento jurídico. Trata-se da investigação que busca um conceito racional do direito, que servirá como referencial crítico para o direito positivo. Como escreve Höffe, ao contrário do que afirma o racionalismo radical, que procura justificar a fonte da lei positiva na pura racionalidade, a teoria crítica kantiana limita-se à simples tarefa de clarificar conceitos básicos e princípios.[68] Essa tarefa humilde não substitui o juiz, o legislador ou o jurista, precisamente porque é uma ciência independente da empiria, ainda que se torne como veremos a seguir, necessária para a legislação e a jurisprudência.

A filosofia do direito kantiana, ao contrário do que supõe uma leitura reducionista da obra de Kant, considera as realidades empíricas que se constituem em objeto da lei, como a pessoa, a propriedade, a família. Não se pode, assim, atribuir a Kant uma teoria pura do direito, pois como ele escreve, "o conceito do direito é um conceito puro, mas apoiado na prática (aplicado aos casos que se apresentam na prática)".[69] Mas Kant prevê as limitações do conhecimento humano, quando da aplicação do conceito aos diferentes casos, e adota uma posição de precaução onde a filosofia servirá somente para uma aproximação de todo o sistema jurídico e não conseguirá compreendê-lo na sua inteireza.

Esses limites, entretanto, não impedem que se procure um critério universal através do qual possa ser diferenciado o justo do injusto. Mas Kant estabelece como condição para o sucesso dessa diferenciação que o jurista abandone os princípios empíricos, aqueles consagrados na doutrina do di-

---

[67] ARENDT, Hannah. Op. cit., p. 10.

[68] HÖFFE, Otfried. Op. cit., p. 169-170.

[69] KANT, I. *Métaphysique des Moeurs*. Op. cit., p. 104.

reito positivo. Nesse sentido, Kant escreve que, referindo-se especificamente à análise do fenômeno jurídico, "uma teoria do Direito meramente empírica é como a cabeça de madeira na fábula de Fedro. Uma cabeça que pode ser muito formosa, mas que não tem senso".[70] Por essa razão, para que se possa romper a camisa de força da empiria e situar a leitura do fenômeno jurídico em patamar crítico, a filosofia do direito torna-se necessária para o juiz e para o jurista.

A doutrina kantiana do direito, portanto, não se deixa tomar pela experiência, mas não a ignora, situando-se, sendo, assim, entre o empiricismo e o idealismo. Kant já antevira as dificuldades explicitadas pelas ciências sociais, nascidas sob o influxo do positivismo do século XIX. As ciências sociais, descritivas das experiências humanas, e especificamente a antropologia, permanecem no patamar mínimo de abstração, não permitindo que se tenha uma visão crítica da própria realidade que se pretende analisar. Nesse contexto, para Kant, a metafísica dos costumes é parte da filosofia transcendental e caracteriza-se como uma teoria da prática e, também, como uma teoria pura dos costumes jurídicos, "o que significa, exatamente, que ela não pode estar fundamentada na antropologia, ainda que possa aí ser aplicada".[71] A filosofia kantiana desenvolve-se não a partir de definições, mas de uma análise substantiva, e irá estruturar-se considerando os dados empíricos, que pressupõem uma antropologia, a ser aplicada no entendimento da realidade empírica.

3.3. O discurso jurídico pós-tradicional

A primeira consideração de Kant ao tratar do projeto jurídico parte da constatação de que, ao contrário do que afirmara Hobbes, os sistemas jurídicos legítimos são fruto, não da vontade arbitrária do soberano ou do legislador, mas de sua obediência a princípios gerais do direito. Esses princípios têm uma natureza jurídica, sendo que a noção de "pessoa" é um conceito legal e não antropológico. O direito, portanto, ocupa-se da liberdade externa, que se objetiva n manifestação da vontade livre entre pessoas, e não na liberdade moral, independente de paixões e desejos. Essas manifestações da liberdade interna somente teriam relevância jurídica na medida em que provocassem ações que afetassem a liberdade externa. Nesse sentido, a comunidade política para Kant seria o resultado do concurso de liberdades individuais que assegurassem a liberdade comum. Encontra-se na célebre passagem em que Kant formula o princípio universal do direito: "É justa toda a ação que permite ou cuja máxima permite a coexistência da liberdade de arbítrio de um com a liberdade de outro, segundo uma lei universal".[72] Em decorrência a lei universal do direito é formulada de forma semelhante

---

[70] KANT, I. *Métaphysique des Moeurs*. Op. cit., p. 104.

[71] Ibidem, p. 91.

[72] Ibidem, p. 104.

ao imperativo supremo da moralidade, o imperativo categórico: "age exteriormente de tal forma, que o livre uso do teu arbítrio possa coexistir com a liberdade de todos e de cada um seguindo uma lei universal, sendo, portanto, uma lei que me impõe, na verdade, uma obrigação, mas que não espera de qualquer maneira, e ainda menos exige, que eu *deva* mesmo submeter minha liberdade a essas condições unicamente em razão dessa obrigação".[73]

A metafísica dos costumes, por contemplar essa dupla face do agir humano – a moral e o direito – divide-se em duas doutrinas, a doutrina da virtude e a doutrina do direito, o que demonstra como foi escrita para examinar as relações de complementaridade entre a moral e o direito. Denomina-se metafísica porque é um sistema de conhecimento *a priori* a partir de simples conceitos, que tem por objeto o livre-arbítrio, pressuposto de uma metafísica dos costumes, pois este irá expressar-se na manifestação da moralidade e na esfera jurídica. O universo jurídico, com suas categorias, procedimentos e experiências é, para Kant, um desses espaços, onde se materializa a razão prática. A metafísica dos costumes torna essa relação explícita, não porque o direito irá concretizar uma "ética aplicada" aos requisitos da razão, mas porque a juridicidade do direito, assim como a experiência e o comércio jurídicos, somente torna-se possível quando se encontra referido à instância racional prática. Encontra-se nessa racionalidade também, como nas demais áreas do conhecimento, o princípio estrutural e regulador do conhecimento jurídico.

Como escreve Höffe, a concepção do direito para Kant serve para criticar, além do positivismo, a personalização da moralidade, o que implicaria numa racionalidade e numa moralidade particular elevada à moralidade absoluta. Em decorrência do entendimento da moralidade como manifestação subjetiva ocorre o impedimento de torná-la norma da comunidade, e, por essa razão, Kant rejeita a moralização do direito, ou seja, a assunção pelo sistema de leis, portanto, tornando-os obrigatórios, dos valores morais individuais.

O direito para Kant é constituído de uma obrigação diante da lei e da faculdade do poder público de fazer com que todos cumpram a mesma obrigação. Logo, o direito nasce da possibilidade de uma coação recíproca geral que regularia o exercício da liberdade pela sociedade. Essa ideia que será formulada de forma mais incisiva por Rousseau, no célebre aforismo de que todos serão obrigados a serem livres[74] tem uma solução peculiar no pensamento kantiano. Trata-se da introdução da ideia de autonomia.

3.4. A autonomia e a ordem jurídica

Enquanto Rousseau no seu livro sustenta que todo aquele que se recusar a obedecer à vontade geral será coagido por todo o corpo social e nisso

---

[73] KANT, I. *Métaphysique des Moeurs*. Op. cit., p. 105.

[74] ROUSSEAU, Jean-Jacques. *Le Contrat Social*. Oeuvres Complètes, III. Paris: Bibliothèque de la Plêiade, 1970, p. 364.

consiste a condição da liberdade. Dessa forma, o cidadão entrega-se à Pátria, escreve Rousseau. Enquanto a liberdade no pensamento rousseauniano, encontra-se no corpo político, Kant sustenta que ela se realiza neste corpo, mas como expressão da autonomia individual. Dessa forma, Kant diferencia-se de Rousseau, pois o autor do *Contrato Social* ao situar a fundamentação do estado moderno no princípio da vontade livre soberana termina por desconsiderar as raízes históricas do estado moderno.

Kant, como escreve Joaquim Salgado, recebe de Rousseau a ideia de que a vontade é livre em si e para si e em torno dessa ideia, que se torna central em sua reflexão jusfilosófica, irá estabelecer a liberdade como o eixo em torno do qual o homem vive. Precisamente, por ser a liberdade a espinha dorsal da vida política é que se poderá legitimar a autoridade, que se justificará na medida em que não se pode voltar contra si mesma.[75]

No contexto da ideia do conceito de autonomia, Kant irá absorver os conceitos de vontade e de lei. De Rousseau, Kant absorveu a ideia de que existe "uma natureza do homem escondido no fundo da pluralidade das formas humanas manifestadas, e suas leis".[76] Em Rousseau, Kant encontrou a inspiração para responder aos empiristas ingleses, que sustentavam a natureza variável do homem. Kant procura os fundamentos de uma ética válida universalmente, que tenha como fundamento o princípio supremo da moralidade, o imperativo categórico.

O princípio da autonomia da vontade consiste na sujeição do homem à lei moral, que o torna livre na medida em que se submete a sua lei própria, no entanto universal. Esse princípio obriga o indivíduo ao agir conforme o seu próprio querer, que o torna legislador universal. O princípio da autonomia se expressa no imperativo categórico que prescreve "age apenas segundo uma máxima tal que possas ao mesmo tempo querer que ela se torne lei universal".[77] O princípio da autonomia fornece para a filosofia uma nova base, que se diferencia das éticas até então propostas, pois tem a pretensão de formular normas válidas e necessárias universalmente.

No reino da liberdade permanece uma indagação: ainda que a autonomia sirva como a fundamentação filosófica da liberdade, conceito-chave da modernidade, permanece uma questão na formulação de Kant. Como é possível a coexistência das liberdades individuais, que se constituem elas próprias em diferentes manifestações da autonomia? E como situar nesse contexto a ideia do direito, que se vincula com a ideia da coercitividade, o que implicaria a negação da autonomia? Não estaria a resposta na possibilidade da manifestação dessas diferentes autonomias no quadro de uma ordem política e jurídica, que teria como fonte precisamente a vontade autônoma do indivíduo? A coercitividade, nesse contexto, seria o instrumento

---

[75] Veja o importante livro de SALGADO, Joaquim Carlos. *A Ideia de Justiça em Kant*. Belo Horizonte: Editor UFMG, 1995, p. 229 e segs., onde se analisa de forma percuciente a influência de Rousseau em Kant.

[76] KANT, I. *Opus Postumum*, XX, 58, *apud* SALGADO, Joaquim Carlos. Op. cit., p. 229.

[77] KANT, I. *Fundamentação da Metafísica dos Costumes*. Trad. Paulo Quintela. Lisboa: Edições 70, 1988, p. 59.

dessas vontades autônomas a serem exercidas de acordo com a lei por elas criadas.

3.5. O direito *lato sensu*: *aequitas* e *ius necessitatis*

Mas Kant considera, também, que ao lado do direito no sentido estrito (*ius strictum*), caracterizado pela faculdade de uma coerção recíproca de acordo com a lei universal, pode-se conceber um direito em sentido amplo, o *ius latum*, o "direito equívoco" no qual a faculdade de coerção não será determinada por qualquer lei. Esse direito, escreve Kant, assume duas formas: a *equidade* e o *direito de necessidade*.[78]

A equidade para Kant é entendida, não como um princípio que permite que se exija de alguém cumprir o seu dever moral, mas um princípio que se apoia no direito. Faltam à equidade as condições indispensáveis que possibilitem ao juiz determinar como poderá atender à demanda do solicitante. Trata-se de uma forma de decisão onde o ato de julgar consiste na inserção do caso particular na legislação universal que não o previu. Kant analisa casos concretos em que a equidade irá materializar-se. Assim, supõe o comerciante, sócio de uma sociedade com cotas iguais, que produziu mais do que os seus sócios, mas que também perdeu mais no momento de crise econômico-financeira, pode exigir baseado na equidade mais da sociedade do que os outros sócios. O juiz, utilizando o direito estrito, não poderá assim beneficiar esse sócio, porque não se encontra estabelecida no contrato escrito a atribuição de uma parte superior aos demais. Continua com o exemplo do empregado que teve o seu salário desvalorizado, mas que não pode exigir uma reparação a não ser apelando para a equidade, que Kant chama de "divindade muda, que não pode ser compreendida".[79]

Kant argumenta que o chamado "tribunal da equidade" envolve uma contradição, no conflito envolvendo diferentes direitos.[80] Essa contradição poderá ser resolvida pelo juiz ao ouvir a voz da equidade. Kant refere-se ao caso do poder público que assume os danos sofridos por seu servidor ao servi-lo, ainda que pudesse alegar que de acordo com o direito estrito o querelante aceitara o ônus dos serviços com seus riscos e perigos. A máxima da equidade, escreve Kant, é a seguinte: " o direito mais estrito é a maior injustiça" (*summum ius summa injuria*). Mas essa injustiça não poderá ser resolvida pelo direito, ainda que seja uma questão jurídica, pois se situa no espaço da consciência, enquanto cada questão jurídica deve ser apresentada no tribunal civil.

A definição de Kant sobre o direito de necessidade estabelece um exercício mais abrangente da autonomia. Consiste na faculdade, que Kant classi-

---

[78] KANT, I. *Métaphysique des Moeurs*, op. cit., p. 108.

[79] Ibidem, p. 109.

[80] Ibidem.

fica como um "pretendido direito",[81] da defesa do direito à vida de alguém, quando ocorre o risco de se perder a própria vida. O direito de necessidade, entretanto, não pode ser confundido com o direito de autodefesa em face de uma agressão injusta, que ameaça a minha vida. A teoria do direito, fundada no exercício da autonomia individual e no respeito a outra pessoa como tendo uma finalidade em si mesmo, e cujo maior bem é a vida, estaria nesse caso em contradição consigo mesma. No próprio caso da autodefesa, o direito positivo estabelece um limite recomendando que o exercício do direito seja moderado, vale dizer, que não se encontra definido no direito, mas caracteriza-se como sendo unicamente ético. No direito de necessidade a autodefesa consiste em violência legítima contra quem não praticou nenhum ato de violência contra mim.

O direito de necessidade não poderá assim ser definido objetivamente de acordo com o direito positivo. Irá caracterizar-se de forma subjetiva com vistas à sentença a ser proferida pelos tribunais. Por essa razão, não pode haver lei penal que condene à morte aquele que, naufragando, correndo como os outros náufragos os mesmos riscos de perder a vida, empurre alguém da prancha, onde se refugiou, a fim de salvar a própria vida. Explica Kant: "tal lei penal não teria o efeito almejado; isto porque a ameaça de um mal que é ainda *incerto* (perder a vida por decisão judicial) não pode superar o medo diante de um mal *certo* (a saber o afogamento)".[82] A autodefesa que irá proteger a minha vida pela violência não pode, entretanto, ser considerada *inocente*, onde não ocorra culpa, mas simplesmente como um ato impunível pelo direito positivo. Essa forma de defesa da vida, escreve Kant, traz consigo uma identificação entre a ordem subjetiva e a determinação objetiva da lei.[83] O direito de necessidade, à semelhança da equidade, também terá a sua máxima: "a necessidade não tem lei" (*necessitas non habet legem*). E dessa forma a necessidade termina tornando legal aquilo que é injusto.

Kant sustenta que nesses dois tipos de julgamentos jurídicos (o julgamento pela equidade e em virtude do estado de necessidade) ocorre de maneira explícita um conflito entre os princípios objetivo e os princípios objetivos de exercício do direito. Aquilo que é justo sob uma determinada perspectiva individual não pode ser confirmado pelos tribunais e aquilo que pode ser considerado como injusto pode obter uma decisão favorável no mesmo tribunal. Isso ocorre, entende Kant, porque estamos tratando de duas concepções distintas de direito, que nos dois casos não têm os mesmos sentidos. Explicita-se no próprio funcionamento do sistema judiciário a ocorrência de dois tipos ou perspectivas de direitos, uma que se encontra claramente formulada e expressa no direito positivo e outra que se situa na consciência moral dos homens.

---

[81] KANT, I. *Métaphysique des Moeurs*, op. cit., p. 109.

[82] Ibidem, p. 110.

[83] Ibidem.

3.6. Os fundamentos da moral kantiana

Kant opõe-se ao relativismo, ao ceticismo e ao dogmatismo, do mesmo modo que pensadores contemporâneos, como Rawls, Apel, Habermas e Dworkin. O julgamento e o ato moral não dependem de sentimentos pessoais, de decisões arbitrárias, de valores socioculturais ou de convenções. A ação humana, para Kant, é submetida a obrigações últimas, sendo o homem responsável diante de si mesmo e do outro, sendo que essa ação resulta de uma racionalidade que é própria do homem. Para que se possa justificar racionalmente a ação moral irá obedecer ao princípio último da moral – o imperativo categórico.

Do ponto de vista dos costumes, Kant classifica as ações humanas em: a) ações contra o dever e, nesse sentido, as subdivide em ações: i) Por interesse pessoal; ii) de acordo com a legalidade simples; iii) por inclinação imediata. b) de acordo com o dever e; c) por dever. Somente as últimas são consideradas como ações morais e, portanto, fazem parte do universo da moralidade. Kant explica a ética/moral apelando para o conceito de dever, porque o homem – ser moral – não possui uma boa vontade sempre e naturalmente. O dever é que irá permitir que se torne boa a vontade nos seres finitos. Por sua vez, a boa vontade reside em cumprir o dever pelo respeito ao dever (e não em respeito à legalidade). O critério metaético da moralidade, a bondade incondicional, se realiza quando se faz o que é justo por ser moralmente correto e, portanto, quando a ação materializa o dever mesmo, independente de qualquer causa externa. Apenas nesses casos, Kant fala de moralidade. A moralidade, portanto, irá dotar a vontade de uma qualidade que irá distinguir os seres humanos dos animais racionais, que agem somente de acordo com as leis da natureza.[84]

Escreve Kant que o essencial de toda a determinação da vontade mediante a lei moral é que ela, para ser uma manifestação da liberdade, será determinada unicamente pela lei moral, expressa no imperativo categórico. Essa determinação se realizará "não apenas sem a cooperação das impulsões sensíveis, mas até com a rejeição de todas elas e com a exclusão de todas as inclinações, enquanto elas se poderiam opor àquela lei".[85] Torna-se necessário, assim de acordo com Kant, determinar-se um princípio objetivo, enquanto dirigido à vontade do agente. Nesse contexto é que Kant demonstra a importância do imperativo categórico.

Os imperativos, máximas de qualquer ação humana, são divididos por Kant em hipotéticos e categóricos. O imperativo é hipotético, quando a ação é apenas boa, como meio para se atingir algo mais, algum fim. O imperativo é categórico, quando representa uma ação como, objetivamente, necessária,

---

[84] HOFFE, Otfried. *Immanuel Kant*. Op. cit., p. 167.

[85] KANT, I. *Crítica da Razão Prática*. Trad. Artur Morão. Lisboa. Edições 70, 1989, p. 88.

sem relação com qualquer fim; a ação é representada como boa[86] em si mesma. Logo, o imperativo categórico é o critério objetivo da moralidade[87] e se articula em três formulações, todas dirigidas à vontade do agente. Estabelecem máximas ou princípios subjetivos da ação e é passível de generalização, ou seja, exclui, expressamente, a análise das consequências ou do bem-estar imediato da pessoa, pois antes visa ao bem-estar dos outros. Kant faz a formulação geral do imperativo categórico nos seguintes termos: "Age segundo a máxima que possa simultaneamente fazer-se a si mesma lei universal".[88]

1ª formulação – "age unicamente de acordo com a máxima que possa se tornar universal"

2ª formulação – "age como se a máxima da tua ação se devesse tornar por tua vontade uma Lei Universal da Natureza".

3ª formulação – "age de tal forma que trates a humanidade, tanto na tua pessoa, como na pessoa de qualquer outro, sempre e simultaneamente como fim e jamais como meio".

4ª formulação – "age segundo máximas que contenha simultaneamente em si a sua própria validade universal para todo o ser racional".

O imperativo categórico refere-se a máximas, ou seja, a princípios subjetivos da ação, que diferem de um indivíduo para outro, são princípios que o próprio sujeito reconhece como próprios e que contêm várias normas de orientação para a própria existência em termos pessoais e sociais (ex. eu ajo de determinada maneira, e não de outra por princípio). As normas práticas são diversas de acordo com a situação e as possibilidades do sujeito, já que essas são também infinitas. Mesmo seguindo a mesma máxima, pode-se agir de forma diferente diante de situações que exigem a sua adoção.

A fórmula racional adotada por Kant para resolver a questão da adequação das máximas ao dever, sem cair no dogmatismo ou no formalismo rígido, consiste no emprego da ideia da razão prática e da autonomia. Autonomia consiste, como o próprio nome indica, na ação realizada de acordo com a lei elaborada pela própria vontade. Kant argumenta que sendo a lei moral, a única lei estabelecida pela consciência individual, ela será o princípio determinante da manifestação da autonomia. Encontra-se nessa categoria a fundamentação do conceito de liberdade: vontade livre é vontade submetida a leis morais, portanto, às leis que expressam a autonomia. O respeito ao dever, imposto pela lei da autonomia, será então o único móbil da ação que não torna a vontade heterônoma, ou seja, determinada por fatores alheios ao agente. A autonomia, nas palavras de Kant, é aquela propriedade da vontade graças a qual ela é para si mesma a sua lei, sendo que "o princí-

---

[86] Para Kant, "o critério (metaético) da moralidade, a bondade incondicional, só se realiza quando se faz o que é justo por ser moralmente correto e, portanto, quando se quer o dever mesmo e se cumpre este como tal". HÖFFE, Otfried. *Immanuel Kant*. Op. cit., p. 141.

[87] Daí a inconsistência, segundo Höffe, da acusação que se lança contra Kant, de que a moralidade é reduzida à subjetividade da consciência, ou seja, de que cada um estabelece o que é ético. HÖFFE, Otfried. *Immanuel Kant*. Op. cit. p. 144.

[88] KANT, I. *Crítica da Razão Prática*. Op. cit. p. 80.

pio da autonomia é, portanto: não escolher senão de modo a que as máximas da escolha estejam incluídas simultaneamente, no querer mesmo, como lei universal".[89]

Como só a lei moral considera o homem como um fim em si mesmo, só em obediência a ela é que os homens podem coexistir livremente, na medida em que a liberdade de um encontra obstáculo na liberdade do outro em seu uso externo. A ausência de moralidade implica que cada um aja segundo suas próprias inclinações, pois o homem, além do mundo inteligível, faz parte também do mundo sensível, o que o torna suscetível a paixões e inclinações diversas, ou seja, segundo leis que não podem ser universalizáveis, por exemplo, mentir. É a possibilidade de coexistência em um "reino" em que todos são respeitados como fins em si mesmos que acaba produzindo no homem o interesse pela lei moral. E, por isso, a lei moral é a única lei que o homem pode produzir para si mesmo.

Portanto, a heteronomia da vontade, a obediência não à lei moral, mas a determinações externas à nossa consciência, tem como consequência desconsiderar-se o homem como um fim em si mesmo, logo, não podendo ser universalizável, destruindo, assim, a igual liberdade de todos os homens. A autonomia da vontade, por outro lado, permite a liberdade de todos, entendida como coexistência, e, sendo assim, como obediência a uma lei que considera o outro como um fim em si e a não lhe fazer nada que não se deseje para si mesmo.

A vontade autônoma é aquela que adota uma máxima (que leva à ação) conforme o dever, pois ela toma para si esse dever, como se sua lei fosse, já que somente através dela pode se tornar um homem livre. A heteronomia da vontade, ao contrário, não leva à liberdade, pois o homem estará agindo segundo uma lei (uma determinação) que ele não produziu para si. O conceito de liberdade, em Kant, ao pressupor obediência à lei moral, exclui qualquer forma de consideração egoísta, pois a obediência tem em vista somente o outro, a quem a lei moral manda que se trate como um fim em si mesmo. Esta concepção oferece importantes aportes à construção da ideia de dignidade humana.

A lei moral é universal, pois vale indistintamente para todos os seres racionais, e, além disso, determina que o homem seja tomado, na ação, sempre como um fim em si mesmo. Ao formular o imperativo categórico, o homem torna-se um fim em si mesmo. Como essa condição só é alcançada através da ação moral, a moralidade e a humanidade são as únicas coisas dotadas de dignidade.[90] Kant afirma que o homem existe como fim em si mesmo, e não apenas como meio, para o uso arbitrário desta ou daquela vontade. Em todas as suas ações, tanto as direcionadas a ele mesmo, quanto nas que o são a outros seres racionais, o homem deve ser sempre considerado, simultaneamente, como fim.

---

[89] KANT, I. *Fundamentação da Metafísica dos Costumes*. Op. cit., p. 85.

[90] Ibidem, p. 65.

Tudo tem um preço ou uma dignidade, escreve Kant. Uma coisa caracteriza-se por ter um preço e pode ser substituída por outra coisa que lhe seja equivalente; "mas quando uma coisa está acima de todo o preço, e, portanto, não permite equivalente, então tem ela dignidade".[91] Ao contrário das coisas que têm um valor meramente relativo, os seres racionais denominam-se pessoas, porque a sua natureza os distingue como fins em si mesmos, ou seja, como algo que não pode ser empregado como simples meio e que, por isso, limita todo o arbítrio e é um objeto de respeito. O homem não é, pois, um fim subjetivo para a ação, mas um fim objetivo, isto é, algo cuja existência é, em si mesma, um fim. Por isso, Kant remete à existência de um princípio prático da razão que determina a vontade humana e que pressupõe que a natureza racional existe como fim em si. A submissão a essa lei que ordena que cada homem jamais se trate, a si mesmo ou aos outros, simplesmente como meios, remete a uma ligação sistemática de leis objetivas comuns, isto é, a um "reino dos fins", ou seja, a um estado no qual cada homem é um fim em si mesmo e somente nesse "reino", o homem é um ser livre, um ser autônomo, em cuja vontade reside toda obrigação e toda autonomia.[92]

3.7. A problematização crítica do direito a partir da moral

No campo da teoria, é a ciência que estabelece a exigência de validez universal e objetiva do conhecimento; no campo da ação humana, da prática, é a moral, que estabelece o critério de universalidade e objetividade. Antes de Kant, a origem da moral era investigada na ordem natural, na busca da felicidade, na vontade divina ou no sentimento moral. Kant sustenta que a objetividade moral, tanto no domínio da teoria (Ética), quanto no domínio da prática, encontra-se no sujeito: a origem da moral tem a sua sede na autonomia da vontade, no fato de que ela estabelece para si mesma as suas próprias leis.

A problemática da moral para Kant é analisada por Kant em dois textos fundamentais. Na *Fundamentação da Metafísica dos Costumes* e na *Crítica da Razão Prática*, Kant erige como núcleo de sua teoria moral o conceito metaético do bem na ação pessoal; este conceito do bem absoluto, entretanto, não será realizado pelo direito. A *Fundamentação da Metafísica dos Costumes* servirá para justificar a moralidade no domínio do Direito. A questão que a moralidade poderá elucidar é a seguinte: o que é bom e justo? O significado da expressão "justiça política" – entendida no sentido metaético (metapessoal) e não ético-normativo – permitirá que se faça uma ligação entre a ordem moral e a ordem jurídica. Kant estabelece vínculos de obrigatoriedade entre a ação da administração, da legislação e da constituição positiva e a ideia de justiça política, fruto da expressão das vontades autônomas contrariamente

---

[91] KANT, I. *Fundamentação da Metafísica dos Costumes*. Op. cit., p. 75.

[92] Ibidem, p. 76.

ao positivismo jurídico *stricto sensu*, para o qual tudo pode ser elevado ao nível de direito, o direito na concepção kantiana, encontra-se, também, sujeito às exigências das obrigações morais.

Ao contrário do que consideram alguns leitores de Kant, na filosofia do direito kantiana não ocorre uma separação conceitual entre a moral e o direito, mas uma separação analítica. Isto significa que ocorre uma necessária complementaridade entre o sistema da moralidade e o sistema jurídico, que se materializa não na esfera da vontade individual, mas da ação do poder público, especificamente, na legislação. O direito à inviolabilidade da pessoa humana, por exemplo, se caracteriza como um direito subjetivo que pertence ao homem como pessoa, antes mesmo de ser assegurado pelo direito estatal.

A doutrina do direito de Kant reflete, no campo da teoria do direito, a sistemática da metafísica dos costumes, que se apoia sobre os conceitos preliminares da teoria kantiana da moral, a *philosophia practica universalis* – dever e imperativo categórico, obrigação e coerção – e destaca duas questões fundamentais: a legalidade e a moralidade, e o *a priori* universal da razão jurídica. Assim, Kant aborda um aspecto da moral, que a ética contemporânea ignora, pois o sujeito encontra-se ligado a dois tipos de relação, ambos subsumidos numa única e mesma obrigação, que é a lei moral, a saber, a legalidade e a moralidade. A legalidade não é uma solução contrária à moralidade, mas sua condição necessária. Dessa forma, a tese de Max Weber – os dois tipos weberianos de ética: a ética da responsabilidade e a ética da convicção – e a tese do positivismo da separação absoluta entre a legalidade e a moralidade não se sustentam diante da argumentação implícita no pensamento de Kant.

O ato moral para Kant não disputa com o ato legal, mas representa um reforço de suas exigências. A resposta à pergunta "o que é o direito?" e não à pergunta "o que está de acordo com o direito?" insere-se no quadro geral onde se encontram as indagações fundamentais da metafísica kantiana: " O que posso saber?", que trata dos limites do conhecimento humano; "O que devo fazer?", onde se analisa o problema da ação humana e, portanto, onde se situa a *quaestio iuris*; "O que posso esperar?", que analisa as indagações sobre a religião e a história e "O que é o homem?" ou a antropologia filosófica.

A razão prática designa a faculdade de agir independentemente de princípios de determinação, de escolha, a saber, dos desejos, das necessidades e das paixões, dos sentimentos do agradável e do desagradável. O estudo do julgamento estético conduziu Kant a afirmar, na *Crítica da Faculdade de Julgar*, que se existe um ser que é o objeto final da natureza, esse ser somente pode ser o homem. Kant repete então a tese do primado teleológico puro da ideia da liberdade e de seu valor regulador. Ao mesmo tempo, Kant procura articular a filosofia teórica com a filosofia prática no edifício de uma filosofia transcendental. Kant apresenta o homem não como ele é, mas como deveria ser. Dentro dessa perspectiva, Kant argumenta como pertence à faculdade de julgar estética realizar a síntese do mundo da natureza e com o da liberdade, ou seja, os requisitos da razão teórica e da razão prática.

A terceira *Crítica* representa uma virada na reflexão política e jurídica. Isto porque Kant estabelece uma ligação entre o "belo" – objeto do julgamento estético – e o bem – objeto da moralidade. Essa ligação é realizada considerando-se como hipótese do bem, o "belo", que significa ordem, uma harmonia que o direito, com vistas a governar a sociedade civil, deve encarnar nas regras jurídicas. Assim, a virada é realizada, pois a ordem jurídica, à semelhança da beleza estética, apresenta-se para Kant como a inscrição da ideia de liberdade na natureza. O poder legal da sociedade civil deverá conter a vocação anárquica da liberdade natural. As leis deverão instituir uma ordem que se algum dia, esperava Kant, puder ser projetada em dimensão mundial, constituirá o direito cosmopolítico, o dique contra todas as guerras. (*Doutrina do Direito*, § 62)[93]

Kant chama de virtude a fortaleza moral do homem que tem em vista a superação de todos os impulsos sensíveis opostos à liberdade. A doutrina das virtudes trata da submissão da liberdade interna a leis, na medida em que a moralidade é a conformidade da máxima da ação com o dever. Já o direito é a soma das condições sob as quais o arbítrio de um pode ser conciliado com o de outro, segundo uma lei universal de liberdade. Pela realização da liberdade externa, alcança-se a legalidade, que é a conformidade de uma lei universal da liberdade.[94]

Na *Fundamentação da Metafísica dos Costumes* e na *Introdução à Metafísica dos Costumes*, Kant faz a distinção entre "legalidade" e "moralidade': a "conformidade com o dever" não é o "dever". "A simples conformidade ou não conformidade de uma ação com a lei, abstraindo-se o móvel de ação, chamamos legalidade (conformidade com a lei); todas as vezes em que a Ideia do dever tirada da lei é ao mesmo tempo o móvel da ação, encontra-se aí a moralidade desta (os bons costumes)". Não se encontra, entretanto, na lei moral o fundamento do direito para Kant.

Tanto para o direito, como para a moral, existem deveres. Tanto num, como noutro, o dever não é definido por seu conteúdo, mas pela sua forma. "Agir por dever" significa que não se leva em conta nem as inclinações do agente, nem a finalidade pretendida. A *Fundamentação da Metafísica dos Costumes* define o dever como "a necessidade de realizar uma ação por respeito à lei". O dever, segundo definição contida na Introdução, é aquela ação a que cada um é obrigado, sendo a obrigação a "necessidade de uma ação livre exercida sob a influência do imperativo categórico da razão". Mas Kant assinala que sendo toda obrigação uma resposta ao imperativo categórico, enunciado pela razão, podemos ser obrigados de diferentes maneiras, pois existem duas legislações da razão prática.

---

[93] KANT, 1971, ob. cit., p. 235.

[94] HERRERO, Javier P. *Religião e História em Kant*. Trad. José A. Ceschin. São Paulo: Edições Loyola, 1991, p. 32.

Kant toma o exemplo da promessa para diferenciar os dois tipos ou formas de obrigação encontradas na razão prática. De um lado, a obrigação moral de cumprir uma promessa corresponde a uma determinação do agir que se origina numa pura legislação interior (a obrigação moral obriga *in foro* interno); a lei do dever moral é aquela dada ao sujeito por si mesmo, ela resulta do exercício de sua autonomia. O cumprimento de uma obrigação jurídica, estabelecida num contrato, é um dever externo, pois diferentemente do imperativo moral ela não integra o motivo do agir de acordo com a lei; ela permanece externa. A legislação jurídica, para o sujeito de direito, significa assim heteronomia, sendo esta a razão do caráter coativo do direito. Dessa forma, para a metafísica dos costumes exigida por uma filosofia prática que tem por objeto não a natureza, mas liberdade do arbítrio, o dever é o único móvel das ações morais, que determinará os limites do arbítrio; e se nas ações relativas ao direito a ideia do dever ocupa o seu lugar, a coatividade legal, acompanhada em caso de desobediência de uma sanção, legalmente prevista e definida, é que irá fornecer o critério de uma ação juridicamente válida.

3.8. Princípios racionais *a priori* do direito

Segundo a sistemática da *Metafísica dos Costumes*, toda lei se compõe de duas partes: 1ª) uma que apresenta como objetivamente necessária a ação que deve ser executada, isto é, transforma a ação num dever (ação "x" = dever); 2ª) outra, cujo motivo relaciona a representação da lei com o princípio subjetivo da vontade (máxima), isto é, que faz do dever um motivo (dever = motivo da ação). A legislação moral é aquela que faz da ação um dever e que, ao mesmo tempo, dá tal dever por motivo. É uma legislação interna do agente. Tem por objeto, o uso externo e interno da liberdade. Os deveres da ética dizem respeito à legislação interna, àquela que o próprio agente dá a si e que é o motivo de sua ação. Logo, moralidade é conformidade da ação com o dever deduzido da lei que é, ao mesmo tempo, o móbil da ação. A legislação jurídica é aquela que não faz entrar o motivo na lei e que, consequentemente, permite outro motivo à ideia do próprio dever. É uma legislação que pode ser externa ao agente também. Tem por objeto apenas o uso externo da liberdade. Os deveres de direito dizem respeito à legislação externa. A legalidade, portanto, é a conformidade da ação com a lei, sem levar em conta os motivos.

Tanto no Direito, quanto na Ética, o dever que obriga a nossa ação encontra-se estabelecido na lei. A diferença entre ambos reside na diversidade de motivos que uma ou outra consignam na lei. Somente na moral o dever motiva ação, ao passo que no direito se admite outro móbil que obrigue, através da coerção (monopólio do Estado), o comportamento do indivíduo, independente dos motivos internos.

O que é o direito? *Quid jus*? "O que é o direito?" é a pergunta que os juristas não conseguem responder há séculos. Kant diz que quando os juristas procuram compreender o que é o direito eles caem na tautologia – *jus est quod justum est*, o justo é aquilo que é justo – ou então definem o direito como sendo as leis existentes. Mesmo nos tribunais, o juiz diz o que é o direito conforme as leis positivas de determinado país, numa época histórica. Por essa razão, a decisão judicial não deixa de expressar um relativismo empírico.

A questão não é respondida pelos jurisconsultos, pois ir ao fundo do problema consiste em examinar a pretensão inerente às determinações das condições de legitimidade de um sistema jurídico e em nome do que é legítimo. É preciso, então, saber qual é o critério universal em função do qual o *jus* é reconhecido como o *justum* e que preside a toda *juris-latio* (legislação) e a toda *juris- dictio* (aplicar o direito). Torna-se, assim, necessário que se renuncie às perspectivas dogmático-descritivas do empirismo de Hume e do pragmatismo utilitarista, bem como não se satisfaça com a lógica hipotético-dedutiva do jusnaturalismo.

A questão *qui juris* somente poderá ser respondida quando procurarmos conhecer as condições que tornam justas as normas prescritivas de uma ordem jurídica, de acordo com um "princípio universal de direito" (Kant, *Doutrina do Direito, Introdução*, §C). Trata-se, assim, de buscarmos a lei universal que possibilite não somente a justiça de determinada ação, mas para além dela, a justiça – entenda-se o bem fundamentado ou a legitimidade – das regras que asseguram a obrigatoriedade (você deve) ou a liceidade (você pode).

A doutrina do Direito de Kant efetua uma reflexão transcendental, partindo das leis e das regras de direito como material jurídico e pesquisa as estruturas *a priori* da razão prática, não ao nível da casuística, como escreve Kant, mas enquanto condições legisladoras e organizadoras do sistema do direito. O Direito enquanto ciência é o conjunto de leis suscetíveis de uma legislação exterior, que forma a ciência do direito positivo. O Direito em si é uma questão que só se resolve reportando-se à razão, como pensa Kant, na Doutrina do Direito: "Uma ciência puramente empírica do Direito (como a cabeça de madeira na fábula de Fedro) é uma cabeça que pode ser bela, mas tem somente um defeito – não tem cérebro".[95]

Encontra-se na obra de Kant os seguintes pressupostos, a partir dos quais se pode desenvolver a ideia de direito: a noção de direito refere-se à relação exterior e prática de uma pessoa com outra, na medida em que as suas ações possam influir sobre outras ações; essa noção diz respeito à relação do arbítrio do agente com o arbítrio do outro. Estabelece-se, assim, uma relação mútua de arbítrios, onde se consideram não as finalidades pretendidas por cada um dos agentes, mas unicamente se a manifestação da vontade de um, expressa em sua ação, constitui um empecilho ao exercício da liberdade do outro, de acordo com uma lei universal ou o Princípio Universal do Direito. Esse princípio é formulado por Kant da seguinte forma: "é justa toda a ação ou cuja máxima permite à liberdade de todos e de cada um coexistir com a liberdade de todos os outros, de acordo com uma lei universal".[96] O princí-

---

[95] KANT, I. *Fundamentação da Metafísica dos Costumes*. Op. cit., p. 104.

[96] Ibidem, p. 104.

pio universal do direito origina-se desse princípio geral, que lhe antecede: é justa toda ação que por si, ou por sua máxima, não constitui um obstáculo à conformidade da liberdade do arbítrio de todos com a liberdade de cada um, segundo leis universais.

O direito em si reporta-se à manutenção da liberdade de cada um segundo uma lei válida para todos. Logo, a injustiça é a perturbação do estado de livre coexistência, pois o impedimento à liberdade de um não pode subsistir com a liberdade de todos, segundo leis gerais. Kant estabelece, então, a Lei Universal do Direito para que se possa objetivar as determinações do princípio universal do Direito nas relações sociais: "Age exteriormente de modo que o livre uso de teu arbítrio possa coexistir com a liberdade de todos, segundo uma lei universal".[97]

O direito pretende, assim, limitar a liberdade pessoal irrestrita de cada indivíduo, própria da natureza humana no estado de natureza. Nesse contexto é que Kant desenvolve a teoria da liberdade, ideia angular em todo o sistema do pensamento ético-filosófico e político kantiano. Para Kant, o conceito de liberdade explicita-se através de dois elementos, que se articulam e complementam um ao outro:

a) Liberdade como coexistência, que consiste na limitação recíproca da vontade de cada e tem como limite a esfera individual do outro; esse aspecto da liberdade torna-se possível na medida em que a liberdade é considerada também como obediência;

b) Liberdade como autonomia, que é a propriedade da vontade graças à qual esta é para si mesma a sua lei, somente sendo livre aquele que se torna, através da vontade própria, fonte das suas próprias leis, ou seja, autônomo.

Kant reconsidera então o conflito entre a possível contradição entre a liberdade como autonomia e a liberdade como coexistência. De forma imediata, o direito restringe a autonomia, obrigando o indivíduo a curvar-se diante de uma vontade que não lhe é própria. Esse possível conflito será solucionado por Kant com o uso da ideia do contrato social. Através do contrato social as autonomias individuais irão refletir-se na vontade geral, que assegura a manifestação da autonomia e da coexistência de forma complementar. Dessa vontade geral, todos participam na sua elaboração e na submissão aos seus ditames.

A ideia do justo e do injusto insere-se, assim, no quadro de uma teoria da liberdade. Quando o uso de uma liberdade pessoal consubstancia-se em obstáculo ao exercício de outra liberdade pessoal segundo leis universais ocorre uma injustiça. Para Kant a violação da liberdade do outro ocorre porque se rompe a relação de igualdade existente entre os homens, que assegura ao homem a sua humanidade, que se encontra determinada pela liberdade.[98] A igualdade inata ao homem significa para Kant independência de não ser obrigado àquilo que os outros reciprocamente não são obrigados. Consiste

---

[97] KANT, I. *Fundamentação da Metafísica dos Costumes*. Op. cit., p. 105.
[98] Ibidem, p. 112.

a independência, nas palavras de Kant, "da qualidade do homem ser o seu *próprio senhor (sui iuris)* e também daquela de um homem *ilibado (iusti)*, porque antes de qualquer ato jurídico nada fez de injusto".[99]

As consequências dessa argumentação residem na impossibilidade lógica de separação do direito e da faculdade de obrigar, aos que se opõem ao seu livre exercício e a possibilidade de uma obrigação mútua, que se torna universal conforme a liberdade de todos segundo leis gerais. Embora o direito se funde na consciência da obrigação de todos segundo uma lei geral, essa consciência não é seu móbil. Pelo contrário, seu móbil é a possibilidade de uma força exterior conciliável com a liberdade de todos, segundo leis gerais.

3.9. A divisão do Direito

Kant procede, ainda, a duas divisões gerais do direito: 1) o direito como ciência sistemática, que se divide em direito natural e direito positivo; 2) o direito como faculdade moral de obrigar, subdividido em direito natural e direito adquirido. O direito natural caracteriza-se por ser um sistema de leis jurídicas racionais *a priori*, cognoscível pela razão de todos os homens. Serve de critério para as reformas e melhoramentos da Constituição a ser promulgada pelo Chefe de Estado e também um critério para a elaboração de leis positivas. Não é pura moral, embora tenha origem comum com a ética, pois se refere a leis exteriores e porque obriga o legislador. Logo, necessita de leis para ser levado a efeito com segurança.

O direito positivo é, por outro lado, definido como sistema de leis provenientes da vontade do legislador, cuja função é fornecer instrumentos coercitivos que forcem o cumprimento das leis naturais. Acrescenta à obrigação racional da lei natural uma obrigação vinculada à coerção pública externa, garantindo que a lei natural não seja violada. Para que não se resuma a mero ato de força, deve estar fundamentado: o fundamento é o direito natural que oferece ao legislador os princípios imutáveis de toda legislação. Esse critério encontra a sua delimitação no reconhecimento de que de que as leis que o povo não pode promulgar por si mesmo, o legislador não pode estabelecer para que sejam obedecidas pelo povo.[100]

3.10. Direito à resistência e desobediência civil

Kant considera que poderá haver situações em que ocorra o conflito entre a lei positiva e a liberdade e igualdade encontradas na lei natural. O direito de resistência ou a desobediência civil surgem nessas situações limite, onde ocorre o risco da ruptura do pacto estabelecido entre cidadãos livres

---

[99] KANT, I. *Fundamentação da Metafísica dos Costumes*. Op. cit., p. 112.

[100] Ibidem, p. 201.

e iguais. Kant considera que no estado de direito não existe o direito de rebelião ou resistência, fonte teórica da desobediência civil, isto porque a rebelião destrói a autoridade que dita o direito, logo, destrói o próprio Estado de Direito, o que termina pelo retorno da sociedade ao estado de natureza ou de guerra de todos contra todos. Nenhuma Constituição, portanto, pode prever um direito que permita a sua própria destruição, pois isso representaria uma clara contradição. Como consequência, a lei positiva injusta deve ser obedecida assim mesmo e mesmo o desacordo com a lei natural pode ser invocado como motivo para resistir. O único que detém o poder supremo é o Soberano, seja ele o monarca ou o povo; sendo assim, a solução para a lei injusta encontra-se no detentor da soberania, cabendo a ele conduzir as reformas tendentes a adequar a lei ao direito. O direito natural entra aqui como padrão para as reformas possíveis.[101]

As mudanças constitucionais deverão ser pautadas não pelo poder do executivo, mas pelos representantes do povo, o que Kant classifica como sendo a característica de uma "constituição limitada", onde não poderá haver o reconhecimento do direito à resistência ativa, mas somente, escreve Kant, a uma resistência negativa, ou seja, aquela que consiste na recusa do povo em consentir nas exigências que o governo apresenta "a pretexto da administração do Estado".[102]

Todavia, observa-se, nesse particular, uma clara contradição no pensamento kantiano, pois embora tenha considerado um crime a deposição do antigo regime na Revolução Francesa, não considerou inválido o que foi obtido do processo revolucionário, pois desse restou fundada uma nova ordem constitucional melhor. Portanto, o conceito racional do direito não implica somente a potestade coercitiva, mas, também, e principalmente o que se definiu como a ideia dos direitos humanos. Os direitos humanos são aqueles que competem a todo ser humano como tal, independente das circunstâncias pessoais, políticas e históricas. Sendo juridicamente lícita toda a ação que seja compatível com a liberdade de todos os demais, compete "a cada homem, em razão de sua humanidade", aquele grau de liberdade que "possa coexistir com qualquer outro conforme leis gerais", como vimos anteriormente. Por essa razão, pode-se afirmar que essa liberdade compatível com todas as demais liberdades, que funda e estabelece uma sociedade de iguais nas liberdades, é o único direito verdadeiramente humano.[103] Assim, o Direito em si (o direito racional) é um padrão de medida, e um valor, que assegura moralmente e juridicamente a avaliação do direito positivo.

---

[101] KANT, I. *Fundamentação da Metafísica dos Costumes*. Op. cit., p. 201–220.

[102] Ibidem, p. 204.

[103] HOFFE, *Immanuel Kant*. Op. cit. p. 203.

4. Sobre a dignidade humana

4.1. Em busca de um conceito

A consagração do princípio da dignidade humana, como pedra angular valorativa do texto constitucional brasileiro de 1989, não tem sido acompanhada por uma concomitante reflexão sobre os seus fundamentos ético-filosóficos. Essa falta de reflexão crítica sobre tema de tamanha importância na cultura jurídica brasileira tem tido como consequência o emprego indiscriminado do princípio para tudo abranger e justificar. O mesmo ocorre com o fascínio pela expressão "direitos humanos" que serve muitas vezes como guarda-chuva ideológico, legitimador de teorias e práticas as mais diversas.[104]

Essa pouca elaboração teórica tem a ver com o fato de que a palavra não é um conceito propriamente jurídico. Para que se torne um conceito jurídico, a ideia de dignidade humana, como escreve Edelman, necessita uma história que irá lhe definir o seu espaço próprio. O mesmo aconteceu com outros conceitos jurídicos que evoluíram de sua acepção original e se adensaram juridicamente. Tome-se, por exemplo, o conceito de "pessoa" que se constituiu na filosofia kantiana, no liberalismo econômico e no pensamento político de Rousseau para chegar à noção jurídica de "pessoa", que se torna válida juridicamente por pressupor os conceitos de "capacidade", "de autonomia da vontade" e de "responsabilidade".[105]

A ideia de que a pessoa possui uma dignidade que lhe é própria deita as suas raízes na história da filosofia Ocidental. Antes mesmo do texto

---

[104] Alguns juristas, entretanto, deram-se conta da importância do tema, ainda que o tenham tratado sob o ângulo especificamente jurídico-constitucional. Assim, o excelente livro de SARLET, Ingo. *Dignidade da Pessoa Humana e Direitos Fundamentais na Constituição Federal de 1988*. Porto Alegre: Livraria do Advogado, 2001. ROCHA, Carmen Lúcia Antunes. O Princípio da Dignidade da Pessoa Humana e a Exclusão Social, *in*: *Revista de Interesse Público*, n. 04, 1999, p. 23-48; SILVA, José Antônio. A Dignidade da Pessoa Humana como Valor Supremo da Democracia, *in*: *Revista de Direito Administrativo*, vol. 212, 1998, p. 89-94; COMPARATO, Fábio Konder. *A Afirmação Histórica dos Direitos Humanos*. São Paulo: Saraiva, 2003, p. 1-16. TORRES, Ricardo Lobo. O Princípio Fundamental da Dignidade Humana. In: *Princípios Constitucionais Fundamentais*. São Paulo: Lex Editora, 2005, p. 885-894. TORRES, Ricardo Lobo. *O Direito ao Mínimo Existencial*. 2. ed. Rio de Janeiro: Renovar, 2009. BARCELLOS, Ana Paula. *A Eficácia Jurídica dos Princípios Constitucionais*. O Princípio da Dignidade da Pessoa Humana. Rio de Janeiro: Renovar, 2002.

[105] EDELMAN, Bernard. *La personne en danger*. Paris: Presses Universitaires de France, 1999, p. 505 e segs.

clássico de Picco de la Mirandola, *Discurso sobre a dignidade do homem* (1486), a questão encontrava-se na obra de Aristóteles, Santo Agostinho, Boécio, Alcuino e Santo Tomás, indicando como através dos tempos se agregaram valores à ideia de pessoa, que terminaram por objetivar a ideia de dignidade humana.

A dignidade humana no espaço da teoria do direito, no entanto, é um conceito novo, como escreve Edelman, ao reconhecer que a palavra se encontra em muitos textos internacionais (*Declaração Universal dos Direitos do Homem*, 1949, art. 22; *Convenção relativa aos direitos da Criança*, 1959, art. 39; *Pacto Internacional relativo aos direitos civis e políticos*, 1966, art. 10; *Declaração Universal sobre o Genoma Humano e os Direitos Humanos*, 1997, Parte A, art. 2), mas não figura na declaração da independência dos Estados Unidos e nem na declaração revolucionária francesa de 1789 e, tampouco, nos textos posteriores, durante quase dois séculos.[106] No entanto, esteve sempre presente como princípio, referência moral obrigatória quando, ainda no século XIX, a escravidão era combatida por ser um atentado contra a dignidade humana.

Essas e outras declarações internacionais afirmaram o imperativo da dignidade da pessoa humana, mas até então ela não era entendida como um princípio autônomo e operatório suscetível de ser invocado diretamente em juízo, mas simplesmente como um princípio geral inspirador de diversas normas e direitos. Com o advento da Constituição de 1988 e sua caracterização como "Constituição cidadã ", a dignidade humana passou a fazer parte da cultura jurídica brasileira como referência obrigatória na cultura cívica e nas lides judiciais. Falta-lhe, entretanto, uma reflexão que delimite sua conceituação própria e mostre em que medida se insere no sistema jurídico.

Para que se possa estabelecer o conceito jurídico de dignidade humana e com isto delimitar o seu "espaço jurídico" torna-se necessário distingui-lo de outros conceitos comuns da teoria do direito, que lhe são próximos. O primeiro deles é o conceito de "direitos humanos". A separação dos dois conceitos – "dignidade humana" e "direitos humanos"- pode ser realizada através do exame da filosofia dos direitos humanos e da filosofia da dignidade humana, como condição metodológica preliminar para chegarmos ao conceito de dignidade. Somente assim poderemos compreender que o conceito de dignidade humana se situa em plano epistemológico distinto daquele no qual se situam os de direitos humanos e com isto poderemos evitar a simplificadora identificação dos dois conceitos. O resultado dessa simplificação epistemológica terminaria por sujeitar o conceito de dignidade humana, que procuramos definir, ao conceito de direitos humanos, que se encontra juridicamente estabelecido.

Essa construção conceitual poderá ser realizada na medida em que atentarmos para uma constatação básica, a de que a dignidade humana encontra-se fora da esfera conceitual onde se encontram definidos os direitos humanos. Assim, poderemos concluir como a dignidade humana, na sua

---

[106] EDELMAN, op. cit., p. 505.

acepção jurídica, não pode ficar restrita a campos definidos pelo direito positivo, mas pressupõe para a sua materialização jurídica perspectivas mais amplas do que permite o espaço jurídico positivado.

4.2. Direitos humanos e dignidade humana

As constituições e declarações de direitos do estado liberal fundamentavam-se mais sobre as noções de liberdade e de igualdade do que de dignidade. Os direitos fundamentais eram identificados como o espaço jurídico dentro do qual era garantida a propriedade, espinha dorsal da sociedade liberal, que junto com o contrato e a família constituíam os três pilares institucionais da sociedade liberal burguesa.

Enquanto os direitos fundamentais declaravam aqueles direitos considerados básicos em determinado Estado, os direitos humanos apontavam para uma dimensão propriamente humana do cidadão, não restrito ao direito positivo nacional. Por essa razão, diversos autores argumentaram que a dignidade era um "princípio matricial" por excelência, seria o alicerce sobre o qual seria construída a filosofia dos direitos humanos.[107] A necessária diferenciação entre as ideias de "dignidade humana" e "direitos humanos" somente poderá ser realizada se estabelecemos como ambas as ideias situam-se no mesmo patamar epistemológico, mas guardam entre elas nítidas diferenciações.

Ambos os conceitos situam-se no mesmo plano, a saber, referem-se à pessoa humana. Mas nesse plano a dignidade de alguma forma situa-se em nível mais profundo na essência do homem, de modo que a liberdade lhe será subsumida. Essa constatação sobre a natureza última da "dignidade humana", escreve Edelman, constituiu-se numa "descoberta maior" do que aquela dos próprios direitos humanos. Essa constatação de que, no substrato dos direitos humanos, encontra-se um valor moral, apareceu em função de dois fenômenos sociais políticos, peculiares e ocorridos no século XX: a barbárie nazista e a biomedicina. Ambas suscitaram um temor – o de que o exercício do poder e a aplicação do conhecimento científico poderiam destruir a própria vida humana em sua essência – e, também, possibilitaram a explicitação de uma defesa – a proteção do ser homem através do reconhecimento de sua dignidade. Em outras palavras, a dignidade humana designaria não o ser homem, o indivíduo, mas a humanidade que se encontra em todos os seres humanos.[108] Enquanto os direitos humanos representaram a defesa da liberdade diante do despotismo, a dignidade humana significou a marca da humanidade diante da barbárie.

---

[107] MATHIEU, B. *apud* EDELMAN, Bernard. Op. cit., p. 507.

[108] Ibidem.

4.3. Os fundamentos da dignidade humana

Os direitos humanos têm a ver com a defesa do indivíduo contra as arbitrariedades do exercício do poder, principalmente, do poder do Estado. O sistema jurídico tem por objetivo principal assegurar a preservação da liberdade do indivíduo diante da ameaça constante de sua negação. A liberdade torna-se assim no conceito fundador dos direitos humanos, da liberdade política e de todos os direitos que asseguram ao homem o pleno exercício de uma vida política.

Uma leitura dos direitos humanos sob a perspectiva da sociedade também pressupõe o exercício da liberdade. Isto porque a igualdade entre os homens somente poderá ser logicamente compreendida se for realizada em liberdade. A igualdade, portanto, representa uma condição para a concretização da liberdade. Logo, os direitos humanos representam a garantia de que a sociedade, constituída de iguais, que permitem as relações entre si, e também do "ego", do indivíduo, possibilita a junção desses dois espaços jurídicos.

O argumento de Edelman que pode ser avaliado de uma perspectiva crítica é o de que o conceito de "dignidade humana" situa-se em outro plano epistemológico. Ela não designa nem mais nem menos a essência do homem, como formulada nos direitos humanos, mas atribui outro significado a essa essência.[109] A dignidade humana situa-se no cerne da luta contra o risco da desumanização, consequência do desenvolvimento desmesurado da tecnociência e do mercado. O inimigo não é mais unicamente e exclusivamente o poder do Estado, mas também o próprio produto do conhecimento humano e do sistema produtivo.

Verifica-se então como a dignidade humana se encontra referida à questão não do indivíduo, mas da humanidade. O homem dos direitos humanos representa, juridicamente, o indivíduo universal no exercício de sua liberdade também universal. A humanidade, por sua vez, é a reunião simbólica de todos os homens enquanto seres humanos. Reconhece-se a pessoa como pertencente a um mesmo gênero: o "gênero humano".

A dignidade se apresenta como um qualificativo do gênero humano, que torna possível identificar todos os homens como pertencentes a um mesmo gênero. A identificação que faz com que todos os homens façam parte da humanidade reside no fato de que todos têm uma mesma qualidade de dignidade no quadro da humanidade. Os humanos são assim considerados porque todos são dotados de uma mesma dignidade, que é o critério último de reconhecimento. Como resume Edelman, "se a liberdade é a essência dos direitos humanos, a dignidade é a essência da humanidade".[110]

---

[109] MATHIEU, B. *apud* EDELMAN, Bernard. Op. cit., p. 508.

[110] Ibidem, p. 509.

A dignidade humana de princípio moral ganhou também estatuto jurídico tendo em vista ao que Fabre-Magnan chamou da desconstrução progressiva de categorias jurídicas na modernidade.[111] A autora exemplifica com o conceito de ordem pública, que serviu como instrumento de uma forma de estado nacional; outro conceito jurídico que se perdeu é o de bons costumes. Ambos não podem ser estabelecidos como direito fundamental supranacional. No entanto, a ideia de dignidade tem servido a diversas decisões de cortes internacionais e comunitárias, o que mostra a sua consistência jurídica.

Na filosofia contemporânea, a ética da discussão (Apel e Habermas) pressupõe a explicitação no seio de uma sociedade democrática, plural e dialogal de todas as razões, inclusive as razões últimas, como condição de sobrevivência da comunidade. A dignidade humana encontra-se progressivamente no núcleo do direito e da dogmática contemporânea, mas, entretanto, ela é da ordem do indizível, como pretendia Pierre Legendre.[112] A dignidade humana encontra-se na ordem daquilo que não é demonstrável, mas que existe como pré-condição.

Fabre-Magnan propõe uma instigante equiparação entre o papel da dignidade humana no corpo do direito e os enunciados das ciências físico-matemáticas. A analogia, escreve Fabre-Magnan,[113] aparece claramente quando consideramos a palavra grega para a ideia de dignidade , *axios* (aquilo que é conveniente, o que merece) e que originou a palavra "axioma". Assim como nas ciências matemáticas não existe raciocínio lógico-dedutivo sem um postulado inicial não demonstrado e não discutido, da mesma forma o direito repousa sobre algumas verdades indemonstráveis que devem ser admitidas por todos.

Nesse contexto é que pode situar o princípio da dignidade humana em toda a sua importância jurídica. Precisamente porque o princípio da dignidade encontra-se como primeiro princípio, fonte de todos os demais, ele deve permanecer subsidiário. A sua utilização deverá restringir-se às questões em que nenhum outro princípio ou conceito jurídico possa ser utilizado, sob pena de ocorrer a dissolução de todo direito na dignidade. Tudo passa a ser então questão de dignidade e com isto o sistema jurídico esvazia-se de qualquer sentido normativo. A proliferação do uso indiscriminado do princípio da dignidade humana na argumentação judicial faz com que se encontre onipresente, mesmo quando o próprio texto da lei atende às necessidades da ordem jurídica.

Essa diferenciação entre dignidade humana e direitos humanos pode ser apreciada em alguns casos onde se fundamentavam o processo e a sentença nesses dois conceitos. Um *affaire célèbre*, o processo contra o criminoso nazista Barbie, o chamado "carrasco de Lyon", na França, permite que se

---

[111] FABRE-MAGNAN, Muriel. "Dignité Humaine", in *Dictionnaire des Droits de l'Homme*. Orgs. Andriantsimbazovina, Joël; Gaudin, Helene; Marguénaud, Jean-Pierre; Rials, Stéphane; Sudre Frédéric. Paris: PUF, 2008.

[112] LEGENDRE, Pierre. *Sur la question dogmatique en Occident*. Paris: Fayard, 1999.

[113] FABRE-MAGNAN, Muriel. Op. cit., p. 287.

tenha um entendimento sobre os dois níveis em que se podem encontrar a dignidade humana e os direitos humanos. A defesa de Barbie arguia que de acordo com o direito francês, os crimes praticados durante a ocupação nazista tinham sido prescritos, e, portanto, o processo representava uma violação dos direitos humanos. Os juízes de Lyon sustentaram que os crimes contra a humanidade não se beneficiavam do direito à aquisição da prescrição, não sendo considerados, portanto, como participando da categoria dos direitos humanos. Isto porque a incriminação dos crimes contra a humanidade achava-se de acordo com os princípios gerais de direito reconhecidos pelas nações civilizadas e, assim, a aquisição da prescrição nos crimes contra a humanidade não se constituía em direitos humanos. Com isto, pode-se concluir que a ideia de humanidade se situa em outro patamar do que o dos direitos humanos e que a dignidade humana encontra-se fora da esfera dos direitos humanos.

4.4. Genealogia do conceito de dignidade humana

A dignidade humana pode três tipos de acepção: social, honorífica e moral. As duas primeiras acepções referem-se a como a dignidade humana é atribuída pela sociedade a um indivíduo. A construção do conceito moral, no entanto, que irá fundamentar o conceito jurídico de dignidade, resultou de um longo processo de sedimentação teórica fruto da obra de diferentes autores, em diferentes períodos históricos.

Na sua acepção moral, a dignidade representa, ou encontra-se vinculada, ao respeito a si mesmo, à autoestima. O indivíduo não pode considerar-se como desqualificado, sem poder olhar-se no espelho a cada manhã e sentir vergonha daquilo que se tornou. Pode-se mesmo sustentar que essa acepção de dignidade tem mais uma conotação psicológica do que propriamente moral. A acepção moral implica reconhecer no indivíduo uma pessoa que se diferencia dos animais e das coisas. Essa segunda acepção fornece os alicerces para a conceituação jurídica da dignidade humana. A pessoa estaria dotada de qualidades que impedem que seja tratada como meio, tendo um valor em si mesmo. Por essa razão, pode-se dizer na primeira acepção que a pessoa perdeu a sua dignidade, mas não no segundo caso, pois a dignidade encontra-se vinculada à própria pessoa.

O que ficou deixado de lado na cultura jurídica brasileira foi a análise dessa natureza ontológica da dignidade. Como pergunta Baertschi, qual o sentido de referirmo-nos à dignidade no sentido ontológico? O que a ideia de dignidade acrescenta ao conteúdo de pessoa? E responde de que nada de muito substancial, pois é um vocábulo honorífico que utilizamos para marcar o valor particular da pessoa em relação aos outros seres.[114] Mas a relativa

---

[114] BAERTSCHI, Bernard. *Ensaio Filosófico sobre a dignidade*. Trad. Paula Silvia Rodrigues Coelho da Silva. São Paulo: Edições Loyola, 2009, p. 190.

importância desse relacionamento é que o torna essencial na medida em que permite que se situe a pessoa como tendo um valor que lhe é essencial.

Para a construção do conceito de dignidade humana, como o consideramos na atualidade, devemos atentar para alguns autores que estabeleceram, a meu ver, os alicerces de uma teoria da dignidade humana. Desde o uso do termo *dignitas* no direito romano, com o significado de posição social do indivíduo e o reconhecimento pela sociedade, até o conceito contemporâneo de dignidade humana, ocorreu um longo processo lógico-conceitual.

Em Tomás de Aquino, a ideia de dignidade humana constrói-se em função da natureza divina. Argumenta que a "dignidade significa o valor que cada um possui em razão de si mesmo".[115] Essa dignidade própria dos seres humanos reflete uma dignidade mais alta, aquela que Tomás de Aquino retrata como sendo de Deus: "O Pai e o Filho têm a mesma e única essência ou dignidade" e, adiante, especifica "a dignidade da natureza divina supera toda dignidade".[116] Logo, a transmissão da ideia de dignidade humana do pensamento escolástico para o pensamento moderno trouxe consigo uma conceituação de dignidade propriamente ontológica, e não mais social ou jurídica como a encontrada no direito romano.

O grande autor que situou a questão da dignidade humana no corpo social e político foi Francisco de Vitoria, que no século XVI, analisando a questão dos indígenas da América e suas relações com o conquistador espanhol, mostrou a importância do reconhecimento do outro como igual. Vitoria tratou da questão da igualdade dos indivíduos em função de uma abordagem especificamente jurídica. Vitoria argumentava, contra o colonizador espanhol, que o fato de os indígenas não serem cristãos, não significava que não tivessem direitos, pois eram, em princípio, livres e iguais.[117]

A expressão "dignidade humana" foi referida pela primeira vez por Picco Della Mirandola no seu texto *Discurso sobre a dignidade do homem – De hominis dignitate*.[118] Esse texto clássico do humanismo constitui a introdução a uma obra mais abrangente, intitulada *Conclusiones philosophicae, cabalisticae et theologicae* (1486), constituída de 900 teses, destinadas a demonstrar que todas as escolas filosóficas e todos os pensadores expressaram um aspecto da verdade. Portanto, concluía Picco Della Mirandola, a verdade é única e em consequência o pensamento humano é unitário. Na introdução, o autor enfatiza a condição especial do ser humano no cosmos. Sustenta que no universo o homem goza de uma condição privilegiada em relação às demais criaturas.

---

[115] TOMÁS DE AQUINO, *Comentários sobre as sentenças*, Liv. 3, d. 35, q. 1 a.4, q, 1c., apud BAERTSCHI, ob. cit., p. 191.

[116] TOMÁS DE AQUINO. *Suma Teológica*, Ia, q. 42, a. 4, ad 2 e Ia, q.79, a. 3, ad 2., *Suma Teológica*, ed. bras. coordenação geral: Carlos-Josaphat Pinto de Oliveira, OP. 2. ed. São Paulo: Edições Loyola, 2003.

[117] VITORIA, FRANCISCO DE. *Relecciones de Índios y del Derecho de la Guerra*. Trad. Marques de Olivart. Madrid: Espasa-Calpe, 1928.

[118] PICCO DELLA MIRANDOLA, Giovanni. *Discurso sobre a Dignidade do Homem*. Trad. Maria de Lurdes Sigardo Ganho. Lisboa: Edições 70, 1989.

Encontramos em Picco Della Mirandola a identificação do caráter nuclear da pessoa, que se encontrava na liberdade do indivíduo em determinar-se. Enquanto os demais seres vivos, escrevia Della Mirandola, tem uma natureza bem definida refreada pelas leis divinas, o homem não se acha constrangido por nenhuma limitação. Nas palavras de Della Mirandola: "não te fizemos celeste nem terreno, nem mortal, nem imortal, a fim de que tu, árbitro e soberano artífice de ti mesmo, te plasmasses e te informasses, na forma que tivesses seguramente escolhido. Poderás degenerar até ao seres que são as bestas, poderás regenerar-te até às realidades superiores que são divinas, por decisão do teu ânimo".[119] A dignidade do ser humano encontra-se, portanto, nessa autonomia da vontade, que será o modo pelo qual os indivíduos poderão se aperfeiçoar ou degenerar. A dignidade humana aparece como o sustentáculo sobre o qual os indivíduos poderão realizar-se como pessoas, agentes morais dotados de autonomia da vontade e arbítrio, valores esses que se constituiriam em limites ao poder do monarca.

4.5. A concepção moderna da dignidade humana

A construção do conceito de dignidade humana na cultura contemporânea deita suas raízes, principalmente, no pensamento de Immanuel Kant. Como escreve Sarlet, é no pensamento de Kant que a doutrina jurídica mais relevante irá encontrar as raízes para uma conceituação da dignidade da pessoa humana.[120] Encontramos diferentes definições de dignidade humana na obra kantiana, que nos permitem destacar, como propõe Klein, sete conceitos que constituem o cerne da dignidade humana para Kant.[121] Esses conceitos que formam a teia que nos permite mergulhar no sentido último da expressão "dignidade humana" encontram-se em dois textos de Kant.

O primeiro deles, o mais conhecido e citado, encontra-se na *Fundamentação da Metafísica dos Costumes*: "no reino dos fins [aquele que Kant se refere como sendo a ligação sistemática de vários seres racionais por meio de leis comuns] tudo tem ou um preço ou uma dignidade. Quando uma coisa tem um preço, pode-se pôr em vês dela qualquer outra como equivalente; mas quando uma coisa está acima de todo o preço, e portanto não permite equivalente, então ela tem dignidade... aquilo porém que constitui a condição só graças à qual qualquer coisa pode ser um fim em si mesma, não tem somente um valor relativo, isto é um preço, mas um valor intrínseco, isto é dignidade".[122]

---

[119] PICCO DELLA MIRANDOLA. Op. cit., p. 53.

[120] SARLET. Op. cit., p. 34.

[121] KLEIN, Zivia. *La notion de dignité humaine dans la pensée de Kant et de Pascal*. Paris : Librairie Philosophique J. VRIN, 1968, p. 52.

[122] KANT, Immanuel. *Fundamentação da Metafísica*. Op. cit., p. 77.

Entre outros textos, destaca-se o encontrado na *Doutrina da Virtude*: "no sistema da natureza o homem (*homo phaenomenon, animal rationale*) é um ser de menor importância e possui com os outros animais, enquanto produtos da terra, um valor vulgar (*pretium vulgare*). Mas considerado como *pessoa*, quer dizer como sujeito de uma razão moralmente prática, o homem encontra-se acima de qualquer preço; assim, como tal, ele não pode ser considerado unicamente como um meio para os fins dos outros, e nem para os seus próprios, mas sim como um fim em si mesmo, quer dizer que ele possui uma *dignidade* (um valor interior absoluto), através do qual ele obriga o *respeito* de si mesmo por todas as outras criaturas racionais e que lhe permite comparar-se com todas as criaturas da espécie e de se considerar em pé de igualdade".[123]

Esses dois textos são completados por um terceiro, o que irá permitir uma visão abrangente da estrutura lógico-conceitual sobre a qual se baseia a conceituação kantiana da dignidade humana: "pois coisa alguma tem outro valor senão aquele que a lei lhe confere. A própria legislação, porém, que determina todo o valor, quer dizer um valor incondicional, incomparável, cuja avaliação, que qualquer ser racional sobre ele faça, só a palavra *respeito* pode exprimir convenientemente. *Autonomia* é pois o fundamento da dignidade da natureza humana e de toda a natureza racional".[124]

Kant considera a dignidade da pessoa, como sendo o traço distintivo da pessoa em relação aos outros seres vivos. No texto da *Doutrina da Virtude* atribui um estatuto valorativo à pessoa semelhante ao atribuído por Della Mirandola, onde se considera o ser humano como um agente moral, um ser dotado de autonomia e, por essa razão, em situação hierárquica superior aos demais seres criados. Tanto Kant, quanto Della Mirandola, atribuem à pessoa a possibilidade de criar, aperfeiçoar-se ou então degradar-se, sujeitando-se à lei da heteronomia, externa à consciência da pessoa.

Pode-se, então, retirar das três citações acima o núcleo da ideia kantiana da dignidade humana, que se expressa através de sete conceitos interligados por uma cadeia argumentativa: ser racional, *homo noumenon*, personalidade, fim em si mesmo, moralidade, autonomia e liberdade. Esses conceitos sucedem-se e complementam-se o que irá permitir a conceituação final de dignidade humana.

A racionalidade torna-se uma exigência no sistema kantiano para que possa haver condições de moralidade, pois somente assim as leis morais poderão ter o valor de universalidade. Com isso, Kant estabelece a condição inicial para que se possa desenvolver o segundo conceito que é o de *homo noumenon*. Essa expressão *noumenon*, criada pelo próprio Kant, origina-se da distinção entre o mundo sensível e o mundo da razão ou inteligível. No mundo sensível, as criaturas são submetidas às leis da causalidade natural,

---

[123] KANT, Immanuel. *Doctrine da la Vertu*. Trad. A.Philonenko. Paris : Librairie Philosophique J.VRIN, 1985, p. 108-109.

[124] KANT, I. *Fundamentação da Metafísica*. Op. cit., p. 79.

da física, segundo a qual cada efeito pressupõe uma causa e assim até o infinito sem que se encontre uma causa primeira. No mundo inteligível, o mundo das coisas em si, independentes de qualquer fator externo a elas próprias, torna-se necessário admitir outra causalidade, a causalidade das leis da razão. Kant argumenta que a razão, não sendo sujeita ao mundo sensível, ela "... mostra sob o nome das ideias uma espontaneidade tão pura que por ela ultrapassa de longe tudo o que a sensibilidade pode fornecer ao entendimento; e mostra a sua mais elevada função na distinção que estabelece entre mundo sensível e mundo inteligível, marcando também assim os limites ao próprio conhecimento".[125]

E o homem, ser finito, temporal, é submetido como os demais seres, às leis da natureza. No entanto, ele possui uma faculdade que o diferencia de todas as demais coisas no universo, essa faculdade é a razão: "Ela é, a razão, presente e idêntica em todas as ações realizadas pelo homem em todas as circunstâncias do tempo, mas não se encontra, ela própria, no tempo e não cai, por assim dizer, em novo estado no qual não se encontrava anteriormente; ela é *determinante*, mas não determinável em relação a todo estado novo".[126] O homem, portanto, pertence também ao mundo inteligível, ou seja, é um *noumeno*, uma coisa em si mesmo. Kant, no seu segundo passo em direção à conceituação de dignidade humana, sustenta que o ser humano é algo em si mesmo.

A ideia de pessoa não é suficiente quando considerada no patamar da razão pura. A pessoa moral, que se constitui no epicentro do sistema da moralidade kantiana, deverá objetivar-se na realidade. Assim, Kant considera que a personalidade identificada com a dignidade humana poderá ser definida como "o sujeito de uma razão moralmente prática".[127] A personalidade para Kant tem um caráter universal, que não reflete as nossas necessidades e inclinações, próprias do mundo sensível. A personalidade é antes de tudo uma ideia e como ideia tem uma função reguladora.

Mas para o exercício dessa função reguladora, ideia de personalidade deverá receber um conteúdo que lhe possa ser atribuído e que lhe assegure um valor absoluto. Esse valor será representado por um ser que tenha um valor em si mesmo e que possa atuar como princípio de leis determinadas. A personalidade[128] se expressa através da liberdade e independência em relação à natureza, consideradas como o poder de se encontrar submetidas às leis da razão, que são próprias do homem. Toda a humanidade torna-se assim um fim em si mesmo.

Torna-se necessário dotar a ideia de dignidade humana de conteúdo. A etapa seguinte do raciocínio kantiano leva-nos ao conceito de moralidade.

---

[125] KANT, I. *Fundamentação da Metafísica*. Op. cit., p. 101-102.

[126] KANT, I. *Critique de la Raison Pure*. Trad. A. Tremesaygues et B. Pacaud. Pris : Libririe Félix Alcan, 1927, p. 468.

[127] KANT, I. *Doctrine da la Vertu*. Op. cit., p. 96.

[128] EISLER, Rudolf. *Kant-Lexikon*. Op. cit., p. 795.

Como escreve Klein, reside nesse conceito todo o significado da doutrina kantiana.[129] A moralidade consiste para Kant na "... relação das ações com a autonomia da vontade, isto é, com a legislação universal possível por meio de suas máximas".[130] O agir moral será então a expressão da manifestação de uma vontade autônoma e livre.

O conceito de autonomia aparece então para substantivar o agir moral. Kant define a autonomia: "autonomia da vontade é aquela sua propriedade graças à qual ela é para si mesma a sua lei (independentemente da natureza dos objetos do querer). O princípio da autonomia é, portanto: não escolher senão de modo a que as máximas da escolha estejam incluídas simultaneamente no querer mesmo, como lei universal".[131] A manifestação da vontade expressa a dependência do agente moral à lei universal, vale dizer, à moralidade como condição de materialização das relações dos indivíduos em sociedade. A participação no reino dos fins pressupõe essa adequação à moralidade, que irá se concretizar através de vontades autônomas, que para serem autônomas necessitam da liberdade.

O conceito da liberdade é chave no pensamento kantiano e com ele se pode chegar à definição de dignidade humana. Kant considera que o homem como pertencente ao mundo inteligível somente pode considerar o exercício de sua vontade sob o signo da liberdade, independente, portanto, das causas determinantes do mundo sensível. Escreve Kant: "Ora à ideia da liberdade está inseparavelmente ligado o conceito de autonomia, e a este o princípio universal da moralidade, o qual na ideia está na base de todas as ações de seres *racionais* como a lei natural está na base de todos os fenômenos".[132] Dessa forma Kant chega à definição de dignidade como sendo o resultado de uma sequência que se inicia em considerar pessoa como ser racional para se chegar definir a pessoa como ser dotado de autonomia na liberdade. A dignidade humana para Kant consiste, assim, na faculdade que tem a pessoa de estabelecer leis universais de comportamento as quais ela própria deve submeter-se.

Em cada pessoa reside, portanto, a humanidade, que se constitui no objeto de respeito a ser exigido de todos os outros homens. A dignidade se encontra no respeito antes de tudo que cada pessoa tem para consigo mesma, como pessoa em geral e como homem, nas palavras de Kant, "como uma pessoa tendo deveres para consigo mesma, que lhe são determinados por sua razão, mas o seu pouco valor como *homem animal* não pode prejudicar a sua dignidade como *homem racional*, e ele não deve renunciar à estima moral de si sob esse último ponto de vista".[133] Essa valoração de si mesmo representa o caráter sublime da constituição moral do ser humano, sendo que a

---

[129] KLEIN, op. cit. p. 34.

[130] KANT, I. *Fundamentação da Metafísica*. Op. cit., p. 84.

[131] Ibidem, p. 85.

[132] Ibidem, p. 102.

[133] KANT, I. *Doctrine da la*. Op. cit., p. 109.

dignidade humana reside em última análise na preservação pelo homem da dignidade da humanidade.[134]

4.6. O conteúdo do princípio da dignidade humana

A contribuição kantiana para a definição do princípio da dignidade humana foi determinante, tendo em vista que a discussão que se processa na contemporaneidade em torno do assunto tem como interlocutor precisamente o filósofo iluminista. Quando buscamos o conteúdo do princípio da dignidade humana estamos fazendo referência antes de tudo a uma conceituação propriamente filosófica, como aquela sustentada por Kant. Essa concepção é que irá assegurar a transição lógico-conceitual entre o patamar da reflexão racional e o espaço da empiria jurídico-constitucional, processo esse essencial para a própria leitura do texto constitucional.

A forma jurídico-constitucional adquirida pelo princípio da dignidade humana pressupõe para sua objetivação um entendimento das raízes filosóficas do princípio. No entanto, não basta para que ela se torne efetiva e sirva como princípio moral, antes do que jurídico, a simples consideração dos conceitos que se adensam para formar concretamente a ideia de dignidade humana. É necessário então transmitir para o mundo jurídico-constitucional a substantivação jurídica de um princípio de moralidade. Delimitado o campo do seu conteúdo, pode-se então caminhar para o exame da natureza propriamente jurídica do princípio da dignidade humana.

O conteúdo do princípio da dignidade humana pode desdobrar-se em duas máximas: *não tratar a pessoa humana como simples meio* e *assegurar as necessidades vitais da pessoa humana*. Ambas as máximas deitam suas raízes na teoria moral de Kant e podem servir como bases para justificar a natureza jurídica da dignidade humana. Com isto, contornamos a armadilha na qual se aprisionam alguns juristas ao tratar o princípio da dignidade humana como simples *petitio principii*, que se justifica por si mesmo, pois empregado como argumento de autoridade sem qualquer justificativa que demonstre como e porque o princípio da dignidade se aplica a determinado caso.

Quando examinamos a primeira máxima, identificamos a sua fonte original no imperativo categórico de Kant, que estabelece que a pessoa não seja nunca utilizada como um meio da vontade de outra pessoa, mas sempre, e ao mesmo tempo, como tendo uma finalidade em si mesma. O princípio da dignidade humana impede, portanto, que se reifique o ser humano, utilizando-o como uma coisa inteiramente sujeita a um fim que não seja ele mesmo.

Significa que não se pode tratar o ser humano como um animal ou objeto. As condições de trabalho muitas vezes produzem um tratamento indigno da pessoa e por essa razão o princípio da dignidade humana foi pela primei-

---

[134] KANT, I. *Doctrine da la*. Op. cit., p. 109.

ra vez referida nas declarações internacionais sobre o direito do trabalho. O trabalho tem uma natureza ambivalente, pois pode ser fator de aviltamento da condição humana, como também, condição de realização do ser humano como pessoa. Dessa ambivalência é que a legislação proíbe, por exemplo, algumas utilizações da pessoa humana: os contratos de barriga de aluguel; os contratos de prostituição; ou no caso célebre do jogo chamado "lançar anões".

A máxima referida acima implica ainda a consideração de que não se pode tratar o ser humano como um conjunto de peças destacáveis ou materiais biológicos. O desafio da bioética reside em estabelecer limites e regular o uso de órgãos e produtos do corpo humano, principalmente, células e embriões, fazendo com que o progresso da medicina não se processe com a redução do ser humano a simples instrumento de satisfação das necessidades do outro.

A segunda máxima leva-nos a ter uma leitura mais abrangente do conceito de dignidade humana. Enquanto a primeira máxima refere-se à interdição de se tratar o corpo humano como um objeto, a segunda máxima implica que o princípio da dignidade humana exige que não se trate o ser humano como espírito puro. A pessoa é um ser encarnado em um corpo com necessidades, que necessitam serem atendidas para livrá-la da sujeição e da degradação. Nesse contexto, a dignidade da pessoa exige para sua preservação o acesso a um trabalho decente, à moradia e aos cuidados relativos à saúde.

O princípio da dignidade pressupõe também o acesso aos bens espirituais, como a educação e a cultura, e o respeito a "sentimentos propriamente humanos".[135] A questão, por exemplo, da pornografia ou da nudez evidencia a necessária preservação de sentimentos de pudor, evidencia como, em certas circunstâncias, a proibição de manifestações daquilo que se contraria o legítimo pudor das pessoas. Sob outro aspecto, o princípio da dignidade humana protege também a pessoa na sua integridade física e mental, com vistas a coibir a tortura mental, que podem assumir diversas formas, como a ameaça que provoca o medo, a privação do sono ou de condições de higiene mínimas.

4.7. A natureza jurídica do princípio da dignidade humana

No quadro de teoria do direito, o princípio da dignidade humana tornou-se recentemente um conceito jurídico, que deita as suas raízes na reflexão ético-filosófica. A primeira constatação a ser feita ao considerar a natureza jurídica da dignidade humana é a de que não se trata de um direito subjetivo, mas ela pode exigir que esses direitos sejam reconhecidos para o indivíduo.

---

[135] FABRE-MAGNAN, op. cit., p. 290.

A dignidade humana é, principalmente, um direito do homem que surge em função da necessidade do reconhecimento de outros direitos da pessoa, que se situem para além dos direitos individuais. Essas novas categorias de direitos fundamentais, reconhecidos nos textos constitucionais, aparecem paralelamente ao surgimento de ideias jurídicas como a de humanidade ou de espécie humana.

O princípio da dignidade humana constitui, também, a fonte legitimadora de todos os demais direitos fundamentais. Esse entendimento torna-se, progressivamente, pela legislação, como se encontra estabelecido no art. 1º do anexo da Carta dos direitos fundamentais da União Europeia: "A dignidade da pessoa humana não é somente um direito fundamental em si, mas constitui a própria base dos direitos fundamentais...Resulta, notadamente, que nenhum dos direitos estabelecidos por esta Carta pode ser utilizado de modo a atentar contra a dignidade de alguém".

Mas a dignidade, do ponto de vista jurídico, pode ser pensada como um dever e um encargo. Como escreve Ricoeur: "a dignidade humana é semelhante a uma responsabilidade confiada".[136] Isto significa que não se pode abrir mão da dignidade que nos é atribuída, como escreveu Picco Della Mirandola, pela nossa condição nativa.[137] Em outras palavras, a dignidade é um respeito que se deve antes de tudo a si mesmo. Por essa razão, ninguém pode submeter-se voluntariamente à violência ou desrespeitar-se. No caso do lançamento argumentou-se que "o respeito da dignidade da pessoa humana, conceito absoluto, não poderia acomodar-se a quaisquer concessões em função de considerações subjetivas que cada um pode ter sobre o assunto. Da mesma forma, por exemplo, que a submissão voluntária de uma vítima à ações de violência não tem como consequência, de acordo com a jurisprudência, de excluir o caráter penalmente repreensível, o consentimento do anão ao tratamento degradante que ele se submeteu parece-nos que é juridicamente indiferente".[138]

O que se encontra em discussão são os próprios limites impostos pela dignidade humana ao exercício da liberdade individual. No caso do anão, que se deixou maltratar voluntariamente, a livre manifestação da vontade terminou por violar o espaço da dignidade, que foi desconsiderada. Como escreve Fabre-Magnan "a liberdade do homem é essencial para a sua dignidade, mas não é suficiente, pois a liberdade é precisamente também a liberdade da desumanidade".[139]

Constata-se, portanto, na problemática suscitada pela dignidade humana, que nos encontramos em face de um duplo desafio. Como conciliar a liberdade individual e o princípio que lhe é fundamental? Por outro lado,

---

[136] RICOEUR, Paul. Éthique et philosophie de la biologie chez Hans Jonas, In : *Lectures 2. La contrée des philosophes*. Paris ; Le Seuil, 1999, p. 314.

[137] PICCO DELLA MIRANDOLA, *apud* FABRE-MAGNAN, op. cit., 290.

[138] *Apud* FABRE-MAGNAN, op. cit., p. 291.

[139] Ibidem, p. 291.

transferindo a questão para o patamar das relações sociais e políticas, como estabelecer os limites para as ações do poder público, que visam em princípio ao bem da coletividade, diante desse manto protetor de valores que se encontram implícito na própria natureza humana e que se expressa pelo princípio da dignidade humana? Talvez a resposta encontre-se em se aceitar que a natureza do princípio da dignidade humana nos força a reconhecer que o seu conteúdo, expresso nas máximas a que nos referimos, são os verdadeiros núcleos pétreos da vida humana, regulando de forma absoluta as relações interindividuais e entre a coletividade e os indivíduos. Por essa razão, torna-se necessária a constante adequação lógico-racional do princípio da dignidade humana a cada caso, retirando o mesmo do invólucro adjetivo em que foi envolvido pela prática jurídica.

5. Bioética, responsabilidade e sociedade tecnocientífica

5.1. Introdução

Quando se fala em responsabilidade, está se fazendo referência a dois tipos de conceitos: um moral e outro jurídico. Em ambos, entretanto, encontra-se a ideia de que os seres humanos se consideram uns aos outros como agentes morais, ou seja, seres capazes de aceitarem regras, cumprirem acordos e de agirem obedecendo a essas determinações. Em torno desses compromissos, constitui-se o tecido de direitos e obrigações regulatório da vida social humana, que tem na pessoa o seu epicentro.

A vida social é objetivada mediante atos individuais, que expressam a vontade do indivíduo, agente moral dotado de racionalidade e autonomia. Por essa razão, os atos humanos caracterizam-se por uma necessária dimensão de responsabilidade, que se constitui no eixo das relações sociais e as torna possíveis e previsíveis. A responsabilidade constitui-se, assim, na categoria central do sistema social e jurídico e serve como parâmetro de imputação dos atos individuais. O tema da responsabilidade, por perpassar a multiplicidade dos atos humanos, pode ser analisado segundo três perspectivas: a responsabilidade moral, a responsabilidade jurídica e a responsabilidade coletiva.[140]

Quando Nietzsche se refere à longa história da responsabilidade humana, acentua o fato de que foi um processo no qual se procurou responder ao desafio de "tornar o homem até certo ponto necessário, uniforme, igual entre iguais, constante, e, portanto, confiável".[141] A construção da moralidade surge neste contexto no qual o homem em período pré-histórico consegue tornar-se confiável. O argumento de Nietzsche é de que o homem, apesar de conservar na sua personalidade características de tirania, dureza, estupidez e idiotismo, passou a ser confiável por meio da ajuda da moralidade e da

---

[140] RIBEIRO, Luiz Antônio Cunha. "Responsabilidade", in *Dicionário de Filosofia do Direito*. São Leopoldo/Rio de Janeiro, Editora UNISINOS e Editora Renovar, 2006; Neuberg, Marc. "Responsabilité", in *Dictionnaire d'éthique et de philosophie morale,* sous la direction de Monique Canto-Sperber. Paris: PUF, 2003.

[141] NIETZSCHE, Friedrich. *Genealogia da Moral,* trad. Paulo César de Souza. São Paulo: Companhia das Letras, 2005, p. 48.

camisa de força social.[142] Em torno da confiança, resultante de uma relação moral, o indivíduo abandona o seu estado primitivo pré-histórico e passa a participar de relações com os seus semelhantes, pautadas em valores definidos no patamar da moralidade.

Nietzsche, entretanto, sustentou a tese oposta àquela encontrada na tradição da filosofia e da moral do Ocidente. Essa tese argumentava que a origem da imputação de ações a agentes encontrava-se no espaço da liberdade do arbítrio. O argumento do filósofo alemão, *a contrario sensu*, considerava que o vínculo da imputação, em virtude da liberdade humana, consistia numa forma pela qual os homens foram considerados como "livres" para que pudessem ser julgados, punidos e considerados como culpados. Na frase de Nietzsche: "os homens foram pensados como 'livres' para que pudessem ser julgados e punidos – para que pudessem ser *culpados*".[143]

A vida humana, portanto, torna-se possível na medida em que cada indivíduo possa ser considerado responsável moralmente por atos praticados, que tenham repercussões em suas relações sociais. Esses atos são considerados morais porque expressam a manifestação da vontade autônoma do indivíduo e permitem a atribuição de responsabilidade moral a cada um. A responsabilidade resulta, assim, da aplicação de critérios racionais sobre o que é o "certo" ou o "errado" em face de atos praticados pelos indivíduos. O julgamento moral ocorre no âmbito da reflexão ético-filosófica, somente sendo inteligível em virtude de a pessoa humana ser caracterizada como agente moral, dotado de autonomia da vontade e da liberdade de escolha.

A responsabilidade jurídica, entretanto, tem outras características, pois se objetiva no contexto de instituições sociais e sistemas de normas jurídicas, exigindo para a sua concretização o estabelecimento de critérios específicos, através de normas que determinem os contornos próprios desse tipo de responsabilidade. A hipótese que se pretende desenvolver neste texto é a de que, em primeiro lugar, existe uma ligação estreita entre a responsabilidade moral e a responsabilidade jurídica; em segundo lugar, que essa ligação somente poderá ser racionalmente explicável no quadro de uma nova teoria da responsabilidade, exigida pelos avanços da ciência, particularmente, no contexto da pesquisa e da engenharia genética.

Na teoria da responsabilidade jurídica distinguem-se dois tipos de responsabilidade, já referidos por Aristóteles:[144] uma que ocorre na relação entre indivíduos e que serve como critério resolutório de litígios ou nas questões indenizatórias; outra forma de responsabilidade jurídica é a responsabilidade penal, quando o ato do indivíduo confronta-se com as normas de toda uma sociedade. A tese problemática, que se discute no campo penal, consiste em expressar em que medida uma decisão penal para ser justa, moral-

---

[142] NIETZSCHE, Friedrich. *Genealogia da Moral*. Op. cit., p. 29.

[143] NIETZSCHE, Friedrich. *Crepúsculo dos ídolos*: Os quatro grandes erros. Rio de Janeiro: Relume Dumará, 2000, p. 154.

[144] Ibidem, p. 29.

mente certa, necessita originar-se de uma responsabilidade moral, mesmo quando atende às finalidades específicas do sistema jurídico.

5.2. As transformações do agir humano e a responsabilidade

Ainda que o tema da responsabilidade moral tenha estado presente, desde os primórdios da elaboração ético-filosófica na Grécia clássica, somente a partir da sua tipificação como categoria jurídica é que se irá ter condições de falar de uma teoria da responsabilidade moral e jurídica. A distinção entre essas duas categorias de responsabilidade tornou-se possível porque o próprio agir humano sofreu, no curso da história, transformações radicais, fazendo com que o âmbito da moral ficasse diferenciado do âmbito do direito. A distinção entre a teoria da virtude[145] e a teoria do justo,[146] que perpassa a história do pensamento filosófico, expressa a progressiva separação entre esses dois tipos de sistemas normativos, ainda que o estado democrático de direito pressuponha a necessária complementaridade entre a moralidade e o direito.

A etimologia da palavra "responsabilidade" mostra como se considerava "responsável" todo o indivíduo que pudesse ser convocado pelos tribunais em virtude de pesar sobre ele certa "obrigação", dívida procedente, ou não, de um ato de vontade livre. Esse é o significado jurídico original da palavra, encontrado no direito romano. Tratava-se, portanto, de uma prestação determinada pela lei e que seria finalmente resolvida nos tribunais, caracterizando-se, assim, a responsabilidade como referida ao futuro, mas consequência de um ato pretérito.

O cristianismo incorporou o termo jurídico em universo conceitual mais amplo. Estabeleceu-se, então, o vínculo da categoria jurídica de responsabilidade com a moral do cristianismo.[147] Procurou-se justificar teologicamente essa relação, partindo-se da aceitação de que existia uma prioridade hierárquica da lei divina no sistema normativo da sociedade humana. A lei divina legitimaria a lei humana e traria consigo sanções que estabeleceriam os critérios básicos para o julgamento das ações individuais. Ao contrário da justiça humana, que tem por finalidade decidir litígios entre diversos sujeitos de direito, sejam eles indivíduos, grupos sociais ou sociedade, a justiça divina ocupa-se, exclusivamente, de um único sujeito.

A originalidade do cristianismo consistiu em considerar, em primeiro lugar, a responsabilidade como o elo entre um único indivíduo e o Criador, numa relação bilateral em que a pessoa tinha uma posição dependente e

---

[145] ARISTÓTELES. *Éthique à Nicomaque,* trad. J. Tricot. Paris: Librairie Philosophique J., 1990.

[146] O'NEIL, Onora. *Em direção à justiça e à virtude* trad. Leila Mendes. São Leopoldo: Editora UNISINOS, 2006.

[147] VILLEY, Michel. "Esquisse historique sur le mot responsable", in *Archives de Philosophie du Droit.* tome 22., 1977.

subordinada; em segundo lugar, o cristianismo estabeleceu critérios para considerar alguém responsável por atos a serem definidos em função da intenção subjetiva desse indivíduo em sua relação de consciência com Deus.

A responsabilidade deixa o campo estrito da juridicidade, como até então fora considerada pelo direito romano, e vai encontrar a sua morada na consciência da pessoa, sendo um dos componentes da "lei moral natural". Escreve Villey que o homem passou a ser responsável diante da sua consciência, da sociedade e do futuro, "esses substitutos de Deus".[148] O surgimento de uma responsabilidade metaindividual atende a necessidade de encontrar-se respostas às indagações de caráter ético e jurídico, suscitadas pelo progresso científico e técnico.

Como o homem destina-se por natureza a conviver com os seus semelhantes, a função primordial da norma jurídica seria regular deveres mútuos, que tornassem possível essa convivência social. O direito tornou-se o sistema de normas destinado a governar a conduta humana. Para que tal sistema pudesse funcionar, o direito passou a utilizar alguns conceitos e categorias, que forneceriam uma base racional para a solução dos conflitos. A ideia clássica de justiça ou da justa distribuição de bens, como se encontrava no direito romano, e da determinação de responsabilidades, esvaziou-se progressivamente do seu sentido original.

A responsabilidade passou a ser estabelecida em função da "imputabilidade" da ação do indivíduo ao que se encontrava previsto em lei. Introduziu-se no conceito original a dimensão da subjetividade, que iria resguardar o exercício da autonomia e da liberdade individual, mas ao mesmo tempo imputar às ações humanas consequências para os indivíduos. A atribuição de imputabilidade provocará uma consequência lógica na aplicação da lei, qual seja a de que os atos imputáveis ao indivíduo trazem consigo uma obrigação.

Por sua vez, a responsabilidade penal, que até o Iluminismo era determinado em função de leis morais, ganhou autonomia própria. A pena justificava-se, desde os Dez Mandamentos, como um ressarcimento à violação de uma lei divina, enquanto a lei em matéria penal copiava a lei divina. A influência do Iluminismo no corpo do Direito Penal provocou uma revolução copernicana no Direito e na legislação. O indivíduo tornou-se o responsável único por seus atos, sendo que a pena passou a ser aplicada na sua pessoa e nela extinguindo-se, eliminando-se as penas extensivas a familiares. A pena passou a ser aplicada em obediência ao princípio moral de que a responsabilidade tem a ver com ações, que são manifestações do exercício consciente da vontade do indivíduo, no uso e gozo de suas faculdades mentais.

O direito civil moderno ordenou-se como um prolongamento desse sistema de moralidade. Neste contexto, o jusnaturalismo representou um conjunto sistemático de preceitos morais a serem consagrados pelo sistema jurídico; assim, a regra cristão-estoica de que cada indivíduo deve cumprir a

---

[148] VILLEY, Michel. Op. cit., p. 54.

palavra empenhada, irá servir de fundamento para a lei dos contratos – *pacta sunt servanda*. As raízes morais da responsabilidade civil encontram-se sistematizadas em regras jurídicas medievais e no pensamento de filósofos, como por exemplo, Tomás de Aquino,[149] seguida pelos escolásticos espanhóis e os moralistas do século XVII. Em todos, determinava-se que cada indivíduo tinha a obrigação de "restituir" ou reparar os danos provocados por atos culposos ou dolosos.

Esse preceito de natureza estritamente moral foi consagrado como regra de direito. Assim, por exemplo, Grotius estabelece que entre os três axiomas a que se reduz o direito propriamente dito encontra-se o de reparar o dano provocado por sua culpa (*Prolegomenos*: § 8).[150] O *Código de Napoleão*, no art. 1.382, incorporou a fórmula grociana e evita mesmo a palavra "responsabilidade". Somente durante as primeiras décadas do século XIX é que a doutrina jurídica irá elaborar uma teoria da responsabilidade civil, especificamente jurídica, liberta de seus vínculos morais.

5.3. A responsabilidade como questão filosófica: a resposta kantiana

A responsabilidade, entretanto, antes de ser jurídica, permanece como uma questão filosófica, pois suscita a indagação a respeito da unidade da pessoa, sobre a identidade pessoal, procurando determinar os limites da autonomia racional e como se situa a questão da alteridade. A ideia de responsabilidade justifica-se como a espinha dorsal da vida social em virtude da qual os homens concebem-se uns aos outros como pessoas morais, seres capazes de atos racionais que se formalizam através de direitos e deveres. Considerar alguém responsável, ou não, por um ato, consiste em estabelecer o núcleo moral pétreo da vida social, que se molda por atitudes de aprovação ou reprovação em relação ao outro. O problema filosófico dos fundamentos da responsabilidade encontra-se, assim, em verificar se os critérios sobre os quais se atribui responsabilidades podem ser considerados como critérios morais, racionalmente estabelecidos.

A responsabilidade legal parece necessitar de uma justificativa moral. O problema da responsabilidade legal, principalmente aquela necessária em virtude das aplicações científicas e técnicas da contemporaneidade, exige um horizonte hermenêutico mais amplo. O papel organizador dos sistemas jurídicos na sociedade exige o estabelecimento de critérios específicos para que se determinem os níveis e características da responsabilidade, critérios esses a serem positivados em lei. A positivação legal dos critérios de responsabilização representou o passo definitivo dado pela teoria positivista

---

[149] TOMÁS DE AQUINO, *Suma Teológica*, 2-2. q. 62.

[150] GROTIUS, Hugo. *Del derecho de la Guerra y de la Paz*, trad. Jaime Torrubiano Ripoli. Madrid, Editorial Reus, 1925.

do direito, que rompeu com a tradição, onde as raízes da responsabilidade encontravam-se na moralidade.

Nesse contexto, a teoria do direito prevê os três tipos de responsabilidade legal – civil, penal e coletiva –, anteriormente referidos, que suscitam problemas diferenciados para a justificativa dos seus fundamentos. A responsabilidade, entretanto, não consegue separar-se, como pretende o positivismo jurídico, em duas esferas de atuação nitidamente distintas, pois mantém uma dupla função: submete a pessoa livre ao julgamento de sua consciência ou faz com que o sujeito de direito responda pelas consequências de suas ações nas relações sociais. Tanto a responsabilidade moral como a responsabilidade jurídica terminam por encontrar a sua justificativa comum na possibilidade de comunicação entre os homens.

A noção de responsabilidade subjacente, na obra de Kant, supõe uma ideia de intersubjetividade, que rompe os quadros do individualismo abstrato, argumento principal da crítica ao filósofo alemão. A responsabilidade será determinada pela imputação de um ato a um indivíduo. Ocorre a imputação quando o sujeito é considerado como a causa livre de uma ação. A imputação jurídica implica a atribuição de efeitos jurídicos, previstos em lei, à ação individual. A ideia de responsabilidade moral, argumenta Kant, refere-se ao princípio do querer, que é bom em si mesmo,[151] enquanto a ideia de responsabilidade jurídica implica a qualificação de um ato interpretado como um fato conforme ou não o estabelecido na lei positiva.

A ideia de responsabilidade torna-se impensável quando se ignora a definição de pessoa formulada por Kant: "uma pessoa é um sujeito cujas ações são suscetíveis de imputação", enquanto as coisas são tudo aquilo que não é suscetível de imputação.[152] A imputação moral faz a pessoa responsável por um ato bom ou mau, enquanto, essencialmente, ela seja a causa livre e suscetível de ser determinada, a não ser por si mesma. A imputação jurídica, por sua vez, faz a pessoa responsável por ato injusto na medida em que ela transgrida a norma jurídica. A responsabilidade moral remete, portanto, à constatação da livre subjetividade do agente.

Em consequência dessa ideia de pessoa humana, a responsabilidade jurídica tem por condição a possibilidade de mediação de uma legislação externa, mais precisamente, escreve Kant, a mediação realizada através de leis positivas, que exclui todo elemento de moralidade.[153] Kelsen sustenta que em virtude da operação de "qualificação" pela qual as normas jurídicas servem de esquema de interpretação e de avaliação dos fatos, somente essas

---

[151] KANT, Immanuel. *The Moral Law. Kant's Groundwork of the Metaphusic of Morals*. Trad. H. J. Paton. London and New York: Routledge, 1991.

[152] KANT, Immanuel. *Métaphysique des Moeurs. Doctrine du Droit*. Trad. De A. Philonenko. J. Vrin. Paris, 1971.

[153] Ibidem.

normas conferem a qualidade de atos legais ou atos classificados como contra o direito.[154]

A nítida separação entre o direito e a moral, operada por Kelsen, tem como consequência que: "O julgamento (*Urteil*) que afirma ser um comportamento concreto justo ou injusto representa um julgamento (*Be-urteilung*), portanto, uma avaliação do comportamento. O comportamento que é um fato natural (*Seins-faktum*), existente no tempo e no espaço, é confrontado com uma norma de justiça que estabelece um dever (*Sollen*). O resultado é um julgamento que declara ser o comportamento de tal ordem que está de acordo com a norma de justiça, quer dizer, esse comportamento tem um valor, a saber, um valor de justiça positiva; ou então, pelo contrário, o comportamento não é de tal ordem que possa estar de acordo com a norma de justiça, mas é justamente contrário a ela, permite afirmar que esse comportamento é estranho a qualquer valor, possuindo, assim, unicamente um valor de justiça negativa".[155] Na continuação, Kelsen sustenta que somente a realidade pode ser valorada, somente ela terá ou não terá valor. Essa definição da responsabilidade jurídica, determinada no contexto restrito das relações de imputação, termina, como escreve Goyard-Fabre, por colocar entre parênteses a interioridade da pessoa, pois o ato acaba sendo examinado somente em função de sua conformidade ou não conformidade exterior a uma norma legal positiva.[156]

5.4. A teoria da responsabilidade e a problemática da justiça

A insuficiência da fundamentação clássica da teoria da responsabilidade, no âmbito da teoria do direito, evidencia-se pelos impasses encontrados na aplicação das normas jurídicas na sociedade tecnocientífica contemporânea. A reflexão jusfilosófica enfrenta, assim, o desafio de recuperar a dimensão perdida da ideia de responsabilidade e situá-la no espaço da moralidade, que lhe é próprio. Dessa forma, o debate sobre a teoria da justiça contemporânea poderá ser significativamente enriquecido e contribuir para a reformulação da teoria da responsabilidade.

Uma contribuição relevante encontra-se no pensamento de Paul Ricoeur (1913-2005). A reflexão de Ricoeur sobre o tema da responsabilidade ganha importância para a cultura jurídica, na medida em que se possam estabelecer as suas relações com uma teoria da justiça, no quadro do estado democrático de direito. As questões analisadas pela bioética, por sua vez, pressupõem, também, essa inserção, somente sendo inteligíveis nesse quadro coletivo.

---

[154] KELSEN, Hans. *Teoria Pura do Direito*. Trad. João Baptista Machado. São Paulo: Martins Fontes, 1987.

[155] KELSEN, Hans. "Justicia y Derecho Natural", in *Crítica del Derecho Natural*. Introdução e tradução de Elias Diaz. Madrid: Taurus, 1966.

[156] GOYARD-FABRE, Simone. "Responsabilité morale et responsabilité juridique selon Kant", in *Archives de Philosophie du Droit*, tome 22, 1977, p. 120.

Ricoeur, como Kant, parte da ideia de pessoa moral, considerada o ente capaz de assumir responsabilidades em virtude do exercício de uma vontade autônoma e racional. Em consequência, essas ações, manifestação dessa vontade autônoma, portanto, moral, poderá ser encontrada em duas dimensões diferentes. Na teoria kantiana da responsabilidade, a questão é analisada em duas dimensões. Em primeiro lugar, ao investigar as suas raízes morais e, ao mesmo tempo, tendo o cuidado de diferenciar a responsabilidade moral da responsabilidade jurídica. Trata-se, entretanto, de uma diferenciação e não de uma separação radical entre duas ordens normativas, que se excluem. Pelo contrário, no pensamento kantiano ocorre uma relação de complementaridade entre a moral e o direito.

No entanto, a teoria kantiana não desenvolveu o argumento sobre a possível vinculação da ideia de responsabilidade, como formulada por Kant, e a ideia de uma ordem jurídica justa. Essa limitação da teoria kantiana tem a ver com o entendimento de que a questão da responsabilidade encontra-se no espaço do indivíduo e das relações intersubjetivas. A própria concepção kantiana do direito leva, entretanto, ainda que, implicitamente, a considerar a responsabilidade moral e jurídica como constituindo o fator determinante da justiça social.[157]

A fundamentação kantiana, lida de uma ótica social ou coletiva, e não individualista, pode ser utilizada no quadro do projeto de Paul Ricoeur, permitindo que se faça, sob a perspectiva da teoria da justiça, uma nova leitura da responsabilidade moral e jurídica. Na verdade, como se procurará demonstrar, Ricoeur possibilita, através da análise da ideia de responsabilidade, uma abordagem original da teoria da justiça. Para que se possa chegar ao pleno entendimento do conceito de responsabilidade e suas repercussões para uma teoria da justiça, torna-se necessário atentar para a indagação preliminar de Ricoeur: "quem é o sujeito de direito"?[158]

A tradição do dogmatismo jurídico define o sujeito como a pessoa física ou jurídica capaz de assumir direitos e obrigações, definidos em lei. A crítica preliminar de Ricoeur consiste em desconsiderar essa definição, pois, a seu ver, ela é insuficiente para a construção de uma teoria da responsabilidade, que atenda às exigências da sociedade contemporânea. Por essa razão, procura demonstrar como uma leitura contemporânea da teoria da responsabilidade pressupõe uma investigação prévia sobre a especificidade do sujeito de direito no plano da antropologia filosófica.

O sujeito de direito, do ponto de vista antropológico, tem por sua própria natureza um conjunto de valores, consubstanciados no princípio da dignidade humana, que o tornam digno de respeito; ao mesmo tempo, e, também, por sua própria natureza, tem diferentes níveis de capacidade. Segundo Ricoeur, essas capacidades do sujeito de direito podem se determi-

---

[157] Ver a propósito, o argumento de HÖFFE, Otfried. *Les Principes du Droit*. Paris: Les Éditions du CERF, 1993.

[158] RICOEUR, Paul. *Le Juste*. Paris: Éditions Esprit, 1995, p. 29 e segs.

nar, não exclusivamente, em razão do disposto na lei positiva, mas também, e principalmente, em função da resposta que se dê à seguinte questão geral: "a quem se pode imputar a ação humana?". Note-se, nesse passo, que Ricoeur abandona o espaço restrito da legalidade jurídica – onde sujeito de direito é o ente capaz de direitos e deveres na ordem civil (art. 1°, *Novo Código Civil Brasileiro*) – e remete a questão para uma indagação mais geral e abrangente.

A própria pergunta implica a ressalva de que existem pessoas que não podem ser responsabilizadas por seus atos ou omissões. Dessa forma, a reflexão ético-filosófica parte da constatação de que a pessoa, precisamente por não ser um ente imutável no tempo histórico, somente pode ser concebida no quadro de sua evolução moral. Na análise das raízes da responsabilidade, Ricoeur identifica o tema central em torno do qual pode-se acompanhar e avaliar a lenta evolução da consciência moral do ser humano.

O processo de evolução da moralidade iniciou-se, na história da humanidade, quando o homem deu o primeiro passo em direção ao seu aperfeiçoamento moral. Esse aperfeiçoamento formalizou-se, principalmente, na substituição dos procedimentos de vingança por exigências mais complexas da justiça, que irão se evidenciar na adoção do critério da reparação dos danos sofridos, em virtude da ação de outrem. A passagem do estado vingatório para um estado de justiça – descrito por Ésquilo na trilogia *Oréstia*, escrita no século V a.C. – representou o que Ost[159] chamou de "ato fundador do direito".

A peça de Ésquilo foi representada para uma plateia ateniense, quando Atenas estabelecia as origens da democracia e substituía a lei do talião por um sistema de justiça construído através de argumentos racionais, que exigia provas fáticas dos atos a serem julgados no contexto de uma lei comum. Nesse contexto, é que se pode constatar como nas origens da ordem jurídica do Ocidente encontra-se a ligação umbilical entre o Direito, a Moral e o Estado Democrático de Direito.[160]

Esse momento da história da humanidade representa, assim, a superação do período da culpa grupal e a inauguração do período da personalização da responsabilidade, definida em função e como critério de avaliações, antes de tudo morais. Essas referências pressupõem, entretanto, duas condições de possibilidade para a sua concretização: a aceitação do outro, como tendo finalidades em si mesmo, e um sistema de direitos e obrigações pré-definidos. O agente moral passa então a ser o indivíduo definido, preliminarmente, como aquele que tem na igualdade o critério valorativo básico para exercer direitos e assumir obrigações.

A análise de Ricoeur se desenvolve, no primeiro momento, levando em conta a ideia clássica de responsabilidade, investigando-se o conceito fundador, procurando demonstrar que o mesmo extrapola o campo jurídico-con-

---

[159] OST, François. *Contar a Lei – as fontes do imaginário jurídico*. São Leopoldo: Editora UNISINOS, 2005.

[160] ROMILLY, Jacqueline de. *La Loi dans la Pensée Grecque*. Paris: Les Belles Lettres, 2002.

ceitual e situa-se, na realidade, no campo da filosofia moral, fora do qual não terá consistência lógico-argumentativa. No segundo momento, Ricoeur trilha o caminho oposto, ao partir do conceito jurídico e constatar como as interpretações realizadas pela doutrina do direito, tornaram a ideia de responsabilidade desenraizada no contexto social, econômico e político da sociedade tecnocientífica contemporânea.

A ideia de responsabilidade, por sua vez, desenvolveu-se no direito moderno em duas variantes: a primeira, no direito civil, onde a responsabilidade foi definida como a obrigação de reparar a perda (pré-juízo) causada por uma falta pessoal e determinada em lei; a segunda vertente, no direito penal, define a responsabilidade como a obrigação de receber a punição prevista legalmente em virtude de atos delituosos. Ricoeur, para demonstrar a necessidade da teoria da responsabilidade ser repensada, argumenta no sentido de que o termo da linguagem jurídica não repercute na linguagem corrente, em que se emprega a palavra de forma imprecisa e abrangente, abarcando diferentes tipos de situações, que não são necessariamente jurídicas. Entretanto, apesar de toda essa elasticidade em seu emprego, a palavra responsabilidade conserva uma referência comum à obrigação, que, na concepção de Ricoeur, excede o quadro da reparação civil e da punição penal.

Na filosofia moral contemporânea, a expressão responsabilidade aparece, por sua vez, como tema central no pensamento de diversos autores. Hans Jonas[161] consagra o "princípio responsabilidade"; H. L. A. Hart[162] analisa as raízes morais da punição e suas relações com a responsabilidade; Ronald Dworkin[163] se refere à responsabilidade coletiva; Jean-Marie Domenach[164] situa o conceito de responsabilidade como o fundamento de uma nova civilidade. A responsabilidade, portanto, escreveu Henri Batifol, supõe questões de ordem filosófica, que ultrapassam as possibilidades da teoria jurídica, já que se trata de uma noção que extrapola o próprio direito; isto porque essa ideia pressupõe a ideia de liberdade e suscita a questão da causalidade, que obriga, inelutavelmente, a consideração da problemática da justiça.[165] Ocorre, então, a evidência da necessária complementação entre a moral e o direito.

Ricoeur procura reformular o conceito jurídico e o conceito moral de responsabilidade, levando em consideração a realidade social e econômica do final do século XX. Desde o ponto de vista do direito, a responsabilidade civil perdeu o caráter de punição do culpável, dando lugar à "responsabilidade sem culpa", nas palavras do filósofo francês,[166] fundamentada na ideia de solidariedade, muito mais do que na necessidade de punição, que atende

---

[161] JONAS, Hans. *Le Príncipe Responsabilité*. Paris: Les Éditions du Cerf, 1995.

[162] HART, H.L.A. *Punishment and Responsibility*. Oxford: Clarendon Press, 1970.

[163] DWORKIN, Ronald. *Law's Empire*. Cambridge, Massachusetts: Harvard University Press, 1995.

[164] DOMENACH, Jean-Marie. *La Responsabilité*. Paris: Hairiwe, 1994.

[165] BATIFOL, Henri. "Préface", in *Archives de Philosophie du Droit. La Responsabilité*, 1977, tome 22.

[166] RICOEUR, op. cit., p. 58.

unicamente o objetivo de seguridade social. Em consequência, a imputação da responsabilidade, que no passado se restringia ao autor do ato imputável, na atualidade se volta para a vítima, privilegiando-a e garantindo o direito de indenização. Essa mudança na ênfase da ideia de responsabilidade jurídica expressa a repercussão no campo da teoria do direito de uma transformação no conceito moral de responsabilidade.[167]

No plano jurídico, o agente torna-se responsável, preliminarmente, por outra pessoa. Desloca-se, portanto, o foco da responsabilidade daquele que é responsável pela ação, para um novo objeto, vale dizer, para aquele que é vítima da ação; já não se menciona a culpa, tampouco, pela via de consequência da responsabilidade pessoal, senão da responsabilidade frente ao outro. Segundo essa perspectiva da moralidade, é possível enquadrar a responsabilidade moral de uma geração para outra, uma responsabilidade que não se personaliza, mas que, na expressão de Ricoeur, "se inflaciona". Todas as questões relativas ao meio ambiente, à engenharia genética e à energia nuclear podem, assim, ganhar sentido moral e repercussão jurídica quando interpretadas por este ângulo.

Essa nova ideia da responsabilidade traz consigo três tipos de dificuldades, que, ao serem analisadas, permitem estabelecer uma ponte entre a teoria moral e jurídica da responsabilidade e as teorias contemporâneas da justiça. Ricoeur propõe três tipos de aporias: na nova ideia de responsabilidade torna-se difícil identificar o autor do ato; a segunda dificuldade consiste na manutenção da relação com a determinação no espaço e o tempo de uma responsabilidade que apresenta autores identificáveis e que a assuma, o que remete às dimensões planetárias e cósmicas em que vive o homem contemporâneo; finalmente, como assegurar uma reparação quando não existe uma relação de causa e efeito subjetiva entre o autor do ato e suas vítimas. As bases da teoria clássica da responsabilidade jurídica mostram-se claramente insuficientes para responder aos problemas de uma sociedade multicultural, pluralista e democrática, como é a contemporânea. O desafio para a reflexão jurídica da atualidade consiste, assim, em elaborar uma nova teoria da responsabilidade, que se volte para a realidade social objetiva e estabeleça a sua legitimação moral e jurídica.

As três aporias aqui apresentadas tiveram na teoria clássica respostas diretas e imediatas. No que se refere à identificação do responsável pela ação, o direito civil estabelece uma relação de causa e efeito entre a ação e seus efeitos danosos. Entretanto, a complexidade das relações sociais contemporâneas fez com que a ideia da individualização da responsabilidade, em muitas situações, tenha se tornado problemática, pois a vida cotidiana é tecida por meio de uma infinidade de pequenos atos, microdecisões, que se processam dentro de estruturas impessoais e imensas; como o sistema ecológico, a burocracia, tanto estatal como privada, e a rede do sistema financeiro, provocando o surgimento da figura jurídica, todavia pouco estudada, da responsabilidade anônima.

---

[167] HUSSON, Leon. *Les Transformations de la Responsabilité*. Paris: PUF, 1947.

No tocante às repercussões da responsabilidade no tempo e no espaço, Ricoeur recorda a observação de Kant, de que a cadeia dos efeitos empíricos de nossos atos é virtualmente infinita. Essa observação se adapta com perfeição aos tempos modernos, quando as decisões adquirem uma escala cósmica e cujas consequências poderão se prolongar por muitos séculos. O que resulta da ideia de reparação quando não existe relação objetivada entre o autor ou os autores de atos delituosos e as vítimas, desaparecendo aquilo que os juristas chamam de nexo de causalidade? Essa talvez seja a grande interrogação que se faz a respeito da ciência e da técnica no campo das ciências da vida.

Neste contexto, pode-se delimitar a temática da justiça, incorporando-se na análise do tema as reflexões de Ricoeur sobre o conceito de responsabilidade. À medida que o conceito jurídico e moral de responsabilidade tornam-se insuficientes em seu marco clássico para solucionar os problemas da sociedade complexa e pluralista, fica evidente a necessidade de que sejam repensados. Desde o ponto de vista jurídico, buscou-se substituir a ideia da falta e a pena consequente, em virtude da própria impossibilidade objetiva de determiná-las, pela ideia do risco e do seguro a ser pago. Essa noção aparentemente simples, que se encontra na base dos sistemas securitários da atualidade, permitiu que as questões referentes à justiça fossem consideradas de outra maneira. Alguns autores, como, por exemplo, François Ewald,[168] sustentam que, enquanto a ideia de responsabilidade individual constituiu para o estado liberal o princípio de sua regulação social, política e econômica, a ideia de solidariedade, como critério para determinação da responsabilidade, servirá como o núcleo moral do estado do bem-estar social.

Contudo, corre-se o risco de que o direito e a moral busquem superar as deficiências encontradas pela teoria clássica da responsabilidade, através de uma desculpabilidade individual absoluta, o que terá como consequência o surgimento de uma sociedade de vítimas, em busca de culpados institucionais e de indenizações para compensar situações socialmente injustas. Assim sendo, trata-se de reavaliar a ideia de que a responsabilidade nasce na obrigação moral individual e de que se realiza, exclusivamente, no campo de uma relação intersubjetiva de onde se poderia determinar a relação de causa e efeito entre o ato, o agente e a vítima.

A proposta de Ricoeur pretende dar ao problema uma orientação prospectiva, em que a ideia da prevenção de danos futuros se agregará à de reparação de danos provocados.[169] Em função dessa ideia agregadora, são encontradas novas respostas às aporias já referidas, que permitirão, por sua vez, um novo entendimento da natureza da justiça. O sujeito da responsabilidade será, como na teoria clássica, o causador do dano, sendo consideradas de forma indivisa as pessoas individualmente consideradas e os sistemas nos quais os indivíduos atuam. Quanto à segunda aporia, relativa

---

[168] EWALD, François. *Histoire de l'État Providence.* Paris: Grasset, 1996.
[169] RICOEUR, op. cit., p. 65.

aos nossos atos em dimensão planetária e repercutindo nas gerações futuras, Ricoeur propõe a elaboração de um novo imperativo categórico, que nos obrigue a agir de tal maneira que se garanta, depois de nossa existência, a continuação da vida de outros seres humanos. Assim, a segunda formulação do imperativo categórico kantiano – "aja segundo a máxima através da qual a sua ação possa tornar-se lei universal"[170] – desdobra-se para além da relação intersubjetiva, aplicando-se não apenas ao *hic et nunc*, senão fazendo com que o agente considere as repercussões de sua ação também no futuro.

É a resposta à terceira aporia que permite a introdução da ideia de solidariedade na reflexão de Ricoeur. O filósofo francês emprega a distinção entre efeitos pretendidos da ação e efeitos não pretendidos ou imprevistos; alguns sociólogos chamam estes efeitos de "perversos",[171] pois seriam consequências de ações públicas que se destinavam, não à criação de problemas, senão a suas soluções. A questão consiste em distinguir na ação humana dois tipos de atitude moral: o primeiro, atribuindo à boa intenção ou boa vontade a razão suficiente para que se desculpem todas as consequências danosas; e coincide com a clássica atitude dos radicalismos contemporâneos, nos quais as boas causas terminam por justificar a negação dos bons objetivos. Por outra parte, escreve Ricoeur, a assunção de todas as consequências de forma indiscriminada retorna para o agente, no limite, tornando-o totalmente irresponsável. Esse fatalismo encontra sua expressão na denúncia da premissa terrorista: "Todos são responsáveis por tudo e culpáveis por tudo!".

A solução de Ricoeur para o problema da responsabilidade no tempo parte da aceitação do fato de que não é suficiente a extensão do imperativo kantiano às gerações futuras, isto porque a vontade do homem tem sua origem no foro interior da pessoa, mas se realiza através de atos que modificam uma dada existência atual, sendo a vontade responsável. Em consequência, escreve Ricoeur, a ação humana apenas será possível quando for considerada a dimensão de suas consequências previsíveis e, ao mesmo tempo, contemplar uma visão de longo alcance: "a completa negligência dos efeitos laterais da ação a torna desonesta, mas uma responsabilidade ilimitada torna a ação impossível".[172]

A contribuição de Ricoeur para a teoria contemporânea da justiça talvez consista na possibilidade de aplicação do conceito de responsabilidade em sua dupla dimensão ao tema. A mais relevante elaboração teórica sobre a questão – que pode ser encontrada na obra de John Rawls[173] – propõe um modelo procedimental que, na análise de Ricoeur, busca articular uma perspectiva deontológica com uma perspectiva contratualista. Mas, exatamente, o caráter formal da teoria da justiça de Rawls faz que os dois princípios

---

[170] KANT, Immanuel. *The Moral Law.* Op. cit., p. 84.

[171] BOUDON, Raymond. *Efeitos Perversos e Ordem Social.* Trad. Analúcia T. Ribeiro. Rio de Janeiro. Zahar Editores, 1979.

[172] RICOEUR, p. 68.

[173] RAWLS, John. *A Theory of Justice.* Cambridge, Massachusetts. Harvard University Press, 1972.

da justiça – nas palavras de seu formulador, "um ponto arquimediano para avaliar as instituições existentes, assim como os desejos e as aspirações por elas produzidas"[174] – necessitem de categorias jurídicas para que possam ser aplicados. Assim, torna-se necessário a construção de novos conteúdos jurídicos que não se podem ser identificar no quadro da teoria geral do direito civil clássico.

Talvez o conceito de responsabilidade de Ricoeur sirva para se ter uma ponte entre a moral e a política, onde uma concepção do homem e da sociedade, que contemple o individual e o coletivo de maneira integral, venha a ser o conceito fundador dessa ordem jurídica do século XXI. Assim, o princípio da solidariedade ganha um conteúdo jurídico, visto que é em função deste que o outro, o nosso semelhante, surge como uma pessoa com finalidade em si mesma, a ser garantida através da ordem jurídica, que deixa de ser estritamente individualista e incorpora a dimensão da pessoa como agente moral, membro de uma coletividade e, portanto, sujeito da vontade coletiva. Não se pode esquecer e considerar o fato de que a própria crise da teoria da responsabilidade clássica foi provocada tendo em vista novas realidades sociais e econômicas, que passaram a exigir a reavaliação da ordem jurídica individualista da sociedade liberal burguesa.

A reflexão de Ricoeur aproxima-se da análise de poucos teóricos do direito que perceberam a insuficiência da resposta dogmática clássica para a questão da responsabilidade na contemporaneidade. Civilistas perceberam as "transformações da responsabilidade"[175] no direito moderno, ensinando como a sua concepção, herdada do direito romano, através do *Código de Napoleão*, não lograva responder aos desafios sociais e econômicos encontrados na sociedade pluralista e democrática do mundo contemporâneo. Pode-se mesmo explicar a chamada crise do direito contemporâneo como uma crise do conceito fundamental da responsabilidade, que se evidencia nos obstáculos encontrados pela teoria do direito ao tentar utilizar um conceito esgotado na solução dos novos e complexos problemas da pós-modernidade. O direito contemporâneo abre-se, assim, para comportamentos jurídicos valorados, provocando um "corte não vertical, mas transversal do fenômeno jurídico".[176]

A crise conceitual, e por consequência normativa, para Ricoeur, poderá ser superada na medida em que se busquem soluções fora do âmbito restrito da dogmática jurídica. A responsabilidade assume, no pensamento do filósofo, a posição de um dos vetores essenciais na construção de uma ordem justa, e, portanto, adquire sentido somente no quadro de uma reflexão moral para que possa, inclusive, servir como categoria jurídica.

---

[174] RAWLS, John. Op. cit., p. 520.

[175] HUSSON, Leon. Op. cit.

[176] FACHIN, Luiz Edson. *Teoria Crítica do Direito Civil*. Rio de Janeiro: Renovar, 2003, p. 304.

5.5. As novas dimensões da responsabilidade

As biotecnologias ao mesmo tempo em que abrem perspectivas de melhoria da vida humana, também podem trazer efeitos nefastos para a vida humana. Técnicas que tinham por objetivo principal a melhoria da saúde do homem produziram, no exercício da medicina e nas possibilidades que abriram para manipulações, uma gama de intervenções que em vez de serem curativas, tornaram-se fonte de patologias. A inquietação provocada pela aplicação de técnicas com consequências contraditórias fez com que se procurasse um equacionamento ético que servisse na regulação dessas novas relações sociais. Os avanços da biotecnologia trouxeram consigo uma gama de questionamentos éticos, que terminaram por demonstrar a insuficiência teórica dos fundamentos da teoria clássica da responsabilidade e da justiça.

A ideia de justiça serviu como eixo regulador das relações sociais na sociedade liberal, sendo a sua concepção a justificativa ideológica da sociedade e do direito no estado liberal. O paradigma ético da justiça – próprio dessa ideia de justiça – constituiu-se, historicamente, em função de três valores fundantes: a autonomia individual, a dignidade da pessoa humana e os direitos humanos. Os desafios morais encontrados na sociedade tecnocientífica exigiram, entretanto, uma nova abordagem do julgamento dos atos sociais e de suas consequências jurídicas, e, portanto, do sistema de responsabilização.

A teoria ética da justiça encontra-se contestada por essa realidade tecnocientífica, produzida pela própria sociedade liberal moderna. Isto porque, o paradigma da teoria da responsabilidade clássica tem como núcleo central os direitos individuais, o contrato entre duas partes e a propriedade individual. As questões éticas na contemporaneidade transcendem o espaço restrito das relações inter-individuais, pois em virtude da tecnociência refletem os problemas encontrados no âmbito da ecologia, da natureza humana e do futuro da espécie humana. As teorias clássicas, como a mais significativa dentre elas, a teoria da justiça de Rawls, não respondem aos questionamentos surgidos na consciência do homem contemporâneo, e, portanto, a ideia de responsabilidade empregada até então se torna defasada. Alguns autores têm demonstrado como a teoria da justiça liberal está a exigir uma substantivação, para além do espaço da autonomia e dos direitos individuais.[177]

Em consequência, o processo de responsabilização também será atraído por dois polos. De um lado, a realidade tecnocientífica e, de outro, a judicialização da responsabilidade em dimensões coletivas. A ideia de responsabilidade pode ser desmembrada em três componentes: a imputação, o sentimento e a judicialização. A responsabilidade implica um agente moral, fazendo com que a vida ética, própria dos seres morais, seja caracterizada em função da atribuição de responsabilidades específicas atribuíveis a cada

---

[177] NUSSBAUM, Martha C. *Frontiers of Justice*. Cambridge, Massachusetts. Harvard University Press, 2006.

agente moral. Essa responsabilidade ética torna-se evidente em três tipos de situações: a) podemos ser responsáveis em relação a nós mesmos; b) podemos ser responsáveis em relação a outrem; c) podemos ser responsáveis em relação a um estado de coisas.[178]

O problema moral central na contemporaneidade talvez se encontre no cerne das indagações éticas a respeito do progresso científico e técnico, principalmente, no campo das ciências da vida. E esse problema nuclear consiste no embate entre duas concepções de responsabilidade. Trata-se da construção de uma concepção humanista da ética, que seria caracterizada pela subsistência de duas responsabilidades, que não seriam excludentes, a responsabilidade do bem – que obriga a preservação – e a responsabilidade do melhor – que determina o progresso ou o aperfeiçoamento qualitativo da vida humana.[179]

Dessa forma, teríamos uma ética que refletisse e fornecesse argumentos para preservar o ritmo do progresso científico e técnico, próprio da contemporaneidade, e o bem maior que reside na qualidade de vida da pessoa humana. O componente propriamente ético dessa cultura, que se constrói em torno da ciência, servirá, assim, não como limitador do progresso científico, mas como elemento humanizador. A teoria da responsabilidade contemporânea, especificamente levando em conta a realidade tecnocientífica, deverá privilegiar essas duas faces de uma mesma moeda.

A tentativa de normatizar o progresso e o bem no contexto da sociedade tecnocientífica, através dos princípios clássicos da bioética – beneficência, autonomia e justiça – torna-se insuficiente, pois esses princípios correm o risco de serem aplicados de forma mecânica ou dogmática. O processo de subsunção próprio da aplicação do sistema jurídico, quando usados no julgamento ético esvaziam o mesmo de sua dimensão maior. A bioética principialista termina por ser uma tentativa de dogmatizar aquilo que não pode ser dogmatizado, vale dizer, o comportamento de um agente moral. Falta na bioética principialista uma teoria propriamente ética, que possibilite uma unidade sistemática na sua aplicação, isto porque esses três princípios originam-se em três matrizes diferentes da filosofia moral: o da beneficência, expressão do utilitarismo de Stuart Mill; o da autonomia origina-se na filosofia moral kantiana e o da justiça, deita suas raízes nos teóricos do contratualismo.

Torna-se vã a tentativa de ordenar e prever todas as situações humanas, e, principalmente, aquelas oriundas do progresso científico e suas aplicações tecnológicas, em torno de princípios abstratos, desencarnados da real situação da pessoa humana. A determinação da responsabilidade pressupõe, assim, um procedimento racional que não se satisfaz com a subsunção, mas é mais sofisticado, pois exige a consideração de dois momentos. O primeiro

---

[178] LADRIÈRE, Jean. *L'Éthique dans l'Univers de la Rationalité*. Québec: Éditions Fides, 1997, p. 155.

[179] CASTILLO, Monique. *La Responsabilité des Modernes.Essai sur l'universalisme kantien*. Paris: Éditions Kimé, 2007, p. 245.

momento considera um princípio moral universal: a ação para ser moral deve ser universalizável, não negando o respeito devido a todos os indivíduos; o segundo momento considera que as ações somente serão responsáveis e boas quando avaliam as condições e as possíveis consequências da intervenção no mundo da vida.[180]

Esse paradigma ético, que Junges ressalta deitar as suas raízes no personalismo,[181] mostra um novo caminho para o estabelecimento da responsabilidade no campo da engenharia genética. Não se trata mais da atribuição de responsabilidades através de um processo de subsunção do caso a um princípio abstrato. O procedimento exigido é mais sofisticado, pois se volta para a prática da virtude ou da atitude moral que se assume diante da pesquisa, do paciente e da natureza. Abandona-se, portanto, a casuística dos comitês de bioética, e constrói-se em seu lugar um modelo em que a prática das virtudes substitua os mecanismos abstratos e intelectuais. Esse é o grande desafio para a teoria da responsabilidade na sociedade tecnocientífica: considerar a dignidade da pessoa humana como a categoria primordial da Bioética, a servir como princípio em torno do qual se procura responder à pergunta sobre o tipo de pessoa que queremos ser e qual a sociedade que pretendemos construir.

---

[180] JUNGES, José Roque. *Bioética, perspectivas e desafios*. São Leopoldo: Editora UNISINOS, 1999, p. 39-71.

[181] JUNGES, José Roque. *Bioética, hermenêutica e casuística*. São Paulo: Edições Loyola, 2006, p. 73 -100.

Parte II

1. Filosofia, Direito e Estado Democrático de Direito

A expressão "filosofia do direito" surgiu somente no início do século XIX, ainda que a temática deite as suas raízes nas origens da cultura jurídica e política do Ocidente. Pode-se mesmo datar o uso do termo, em 1821, quando da publicação do livro de autoria de Hegel, intitulado *Linhas Fundamentais da Filosofia do Direito ou Direito Natural e Ciência do Estado em Compêndio* ou, simplesmente, *Filosofia do Direito*. Esse livro destinava-se a servir como texto no curso de filosofia do direito, ministrado por Hegel. Nas primeiras linhas do livro, Hegel refere-se à "ciência filosófica do direito", área do conhecimento filosófico que teria por objeto de estudo a ideia do direito, estudo este a ser desenvolvido pela análise do conceito de direito e da sua realização.[182] Kant, por sua vez, antes de Hegel, tinha tratado da temática da filosofia do direito, mas usara outros termos para a ela referir-se: "doutrina do direito" ou "metafísica do direito".[183] Antes mesmo de Kant, outros filósofos, como Pufendorf[184] e Burlamaqui,[185] escreveram sobre temas que foram considerados próprios da filosofia do direito, mas a ela se referiram, como "teoria do direito natural", "princípios de direito natural", ou ainda, "ciência do direito natural".

A área de conhecimento da filosofia do direito, desde essas primeiras sistematizações, situou-se em patamar diferenciado da ciência do direito ou da doutrina do direito positivo. A filosofia do direito se constituiu em ramo da filosofia pura, que se propõe sistematizar uma reflexão propriamente filosófica sobre o fenômeno jurídico, tendo como escopo principal a análise do conceito de direito, a explicação das características do conhecimento jurídico e, principalmente, investigar o objetivo maior do sistema jurídico que é a

---

[182] HEGEL, G. W. F. *Filosofia do Direito*. trad. Paulo Meneses, Agemir Bavaresco, Alfredo Moraes, Danilo Vaz-Curado R. M. Costa, Greice Ane Barbieri e Paulo Roberto Konzen, 2010, p. 31.

[183] KANT, Immanuel. *A Metafísica dos Costumes. A Doutrina do Direito*. Trad. BINI, EDSON. São Paulo: Edipro, 2008.

[184] PUFENDORF, Samuel. *On the Duty of Man and Citizen According to Natural Law*. Ed. James Tulle e trad. Michael Silverthorne. Cambridge: Cambridge University Press, 1991.

[185] BURLAMAQUI, Jean-Jacques. *The Principles of Natural and Politic Law*. Ed. Petter Korkman e trad. Thomas Nugent. Indianopolis : Liberty Fund, 2006.

objetivação da ideia da justiça. Pretende responder à pergunta "o que é o direito?" e diferenciar-se, portanto, da teoria e da ciência do direito, que se ocupam em responder a outra indagação "o que está de acordo com o direito"?

No entanto, durante quase dois séculos, desde as suas primeiras manifestações como conhecimento sistematizado, a filosofia do direito foi considerada por parte representativa da comunidade jurídica como um tipo de estudo que nada acrescentava à legislação e à prática judicial. A indagação sobre a utilidade dessa área do conhecimento humano para o estudo e a prática do Direito pode ser resumida em duas perguntas. A primeira refere-se ao tema de investigação privilegiada nessa área dos estudos filosóficos, qual seja, a análise da ideia do direito e de como essa ideia se articula com a ideia de justiça, o objetivo mais elevado do sistema jurídico. A segunda tem a ver como o conceito de direito e a ideia de justiça articulam-se em um conhecimento objetivo e podem repercutir no universo da prática jurídica.

Para o preenchimento dessa dupla função, a filosofia do direito trabalha com conceitos abstratos, necessários para o estabelecimento de um discurso racional comum que estabeleça uma ponte entre a filosofia e o Direito. Estabelecida essa ligação, que se realiza através da articulação entre a ideia de justiça e o sistema jurídico normativo, a função do Direito consiste, então, em apropriar-se desse conhecimento e empregá-lo para que se justifique como as normas jurídicas, que são gerais e abstratas, podem ser aplicadas em cada caso concreto, e como no âmbito da chamada relação de imputação entre fato e norma pode-se chegar a conclusões justas. As dificuldades encontradas nessa passagem entre um tipo de conhecimento e outro foram explicitadas pelas diferentes formas de positivismo jurídico, quando se consagrou a radical oposição entre a filosofia do direito e a ciência do direito. As questões referentes ao justo foram consideradas pelos diferentes positivismos jurídicos como ideológicas e "acientíficas" não cabendo essa temática no âmbito de uma ciência pura do direito.[186] Permaneceram, entretanto, mesmo no corpo de algumas doutrinas positivistas, a interrogação de como a filosofia poderia contribuir para a realização do direito ou em que medida a reflexão filosófica sobre o direito poderia dotá-lo de uma função crítica dos seus próprios pressupostos teóricos e permitir uma avaliação valorativa da sua prática. Em outras palavras, quais seriam as condições de possibilidade de uma reflexão que superasse a ideia do Direito redutível ao fato e se considerasse o direito na sua dimensão axiológica, voltado para a objetivação do valor da justiça?[187]

Foi o modelo epistemológico do positivismo jurídico que exerceu um papel preponderante na cultura jurídica e transmitiu para a formação do ju-

---

[186] KELSEN, Hans. *Teoria Pura do Direito*. trad. João Baptista Machado. São Paulo: Martins Fontes Editora, 1987, p. 118- 120.

[187] A ideia central aqui analisada – a relação entre a filosofia e a democracia e o papel da filosofia como "acompanhante do projeto jurídico moderno" e não como uma "razão ordenadora" e superior – foi desenvolvida a partir da esclarecedora contribuição de: MELKEVIK, Bjarne. *Horizons de la Philosophie du Droit*. Paris/Montreal: L'Harmattan; Les Presses de L'Université Laval, 1998, p. 11 e segs.

rista a desconfiança de que o Direito se encontrava "traído pela filosofia",[188] desconfiança que se expressa, principalmente, nas perguntas feitas pelos estudantes e pelo profissional de direito. O estudo e o curso de filosofia do direito aparecem como uma perda de tempo e que nada representa diante das preocupações discentes ou profissionais mais imediatas e práticas. Estudar a filosofia do direito serviria unicamente para atender às exigências do currículo mínimo do curso de bacharelado em direito.

A partir da promulgação da Constituição de 1988, entretanto, pelas razões que procuraremos explicitar a seguir, passou-se a examinar qual a possível contribuição da filosofia do direito para o direito e, especificamente, para a aplicação do texto constitucional e das leis positivas pelo Poder Judiciário. Existem razões para que o estudante de direito deva aplicar-se nesse tipo de estudo teórico, abstrato, aparentemente distante dos códigos e da vida dos tribunais? Por que, enfim, estudar a filosofia do direito?

O interesse pela temática da filosofia do direito é um fenômeno cultural e político que se manifesta no espaço público de todas as sociedades contemporâneas. Nações tradicionais, com culturas jurídicas sedimentadas, bem como nações recentemente estabelecidas, reclamam uma grande dose de reflexão filosófica sobre o Direito e a Lei. Qual a causa para esse fenômeno que se manifesta de modo universal? A resposta encontra-se provavelmente na característica comum às sociedades democráticas, que têm como princípio nuclear o exercício da liberdade e a garantia da igualdade tendo o Direito a função de ordenar o exercício da liberdade individual, limitar o poder do Estado e assegurar normas que consagrem a natureza social do estado democrático de direito. Por essa razão, as últimas décadas presenciaram uma maré crescente de democratização, que substituiu não somente os regimes autoritários, mas modificou a própria natureza do estado liberal de direito. O revigoramento e o estabelecimento de instituições democráticas exigiram por sua própria natureza, para o seu funcionamento, uma atenção permanente para a questão da liberdade, da igualdade, da responsabilidade, dos direitos humanos e da justiça, temas nucleares na reflexão filosófica sobre o fenômeno jurídico.

Antes de poder responder concretamente às questões acima formuladas, parece-me oportuno examinar a resistência e a desconfiança que se manifesta no meio jurídico em relação à filosofia do direito. Ainda que de uns tempos para cá essa resistência se encontre em franco processo de erosão, isto não impede que em virtude de mais de um século de mal-entendidos e incompreensão, a rejeição da filosofia do direito continue presente nas salas e corredores dos cursos de direito no Brasil.

Existem dois fatores teóricos que explicam o retorno da reflexão filosófica sobre o direito como valor de referência na sociedade democrática contemporânea: a erosão do marxismo como principal projeto ideológico representativo do antijurisdicismo e as dificuldades internas do individualis-

---

[188] ARNAUD, André-Jean. *Le droit trahi par la philosophie*. Rouen: CESPJ, 1977.

mo liberal. Essa reavaliação da importância da instância jurídica no quadro da sociedade contemporânea constitui assim um fato que repercute na teoria e na prática política. Pergunta-se, entretanto, se é necessária uma reflexão propriamente filosófica sobre o direito e o Estado e em que sentido preciso falamos de filosofia. Trata-se de uma filosofia no direito ou uma filosofia do direito?

Em primeiro lugar, é necessário que se estabeleça qual a função específica do direito no contexto democrático da contemporaneidade. Atribui-se ao direito uma função normativa que regula os conflitos sociais, mas também consagra uma perspectiva crítica da sociedade e do Estado.[189] O direito na tradição sempre exerceu de uma forma ou de outra uma função crítica, que se manifestou, primeiramente, contra a injustiça dos regimes absolutistas e, na contemporaneidade contra o fato totalitário. Representou, por um lado, um instrumento de crítica e de combate; por outro lado, nas sociedades liberais, o direito serviu como instrumento de consagração de abusos e contradições implícitas no uso das liberdades individuais. A peculiaridade do direito no estado democrático residiu em ter assumido uma função crítica, além de regular os conflitos interindividuais, função esta que atua como parâmetro valorativo e normativo na contínua avaliação dos mecanismos institucionais. O direito deixou de ser no estado democrático de direito um sistema de normas fechado e passou a ser um sistema de normas com a dupla função de regular conflitos e, também, consagrar valores que se constituem nos fundamentos da ordem jurídica vigente.

O desafio diante do qual se encontra o direito contemporâneo, entretanto, encontra-se no paradoxo provocado pela convivência de duas heranças que dominaram o universo intelectual dos juristas e dos filósofos no século XX. Na ciência do direito, a influência marcante do positivismo, e na filosofia, o historicismo. A construção de uma nova forma de pensar a função do direito vem sendo desenvolvida em face dos dois obstáculos acima referidos, principalmente, tendo em vista que a teoria de Kelsen contrapondo teoria geral do direito e filosofia do direito afastou todo o debate sobre o direito natural e retirou do direito qualquer função crítica. Se a ciência do direito reduz-se, como na perspectiva kelseniana, a uma análise da estrutura interna do direito positivo, ela não pode integrar em suas considerações as ideias do justo e do injusto, fazendo com que não se possa realizar uma verdadeira avaliação do sistema jurídico, principalmente, daquele que consagra situações de injustiça.

A negação última da função crítica do direito pode ser constatada nas próprias palavras de Kelsen:[190]

> É totalmente sem sentido a afirmação de que no despotismo não existe uma ordem jurídica, mas que prevalece a vontade do déspota [...] quando o estado despoticamente governado

---

[189] RENAUT, Alain; SOSOE, Lukas. *Philosophie du Droit*. Paris: Presses Universitaires de France, 1991, p. 26.

[190] KELSEN, Hans. *Algemeine Staatslehre, apud* Strauss, Leo. *Droit Naturel et Histoire*. Paris, 1925; Librairie PLON, 1954, p. 335-336.

também tiver qualquer ordem de comportamento humano [...] essa ordem é precisamente a ordem jurídica. Negar-lhe o caráter de direito é simplesmente uma ingenuidade ou arrogância do direito natural [...]. Aquilo que é apontado como sendo vontade, é sòmente a possibilidade jurídica do Aristocrata chamar cada decisão a si [...]. Tal situação é uma situação de direito, ainda quando for considerada desvantajosa. Mas também ela tem seus aspectos positivos. O clamor a favor da ditadura, que não é raro no estado de direito moderno, demonstra isso claramente.

Strauss[191] comenta como Kelsen, não tendo alterado a sua posição a respeito do direito natural, omitiu esse significativo trecho na tradução inglesa do seu livro, intitulada *General Theory of Law and State* (1949).[192]

Quais as razões para tal rejeição? Podemos distinguir duas razões: a primeira origina-se em uma concepção da filosofia do direito, considerada como sendo uma "razão ordenadora", que regularia através de máximas morais a vida na sociedade democrática; a segunda razão seria a de que a filosofia do direito é inútil em face das exigências do direito contemporâneo, que teria a seu dispor recursos ditos "científicos" para a sua aplicação.

Outra objeção encontrada nos meios jurídicos à filosofia do direito é a de que ela é, simplesmente, inútil, ineficaz e sem relevância para a prática quotidiana do jurista. Esse argumento, entretanto, não se expressa por uma recusa da filosofia do direito, pois isto significaria a admissão da existência de tal filosofia. O argumento central dessa tese consiste em demonstrar que a filosofia do direito não traz nenhuma contribuição que não seja assegurada pela ciência do direito. Aquilo que não é explicado pelas ciências do direito são temas e questões puramente especulativas ou especulações metafísicas. Ainda que não se seja contra esse tipo de especulação, é evidente que o argumento sustenta que as ciências do direito devem ocupar com legitimidade o lugar deixado vazio pela retirada (forçada) da filosofia do direito.

A filosofia do direito é considerada, assim, um devaneio, um passatempo ou uma atividade quase espiritual, que os juristas podem mesmo cultivar nas suas leituras e conversas com seus colegas, mas que permanece distante do terreno prático-prático das atividades forenses. É uma atividade de lazer, o que significa que a filosofia do direito deve ser deixada na esfera da imaginação. Isto significa que ninguém nesta posição doutrinária é contra a filosofia do direito, mas simplesmente sustenta que ela é um conhecimento inútil para o desenvolvimento da ciência do direito.

Considero que essas opiniões, que se encontram como resistência ou desconfiança nos meios jurídicos em relação à filosofia do direito, refletem a herança tumultuosa do período no qual a filosofia do direito julgava-se uma espécie de ciência-mãe e negligenciou o diálogo com a experiência prática dos juristas e com o desenvolvimento dos diferentes discursos científicos do direito, como nos referimos. Isto não é mais possível na atualidade, pois se corre o risco de reduzir a filosofia do direito ao papel de comentarista das

---

[191] STRAUSS, Leo. Op. cit., p. 335.

[192] KELSEN, Hans. *General Theory of Law and State*. Trad. Anders Wedberg. New York: Russell & Russell, 1949.

obras clássicas ou ainda torná-la um exercício semântico e sistêmico, que gira em torno de si mesmo. O primeiro desafio do ensino da filosofia do direito seria, portanto, o de superar a desconfiança profissional dos juristas contra o discurso vazio e arrogante e provar que ela pode contribuir de forma útil e original para o direito.

Tentemos então responder a nossa pergunta inicial, mostrando como, historicamente, a reflexão levada a efeito pela filosofia do direito contribuiu de forma decisiva para o estabelecimento de uma ordem jurídica específica no estado democrático de direito. Para tanto, propõe Melkevic, torna-se necessário situar a filosofia do direito como uma área do conhecimento humano que exerce a função de "Acompanhante" do projeto jurídico moderno, no que se refere aos seus argumentos e às suas razões, abandonando qualquer pretensão dogmática.

O fato de conceber a filosofia do direito como Acompanhante do projeto jurídico moderno, argumenta Melkevik, significa a renúncia a toda intenção Ordenadora, tanto do ponto de vista filosófico, quanto do ponto de vista jurídico. De fato, pode-se afirmar que a filosofia do direito, muitas vezes adotada pelos filósofos de profissão ou vocação, pode ser caracterizada pela formulação de uma "Razão Ordenadora" e suas consequências que se manifestam sob as diversas formas de "Direito Ideal"; por outro lado, a filosofia do direito dos juristas pode ser caracterizada como enraizada na ideia de uma "Experiência Ordenadora", implicando as formas correspondentes do "Direito Verdadeiro", a ser consagrado na chamada "verdade legal", que se expressa na decisão judicial de última instância.[193]

Ainda que possamos considerar o confronto entre essas duas correntes como relevantes, isto não impede que toda a filosofia do direito que na atualidade pretenda exercer a função de "Ordenadora" irá privar-se de um produtivo diálogo com o direito positivo (válido), com as realidades da sociedade tecnocientífica e com a dimensão democrática do direito que deve, a meu ver, caracterizar o projeto jurídico moderno, como pretende a Constituição de 1988. A incorporação na reflexão jurídica dessas dimensões sociais e políticas possibilita o rompimento com o paradigma reducionista e dogmático do positivismo jurídico.

Deve-se aceitar o fato de que a filosofia do direito não pode ter a pretensão de explicar o direito, pois este já se encontra suficientemente explicado por suas próprias forças; e, também, deve renunciar a filosofia do direito à pretensão de possuir uma "sabedoria" ou "conhecimento" que possa contribuir substancialmente para qualquer aspecto do projeto jurídico. Na medida em que renuncie à pretensão "Ordenadora", parece-nos que lhe resta o papel, não menos importante e relevante, de "acompanhante" do projeto jurídico, o que possibilita a análise crítica dos valores fundamentais da ordem jurídica e como esses se expressam através dos argumentos e razões do projeto jurídico. A filosofia do direito não possui, dessa forma, qualquer

---

[193] SEABRA FAGUNDES, M. *O Controle dos Atos Administrativos pelo Poder Judiciário.* 2. ed. Rio de Janeiro: José Konfino – Editor. 1950, p. 118.

resposta ou receita para os problemas jurídicos, mas participa sem absorver, e sem privilégios, da reflexão sobre a complexidade jurídica contemporânea. Assim sendo, é uma área do conhecimento filosófico que estabelece um corpo teórico que serve como instrumental crítico para desconstruir os modelos jurídicos, através de uma atividade intelectual argumentativa.

O papel dessa área do conhecimento humano a ser exercido como condição mesma da realização dos valores e direitos consagrados no estado democrático de direito deve refletir-se no ensino jurídico. Ela nos fornece o instrumental racional e teórico que possibilite uma abordagem crítica do Direito e da Lei, submetendo os valores subjacentes e os critérios de aplicação dos sistemas jurídicos a uma constante avaliação que tenha como referência última os valores fundamentais da ordem jurídica: a liberdade, a igualdade, a segurança, a vida e a responsabilidade.

Por outro lado, a filosofia do direito deve servir para identificar os diferentes parâmetros culturais ou filosóficos que justificam o Direito e a Lei. É através dela que iremos analisar as diferentes concepções sobre as relações entre o direito e a moral, entre a sociedade e o indivíduo, sobre a responsabilidade dos indivíduos, como agentes morais e jurídicos e as diferentes concepções de justiça. A filosofia do direito não analisa as qualidades formais do direito, domínio próprio das ciências jurídicas, mas simplesmente acompanha o sentido e o horizonte do projeto jurídico moderno, e como esse projeto se insere na complexa sociedade tecnocientífica do século XXI.

A questão central da filosofia do direito na contemporaneidade reside na necessidade de um diálogo contínuo com as ciências e, especialmente, com a ciência do direito, para que possa ter acesso a informações empíricas, que sirvam de alimento à reflexão crítica sobre o projeto jurídico moderno. O kantismo jurídico, representado de modo privilegiado por Hans Kelsen, prejudicou a reflexão jurídica crítica ao procurar, certamente contra a intenção do próprio Kant, aprisionar o projeto jurídico moderno em um espaço de pureza e recusando-se a dialogar com as convicções políticas, sociais, morais e religiosas dos indivíduos.

A filosofia do direito ao ocupar esse lugar crítico serve para desconstruir o paradigma – como todo paradigma necessariamente limitador e excludente -, tanto ontológico, como epistemológico e axiológico, do positivismo jurídico, marca registrada da cultura jurídica brasileira durante o último século. Por essa razão, a filosofia do direito não serve ao direito positivo, mas ao projeto jurídico, pois o reducionismo, que caracteriza o positivismo jurídico, faz com que nos esqueçamos de que as questões do direito se referem, na prática, a questões de direitos que nos obrigam mutuamente e intersubjetivamente. O direito encontra na lei a sua normatividade, sendo normativo no sentido de que a questão dos direitos se inscreve sob a forma de um "dever ser", que nos define como autores e destinatários de direitos, como agentes morais, dotados de racionalidade e autonomia, e que nos reconhecemos intersubjetivamente.

Os problemas com que se defrontam os tribunais, em alguns países de modo mais evidente do que em outros, fazem com que os juízes, principalmente aqueles dos tribunais superiores, como a Suprema Corte dos EE. UU, o Tribunal Constitucional da Alemanha e o Supremo Tribunal Federal brasileiro, tenham que decidir, não somente, e principalmente, em função das determinações da lei positiva, mas em relação a interlocutores que são responsáveis, portanto, agentes morais, que atuam como autores e destinatários de direitos. A decisão judicial no quadro do estado democrático de direito, cuja ordem jurídica resulta da vontade de agentes morais, pressupõe uma fundamentação necessariamente. Quando os juízes tomam posição em relação ao aborto, à eutanásia, aos direitos das minorias e outros temas, eles não oferecem uma solução definitiva para essas questões, mas sim como partícipes e interlocutores privilegiados no debate moral e jurídico que se processa no espaço público.

A reflexão filosófica sobre o direito não tem, portanto, a função de arbitrar o debate público, mas unicamente de acompanhar os argumentos e as razões do projeto jurídico e não expressa uma única filosofia, pois o julgamento do projeto jurídico através de opinião de um filósofo, jurista ou indivíduo importa pouco. Trata-se de uma forma de reflexão crítica, que participa do discurso em torno do projeto jurídico da sociedade democrática contemporânea sob a perspectiva dos valores que fundamentam a ordem social. Por essa razão, as razões e os argumentos jusfilosóficos devem ser postos à prova no espaço público, pois é neste espaço que o "peso", o "valor" ou a importância de cada argumento ou razão será debatido por todos e com o conhecimento de todos.

Procurando elaborar a produção dos argumentos e das razões, como o fator principal do projeto jurídico, a filosofia do direito acompanha praticamente esse projeto, demonstrando que a racionalidade prática à qual se refere o direito se encarna nos discursos públicos. Isto porque, todo o processo de debate no espaço público de uma sociedade democrática ocorre através do discurso entre indivíduos racionais, livres e iguais, como prática interindividual entre sujeitos de direito, e caracteriza-se por produzir argumentos e razões, submetidas ao auditório público com vistas a serem avaliadas e validadas.

A vocação da filosofia do direito – a de que se destina ao espaço público – tem a ver com uma concepção específica do direito, entendido como essencial para assegurar e desenvolver a formação comum da vontade e da opinião relativas ao projeto jurídico moderno. E a primeira característica dessa concepção específica do Direito é a de que se acha tributária do fato de que, na medida em que o direito se refere à primeira pessoa do plural – "nós" –, a filosofia do direito deve referir-se aos debates e aos discursos críticos que ocorrem no espaço público e à formação racional da vontade coletiva.

Esse modo de considerar a filosofia do direito, como vinculada ao desenvolvimento de bons argumentos e da razão esclarecida, revela-se como uma posição filosófica, que se encontra subjacente ao entendimento que se possa ter da sua natureza e função. Essa concepção possibilita que se estabeleçam as condições para que se situe a natureza do direito na sociedade democrática.

Para que se entenda tal entendimento do Direito, como produto não de uma vontade voluntarista, mas da vontade de agentes livres e iguais, é necessário enfatizar que essa concepção se diferencia da concepção do "direito liberal", que se constituiu, desde a formação dos estados nacionais latino-americanos no século XIX, na fonte ideológica do ensino jurídico na América Latina. A concepção do "direito liberal" fundamenta-se em uma filosofia da sociedade e do direito, que sustenta a existência pré-política de um feixe de princípios e regras *a priori* e na crença de que o direito tem como pressupostos certos "direitos naturais", entendidos como a expressão de direitos individuais inerentes ao cidadão e que asseguram, ao mesmo tempo, liberdades negativas e controlam a atividade do Estado. O direito da sociedade liberal-burguesa teve um caráter preponderantemente privado, estabelecido em função de um tripé sociojurídico, que se organizou em função de um fato econômico - a propriedade; de um agente social - a família; e de um instrumento jurídico regulador das relações entre os proprietários - o contrato. A democracia na sociedade liberal foi, assim, um instrumento para garantia dos direitos individuais entre proprietários, formalizados no sistema do direito positivo.

O objetivo e a concepção democrática do direito tem como pressuposto a consideração de que a democracia tem um valor moral em si mesmo. De fato, se é verdade, como Kant afirmava que o Iluminismo representou a libertação do homem do reino da heteronomia (os argumentos de autoridade) e possibilitou a sua passagem para o reino da autonomia (os argumentos da consciência individual formulados pela razão do indivíduo), então a autonomia entre indivíduos iguais constituiu-se no núcleo da concepção democrática do direito. A democratização do projeto jurídico caracterizou-se, assim, por projetar a autonomia no espaço público, retirando-a do âmbito restrito das individualidades e considerando todos os sujeitos de direito, como autores e destinatários de direitos, normas e instituições. Esse é o caráter diferenciador de uma ordem jurídica democrática face à ordem jurídica liberal.

O papel da filosofia do Direito na contemporaneidade consiste em conciliar no interior do projeto jurídico o lado prático do direito, com o lado prospectivo da filosofia, e, assim, recuperar para o projeto jurídico os valores constitutivos de uma filosofia entendida como prática democrática. A filosofia deixa então de constituir-se em conhecimento fechado, onde se propaga uma reflexão abstrata e que procura se bastar a si própria, para voltar-se para a realidade social objetiva. Recupera, em certo sentido, as suas origens na Grécia Clássica, quando o homem abandonou progressivamente a explicação dos fenômenos naturais e a legitimação do poder político, como reflexo do mundo dos deuses mitológicos, substituindo esse paradigma pelo *logos*, o discurso racional como forma de formulação do entendimento do cosmos e justificação do Estado e do Direito.

Coincide o momento da substituição do direito esotérico da chamada cultura palaciana da Grécia Arcaica, centrada em torno do palácio do monarca-sacerdote e que, em alguns casos, era considerado como o representante das divindades no mundo dos homens, pela publicização do direito, que tornou pública a legislação e a aplicação das normas jurídicas. A *ágora* – a praça do mercado, onde se reuniam os cidadãos comerciantes para deliberar, negociar e julgar - constituiu o espaço onde o *logos* ou o discurso racional seria o instrumento de construção da democracia e de uma forma de direito que lhe é peculiar. O direito surge, portanto, como sistema normativo fruto da argumentação no espaço público da *ágora*, entre cidadãos livres e iguais. A reflexão filosófica irá então refletir a problemática suscitada pela construção de um novo tipo de sociedade e serviu, desde então, como a fonte de onde brotariam diferentes visões e críticas da ordem social e política.

Nesse sentido, encontra-se não somente uma relação histórica entre a filosofia e a sociedade democrática, mas uma necessária dependência do conhecimento filosófico com a formulação e a legitimação dos fundamentos do estado democrático de direito no século XXI. A prática do estado democrático de direito pressupõe, portanto, o conhecimento dos fundamentos e valores, conceituados e analisados na filosofia, que se constituem nos alicerces morais e políticos, que possibilitam a convivência na sociedade humana e asseguram a seiva necessária para a aplicação do direito.

2. Philia, autocracia e legitimidade da ordem jurídica

2.1. A literatura desvenda o Direito

A hipótese desenvolvida pelos estudos contemporâneos, que levam a rubrica geral de *Direito e Literatura*, é a de que se encontram analisados e descritos na imaginação literária, de forma mais viva do que na própria doutrina, os fundamentos da ordem jurídica, os seus mecanismos e significados simbólicos. Podemos, assim, utilizar o universo de valores e símbolos, encontrados nos textos literários, como um rico e insubstituível manancial para o processo de compreensão do sistema jurídico, de suas normas e instituições. Essa aproximação do Direito com a Literatura realiza-se, principalmente, através de quatro modelos, cada qual privilegiando um aspecto dessa relação:

a) *o direito da literatura* – onde se analisam as questões relativas à propriedade intelectual, responsabilidade civil do escritor, liberdade de expressão, principalmente, a questões relativas à injúria, difamação e calúnia;

b) *o direito como literatura* – onde se examinam as qualidades literárias do texto jurídico, empregando para isto os métodos de crítica literária apropriados;

c) *o direito comparado da literatura* – trata-se do estudo comparativo dos métodos jurídicos e literários ou o estudo da "estrutura literária do direito";

d) *o direito na literatura* – o modo pelo qual a literatura representa a lei, a justiça, a liberdade, a propriedade, a herança, a pena, o crime, e as instituições judiciárias que asseguram a objetivação social do sistema de normas jurídicas.

Todos esses modelos demonstram como a literatura de narrações, ao tratar de problemas jurídicos, mostra como o direito não é um mecanismo voltado para dentro de si mesmo, mas um elemento da vida humana. Os textos literários têm, assim, a vantagem de apresentar as questões do direito na sua complexidade, sem preocupações dogmáticas, mas comprometidos com a realidade social objetiva. O direito é desvendado, principalmente, na sua riqueza cultural, onde o fenômeno jurídico surge em toda a sua intensidade, para além da norma positiva e, também, com elegância linguística, qualidade esta que se torna cada vez mais desconhecida na linguagem jurídica contemporânea.

A maioria dos textos da doutrina jurídica por sua própria natureza tornou-se descritiva de um sistema de normas, fechado dentro de si mesmo, onde não se encontra o palpitar da vida real dos indivíduos e das comunidades. A linguagem especificamente jurídica é triste, repetitiva e recheada de longas citações doutrinárias, empregadas *ad libitum*, e que acabam sufocando a vida do direito sob o manto do argumento de autoridade.

A literatura, o teatro e o cinema, entretanto, podem fazer com que o direito saia dos códigos e dos livros de doutrina e ganhe vida. A questão jurídica nuclear, a da garantia da justiça, torna-se, assim, um espaço dentro do qual o indivíduo cresce na sociedade como pessoa e cidadão. Por outro lado, a direito na literatura pode suscitar a revolta, provocar o ideal ou o ceticismo, atitudes conservadoras ou socialmente progressistas. Na literatura, podemos encontrar obras que questionam o papel dos juízes e dos advogados, ridicularizam e criticam a ganância dos profissionais do direito, a sua pretensão e estilo pomposo, cheio de obviedades.

Assim, por exemplo, Shakespeare tem uma obra que por sua complexidade jurídica foi considerada como sendo "a mais importante escola de direito que jamais existiu".[194] Ao mesmo tempo em que critica os profissionais do direito – "a primeira coisa a fazer é matar todos os advogados"[195] – o teatrólogo proclama a necessidade e a dignidade do juiz, e a importância do direito para o homem e a sociedade. Na mesma peça em que se pede a morte dos juristas, aparece "o grande juiz", modelo de independência de coragem e da serenidade da justiça. O monarca, em *Henrique VI*, responde ao juiz: "minha voz proferirá o que me aconselhares no meu ouvido; e eu dobrarei humildemente as minhas vontades às sábias orientações da vossa experiência"[196] Kafka, La Fontaine, Moliere, Victor Hugo, Racine, Camus, Graciliano Ramos, Balzac são outros autores cujas obras contribuem para uma compreensão crítica mais consequente do sistema de normas jurídicas, pois desnudam os mecanismos do sistema jurídico e seu papel na sedimentação da vida social.

Nos textos clássicos da literatura encontramos, em última análise, a leitura crítica e analítica de valores e critérios próprios do mundo jurídico, que fundamentam e qualificam a ordem social e jurídica. O texto literário tem um olhar próprio, mais percuciente, pois independente da rigidez do formalismo jurídico, e, assim, pode demonstrar como o sistema de normas não é, afinal de contas, o único e necessariamente mais seguro meio para a constru-

---

[194] KORNSTEIN, Daniel J. *Kill all the Lawyers? Shakespeare's legal appeal.* Princeton: Princeton University Press, 1995.

[195] SHAKESPEARE. *2 Henrique VI*, IV, 2. in *The Complete Works of Wiliam Shakespeare,* ed. Farquson Johnson. Cleveland/New York: The World Syndicate Publishing Company, 1933.

[196] Ibidem.

ção de uma sociedade justa. Sófocles enfatiza a existência de leis não escritas, estabelecidas pelos próprios deuses; Shakespeare mostra como a aplicação da lei deve vir envolta em valores que a tornem mais humana: "Nenhuma honra que pertença aos grandes, seja a coroa, a espada do governante, o bastão do marechal, nem a toga do juiz, lhes dá a metade do prestígio que dá a clemência".[197]

2.2. O desafio de Antígona

O caso paradigmático da clássica peça teatral *Antígona*, de Sófocles,[198] serve como modelo para que se investiguem os fundamentos da teoria da ordem jurídica contemporânea, que tem na teoria da justiça o seu epicentro, antes mesmo, que fossem sistematizados na obra de Platão e de Aristóteles. A cultura jurídica ocidental deita as suas raízes no questionamento perene, que ocorre desde a Grécia Clássica, da temática central da peça do teatrólogo grego, qual seja, a questão da legitimidade das leis, como condição para o estabelecimento de uma ordem justa, através de um sistema jurídico mais humano e legítimo.

A dramaticidade que envolve a vida e a morte de Antígona, personagem principal da peça de Sófocles, serviu para suscitar, desde a sua apresentação na Grécia Clássica, indagações sobre temas fundamentais da consciência ética, política, social e jurídica da cultura do Ocidente. Filha de Édipo e Jocasta, irmã de Etéocles, Polínices e Ismênia, Antígona representa para muitos o símbolo da resistência ao poder absoluto e a afirmação de direitos que antecedem à própria lei positiva. A *Antígona*, de Sófocles, representa no imaginário político universal o símbolo da resistência ao poder. Essa resistência, como assinala Ost,[199] não reside, entretanto, na revolta pela revolta, mas surge como um remédio último, quando todas as outras saídas, jurídicas e políticas, tinham-se fechado.

Os acontecimentos se desenrolam a partir da derrota das tropas de Argos, diante das portas de Tebas. Na batalha final, na qual as tropas invasoras são derrotadas, defrontam-se, comandando tropas inimigas, os dois irmãos de Antígona, Polínices e Etéocles. O primeiro convencera o rei de Argos, Adrastinis, a invadir Tebas, onde o seu irmão Etéocles o tinha afastado do poder. A batalha final travou-se em frente das sete portas da cidade de Tebas, sendo as tropas comandadas por sete guerreiros famosos de ambos os exércitos. A última porta a repelir o ataque invasor foi atacada por Polínices e defendida por seu irmão, Etéocles. Ambos os contendores acabam morrendo. Creonte, rei de Tebas e tio de Antígona, determina que aquele último

---

[197] SHAKESPEARE, in *Medida por Medida*, II, 2, Isabela.

[198] SÓFOCLES. *Antígona*. Trad. Millor Fernandes. São Paulo: Paz e Terra, 2005.

[199] OST, François. "A Antígona de Sófocles: Resistência, aporias jurídicas e paradoxos políticos", In: *Contar a Lei: as fontes do imaginário jurídico*. Trad. Paulo Neves. São Leopoldo: Editora Unisinos, 2005, p. 183.

seja sepultado como herói para ser "honrado entre os mortos". Polínices, por sua vez, tendo em vista o seu ato de traição, deveria permanecer insepulto. Creonte determina, também, que a desobediência a sua ordem seria punida com a morte por apedrejamento. Neste contexto, alem da morte de seus irmãos, Antígona vê-se diante de uma indagação, que irá perpassar toda a tragédia, e que se constituiu na interrogação basilar sobre a qual se baseia a reflexão ética e filosófica do Ocidente: a ordem legal de deixar insepulto um de seus irmãos deverá ser obedecida? Essa ordem é legítima, mesmo tendo sido decretada pelo poder legal, representado no caso por Creonte? Na primeira fala da peça, Antígona antecipa, para a sua irmã Ismênia, o drama que irá levá-la a contestar a ordem de seu tio e monarca:

> [...] E agora, essa proclamação que nosso comandante lançou a toda Tebas. Que sabes dela? Ouviste alguma coisa? Ou ignoras que os que amamos vão ser tratados como inimigos?
>
> [...] Vieram me dizer – o edital do rei proclama que ninguém poderá enterrá-lo, nem sequer lamentá-lo, para que, sem luto ou sepultura, seja banquete fácil para abutres. Esse é o edital que o bom Creonte preparou para ti e para mim... Sua decisão é fria, e ameaça quem a desrespeitar com a lapidação, morte a pedradas.[200]

O argumento de Antígona pode ser analisado em dois níveis. No primeiro, podemos encontrar explicitado como a relação dos seres humanos com os valores não legislados não deveria ser necessariamente trágica. A tragédia representaria então um estágio primitivo e ignorante da vida ética e intelectual.[201] Seria a manifestação original de valores, que se encontram no cerne da pessoa humana e da sociedade. As razões para a contestação de Antígona deitam as suas raízes na *philia*, um estado da humanidade anterior à separação provocada pelo exogamia e pela *polis*.

No segundo nível, surge, então, o argumento central defendido por Antígona, qual seja, em que medida somos obrigados a obedecer a uma lei que viole a nossa consciência. Trata-se da questão da obrigação política e de como somos, ou não, obrigados a obedecer a uma lei injusta. Esse foi o primeiro e grande questionamento, trazido por Antígona e que iria perpassar a filosofia política do mundo Ocidental em todos os séculos subsequentes. Outras indagações, entretanto, irão aparecer no desenrolar da trama, principalmente, através dos argumentos de Creonte. A peça provoca o debate sobre indagações que se encontram implícitos à trama de Sófocles e que permite a análise da *Antígona* como um campo fértil, no qual se encontram valores e categorias essenciais da cultura política e jurídica do Ocidente. Torna-se necessário, portanto, caracterizar a tragédia de Sófocles e quais podem ser considerados os seus aspectos mais significativos para a reflexão ético-filosófica e jusfilosófica contemporânea. Os personagens principais da peça, Antígona e Creonte, tio de Antígona e governante de Tebas, serviram como objeto de disputadas análises psicológicas e, também, de debates sobre os respectivos argumentos justificadores de suas condutas. Durante séculos, alguns críti-

---

[200] SÓFOCLES. op. cit.

[201] NUSSBAUM, Martha C. *The Fragility of Goodness*. Cambridge: Cambridge University Press, 1995, p. 51.

cos sustentaram que Antígona estava absolutamente certa, enquanto outros admitiam que tanto ela, quanto Creonte, seu executor, estavam inteiramente certos e inteiramente errados. A historia de Antígona serviu de inspiração para outros autores do teatro grego, além do clássico de Sófocles. Antígona aparece na peça de Ésquilo, *Sete contra Tebas*; Eurípides inspira-se, também, na personagem nas peças *Antígona* e *Fenícias*; Sêneca trata de Antígona em *Fenícias* e em *"Statim" Tebais*. O próprio Sófocles refere-se ao seu personagem mais ilustre na peça *Édipo em Colonus*, quando ela acompanha o seu cego pai ao exílio.

2.3. Leitores de uma mesma tragédia

Na modernidade, Hegel enfatizou em *Antígona* o conflito essencial entre a família e o estado, enquanto Hölderlin considerou a peça de Sófocles como um espaço poético "nebuloso".[202] Leituras, certamente, distintas, mas que demonstram como a natureza e o significado de *Antígona* evidenciam a complexidade da mensagem transmitida pelo clássico da tragédia grega. Outra leitura de Antígona, realizada por Jean Anouilh, na montagem de 1944, considera a heroína grega como representando a ruptura com um mundo corrupto, em decadência, quando ocorre inexoravelmente o conflito entre as leis dos deuses e as leis dos homens.

A peça situa-se no contexto político e emocional que marca a produção da tragédia clássica grega, quando forças individuais e políticas entram em conflito e provocam o aparecimento de manifestações humanas que vão do sublime ao mais abjeto. O caso da tragédia de *Antígona* permite diversificadas leituras que podem processar-se em diversos níveis de abstração e de entendimento, a respeito dos mesmos fatos e do mesmo texto, como demonstra Kathrin Rosenfield.[203] Rosenfield assinala que existe uma diferença entre uma categorização estrita, como a atribuída a Hegel, que representa Antígona como o conflito entre a família e o estado e aquela encontrada em Hölderlin, o grande poeta alemão do século XIX, que recupera o passado mitológico e procura privilegiar o papel das emoções e sua inserção no pensamento grego arcaico. Trata-se, nas palavras de Rosenfield,[204] de buscar "o pensamento selvagem e a lógica das ideais racionais, das normas e da lei positiva que fornece a estrutura do pensamento discursivo da *polis* clássica." Diferentes interpretações foram feitas da peça de Sófocles, destacando-se na modernidade aquela escrita por Hegel:

> [*Antígona* é]... uma das mais sublimes obras de todos os tempos, primorosa sob todos os aspectos. Nesta tragédia tudo é conseqüente: encontra-se em disputa a lei pública do Estado

---

[202] ROSENFIELD, Kathrin H. "Getting Inside Sophocles Mind Through Hölderlin's Antígone", In: *New Literary History* 30. 1, 1999, p. 108.

[203] Ibidem.

[204] Ibidem.

e o amor interno da família e o dever para com o irmão. O *pathos* de Antígona, a mulher é o interesse da família; e o de Creonte, o homem, é o bem-estar da comunidade. Polínices lutando contra a sua própria cidade-pátria, tinha morrido nas portas de Tebas; e Creonte, o soberano, através de uma lei estabelecida publicamente, ameaça com a morte a todo aquele que conceda a este inimigo da cidade a honra dos funerais. Mas Antígona não se deixa afetar por este mandato, que se refere somente ao bem público da cidade; como irmã cumpre o dever sagrado do sepultamento, segundo a piedade lhe dita o amor ao seu irmão. Apela, assim, para a lei dos deuses; mas os deuses que ela venera são os deuses inferiores do Hades[205] (*he xynoikos tôn káto theôn Díke*), a interioridade do sentimento, do amor, do sangue, não os deuses do povo livre, consciente de si, e da vida do Estado.[206] A interpretação de Hegel privilegia a dimensão do espaço da família e dos laços de amor, que a tornam possível. Ao mesmo tempo, mostra como se torna possível a consideração do valor do bem público independente dos valores individuais e familiares. Encontramo-nos, assim, face ao confronto dos valores próprios do espaço público e aqueles pertencentes à sociedade civil, especificamente a família. Hegel, entretanto, considera a defesa de Antígona manifestação do papel da mulher, pois seria característica do gênero feminino o compromisso mais imediato com a família e os seus valores, entendidos como parâmetros fundadores da sociedade civil. O argumento de Creonte, na interpretação hegeliana, expressaria o compromisso com o Estado, que pressupõe a obediência à lei como condição de sobrevivência da sociedade política.

O texto de Hegel refere-se como na *Antígona* encontra-se uma das mais sublimes representações da piedade, que se expressa como a lei da mulher.[207] Essa lei, para Hegel, tem uma substancialidade subjetiva, é a "imagem de uma lei eterna que ninguém conhece a sua origem, e representada em oposição à lei manifesta, aquela do Estado".[208] Hegel acrescenta que essa oposição – entre a lei eterna e a lei positiva do Estado – é a oposição moral suprema e, em consequência, a mais trágica.

Outro entendimento de Antígona e que poderá permitir que se situe o papel da tragédia na reflexão jusfilosófica contemporânea encontra-se no texto clássico de Reinhardt.[209] A tragédia de Sófocles será concebida de maneira inteiramente diversa da formulada por Hegel:

> Os deuses de Sófocles não trazem nenhum consolo ao homem e quando dirigem seu destino para que ele se conheça, ele se apreende como homem apenas em seu entregar-se e abandonar-se. Somente no despedaçamento sua essência parece sair de sua dissonância, tornando-se pura para ganhar o estado de uma harmonia com a ordem divina. Por isso, os heróis trágicos de Sófocles são indivíduos isolados, arrancados de suas raízes, expulsos: monoúmenoi, áphiloi, phrenòs, oiobôtai, e como os muitos outros nomes que fornecem significado a isso. Todavia, o desenraizamento violento não seria sentido de maneira tão dolorosa, não fosse o enraizamento tão profundo.[210]

A espinha dorsal da leitura de Reinhardt encontra-se na alternativa que apresenta à interpretação hegeliana. Reinhardt sustenta que as categorias

---

[205] SÓFOCLES. op. cit. v. 451.

[206] HEGEL, G. W. F. *Estética*. Trad. R. Gabás. Barcelona: Ediciones Península, 1991, p. 43.

[207] HEGEL, G. W. F. *Principes de la philosophie du droit*. Trad. André Kaan. Paris: Gallimard, 1968, p. 205.

[208] Ibidem.

[209] REINHARDT, Karl. *Sófocles*. Trad. Oliver Tolle. Brasília: UnB, 2007.

[210] Ibidem, p. 11.

com que, desde Hegel, se procurou penetrar no âmago da tragédia de Antígona – a causa vitoriosa e a causa perdida, o jogo e o contrajogo, o direito contra o direito, a ideia contra a ideia, a família contra o Estado, a culpa trágica e a expiação, a liberdade pessoal e o destino, o indivíduo e a comunidade política (Estado, *polis*) – são demasiadamente amplas, parecem adequar-se a *Antígona*, mas não se encontram em qualquer outra tragédia de Sófocles. Logo, conclui Reinhardt, são critérios limitados. Reinhardt propõe, então, uma leitura mais sofisticada do drama. Isto porque em *Antígona* as contradições são muito profundas, sendo que os nossos conceitos atuais, ou os que foram usados para a sua interpretação e leitura, não dão conta da heterogeneidade das categorias e dos valores envolvidos na tragédia. Assim, escreve Reinhardt, de um lado, o sangue, o culto, o amor fraternal, o imperativo divino, a juventude, a entrega de si próprio até o sacrifício; e, de outro lado, a afirmação da vontade de domínio, a razão de estado, a moral da cidade, a maldade, a rigidez, a mesquinharia, a cegueira da idade, a afirmação do eu em nome da justiça até a transgressão dos preceitos divinos. A diversidade de elementos e valores envolvidos na ação pode levar-nos a supor que ocorre uma luta de ideias, que procede de uma ideia. A originalidade da leitura de Reinhardt permite que se analise em que medida se estabelecem os fundamentos da ordem jurídica em *Antígona*. Acentua, também, como a luta entre Antígona e Creonte não é conflituosa por si mesma, pois nenhum dos dois representa um alvo para o outro, nenhum procura fazer com que o outro aceite o seu modo de ser, a sua legalidade, a sua moral. Para Creonte, continua Reinhardt, Antígona não é uma vítima que, por razões de Estado, teria que sacrificar; e, da mesma forma, Antígona não necessita forçar a sua natureza e sua inclinação inata para a obediência a ponto da autoimolação. Creonte não tem consciência de ter perpetrado a violação de uma lei ao condenar Antígona e termina perecendo, não por ter sido injusto de acordo com a lei humana, nem pelo pecado de ter derramado sangue, mas sim porque perde toda a medida e precipita-se na *hybris* em virtude de sua própria cegueira. Por sua vez, argumenta Reinhardt, Antígona não expressa um conflito de normas, mas a tragédia de duas dimensões do homem, separadas por natureza, mas que se unem pelo *daímon* ou dimensão patológica e demoníaca do indivíduo. É a luta de um forma de ser contra outro e, portanto, o que se encontra em jogo são conflitos mais amplos e mais essenciais, que terminam por questionar os imperativos humanos e as normas divinas. Desse modo, conclui Reinhardt, em *Antígona* encontramos uma espécie de "dialética", um fenômeno novo no teatro grego, uma colisão gradual e continuada que se dirige para um final obscuro e passa de uma para outra situação, mudando de um lado para o outro, já não mais como uma contraposição de atitudes, nem um destino contra outro, mas uma vontade diante da outra, um poder contra o que lhe resiste, uma ação contra a outra. *Antígona* não representa um conflito de normas, "mas a tragédia de dois declínios humanos, essencialmente separados um do outro e demoniacamente conectados, que andam paralelamente como se um fosse o reverso do outro".[211]

2.4. O argumento central em Antígona

A peça de Sófocles se inicia no momento em que a morte dos dois irmãos representa o momento final de uma luta fratricida, iniciada quando Políníces é impedido, por Etéocles, de dividir o exercício do trono de Tebas. Segue-se, então, a fuga de Políníces, que irá aliar-se a Áfrastos, rei de Argos, na tentativa de conquistar Tebas. O ato de traição irá servir como justificativa para que Creonte, que assumiu o trono de Tebas com a morte de seus dois sobrinhos, tomasse a decisão de não permitir que um deles fosse sepultado. De sua decisão e do impasse provocado pela atitude de Antígona outras soluções poderiam ser encontradas. Creonte, por exemplo, poderia ainda voltar atrás em sua decisão e consentir, enfim, honras fúnebres para Políníces. Mas todas as portas se fecharão sucessivamente: Antígona e Creonte não conseguirão se entender sobre a hierarquia dos direitos aplicáveis; instruindo o processo de Antígona, Creonte não lhe reconhecerá causa de escusa ou de justificação, nem circunstâncias atenuantes; o indulto lhe será assim recusado; interpelado por Hémon, seu filho e noivo de Antígona, que o convida a rediscutir a orientação de sua política, Creonte recusa todo questionamento de suas ações. Em suas palavras:[212]

> Creonte -... Já é do conhecimento de todos que os dois rebentos másculos da estirpe de Édipo caíram na batalha, cada um maculado pelo sangue do outro, cabendo a mim agora sentar no trono e assumir todos os seus poderes como parente mais próximo dos mortos... Etéocles, que morreu defendendo a cidade, deverá ser sepultado com todas as pompas militares dedicadas ao culto dos heróis. Mas seu irmão, Políníces, amigo do inimigo que nos atacava – Políníces – que voltou do exílio jurando destruir a ferro e fogo a terra onde nascera – e conduzir seu próprio povo à escravidão, esse ficará como os que lutavam a seu lado – cara ao sol, sem sepultura. Ninguém poderá enterrá-lo, velar-lhe o corpo, chorar por ele, prestar-lhe enfim qualquer atenção póstuma. Que fique exposto à voracidade dos cães e dos abutres, se é que esses quererão se alimentar em sua carcaça odienta.

Essa radical determinação de Creonte provoca a célebre resposta de Antígona:

> Creonte (para Antígona) – Agora responde, sem muitas palavras, minha proibição não tinha chegado ao teu conhecimento? Antígona – Como podia alguém ignorar? Foi divulgada na cidade inteira. Creonte – Foi então um desafio bem premeditado?
>
> Antígona – Tu o compreendeste. A tua lei não é a lei dos deuses; apenas o capricho ocasional de um homem. Não acredito que tua proclamação tenha tal força que possa substituir as leis não escritas dos costumes e os estatutos infalíveis dos deuses. Porque essas leis não são leis de hoje, nem de ontem, mas de todos os tempos: ninguém sabe quando apareceram.

---

[211] REINHARDT, op. cit. p. 83.

[212] OST, François. *A Antígona de Sófocles*. Op. cit., p. 183.

A tragédia desenrola-se em torno dessas duas posições radicalmente autoexcludentes, que terminam por conduzir à destruição recíproca dos dois principais protagonistas, da mesma forma que a guerra conduzira à morte mútua os dois irmãos e herdeiros do trono de Tebas. Na trama, porém, Sófocles deixa entrever soluções (uma sociedade composta de homens e de mulheres livres, que pudessem conviver e solucionar os impasses sociais) e, sobretudo, sugere os limites da autonomia política. Nesse contexto, acentua Ost, evidencia-se como tanto o justo legal, como o bem político, podem se revelar injustos e maus, quando se arvoram em verdades absolutas, impostas a despeito da dimensão humana do espaço social em que se realizam. Dessa forma, a tragédia nos permite identificar como se tecem os fios dos fundamentos de uma ordem jurídica, a realizar-se no quadro do estado democrático de direito, que privilegia a garantia da pessoa humana, através de um sistema normativo legitimado pelo humanismo e solidariedade entre os indivíduos. Em *Antígona* iremos descobrir as primeiras evidências de como a questão da legitimidade e do justo representam condição de possibilidade para a construção do sistema jurídico. E, também, demonstra *Antígona*, a co-originalidade dos valores morais, dos valores do justo e da natureza e função da norma. Isto porque é na *philia*, essa manifestação pré-societária e, entretanto, fundamento da própria sociedade, que iremos encontrar as raízes da ordem social e jurídica.

2.5. Temas e argumentos jusfilosóficos na Antígona

Como vimos, acima, o texto da *Antígona* de Sófocles pode ter diferentes leituras, que permitem, em função do argumento central, desvelar as raízes temáticas da teoria da justiça. Cabe, portanto, propor uma leitura do texto trágico, que privilegie as principais indagações de ordem ético-filosófica constitutivas do núcleo central da reflexão jusfilosófica contemporânea.

a) *A aporia do direito natural versus o direito positivo* – Sófocles explicita um debate, que encontra acento filosófico na *Retórica* de Aristóteles, onde ocorre a oposição da razão Estado, de um lado, expressa pela vontade de Creonte, e a objeção de consciência, face à aplicação da lei positiva que viola valores supralegais. A peça reflete o momento de crise da democracia grega, onde se perdia a noção exata do que seria justo, como escreve Ost.[213] Sófocles inicia a pesquisa do "saber nomológico" dos gregos de seu tempo, buscando o que a teoria da justiça contemporânea também busca, vale dizer, como ordenar a sociedade para que as relações entre os homens seja justa. O direito serve então como limite nas relações sociais, mas a questão adiantada pelos gregos, e que permanece na atualidade, diz respeito à legitimidade da fonte do direito e do exercício do poder.

---

[213] OST, François. Op. cit., p. 189.

b) *Os dois tipos de justiça: Thémis e Dikè* – os gregos distinguiam entre a existência de dois tipos de justiça. A primeira, *Thémis*, refere-se a uma justiça divina, enquanto *Dikè* expressa uma justiça mais comprometida com o humano, que na peça é tratada como uma justiça superior, fruto da equidade.

c) *Nomos e nomina* – essas duas palavras possuem repercussões opostas na teoria do direito e expressam um tema jusfilosófico que perpassa toda a tragédia. Antígona rejeita o nomos de Creonte, qualificado por ela como simples "proibição". No texto da tragédia, nomina irá significar as leis de origem divina, as leis que se encontram não na vontade do governante, mas naturalmente na consciência dos homens. Essas são as leis fundamentais e não escritas, fundamento e critério da justiça, a que faz referência Aristóteles na *Retórica*,[214] "assim, por exemplo, aparece dizendo a Antígona de Sófocles, que é justo, apesar de proibido, dar sepultura a Polínices, porque isto é naturalmente justo".

d) *Bem público e tirania* – Creonte expressa uma concepção do bem público que não leva em consideração a variedade dos agentes encontrados na comunidade política. Neste sentido, Creonte afirma que não terá a menor condescendência com quem desobedecer a sua proclamação, pois para ele o sepultamento de Polínices, seria obra das intrigas dos cidadãos, que conspiram e murmuram, abanando a cabeça com descrença. E, principalmente, "se recusam a curvar a nuca ao jugo do poder." Cabe à Ismênia, irmã de Antígona, expressar a passividade feminina, diante da vontade tirânica, que se identifica com a aceitação também passiva da ordem autoritária pelo povo.

e) *Ismênia* – "Não, temos que lembrar, primeiro, que nascemos mulheres, não podemos competir com os homens; segundo que somos todos dominados pelos que detêm a força e temos que obedecer a eles, não apenas nisso, mas em coisas bem mais humilhantes...não tenho como resistir aos poderosos".

f) *Direito ideal e direito positivo* – podemos também identificar na peça dois níveis de direito: um ideal e outro positivo. Ost[215] mostra como esses dois níveis aproximam-se na relação existente entre as fontes materiais e as fontes formais do direito. O direito ideal seria instituinte, enquanto o direito material é da ordem do instituído. Somente aceitando essa distinção é que se pode corrigir, através do judiciário, a lei que se revele injusta em determinado caso. Ost acrescenta que o mérito do direito ideal não é somente procedimental, isto porque mobiliza valores substanciais que servirão para questionar a positividade do direito constituído.

g) *O universo jurídico unidimensional* – o universo das tiranias, como o regime governamental de Creonte, reduz-se à reafirmação permanente da

---

[214] ARISTÓTELES. I 1.373 b 4 , In: *Obras,* Trad. e notas de Francisco de P. Samaranch. Madrid: Aguilar, 1964.

[215] OST, François. Op. cit., p. 204.

lei, pois a ideia de que uma lei possa tornar-se injusta na sua aplicação, ou mesmo, com o correr do tempo, é uma ideia ausente do universo mental do tirano. Por essa razão, a característica unidimensional do universo jurídico das tiranias impede que a aplicação da lei, tendo em vista o caso concreto, possa enriquecer a regra e dotá-la de uma segunda ou terceira dimensão.

h) *A razão de Estado* – encontra-se na tragédia de Sófocles a formulação da prevalência da razão de Estado sobre a consciência e a vontade do indivíduo. Creonte encarna a racionalidade da razão de Estado ao afirmar, falando aos cidadãos de Tebas, que:

> Quero vos prometer ouvir sempre os mais sábios, calar quando preciso, falar se necessário e jamais colocar o maior interesse do melhor amigo e do mais íntimo parente acima da mais mesquinha necessidade do povo e da pátria. Com esta regras simples, agirei sempre para que esta cidade de memória curta não esqueça mais uma vez quais foram os resultados da batalha e não confunda, mais uma vez, o suor dos que combateram furiosamente com o suor do medo misturado à poeira da fuga.

A concepção de exercício do poder de Creonte é autoritária, centrada na sua vontade e descomprometida com a diversidade das opiniões e interesses de uma comunidade de indivíduos livres. Historicamente, Creonte representa a ruptura com a concepção familiar do Estado, baseado na política do *genos*, quando imperava a lei da família como núcleo e elemento propulsor da vida política. Por sua vez, Creonte, ao representar essa nova concepção de Estado, termina por reduzir o vínculo político à relação de dominação, o que se evidencia quando considera todos aqueles que discordam de suas ordens, Antígona, antes de tudo, e seu filho Hémon, noivo de Antígona, como selvagens, portanto, fora do contexto da sociedade política organizada na *pólis*.

i) *O processo truncado* – a razão de Estado faz com que Creonte se negue a considerar qualquer argumento, como o apresentado por seu filho Hémon, contrário ao seu edito. Hémon não discute o direito com o seu pai, mas ao contrário reconhece que Creonte pode baixar editos necessários à ordem pública. Pergunta Creonte:

> *Creonte* (para Hémon) – "Por acaso vens envenenado de ódio contra mim ou reconheces que como chefe de Estado agi em defesa da Pátria e, como pai, procurei o teu benefício? Estás comigo em qualquer decisão ou, como outros, procuras analisar maliciosamente cada gesto que faço?"
>
> *Hémon* – "Meu pai, eu te pertenço. E tua sabedoria desde cedo traçou para mim as regras que eu sigo sem hesitação. Nenhum noivado poderia ser mais importante do que te conservar como guia."

Hémon, entretanto, introduz no seu argumento uma dimensão que irá de encontro ao argumento de Creonte:

> *Hémon* – "Pai, a maior virtude do homem é o raciocínio. Não tenho a capacidade – e muito menos a audácia – para duvidar da sensatez do que disseste. Contudo, posso admitir que haja outra opinião igualmente sensata."

Com essa frase, Hémon inicia o processo de erosão nas relações com seu pai, que termina perguntando a seu filho se ele, na verdade, não estaria defendendo desordeiros. Isto porque Hémon pedira ao pai que dominasse a sua cólera e cedesse naquilo que é justo. Hémon traz ao pai notícias sobre o que corre na cidade:

> *Hémon* – "A ti, nenhum cidadão viria dizer o que se murmura na sombra e nas esquinas: 'Nenhum mulher – murmuram todos – jamais mereceu menos destino tão cruel, morte tão infamante. Essa que ousou tudo para não deixar o irmão ser pasto dos cães, e dos abutres, devia ser coroada pelo povo, carregada em triunfo, vestida numa túnica de ouro'."

E então Creonte, surdo aos argumentos do filho, termina por formular o ideário básico de todos os autoritarismos:

> *Creonte* – "É fraqueza fazer menos do que eu fiz. Não basta apenas destruir o traidor. É preciso que seja exposto à execração para que fique o princípio; os que se deixam corromper são abatidos. Se a minha mão tremer, estou perdido. Se a minha voz hesitar, cairão sobre mim. E tu, que ignoras tudo ou quase tudo, pedes-me que escute a voz do povo. Essa voz que gagueja frases sem sentido. Para fertilizar o solo é necessário força. Não se pergunta ao solo se deseja a lâmina do arado."

j) *A resistência ao poder tirânico* – a saída encontrada por Sófocles para a intransigência de Creonte consistiu no aprofundamento, também radical, da resistência. Essa resistência, entretanto, diferencia-se da desobediência civil da modernidade, ainda que tenha pontos em comum e se constitua como alicerce da teoria contemporânea. O gesto de revolta de Antígona, e de Hémon, afirma a contradição explícita, encontrada em determinada sociedade, no caso, a sociedade de Tebas, entre uma ordem ideal de princípios e uma ordem real, estabelecida pelas normas do poder. Como observa Ost,[216] a proclamação e a recusa da ordem julgada injusta, tanto na Tebas de Antígona, quanto na modernidade, somente torna-se possível porque um indivíduo se afirmou a si mesmo como ser livre não determinado, nem por uma natureza qualquer (de mulher e de jovem), nem por um estatuto social imposto de fora, a vontade autocrática de Creonte.

2.6. Da resistência à teoria da desobediência civil

A teoria da desobediência civil contemporânea, entretanto, pressupõe sociedades democráticas no contexto do estado de direito. O contestador civil contemporâneo vale-se dos princípios fundadores da sociedade política, para invocar a desobediência da lei no quadro de uma ordem jurídica, com base na existência de valores superiores como alicerce da base do corpo social. Essa teoria tem sido analisada, e proposta, pelos mais diferentes autores na contemporaneidade, como elemento essencial e central da teoria da jus-

---

[216] OST, François. Op. cit., p. 244.

tiça contemporânea. Rawls[217] define desobediência civil como sendo um ato público, não violento, decidido em consciência, mas político, contrário à lei e efetuado na maioria das vezes para produzir uma mudança na lei ou então na política do governo. O que se objetiva, nesse tipo de ação, acentua Rawls, é o senso de justiça da maioria da comunidade, declarando-se que, segundo uma opinião maduramente refletida, os princípios de cooperação social entre indivíduos livres e iguais não são atualmente respeitados.

Propõe Ost,[218] na esteira de Rawls, que se realize a comparação entre sete características da desobediência civil:

I) A desobediência civil é uma transgressão de uma regra de direito positivo. Antígona sabe que viola uma lei, tanto que se autodenomina, no verso 74, de "santamente criminosa";

II) Ao contrário da desobediência criminal, a desobediência civil traduz-se em atos públicos e apela à consciência pública. Quando Ismênia, sua irmã, recomenda que Antígona guarde segredo do sepultamento de seu irmão, esta lhe responde:

Antígona – "Não, denuncia! Fala a todos, conta a qualquer um! Se pretendes com o silêncio diminuir o meu ódio, estarás cometendo um erro irreparável. Proclama o que eu faço em toda parte."

III) a desobediência civil não é um ato isolado, mas pressupõe a participação de um grupo de pessoas. Aparentemente, Antígona não satisfaz essa exigência. Mas uma análise mais cuidadosa da peça, revela que Antígona tenta obter o apoio de Ismênia e que, como informa Hémon a seu pai, surgia em Tebas um grupo de partidários de Antígona;

IV) a desobediência civil é pacífica, pois apela à consciência moral da maioria. No caso de Antígona, ela diz que "escolheu partilhar o amor e não o ódio". Da mesma forma, ela inocenta o guarda que a prende e, também, sua irmã Ismênia, afastando a possibilidade da punição de Creonte e da violência contra todos os cidadãos que consideraram seu ato digno de elogios;

V) o desobediente civil ao violar a lei, assume, ao mesmo tempo, o risco da punição. Antígona afirma não temer a punição – a morte por lapidação – nem a morte;

VI) o propósito da desobediência civil é o de revogar ou modificar a norma contestada. O objetivo final de Antígona termina sendo alcançado, pois Creonte, no final, acabará (sob a ameaça dos deuses) por revogar o seu édito, assegurando, ele próprio, as honras fúnebres ao cadáver de Polínices;

VII) a característica da desobediência civil tem sido a de apelar para "princípios superiores", que representam os alicerces da sociedade política.

---

[217] RAWLS, John. *A Theory of Justice*. Cambridge, Massachusetts: The Belknap Press of Harvard University Press, 1972, p. 364.

[218] OST, François. Op. cit., p. 225.

O discurso de Antígona volta-se para evocar esses princípios, sob a forma das *nomina* e a referência constante à *dikè* como princípio de toda a justiça.

O argumento de Antígona aponta para uma concepção da ordem jurídica, e de sua aplicação, como um sistema de normas obediente a um entendimento cosmopolita da humanidade. Ao proclamar que, frente à morte, comum a todos os homens, um homem é um homem e, como tal, detentor de direitos e de uma dignidade própria, Sófocles estava sublinhando, assim, uma concepção de pessoa humana e de sociedade, que possibilita a fundamentação moral da sociedade democrática, e de uma forma específica de regime, o estado democrático de direito.

3. Da interpretação à hermenêutica contemporânea

3.1. Um deus habilidoso

A palavra "hermenêutica" origina-se do latim tardio "hermeneuticus", que por sua vez deita sua raiz no grego, "hermeneuein". A palavra, tanto em grego, como em latim, refere-se às atividades da inteligência humana que, de uma forma ou de outra, lembram as façanhas do deus grego Hermes. Deus de segunda categoria, não se posicionando no nível mais alto da hierarquia do Olimpo, Hermes, entretanto, representou no mundo mitológico helênico qualidades e características que também podem ser encontradas na hermenêutica contemporânea. Desde as primeiras vinte e quatro horas de sua vida, Hermes, filho de Zeus e da ninfa Maia, demonstrou habilidades que o diferenciariam dos demais deuses gregos. No dia do seu nascimento, fugiu do berço e, encontrando uma tartaruga, matou-a e fabricou a primeira lira; no mesmo dia, chegou a Pireia, onde roubou 50 cabeças de gado pertencentes a Apolo, matou duas delas e fez o primeiro sacrifício religioso, com carne animal, oferecido aos deuses. Hermes foi, também, o emissário de importantes missões divinas, tendo sido ele que, como mensageiro de Zeus, transmitiu o ultimato a Prometeu. Como mensageiros dos deuses, Hermes tinha três qualidades: conhecia a língua dos deuses e a língua dos homens e, mais importante, sabia como interpretar a vontade dos deuses. Por todos os seus feitos, Hermes é um deus hábil, mais interessado em convencer do que em impor a sua vontade, sendo conhecido por seus dotes de disfarce, mágicos, de engano, e por isso foi chamado nos *Hinos Homéricos* de "príncipe dos ladrões". Era, portanto, um mensageiro qualificado que servia de canal de comunicação entre o Olimpo e o mundo dos homens, levando para esses as mensagens, as notícias e as ordens dos deuses. Hermes é, portanto, um deus que para bem cumprir a sua missão conhecia múltiplas técnicas e as artes da magia. Trata-se, portanto, de um personagem habilidoso em esconder os seus reais objetivos, como usar sandálias para disfarçar as marcas dos seus pés. Exatamente, por recorrer mais à inteligência do que à força, Hermes é o menos guerreiro dos deuses mitológicos, preferindo a persuasão ao uso das armas, sendo com frequência considerado como o patrono dos oradores.

A capacidade de interpretar a vontade de Zeus, transmitindo-a aos homens mortais, fez de Hermes o inspirador da ideia de que se torna necessário haver uma mediação entre a formulação da lei e a sua compreensão por parte dos homens. A palavra "hermenêutica" refere-se a essa capacidade de Hermes de transmitir, em línguas diferentes, a vontade divina. Encontra-se, assim, no próprio cerne da atividade hermenêutica contemporânea, a ideia de que a interpretação comporta ardis e enganos, como o deus que lhe deu origem. A transmissão da mensagem divina – de um centro – aos homens foi imaginada pelo neoplatonismo sob a forma de círculo, o círculo hermenêutico. Essa imagem, a partir da Idade Média, passou a representar a relação entre Deus – eterno, onipresente e onisciente – e o mundo criado. As múltiplas facetas do trabalho de Hermes fizeram com que a modernidade necessitasse de uma série de palavras, que tornassem possível delimitar o universo no qual o deus grego transitou como intérprete da vontade divina: competência linguística, comunicação, discurso, compreensão e interpretação. Todas essas palavras induzem o intérprete a procurar desvendar a estrutura lógica e gramatical e, assim, descobrir o sentido de um texto e, também, a trabalhar com a ideia de que a ideia de interpretação é, em si mesma, uma ideia interpretativa. Em outras palavras, existem alguns conceitos que não são apreendidos exclusivamente através da sua simples descrição. Essa é a característica fundamental da hermenêutica contemporânea, diferenciada da simples interpretação descritiva de fatos e normas sociais.

3.2. Desnudando os textos

Na Antiguidade, o termo "hermenêutica" foi usado de forma esporádica. Aristóteles intitulou de *Peri Hermeneias* a obra na qual analisava a lógica das afirmações, através do exame da estrutura gramatical do texto, onde o sujeito e o predicado uniam-se no discurso humano para explicar a natureza das coisas. A atividade interpretativa dos textos, legais ou não, somente veio a ser praticada como uma disciplina autônoma, depois da Renascença e da Reforma. No entanto, encontram-se na escolástica medieval as raízes do que, atualmente, denominamos como hermenêutica, que se inicia nos trabalhos dos intérpretes e dos glosadores dos textos do direito romano e do direito canônico.

A interpretação, desde a Antiguidade, e durante séculos, respondeu à necessidade de explicar textos, cujo sentido não se encontrava claro. A atividade interpretativa tornava-se necessária, portanto, quando a estrutura gramatical do texto não fosse suficiente para o entendimento do seu sentido. A hermenêutica contemporânea resultou de três modelos de interpretação que procuraram, desde a Grécia Antiga, decifrar o sentido de diferentes tipos de textos: a análise da linguagem e do texto literário; a exegese da literatura bíblica e a interpretação das leis.[219] A preocupação com a compreensão do sen-

---

[219] BLEICHER, Joseph. *Hermenêutica Contemporânea*. Lisboa: Edições 70, 1992, p. 24.

tido do discurso humano acentuou-se durante a Idade Média no contexto da cultura teológica da época, desenvolvendo-se, no entanto, no âmbito restrito da interpretação gramatical e lógico-sistemática. A hermenêutica entendida como uma atividade de análise que se projeta para além das categorias tradicionais da interpretação – a interpretação gramatical, a lógico-sistemática, a histórica e a teleológica – representa o termo de um longo processo, que se inicia no movimento da reforma protestante do século XVI. A ruptura do modelo escolástico da interpretação e o início do processo epistemológico que levou à construção da nova ciência da hermenêutica se deveram à reação dos teólogos protestantes contra a posição católica de que a autoridade da Igreja e a tradição, tal como estabelecida pela hierarquia eclesiástica, eram os únicos e legítimos critérios para definir o entendimento e a compreensão das Sagradas Escrituras. O Concílio de Trento, em 1546, face ao desafio luterano, que tratava principalmente de entendimentos diferentes sobre os mesmo textos sagrados, reafirmou essa posição doutrinária da Igreja Católica. Com isto, no seio do movimento protestante começaram a desenvolver-se novos tipos de métodos para a leitura bíblica.

A primeira contribuição dada pelos teólogos protestantes consistiu em introduzir na interpretação dos textos sagrados o princípio da *perspicuitas*, que estabelecia a transparência, clareza e autossuficiência das Sagradas Escrituras. O mais importante teólogo protestante, e defensor de novos métodos interpretativos, foi Matthias Flacius Illyricus que escreveu a *Clavis Scripturae Sacrae* (1567). Nessa obra, Iliricus sistematizou a interpretação dos textos sagrados, partindo da concepção luterana de que esses não comportavam uma única compreensão. Illyricus estabeleceu, também, dois princípios que deveriam ser aplicados aos estudos bíblicos, mas que mais tarde serviriam como instrumentos profícuos no desenvolvimento da hermenêutica. O primeiro deles sustentava que, exatamente por não haver uma leitura uniforme do texto sagrado, a Igreja não deveria impor uma única e dogmática interpretação; a discordância sobre a leitura dos textos somente seriam superadas na medida em que os intérpretes fossem melhor preparados, tendo mais conhecimentos linguísticos e quando fossem aplicados aos estudos bíblicos as modernas técnicas de interpretação. O segundo princípio de Illiricus afirmava que as Sagradas Escrituras mantinham no seu todo uma coerência e continuidade, fazendo com que cada passagem particular, para que fosse devidamente entendida, deveria ser lida à luz dessa organicidade inerente aos textos bíblicos. A construção interpretativa dos teólogos protestantes constituiu-se, assim, em uma das fontes nas quais deitou as suas raízes a hermenêutica contemporânea.

Ao lado do trabalho desenvolvido pelos teólogos protestantes, a hermenêutica resultou, também, da conjugação de métodos interpretativos desenvolvidos em três áreas do conhecimento, a filologia clássica, a ciência do direito e a filosofia. Os estudos de filologia clássica originaram-se do interesse dos humanistas da Renascença na recuperação da literatura clássica do gregos e latinos. Nas universidades e academias renascentistas desenvolveram-se aperfeiçoados métodos de interpretação crítica, que em torno da

Ars Critica, buscavam estabelecer a autenticidade dos textos clássicos e recuperá-los na sua versão original. Os filósofos iluministas, por sua vez, trouxeram uma peculiar contribuição à hermenêutica ao desenvolverem métodos interpretativos que, partindo de princípios, pudessem levar à sistematização de todo o conhecimento humano. Os iluministas consideravam a interpretação como pertencendo ao domínio da lógica, mas foi o projeto iluminista, que introduziu na interpretação lógica do discurso princípios gerais e conceitos unificadores. Foram essas novas categorias que possibilitaram a elaboração de uma teoria geral da hermenêutica.[220] Nesse sentido, de teoria geral, é que Hans Gadamer irá determinar os parâmetros conceituais da hermenêutica contemporânea, ao escrever que a hermenêutica deixou de ser restrita ao domínio de uma aplicação especializada e ocasional e entrou "no vasto campo das problemáticas filosóficas".[221] A hermenêutica adquiriu, assim, um *status* propriamente filosófico pois transcendeu os limites das disciplinas individuais e passou a analisar os próprios fundamentos de cada ciência, principalmente através de seus métodos interpretativos.

A outra fonte da hermenêutica contemporânea foram as ciências jurídicas. O estudo sistemático do direito romano, que passou a ser realizado pelos comentadores e glosadores da primeira Renascença italiana, durante o século XII, caracterizou-se pelo esforço de interpretar o Código de Justiniano (533 A.D.) à luz da doutrina e das normas da Igreja Católica. A incorporação da dialética escolástica na formação da ciência do direito ocidental processou-se exatamente em virtude da necessidade desse tipo de interpretação, que implicava a sistematização da variada e esparsa legislação canônica, e a adaptação das normas do Código de Justiniano à cultura medieval.

Foi o monge bolonhês Graziano que realizou esse processo de integração e ordenação da ordem jurídica canônica. Ao publicar, em 1140, o livro intitulado *Concordantia discordantium canonum*, Graziano escreveu "o primeiro tratado abrangente e sistemático do direito na história do Ocidente, talvez, na história da humanidade".[222] No livro, conhecido simplesmente como o *Decretum*, Graziano reuniu e organizou sistematicamente cerca de 3.800 cânones (*canones* da palavra grega *kanon*, regra), com vistas a resolver antinomias e repetições, encontradas na legislação da Igreja. O *Decretum* serviu durante séculos como a estrutura dentro da qual se interpretava e se aplicava a lei medieval. A atividade interpretativa, desenvolvida pelos monges e juristas medievais, fez com que no final da Idade Média já existisse um corpo de problemas e experiências, que criaram um caldo de cultura propício ao aparecimento de uma reflexão e sistematização do processo interpretativo. Em 1463, Constantius Rogerius publicou o *Singularis Tractatus de Iuris Interpretatione*, introduzindo as quatro formas clássicas de interpretação jurídica – a corretiva, a extensiva, a restritiva e a declaratória. Esse modelo, como o

---

[220] MUELLER-VOLLMER, Kurt. "Introduction". In: *The Hermeneutics Reader*. Edited by Kurt Mueller-Vollmer. New York: Continuum, 1997, p. 4.

[221] GADAMER, Hans-Georg. *Langage et Vérité*. Paris: Éditions Gallimard, 1995, p. 232.

[222] BERMAN, Harold J. *Law and Revolution*. Cambridge: Harvard University Press, 1983, p. 143.

modelo de Graziano, serviu durante séculos como o parâmetro único da interpretação legal, vindo a ser questionado, somente no início do século XIX, quando Savigny recupera a alternativa do modelo histórico na interpretação do direito.[223]

3.3. Liberalismo e interpretação legal

Moeller-Volmer chama a atenção para o fato de que o desenvolvimento da interpretação jurídica, ou o processo de conhecer o verdadeiro sentido do que se encontra estatuído nos textos legais, encontra-se intimamente ligado ao aperfeiçoamento e evolução da interpretação filológica, ocorrendo uma transferência de ideias e conceitos de um campo para outro.[224] Essa ligação esteve presente desde o século XVI, quando, em 1559, Franciscus Hieronimus publicou o livro *Iurisconsultus sive interpretandi cum in genere omnis alias orationis, tum in species leges romanas*, no qual estabelecia a interpretação gramatical como constituindo a base da interpretação legal. Em 1689, o jurista alemão Johannes Felde, entretanto, lançou-se em empreitada mais ambiciosa ao procurar estabelecer normas de interpretação que seriam válidas para todos os tipos de texto, tanto literários, quanto jurídicos, tendo em vista não somente as relações lógico-gramaticais do texto, mas principalmente princípios gerais a serem descobertos no discurso humano.

Essa investigação sobre princípios gerais foi sistematizada na obra de Schleiermacher, teólogo e filósofo alemão, no início do século XIX. O filósofo alemão estabeleceu o núcleo dessa teoria geral do conhecimento humano na ideia de razão humana, que deveria substituir a ideia central de Deus, passando então todo o conhecimento a ser referido a este novo centro. O biógrafo de Schleirmacher, o historiador e filósofo, Wilhelm Dilthey, iria popularizar a ideia do círculo hermenêutico, como sendo a estrutura necessária para a construção de uma teoria geral do conhecimento humano, no âmbito das ciências sociais e estudos literários.

Enquanto a literatura e as ciências sociais desenvolviam-se nessa linha de interpretação, o direito permaneceu prisioneiro do método clássico de interpretação, o gramatical e lógico-sistemático. A questão da interpretação legal, portanto, terminou por destacar-se do movimento mais amplo da hermenêutica, para ficar reduzida à leitura estrita do texto legal, mesmo quando Savigny procurou inserir na sua temática a dimensão histórica. A redução da interpretação jurídica, a um único vetor, o da leitura gramatical e lógico-sistemática do texto, teve papel determinante no pensamento jurídi-

---

[223] Graciano no século XI sustentava que o sistema legal não é um corpo morto, mas um corpo vivo, enraizado no passado, mas projetando-se no futuro. Como escreve Berman, "esse conceito de evolução legal não foi uma invenção de Edmund Burke, Friedrich Savigny e da "escola histórica" do direito do século dezoito e dezenove; era um pressuposto básico dos juristas ocidentais – e dos não-juristas – desde o final do século onze e do século doze, primeiro na esfera eclesiástica e depois na secular". BERMAN, Harold. Op. cit., p. 202-203.

[224] MUELLER-VOLLMER, Kurt. Op. cit., p. 3.

co, pois terminou por restringir a atividade do intérprete ao estabelecimento do sentido literal da lei, e, mesmo assim, cabendo somente nos casos em que o emprego da língua comum não fosse suficiente para a compreensão do texto legal.

O surgimento do estado liberal de direito, forma jurídica da sociedade capitalista-industrial, trouxe consigo exigências de segurança jurídica no seio de uma sociedade com interesses de classe definidos e com uma crescente pluralidade político-ideológica, o que levou à busca de métodos interpretativos que atendessem às novas realidades sociais. O formalismo jurídico do direito liberal pretendia garantir a segurança jurídica através de um modelo racional e doutrinário, que tinha na interpretação lógico-gramatical e sistemática a espinha dorsal da sua implementação. Foi esse modelo do direito e do estado liberal que começou a ser questionado no bojo da chamada crise do liberalismo, provocada por fatores endógenos à sociedade liberal. A inadequação de novos agentes e fatores sociais e econômicos ao modelo do estado de direito liberal começou a evidenciar, desde os meados do século XIX, que a forma do sistema jurídico exigia modificações substantivas, modificações essas que implicavam o emprego de novos métodos de interpretação jurídica. Diversas tentativas teóricas procuraram superar os impasses em que se encontrava a ordem jurídica liberal e a interpretação formalista da ordem jurídica: o chamado método histórico, a escola livre do direito e a da jurisprudência dos interesses, representaram momentos nesse processo de adoção de novos métodos interpretativos.

3.4. A refundação da interpretação do direito

No contexto histórico da crise da sociedade e do estado liberal é que a interpretação clássica demonstrou a sua insuficiência, face às realidades peculiares de uma sociedade que se democratizava. A interpretação jurídica procurou responder com a elaboração de novos modelos e métodos, que atendessem às exigências encontradas na aplicação do direito na sociedade democrática e pluralista do século XX. Mas ao contrário do que ocorreu no âmbito das demais ciências humanas e sociais, a ciência do direito deixou-se ficar prisioneira, até recentemente, das limitações impostas por um modelo de interpretação dogmático e positivista. O fracasso intelectual dos movimentos renovadores da interpretação jurídica fez com que, principalmente depois da crise dos totalitarismos no século XX, consequência do esgotamento do modelo liberal, os moldes clássicos da interpretação do direito fossem submetidos a uma avaliação crítica. Esse movimento crítico, que se manifestou em diversas variantes teóricas, voltou-se para a necessidade de construção de uma nova fundamentação teórica para a leitura do direito, principalmente do direito constitucional.

A análise da evolução da interpretação na cultura jurídica do Ocidente mostra como, tendo em vista as necessidades práticas de leitura dos textos constitucionais que estabeleceram o estado democrático de direito, na segunda metade do século XX, tornou-se necessária a refundação da interpretação jurídica, inserindo-a no corpo do movimento hermenêutico da atualidade. Autores, como Max Ascoli, Jürgen Habermas, Paul Ricoeur, Friedrich Müller, Ronald Dworkin, Recasens Siches, J. J. Gomes Canotilho, Robert Alexy, Chaim Perelman, Theodor Viehweg, Miguel Reale e Tércio Sampaio Ferraz, entre outros, procuraram estabelecer, de perspectivas filosóficas e teóricas diferenciadas, uma teoria geral, que, sem abandonar os métodos clássicos da interpretação jurídica, pudesse incorporar dimensões políticas, econômicas, sociais e culturais, até então ignoradas pelo intérprete do direito. Nesta etapa da evolução da interpretação jurídica, é que podemos fazer referência à plena integração da ciência do direito no movimento da hermenêutica contemporânea, especificamente com o surgimento da hermenêutica constitucional, diferenciada da redutora interpretação constitucional clássica e dogmática, característica do direito liberal, e mais comprometida com uma leitura abrangente do fenômeno político e jurídico.

Atualmente, o termo "hermenêutica" expressa uma preocupação compartilhada por diferentes campos do conhecimento: filosofia, sociologia, história, teologia, psicologia, direito, crítica literária e as humanidades de uma forma geral. Em alguns ambientes intelectuais, a palavra "hermenêutica" assumiu um caráter de moda, como se fosse uma nova tendência ou movimento intelectual como o "estruturalismo" ou o "pós-estruturalismo". Os mais lúcidos intérpretes da contemporaneidade, entretanto, têm enfatizado o fato de que a hermenêutica não consiste em novo paradigma do conhecimento. Esse sentido abrangente do termo ocorreu, como verificamos acima, a partir da obra de Friedrich Schleiermacher, no início do século XIX, e de Wilhelm Dilthey, nos últimos anos do século passado. A obra desses dois autores, no entanto, preocupou-se somente em fazer com que a hermenêutica deixasse de ser o estudo e sistematização de regras especializadas de interpretação, utilizadas por teólogos e juristas, e se constituísse em disciplina filosófica, habilitada a construir uma teoria geral das ciências humanas e sociais. A preocupação teórica integradora dos fundadores da hermenêutica visava somente a proporcionar um nível teórico, suficientemente universal, ao estabelecer parâmetros de referência para as ciências humanas e sociais, que as caracterizassem como tipos de conhecimento científico, ainda que com métodos distintos do método das ciências físicas e naturais. O desafio da hermenêutica constitucional contemporânea consiste, então, em inserir-se nessa tradição hermenêutica, fazendo uma leitura mais sofisticada do texto constitucional, analisando as raízes da ordem jurídica. Criam-se, dessa forma, as condições de possibilidade de realizar-se uma nova leitura da dogmática jurídica e, em consequência, de construir-se uma concepção não exclusivamente dogmática do direito.

A interpretação constitucional, entretanto, somente aparece como problema a preocupar os constitucionalistas há poucas décadas. A explicação deve-se, talvez, ao fato de que as constituições escritas do estado moderno raramente contêm dispositivos concernentes ao poder de interpretação.

Além disso, os chamados grandes princípios da filosofia política (soberania, representação, separação dos Poderes etc.), que foram temas de debates nas assembleias constituintes do final do século XVIII e com os quais os autores modernos expõem os fundamentos do Direito positivo, não se constituem em conceitos dos quais os juristas possam retirar princípios e argumentos racionais, constitutivos de uma teoria geral da interpretação jurídica.

3.5. Uma teoria matricial

O caráter francamente hegemônico da teoria pura do direito no pensamento jurídico contribuiu, também, para limitar as possibilidades da construção de uma teoria geral, hermenêutica, da interpretação jurídica. Isto porque, como sabemos, Kelsen não resolveu a questão da interpretação no corpo da teoria pura do direito, precisamente, quando se tornava teoricamente necessário estabelecer uma teoria da interpretação que possibilitasse a integração do binômio norma/realidade, *sollen/sein*. A dificuldade não resolvida na teoria pura, prende-se ao fato de que Kelsen, ao distinguir dois tipos de interpretação – a interpretação autêntica (aquela realizada pelos órgãos aplicadores do direito) e a interpretação "científica" ou "não autêntica" –, privilegia a primeira. Para o pensador austríaco, a interpretação deve-se ater ao quadro do próprio direito: "se entendemos por 'interpretação' a determinação pela via do conhecimento do sentido do objeto a interpretar, o resultado da interpretação jurídica pode ser somente a determinação do quadro que o direito a ser interpretado representa e, portanto, o reconhecimento das diferentes possibilidades existente no interior desse quadro".[225] Dessa forma, Kelsen recua diante da necessidade de defrontar-se com fatores que possam tornar impura a teoria pura do direito, como a moral, a ideia de justiça e os vários valores e crenças sociais, fatores esses a serem, necessariamente, considerados no processo hermenêutico. Em outro texto, pouco analisado por seus intérpretes, Kelsen reconhece explicitamente a sua renúncia em desenvolver uma teoria da interpretação que procurasse unir norma/realidade, ao afirmar que : "A teoria pura do direito sendo somente um conhecimento do direito positivo, e não uma prescrição para a sua produção correta, não pretende responder à questão de saber como são feitas boas leis, nem muito menos dar conselhos sobre as condições nas quais podem-se tomar boas decisões baseadas no quadro das leis".[226] A conclusão da *Teoria Pura* reduz a função interpretativa à aplicação da lei, ou à interpretação autêntica, não representando a interpretação, mesmo a científica, fator de criação da lei, mas simplesmente o conhecimento do significado das

---

[225] KELSEN, Hans. *The Pure Theory of Law*. Transl. by Max Knight. Berkeley: University of California Press, 1970, p. 351.

[226] KELSEN, Hans. "Juristischer Formalismus und reine Rechtslehre", 1929; *Apud* OLIVIER, Jouanjan, "Presentation", In: Friedrich Müller, *Discours de la Méthode Juridique*. Paris: Presses Universitaires de France, 1996, p. 9.

normas jurídicas.²²⁷ A imobilização do aplicador da lei dentro de um sistema de normas, que muitas vezes se chocava com a realidade social, acabou constituindo-se em obstáculo para a implementação das normas jurídicas no estado democrático de direito, que pressupõe para a própria eficácia da normatividade constitucional, a consideração de fatores que se encontram, necessariamente, fora do sistema jurídico.

Ao lado da força da teoria pura do direito, um outro fator mais de natureza adjetiva do que substantiva parece explicar a escassez de autores no campo da teoria hermenêutica constitucional, que contemplem as dimensões metajurídicas na aplicação da lei. A predominância dos métodos interpretativos peculiares ao direito privado, onde a interpretação era, até recentemente, concebida como uma atividade associada à jurisdição, tornou-se predominante na doutrina do direito. Se interpretar consiste em determinar o sentido, para a maioria dos autores é quando o sentido não está claro, particularmente quando ele é discutido, é que se torna necessária a interpretação. Trata-se de um instrumento a ser utilizado, principalmente, na solução de conflitos. A interpretação torna-se parte da aplicação contenciosa das leis, *i.e.*, os juristas discutem essencialmente os limites e o modo de exercício de uma competência que eles consideram como definidas em lei.

A questão, entretanto, que se coloca para o intérprete e o aplicador da lei contemporâneo, extravasa o campo estrito do conflito intersubjetivo. As próprias relações privadas no âmbito da sociedade complexa e pluralista da atualidade, que encontra no estado democrático de direito a sua formulação jurídica, perderam o seu caráter estritamente privatista e inserem-se no contexto mais abrangente de relações a serem dirimidas, tendo em vista, em última instância, o ordenamento constitucional. As fronteiras entre o público e o privado desaparecem progressivamente e, assim sendo, a interpretação da ordem jurídica deixa de ser prisioneira de procedimentos restritos ao direito privado do estado liberal clássico.²²⁸ As normas jurídicas do direito privado passaram a ser, em certo sentido, dotadas de constitucionalidade, pois integradas num sistema jurídico que supõe para a sua plena eficácia, em todas as esferas das relações sociais, o respeito aos valores da ordem constitucional.²²⁹ Vemos, assim, como se torna necessária a construção de uma teoria da hermenêutica jurídica que se distinga da interpretação privatista, porque não conflituosa, mas voltada para a realização de uma ordem socialmente justa.

A transposição desses problemas para a teoria constitucional contemporânea suscitou problemas em dois níveis: em primeiro lugar, quando a constituição estabelece um controle da constitucionalidade, afirma a submissão de toda a ordem jurídica ao princípio da legalidade, o que parece resolver de forma simples e direta o problema da interpretação. A realidade, no entanto, não é tão simples, pois quando analisamos essa institucionalização

---

[227] KELSEN, Hans. *The Pure Theory of Law.* Op. cit., p. 370.

[228] PERLINGIERI, Pietro. *Perfis do Direito Civil.* Trad. Maria Cristina de Cicco. Rio de Janeiro: Renovar, 1997.

[229] TEPEDINO, Gustavo. *Temas de Direito Civil.* Rio de Janeiro: Renovar, 1999.

da interpretação constitucional sob o ângulo de uma teoria hermenêutica, verificamos que os poderes do órgão de controle fazem da constituição um sistema de órgãos, que têm a competência para determinar em comum a sua própria competência. O órgão de controle torna-se, dessa forma, um poder constituinte, que se insere num sistema complexo, cujos diversos elementos fazem com que a distinção entre normas constitucionais e atos infraconstitucionais percam o seu sentido.[230] O segundo problema, origina-se na própria concepção de interpretação constitucional, acima referida, pois remete não mais à normas, mas a princípios que são produto de valores e conceitos, que antecedem a ordem constitucional, ressurgindo, então, no pensamento social e jurídico a interrogação sobre a conceituação de uma "legitimidade constitucional", colocada acima da constituição e à qual esta deve estar subordinada. Os dispositivos constitucionais, em particular as emendas, que estejam em contradição com esses princípios devem, nesse entendimento interpretativo, ser anulados pelo juiz constitucional. Revive-se, assim, em outro contexto, determinado por fatores sociais diferentes, a problemática suscitada pela tradição jusnaturalista na qual a validade das normas jurídicas dependeria do respeito a princípios metajurídicos.

3.6. Desafios de um modelo hermenêutico

A questão hermenêutica no estado democrático de direito encontra-se, portanto, balizada, de um lado, pelo modelo kelseniano e, de outro, pelo chamado renascimento do direito natural. O nó górdio da questão da hermenêutica jurídica contemporânea consiste em avaliar as possibilidades e os limites de um projeto hermenêutico, que se proponha a superar os impasses encontrados na interpretação clássica, sem cair na idealização das correntes jusnaturalistas, face aos problemas da sociedade pluralista e democrática contemporânea. A análise do modelo hermenêutico de Ronald Dworkin pode servir de teste sobre a viabilidade de um projeto de interpretação metajurídica dessa natureza. Ainda que o pensamento de Dworkin esteja em permanente elaboração, podemos destacar no corpo de sua ampla obra alguns conceitos básicos, que servem como parâmetros definidores do seu pensamento.

A obra de Dworkin participa do amplo movimento de crítica à concepção fundamental do positivismo jurídico, a de que as considerações de caráter moral são irrelevantes para o direito. E quando falamos em positivismo jurídico, torna-se necessário distinguir duas tendências, encontradas nesta corrente do pensamento jurídico. A primeira sustenta que o positivismo pretende descrever o que é o direito, sendo o direito um complexo de fatos sociais normatizados e cuja função na sociedade consiste na resolução de conflitos. O exemplo mais significativo dessa tendência encontra-se na obra

---

[230] TROPER, Michel. *Pour une Théorie Juridique de l'État*. Paris: Presses Universitaires de France, 1994, p. 307.

clássica de Hart, onde, no prefácio, o filósofo inglês afirma que, ao lado de analisar a linguagem jurídica, procura desenvolver uma "sociologia descritiva" do direito,[231] pois parece-lhe falsa a ideia de que a análise do significado das palavras lance luz exclusivamente sobre o sentido das mesmas. Hart considera que o discurso legal deve ser socialmente contextualizado para que possa ser interpretado plenamente.

A outra tendência refere-se ao caráter prático do direito. Alguns autores[232] sustentam que o positivismo pode ser lido como uma doutrina liberal, pois, independentemente do fato de que, historicamente, tenha havido um crescimento paralelo do positivismo e do liberalismo, durante o século XIX, o positivismo jurídico sempre enfatizou a ideia de que o direito deveria expressar uma normatização pública e que, através dela, o cidadão seria capaz de separar e situar-se entre a esfera do público e a esfera do privado. A ordem jurídica do estado liberal de direito teria então, no entendimento de Bobbio, uma função moral, qual seja a de garantir direitos e liberdades individuais, através de sua positivação, sem a qual não poderia garantir os direitos do cidadão. E Bobbio mostra como na história do estado moderno foi precisamente esse sistema jurídico que exerceu o papel de protetor dos direitos individuais e alternativa aos regimes autoritários.

Neste sentido, Dworkin aceita a premissa básica do positivismo jurídico, mas dela se afasta ao enfatizar e aprofundar a ideia liberal do direito à igualdade, mostrando como o reconhecimento das igualdades significa a aceitação de diferentes concepções do direito, consideradas elas próprias como questões jurídicas. Mas Dworkin insiste no critério comum ao positivismo jurídico de que a vontade legal deve ser formulada por órgãos públicos obedientes ao princípio dworkiano da "consistência articulada".[233] O filósofo norte-americano constrói uma teoria da interpretação jurídica, situada num patamar teórico, que fornece os elementos necessários para que se procure um modelo hermenêutico para além do entendimento clássico da interpretação jurídica, como restrita à interpretação legalista. As indagações e o modelo dworkiano constituem dessa forma um terreno fértil, onde poderão ser examinadas as possibilidades racionais para a construção dos princípios básicos de uma hermenêutica constitucional.

O pensamento de Dworkin no que se refere à hermenêutica constitucional desenvolve-se, desde o seu primeiro texto sobre a matéria,[234] até o mais recente,[235] através de sucessivas modificações na sua estrutura, mantendo, entretanto, uma continuidade temática em função da qual a interpretação

---

[231] HART, H. L. A. *The Concept of Law*. Op. cit., VIII.

[232] BOBBIO, Norberto. *El Problema del Positivismo Jurídico*. Trad. Ernesto Garzón Valdés. Buenos Aires: Editorial Universitaria de Buenos Aires, 1965, p. 47; GUEST, Stephen. *Ronald Dworkin*. 2nd.edition. Edinburgh, Edinburgh: University Press, 1997, p. 11.

[233] DWORKIN, R. *Taking rights seriously*. Cambridge: Harvard University Press, 1977, p. 162.

[234] DWORKIN, R. "Judicial Discretion", in *Journal of Philosophy* 60, 1963, p. 624.

[235] DWORKIN, R. *Freedom's law*. Cambridge: Harvard University Press, 1996.

jurídica será realizada, pelo que Dworkin chama da melhor interpretação de práticas sociais objetivas, e, baseada na presunção de que todas as pessoas são iguais como seres humanos, independente das circunstâncias sociais do seu nascimento. A garantia dessa igualdade é que será a característica essencial de uma ordem social e politicamente justa. Dworkin considera, portanto, a realidade social como ela se apresenta ao observador, mas introduz um elemento valorativo – o da igualdade – como base para a aplicação das leis, e, em consequência, um tipo de interpretação específica. As leis deverão ser interpretadas de forma que o processo interpretativo evidencie a sua melhor forma ou, em outras palavras, como na sua aplicação poderão atender à sua própria natureza. O argumento central de Dworkin reside em considerar a lei como parte de um argumento, que se desdobra e materializa na sua aplicação, momento em que se evidencia a peculiaridade do direito, que exige para a sua materialização uma "atitude argumentativa em relação à lei".[236] A resposta preliminar de Dworkin ao positivismo jurídico encontra-se, assim, em transferir para a busca do melhor argumento a justificativa da lei, saindo do mundo restrito do sistema formal para a realidade. O melhor argumento, por sua vez, será explicitado no processo de confrontação racional, a ser realizado sob a égide do princípio da igualdade.

A interpretação no pensamento dworkiano caracteriza-se, portanto, não como simples descrição de situações sociais empíricas, mas como uma atividade intelectual necessariamente normativa. Isto porque o conceito de direito pertence à categoria de conceitos na qual o entendimento ocorre somente quando são plenamente interpretados. Neste sentido, Dworkin sustenta que o melhor argumento e o mais legítimo será atingido quando se esgotar o processo da argumentação racional, que explique e situe a função da lei na sociedade. Os aspectos descritivos fundem-se, no pensamento dworkiano, com a própria interpretação, rejeitando-se, assim, a simplificação de que a norma legal se refere exclusivamente a fatos, que devem por ela ser integrados no sistema normativo. Para Dworkin, os advogados e juízes, argumentando e decidindo sobre casos legais, apelam não somente para as normas positivadas, mas também para outros critérios chamados de "princípios legais",[237] que expressam valores e conceitos, anteriores à ordem normativa.

Ao perguntar-se como a interpretação de uma forma geral pode aplicar-se à práticas sociais como o direito, Dworkin considera três perspectivas analíticas, correspondentes a estágios interpretativos, que procuram responder à questão acima: o estágio pré-interpretativo, o interpretativo e, finalmente, o pós-interpretativo.[238] Esses três momentos do processo de interpretação convergem no pensamento dworkiano para que se possa conceituar o direito como um conceito interpretativo. Analisando não a ideia de direito, mas

---

[236] GUEST, Stephen. *Ronald Dworkin*. Op. cit., p. 7.

[237] DWORKIN, R. *Taking rights*. Op. cit., p. 46.

[238] DWORKIN, R. *Law's Empire*. Op. cit., p. 65-66.

de cortesia, Dworkin procura mostrar como racionalmente partimos de uma constatação absolutamente empírica, como a existência das regras de cortesia na sociedade, para chegarmos à conclusão de que a cortesia, como uma prática social, somente pode ser devidamente explicada e compreendida na medida em que o analista procure descobrir qual o sentido e a função da cortesia e, assim, identificar em que consiste essa prática social.

Entre os três estágios da interpretação, o terceiro representa para Dworkin o estágio mais aprimorado, pois estabelecem quais as características determinantes e diferenciadoras da prática social a serem descobertas pelo intérprete, características essas que evidenciam o sentido e a função da prática no contexto social. O terceiro estágio do processo hermenêutico, proposto por Dworkin, admite como pressuposto de caráter geral, que em todas as práticas sociais deve-se procurar o denominador comum, unificador de suas diferentes manifestações. No que se refere ao direito, sustenta Dworkin, não existe um critério linguístico comum que nos ajude a diferenciar, por exemplo, o justo do injusto. Os mais acirrados debates, por exemplo, sobre a implementação da justiça referem-se a testes que buscam comprovar, ou não, ideias gerais sobre a justiça, e não são processos que determinam se os fatos satisfazem algum critério comum aplicável ao caso. Nesse sentido é que Dworkin sugere uma caracterização geral e abstrata do processo de interpretação, como sendo o processo que procura retirar de um objeto ou de uma prática social interpretada aquilo que de melhor ela representa para a sociedade.[239]

O problema central no projeto hermenêutico de Dworkin, que ao afirmar como objetivo do processo de interpretação o de situar o objeto ou a prática social interpretada sob o ângulo de sua melhor natureza, situa-se, assim, fora do âmbito da interpretação tradicional e possibilita um novo e mais sofisticado tipo de interpretação, a interpretação hermenêutica no âmbito do direito. O processo hermenêutico desenvolve-se em dois momentos: no primeiro momento, o objeto interpretado é qualificado, e, no segundo, o intérprete escolhe entre diferentes opções de escolha que se opõem. Essa estrutura hermenêutica encontra-se, constatam Dworkin e outros autores, como Hannah Arendt,[240] na própria estrutura das áreas de conhecimento que implicam numa escolha, como a ética e a estética. Em ambos os campos do conhecimento, ocorre processo semelhante de avaliação e escolha. Pessoas diversas poderão ter respostas diferentes para o mesmo problema moral ou diante da mesma obra de arte. Essa possibilidade permite que sejam dadas respostas também diferentes. A de existirem várias escolhas ou julgamentos serviu, entretanto, para justificar empiricamente os diferentes ceticismos no pensamento filosófico e social. No pensamento jurídico, o ceticismo assumiu diversas formas, desde os questionamentos sobre a possibilidade da cons-

---

[239] DWORKIN, R. *Law's Empire*. Op. cit., p. 77.

[240] ARENDT, Hannah. *Lectures on Kant's Political Philosophy*. Chicago: The University of Chicago Press, 1992.

trução de princípios interpretativos gerais até o relativismo a respeito do justo e do injusto.

O pensamento de Dworkin voltou-se, num segundo plano, contra o argumento do ceticismo no pensamento social, nele identificando uma das dificuldades básicas que ameaçam a própria concepção do direito e de sua finalidade última: a justiça. O ceticismo é identificado no direito como o culto de argumentos, tecidos em função de dispositivos legais, que terminam não proporcionando respostas coerentes e racionais para o caso examinado. A "dança do ceticismo"[241] recusa, preliminarmente, que possa haver uma resposta "certa" ou "errada" para os problemas éticos e estéticos, e sustenta, em consequência, que todas essa opiniões são criadas pela inteligência humana e projetadas, e não descobertas, na realidade. Dworkin mostra como o ceticismo representa, na verdade, uma posição metafísica e não uma atitude interpretativa ou moral e, portanto, não pode afirmar o que é belo ou feio, justo ou injusto, pois nega a possibilidade de um acordo hermenêutico. O céptico tem opiniões sobre Hamlet ou sobre a escravidão e argumenta porque prefere a sua opinião às opiniões dos outros, mas por sustentar que essas opiniões nada têm a ver com a realidade, pois para o céptico qualquer julgamento moral ou estético é tão bom quanto qualquer outro, termina por não poder afirmar que "em sua opinião a escravidão é injusta".[242] O argumento dworkiano procura, assim, demonstrar que o positivismo e os ceticismos são formas metafísicas de rejeição da possibilidade das relações entre o direito e a melhor forma de organização social.

O nascimento da hermenêutica jurídica ocorre, portanto, quando o filósofo do direito inicia o trabalho de superação dos dois estágios preliminares do modelo dworkiano aceitando a identificação pré-interpretativa do domínio legal, o fato da existência de normas jurídicas, e os paradigmas até então utilizados para interpretá-lo, característica do segundo estágio. Mas para que possa superar os dois primeiros estágios do processo hermenêutico, o filósofo necessita encontrar um conceito central de direito, que possa abarcar concepções diversas. Dworkin propõe, não uma definição apriorística do direito, mas um argumento justificador do direito. Isto significa que, para Dworkin, o direito somente pode ser entendido na medida em que o consideramos como envolvendo ideias que implicam argumentos controversos. Não existe para o filósofo norte-americano um conceito de direito em função do qual se desenvolve uma interpretação sistemática. O próprio direito é um processo interpretativo.

Esse tipo de argumento será construído a partir de algumas constatações racionais elementares, referentes à natureza e à função do poder, do governo e do direito. O governo, qualquer governo, tem alguns objetivos: pretende fazer com que as nações governadas sejam prósperas ou poderosas; procura, também, meios para manter-se no poder; usa a força coletiva

---

[241] DWORKIN, Ronald. *Law's Empire*. Op. cit., p. 86.

[242] Ibidem, p. 85.

monopolizada para atingir as suas finalidades principais e outros objetivos secundários. O argumento central justificador do direito, como norma emanada de um poder soberano, é construído em torno dessa ideia central. Essa ideia consiste, nas palavras de Dworkin, no estabelecimento do "ponto mais abstrato e fundamental da prática legal, que consiste em guiar e controlar o poder governamental". O núcleo da definição do direito reside, assim, na identificação de uma função específica para a ordem jurídica, qual seja, o controle do poder governamental. Para Dworkin, entretanto, o controle do poder governamental, através do direito, implica o atendimento à condição original da ordem jurídica do estado de direito, que tem como característica o fato de que a força somente pode ser usada, quando autorizada ou exigida para a defesa de direitos individuais ou então para assegurar o cumprimento de responsabilidades "decorrentes de *decisões políticas anteriormente tomadas* sobre quando a força coletiva é justificada".[243] (grifo nosso)

O conceito de direito, que irá implicar diferentes tipos de interpretação da ordem constitucional, pode, no entendimento de Dworkin, ser estabelecido em função da resposta a três tipos de perguntas: a) qual a justificativa da obrigação política ou da obediência aos ditames legais?; b) em que medida o uso da força somente pode ser justificado nos casos em que estejam envolvidos direitos e responsabilidades, estabelecidas em "decisões políticas anteriormente tomadas"?; c) o que se entende por "anteriormente tomadas", ou seja, qual o nível de consistência entre ações e decisões atuais e decisões políticas anteriores, justificadoras do liame entre o direito e a força?

A resposta a cada uma dessas questões permite que se tenham três diferentes concepções do direito e, em consequência, três possíveis interpretações teóricas da nossa prática legal. Dworkin pretende que cada uma dessas concepções traduza temas e ideias de um tipo de interpretação, que não se identifica com a interpretação semântica, pois faz com que o argumento entre elas se sobreponha ao impasse provocado pela batalha em torno dos textos legais, que não conclui sobre o justo ou o injusto. O primeiro modelo conceptual de resposta às três perguntas acima pode denominar-se de convencionalismo legal: o convencionalismo responde à primeira pergunta aceitando a relação necessária entre o direito e os direitos, ou seja, obedecemos antes de tudo porque existe um dever estabelecido no texto legal; à segunda pergunta, o convencionalismo legal responde afirmando que não existe uma relação necessária entre o uso da força e decisões políticas passadas, porque essa questão encontra-se esgotada pela segurança e igualdade processual asseguradas pelo estado de direito, ou, em outras palavras, a própria prática do estado de direito justifica quando necessário o uso da força; a terceira pergunta é respondida da seguinte forma: um direito ou responsabilidade decorre de decisões anteriores quando se encontram explícitos e podem tornar-se explícitos somente através de métodos e técnicas de interpretação aceitas pela comunidade legal.

---

[243] DWORKIN, R. *Law's Empire*. Op. cit., p. 93.

O segundo modelo, intitulado por Dworkin de "pragmatismo legal", expressa um entendimento céptico do direito. Sustenta o pragmatismo legal que as decisões judiciais devem ser tomadas em função do que for melhor para o futuro da comunidade, não importando que haja qualquer consistência com decisões passadas. O pragmatismo legal recusa, assim, a existência do direito e de direitos a serem exigidos em função de direitos anteriormente assegurados aos indivíduos, negando qualquer possibilidade de continuidade necessária na aplicação do direito. Cada caso é um caso e em função de suas características peculiares o juiz deve decidir, criando a lei aplicável.

O terceiro modelo, o do "direito como integridade", permite que se avalie até que ponto a hermenêutica dworkiana representa um passo à frente no pensamento jurídico contemporâneo. Às três perguntas iniciais, Dworkin responde sustentando que as limitações impostas pelo direito, e, em consequência, o uso da força, beneficiam a sociedade não somente porque garantem a segurança nas relações jurídicas ou o devido processo legal, mas porque asseguram um tipo de igualdade entre os cidadãos que faz com que a comunidade se torne mais solidária. Essa qualificação de uma comunidade como solidária implica a introdução de um valor moral no exercício do poder político. Os direitos e responsabilidades advêm de decisões passadas não somente quando são explicitados nessas decisões – por exemplo, no texto constitucional – mas também quando resultam de princípios de moralidade individual e política,[244] ou seja, por aqueles princípios que garantem a existência de uma comunidade solidária. Com essa atitude interpretativa, Dworkin foge da armadilha do formalismo legalista, buscando nos princípios os recursos racionais para que se possa evitar o governo da comunidade por regras, que possam ser incoerentes em princípio.[245]

Nesse contexto é que se pode avaliar e entender o conceito de *hard cases*[246] na hermenêutica dworkiana.[247] Em torno do argumento racional, em que a norma positiva, o fato jurídico e o valor da moralidade nele envolvidos constituem fatores essenciais no processo argumentativo que irá conceituar o direito, procura-se aplicar a lei constitucional, que não poderá ser "interpretada" no sentido estrito do termo, mas que necessita de incorporar na sua leitura dimensões não consideradas no quadro da interpretação semântica. Dworkin abre, portanto, perspectivas teóricas para que se possa construir uma teoria hermenêutica, que atenda à complexidade do direito na sociedade contemporânea. Isto porque encontramos no limiar de uma teoria da prática legal, que não se fundamenta exclusivamente na semântica, mas que procura estabelecer uma interpretação geral dessa prática.

---

[244] DWORKIN, R. *Law's Empire*. Op. cit., p. 96.

[245] DWORKIN, R. "Law, Philosophy and Interpretation", In: *Archiv fur Rechts-und- Sozialphilosophie*, vol.80, 4. Quartal. 1994, p. 471.

[246] "Hard cases", no entendimento de Dworkin, caracterizam-se por ser uma situação jurídica onde ocorrem dúvidas sobre a verdade de uma norma, que não podem ser solucionadas pelos simples fatos determinantes da questão.

[247] DWORKIN, R. *Taking rights*. Op. cit., p. 81.

Para que seja possível essa construção racional, legitimadora da ordem jurídica, torna-se necessário estabelecer o "ponto mais alto" da concepção do direito, ou em outras palavras, dar consistência à ideia de comunidade solidária. A sugestão de Dworkin é que se procure essa referência superior no valor político da justiça. Através da ideia da justiça é que se pode fazer o trâmite legitimador entre decisões do constituinte e o uso da norma jurídica, aparecendo então o antigo debate sobre as relações do direito com a moral, sob uma nova perspectiva. Recupera-se, portanto, uma temática central na tradição do pensamento político e jurídico do Ocidente, atualmente tratada por diferentes autores, que procuram estabelecer uma nova leitura do texto constitucional[248] (Habermas, 1997; Dworkin, 1996; Walker, 1990). O valor de justiça, entretanto, será fruto de um processo argumentativo a ser desenvolvido entre pessoas racionais e iguais. Não será definido por uma teoria abstrata, ideal, mas estará necessariamente vinculado a uma prática política e social objetiva, tendo em vista parâmetros racionalmente construídos. A organização do estado contemporâneo, sob as suas formas de estado liberal, da estado do bem-estar social e de estado democrático de direito, evidenciam diferentes momentos históricos e processos de construção do justo.

O estado democrático de direito, do ponto de vista jurídico-constitucional, expressa, assim, uma ideia moral de organização do poder político, antes de ser uma ordenação dos poderes do Estado e de definição de direitos e garantias individuais e coletivas. É, portanto, consequência, e não fonte, de uma determinada concepção do homem e da sociedade, do homem considerado como ente moral, dotado de direitos anteriores à própria organização estatal. Esses direitos representam uma dificuldade intelectual, aparentemente intransponível, para o formalismo-dogmático clássico, mas inspiram e regulam o funcionamento da sociedade política no estado democrático de direito, ou seja, a concepção da sociedade como sendo o espaço onde se equilibram os diferentes interesses e valores individuais. Nesse sentido, é que a constituição do estado democrático de direito "une questões legais e morais, ao afirmar que a validade da lei depende da resposta a complexos problemas morais, como o problema de determinar se uma lei particular respeita a igualdade inerente a todos os homens".[249] A interpretação constitucional, portanto, para o filósofo norte-americano, somente poderá realizar-se plenamente na medida em que se processe através de argumentos racionais, entre indivíduos que pertençam a uma comunidade moral.[250] Esse tipo de comunidade será determinada por fatores históricos e, principalmente, pelo que Dworkin chama de "condições relacionais", que são aquelas que asseguram ao indivíduo o *status* de cidadania moral. A cidadania moral será materializada, no entendimento de Dworkin, por essas "condições relacionais", que

---

[248] HABERMAS, Jürgen. *Direito e Democracia, entre facticidade e validade*. Trad. Flávio Beno Siebeneichler. Rio de Janeiro: Tempo Brasileiro. DWORKIN, Ronald. *Freedom's law*. Cambridge: Harvard University Press, 1996. WALKER, Graham. *Moral Foundations of Constitutional Thought*. Princeton, Princeton: University Press, 1990.

[249] DWORKIN, R. *Taking rights*. Op. cit., p. 185.

[250] DWORKIN, R. *Freedom's law*. Op. cit., p. 24.

irão se materializar nas condições de participação do indivíduo na sociedade. Essas condições no pensamento dworkiano podem ser resumidas a três: a participação do indivíduo nas decisões políticas, o interesse individual nessas decisões e a independência do cidadão em relação a elas.

O processo da hermenêutica constitucional supõe, portanto, a consideração de valores e condições sociais e políticas, que deitam suas raízes num entendimento moral do corpo político. Não se confunde com o jogo semântico ou com o entendimento da aplicação da lei como a simples subsunção da norma positivada aos fatos sociais. Por essa razão, a hermenêutica constitucional não pode ficar restrita aos processos interpretativos característicos do entendimento do direito, como um sistema dogmático a ser lido semanticamente. O processo hermenêutico pressupõe mais do que uma simples, e redutora, constatação e aceitação da existência de normas. A hermenêutica constitucional contemporânea, precisamente para atender a função de interpretar normas específicas, que se encontram legitimadas pelo estado democrático de direito, realiza-se no processo argumentativo, onde estão presentes os valores que antecedem à própria construção da ordem constitucional. Vive-se, assim, situação semelhante àquela encontrada quando do surgimento da interpretação protestante no corpo da tradição: não se trata também, atualmente, da criação de novos métodos mecânicos, que substituam os antigos, mas de uma nova concepção do objeto analisado, no caso o fenômeno jurídico, através de sua leitura hermenêutica. Somente, assim, poderá a interpretação jurídica integrar-se no quadro mais amplo da hermenêutica contemporânea, como se encontra formulada e aceita no campo das ciências humanas e sociais.

3.7. Da intersubjetividade ao sujeito de direito

A sociedade democrática contemporânea suscita para a reflexão jurídica e, especificamente, para a filosofia do direito, alguns desafios, que têm a ver com os fundamentos da ordem democrática. Entre esses desafios destaca-se a necessária construção de um novo paradigma de leitura do fenômeno jurídico, que deverá situar-se na passagem da aplicação dos métodos clássicos de interpretação direito (a interpretação lógico-sistemática, a interpretação histórico-evolutiva e a interpretação teleológica) para um tipo de interpretação mais abrangente e que atenda à própria natureza do regime democrático. Neste contexto, é que podemos situar o novo paradigma como sendo hermenêutico, vale dizer, de natureza propriamente filosófica, ultrapassando, assim, as limitadas possibilidades do paradigma positivismo jurídico implementado pelo formalismo jurídico.

Para que se possam dimensionar as características e os limites do novo paradigma da interpretação do direito, torna-se necessária uma construção teórica, a ser levada a efeito em dois momentos epistemológicos. No primeiro, quando se procura definir o novo sujeito de direito, nascido no contexto histórico das sociedades democráticas; no segundo momento, o momento propriamente hermenêutico, irá trazer para o âmbito próprio da aplicação do sistema jurídico do estado democrático de direito, essa nova concepção de sujeito do direito, elaborada no primeiro momento.

A análise desse processo, que em última análise é histórico, da passagem da ideia de sujeito de direito, restrita ao âmbito das intersubjetividade, para o novo sujeito de direito, peculiar às sociedades democráticas contemporâneas, implica a consideração preliminar da função do sujeito conhecente. Não se trata aqui do sujeito de direito considerado, e definido, somente no quadro do sistema jurídico positivado, mas sim de um sujeito que é antes de tudo um ser cognoscente, e, portanto, constitui-se, antes de tudo, em agente moral. Neste sentido é que o entendimento do cidadão democrático como agente moral se torna condição necessária para que se possa especificar o estatuto do direito no estado democrático de direito. Isto porque somente os seres morais podem ser sujeitos de liberdades e passíveis de contrair obrigações face aos seus semelhantes e à comunidade.

O procedimento hermenêutico próprio das ciências do espírito pressupõe uma conceituação peculiar do sujeito conhecente, que será diferenciado do pesquisador nas ciências exatas, que no processo de investigação científica se distancia e se distingue do objeto pesquisado, como condição mesma para a objetividade de suas conclusões finais. As interferências pessoais, ainda que reconhecidas na investigação das ciências exatas e da natureza, são de pouca monta, não havendo, entretanto, quaisquer indagações sobre a natureza moral ou não do pesquisador.

O mesmo não ocorre nas chamadas "ciências do espírito", em que investigador e objeto investigado se imiscuem numa série de relações nas quais determinadas situações não se podem mesmo distinguir umas das outras. O intérprete do direito contemporâneo defronta-se com um outro fator, que se acresce às peculiaridades da investigação científica e que irá contribuir decisivamente para a conceituação do sujeito de direito da sociedade democrática. Esse fator pode ser compreendido através da seguinte constatação: encontramos, na atualidade, e, principalmente, na sociedade democrática, uma crescente contestação do subjetivismo e do individualismo, considerados como sendo a raiz longínqua da servidão totalitária tecno-burocrática dos tempos modernos. Ao mesmo tempo, a cultura cívica contemporânea tem recorrido a uma certa ideia de pessoa, que no contexto das sociedades burocratizadas acaba por ter negado toda possibilidade e, portanto, todo o direito de constituir-se no fundamento dos seus próprios atos e pensamentos, de ser sujeito e não objeto. Esse indivíduo transformou-se em "suporte coisificado de uma manipulação infinita",[251] que excluiu qualquer possibilidade de uma fundamentação racional para legitimar o sistema de normas jurídicas, tanto na sua criação, como na sua prática.

---

[251] RENAUT, Alain. *L'Ère de l'Individu*. Paris: Gallimard, 1989, p. 18.

A reconstrução desse sujeito ameaçado foi realizada, durante o século XX, em três momentos reflexivos. O primeiro, pelo desconstrucionismo de Heidegger, seguido pela reflexão de Karl-Otto Apel e de Jürgen Habermas. Considerando-se a obra de Heidegger como referencial obrigatório para o entendimento das raízes filosóficas da hermenêutica jurídica contemporânea, deter-nos-emos sobre a tentativa de Apel de transformação da filosofia transcendental. Isto porque nos parece que os fundamentos filosóficos de uma possível hermenêutica jurídica deitam suas raízes teóricas na integração dialética da crítica heideggeriana ao sujeito com o projeto de Apel da "transformação pragmática da filosofia transcendental".

Antes de examinarmos a contribuição de Apel, é necessário que enfatizemos a importância da obra de Habermas no contexto do debate hermenêutico. Habermas aplicou o projeto delineado por Apel, em suas linhas mais gerais, na construção do modelo da ética da discussão. Entretanto, coube a Apel a façanha de elaborara tese da "semiótica transcendental", como sendo o processo através do qual o paradigma clássico da filosofia primeira seria ultrapassado e, ao mesmo tempo, conservado. O próprio Habermas reconhece a dívida para com Apel, com palavras que não deixam dúvidas sobre a importância da contribuição deste último na determinação da função transcendental da comunidade ideal de comunicação. Escreve Habermas: "neste ensaio fascinante (Habermas refere-se ao livro de Apel, *A Transformação da Filosofia*), em que Apel resume a sua grandiosa tentativa de reconstrução, desenvolve-se a hipótese fundamental da ética comunicacional, de acordo com a qual, a busca da verdade, com o pressuposto de um consenso intersubjetivo, deve igualmente antecipar a moral de uma sociedade de comunicação ideal".[252]

A "grandiosa tentativa" de Apel em desenvolver uma análise crítica da filosofia contemporânea explicita o chamado projeto da "semiótica transcendental". No primeiro volume, que tem como subtítulo "Analítica do discurso, semiótica e hermenêutica", Apel analisa criticamente os limites da filosofia analítica da linguagem e da hermenêutica na obra de Heidegger e Wittgenstein. O segundo volume intitula-se "O *a priori* da comunidade comunicacional" e nele encontramos a crítica do cientificismo, da hermenêutica e das filosofias dialéticas de Hegel e Marx, para em conclusão desenvolver o projeto da semiótica transcendental.

A pergunta que se encontra subjacente ao projeto de Apel, e de cuja resposta irá depender uma nova concepção do sujeito de direito, que se situe em plano superior ao da intersubjetividade, base do estado liberal, é a seguinte: por que é necessário construir-se uma ponte entre a filosofia analítica moderna e a filosofia transcendental tradicional? Em que medida a ideia de uma pragmática transcendental da linguagem tornará possível a construção dessa ponte? Essas duas questões situam-se no plano estrito da epistemologia, mas são precisamente essas indagações, que irão permitir o

---

[252] HABERMAS, Jürgen. *Raison et Legitimité*. Paris: Payot, 1978, p. 204.

estabelecimento dos critérios racionais com vistas à determinação do novo sujeito de direito.

Apel constata a existência de um "paralogismo abstrato" nos fundamentos da filosofia transcendental clássica e também, na teoria da ciência, fruto da filosofia analítica. Pretende, assim, superar os dois modelos de raciocínio encontrados no corpo dos dois sistemas epistemológicos fundamentais da cultura filosófica contemporânea, que não são por ele considerados válidos. Procura mostrar como, tanto a tese da consciência pura da filosofia clássica, como o fundamento semiótico da teoria científica moderna da linguagem, são insuficientes no plano dos princípios e para fundamentar uma epistemologia.

Em primeiro lugar, Apel sustenta que o grande desafio para a reflexão filosófica contemporânea consiste em superar o paradigma da filosofia da consciência, sustentado por Kant, e, também, utilizar o instrumental da filosofia analítica para ultrapassá-la de forma enriquecedora, pois permitirá conservar a ambas. Somente através da pragmática transcendental da linguagem, por ele proposta, é que se poderá superar o paralogismo abstrato do kantismo, que delimita o indivíduo desenraizando-o de sua inserção histórica. No entendimento de Apel, essa concepção abstrata do indivíduo irá acarretar uma concepção do homem e da sociedade, que somente poderá ser superada na medida em que a linguagem sirva como referencial epistemológico.

Apel atribui o surgimento do paralogismo abstrato na filosofia contemporânea, ao pensamento de Descartes, que negligencia a dimensão do a priori da linguagem, ao estabelecer a filosofia do idealismo da consciência. Apel assinala que a concepção cartesiana do cogito será, assim, o protótipo da consciência. No conhecido exemplo do sonho, o sujeito adota, metodicamente, uma atitude céptica em relação ao mundo exterior. Essa atitude indica que o sujeito concebe-se em si mesmo, independente dos signos e dos objetos reais no mundo exterior. A crítica de Apel ao cartesianismo reside no argumento de que não se leva em conta no modelo cartesiano a dimensão *a priori* do jogo da linguagem. O ponto central da argumentação de Apel reside, assim, em sustentar que a atitude cartesiana de radicalizar a dúvida para conhecer a realidade do mundo exterior não tem sentido, a não ser quando o *a priori* transcendental, que existe como condição de possibilidade da certeza da existência do mundo exterior, pudesse ser transformado em um a priori da argumentação.

Esse modelo foi aceito tanto na filosofia transcendental de Kant, como na teoria do conhecimento da filosofia analítica da linguagem, desenvolvida por Wittgenstein. Em ambos, Apel constata a redução ou exclusão final do sujeito, sendo que em Kant, considera Apel, ocorre a prisão do sujeito no solipsismo.

O projeto de Apel permite que se faça uma reavaliação crítica do pensamento kantiano e, por mais paradoxal que possa parecer, irá fornecer o instrumental crítico necessário para a superação do individualismo e da própria sociedade liberal. Tanto Apel, como Habermas, fornecem os elementos teóricos que mostram como a atividade comunicacional exige a renovação dos esquemas clássicos da filosofia do direito. A comunicação intersubjetiva, sustentam Apel e Habermas, é condição de possibilidade para o funcionamento ideal da comunidade e para a compreensão intersubjetiva. Essa compreensão intersubjetiva é que irá possibilitar a formação do consenso, mas para que ela possa ocorrer é necessário que se processe através da observância de regras. Nas palavras de Apel: " Mas tal como a comunidade de argumentação real, também a justificação lógica de nosso pensamento pressupõe o cumprimento de uma norma moral básica. Mentir, por exemplo, certamente tornaria impossível o diálogo entre os argumentantes; e o mesmo também vale quando se fala da recusa ao acordo crítico, isto é, à explicação e justificação dos argumentos. Em suma: pressupõe-se na comunidade de argumentação o reconhecimento recíproco de todos os membros como parceiros de discussão, com direitos iguais para todos".[253]

A ocorrência da argumentação tem como pressuposto o reconhecimento recíproco de pessoas, enquanto sujeitos de argumentação lógica. Esse reconhecimento de reciprocidade realiza-se através de uma dimensão jurídica, que se expressa no direito igual de comunicação e no de fazer valer os seus argumentos para todos os membros da comunidade argumentativa. Dessa forma, irá ocorrer uma substituição no paradigma clássico da filosofia do direito: no lugar do paradigma do sujeito, individualizado e prisioneiro de si mesmo, surge o paradigma da comunicação como condição de existência da sociedade. É, precisamente, nesta confluência entre a subjetividade, fundada no individualismo, e a comunicação, fruto do *linguistic turn* é que poderemos redimensionar a influência da tradição kantiana na elaboração do conceito de um novo sujeito de direito. Para isto, torna-se necessário, mostrar como iremos encontra na própria tradição kantiana, especificamente na obra de Johann Fichte[254] a argumentação necessária para que se possa fundamentar uma nova hermenêutica jurídica.

Uma das categorias temáticas centrais da filosofia do direito é a do contratualismo, ou seja, considerar a lei como o fruto de um acordo entre vontades particulares, sendo o indivíduo a fonte do direito. O estado liberal baseia-se nessa concepção de que o indivíduo é o núcleo da estrutura social e a sua vontade individual é que irá definir o espaço político e jurídico da sociedade. A originalidade de Apel encontra-se em considerar que a existência do indivíduo pressupõe um fundo de comunicação, que irá possibilitar a comunidade argumentativa. Desse modo, a comunidade argumentativa e o seu direito precedem à consciência individual, que supõe para a sua existência a coletividade.

---

[253] APEL, Karl-Otto. *Transformação da Filosofia II, O a priori da Comunidade de Comunicação*. São Paulo: Edições Loyola, 2000, p. 452.

[254] FICHTE, Johann Gottlieb. *Fundamento Del Derecho Natural*. Trad. José L. Villacañas Berlanga, Manuel Ramos Valera y Faustino Oncina Coves. Madrid: Centro de Estúdios Constitucionales, 1994.

O projeto da comunidade argumentativa de Apel necessita, entretanto, de uma complementação substantiva, que atenda, inclusive, à necessidade de justificar racionalmente a "normal moral fundamental". Esse procedimento de reelaboracão do paradigma contratualista na perspectiva de uma comunidade argumentativa, pode encontrar sua justificativa no criticismo clássico em Kant ou, no que se refere ao Direito, em Johann Fichte.

No livro *Fundamento do Direito Natural* (1796-1797), Fichte desenvolve no capítulo, intitulado sobre "a dedução da intersubjetividade", o argumento que servirá para uma leitura mais consentânea do contratualismo, sob a ótica da semiótica pragmática de Apel. Fichte desenvolve o seu argumento através de teoremas. Parte, em primeiro lugar, da constatação de que o sujeito para que possa ser diferenciado das demais coisas, necessita ser concebido como detentor de sua própria causalidade, vale dizer poder exercer sua autonomia (Teorema I); o sujeito, por sua vez, não pode atribuir-se uma causalidade no mundo sensível sem atribuí-la, da mesma forma, aos outros seres racionais, além dele próprio (Teorema II); e de maneira mais radical, considera que "o ser racional completo não pode admitir outros seres racionais completos, além dele próprio, sem colocar-se como tendo com eles uma relação determinada, que denominamos de relação jurídica" (Teorema III).

Em outras palavras: para Fichte, os sujeitos somente podem reconhecer-se como sujeitos na medida em que exista uma lei comum que os obrigue, uns em relação aos outros, e que tenha como conteúdo o reconhecimento conjunto dos limites estabelecidos. Nesse sentido é que se pode afirmar que o sistema jurídico é um conjunto de normas que irá assegurar direitos e liberdades, que se constituem elas próprias em limites ao exercício das mesmas pelos outros indivíduos. A lei, portanto, é que torna possível a consciência individual e não o contrário. Se a consciência existe, a comunidade jurídica dos homens deve possuir uma realidade fenomenológica e cabe à ciência do direito examinar as condições de sua existência.

A conclusão da argumentação de Fichte é a de que não é a consciência que se constitui em fonte do direito, mas sim o direito é que torna possível a emergência das consciências. Desse ângulo, algumas categorias canônicas do direito moderno, como, por exemplo, o contrato, poderá ser lido de uma maneira mais crítica e consequente no que se refere a sua própria natureza e função na ordem social. Na escola do Direito Natural, a categoria do contrato representava a etapa inicial do processo de institucionalização da sociedade, vindo a vontade geral, fonte da ordem jurídica, como a expressão desse acordo anterior de vontades. No contexto de uma sociedade comunicacional, o contrato seria posterior à manifestação da vontade geral, ocorrendo, assim, uma inversão na ordem de valores a ser considerada na interpretação da lei.

Vemos, então, que a consideração de valores antecedentes à criação da sociedade, implica na afirmação de direitos que não podem ser considerados como direitos naturais dogmáticos, como se acham no jusnaturalismo. A ideia da sociedade como originada na comunicação dialogal entre os indivíduos implica, por outro lado, uma nova concepção da ordem jurídica e, em consequência, a substituição da teoria geral da compreensão e interpretação dos textos, vigentes na atualidade, por uma hermenêutica jurídica de natureza especificamente filosófica.

A primeira dificuldade que se aponta na construção de um novo paradigma jurídico hermenêutico consiste em superar a simplificação da interpretação jurídica clássica, que se constitui em simples acessório na aplicação pratica do direito. Gadamer[255] procura desvendar a natureza própria da hermenêutica jurídica, mostrando como esse processo de interpretação da aplicação do direito não se pode realizar no plano restrito do texto, na análise de suas origens ou do sentido da intenção do legislador. Como Gadamer acentua, a hermenêutica jurídica, por ter uma natureza filosófica, não pode ficar prisioneira da dimensão gramatical, histórica ou teleológica. Ela pressupõe uma tensão entre sentido jurídico primeiro e o sentido jurídico presente.[256]

Por essa razão, e essa é a conclusão de Gadamer,[257] existe uma íntima e necessária relação entre a compreensão e a aplicação, pois quando o jurista, exercendo a função de juiz, se considera autorizado, em face do sentido original da lei a completá-lo, estará realizando exatamente aquilo que se encontra em todo o tipo de compreensão. No caso do direito, a aplicação, como nas demais ciências do espírito, não consiste na aplicação de uma regra universal, em face de um caso concreto. A aplicação é o próprio universal, que se encontra no texto examinado. A compreensão revela-se um modo de ação e desta ação ela tem consciência.[258]

Neste contexto é que podemos analisar o processo de passagem do individualismo, fonte do intersubjetivismo e núcleo ideológico do estado liberal, para um novo tipo de sujeito de direito. Ao contrário do que pode parecer à primeira vista, a ideia de indivíduo no quadro da sociedade liberal é referida às relações intersubjetivas e, particularmente, às relações entre proprietários. Os agentes detentores da liberdade plena no estado liberal são os proprietários, sendo a ordem jurídica construída e as normas jurídicas aplicadas em função e pelos detentores da propriedade. Por essa razão, a ideia de contrato, regulador de relações sinalagmáticas, como o instrumento jurídico, por excelência, no quadro do estado liberal de direito.

Na ordem jurídica liberal, portanto, o critério que credenciava o agente político era o título de propriedade. Assim, as constituições liberais do século XIX tinham o cuidado de prever níveis de participação política, seja para votar, como para ser votado. Por exemplo, a Constituição do Império Brasileiro de 1824 consagrava esse entendimento de que o cidadão pleno era aquele que era proprietário. O sujeito de direito definia-se, portanto, como

---

[255] GADAMER, Hans-Georg. *Vérité et Méthode*. Op. cit., p. 347.

[256] Ibidem, p. 348.

[257] Ibidem, p. 362.

[258] Ibidem, p. 362.

o indivíduo que pudesse exercer direitos e liberdades, no quadro jurídico-constitucional.

Esse entendimento do sujeito de direito como indivíduo isolado, solipsista, permitiu que se construísse um sistema de normas jurídicas, que tinham como principal e excludente objetivo a hegemonia da vontade de entes livres. A contradição existente no seio do projeto liberal, entre uma proposta de liberdade e outra de sujeição dos espaços de autonomia às relações sociais, construídas para a proteção da sociedade, terminou por provocar o esgarçamento dos laços de convivência social, que terminaram por se dissolver na dissolução do individualismo. A chamada crise do Estado e do Direito Liberal encontra-se diretamente ligada à fragilidade com que o individualismo tem tentado responder aos desafios de uma sociedade complexa, multicultural. O indivíduo e o sujeito de direito terminam por desaparecer nesse caldeirão de perplexidade com que se defronta o homem contemporâneo.

A proposta de alguns autores (Renaut) propõem repensar o sujeito de direito fora do quadro restrito da intersubjetividade e recuperá-lo dentro de uma nova perspectiva. Essa perspectiva será definida em função da ligação intrínseca entre a subjetividade e a intersubjetividade, isto é, o homem como senhor autônomo do seu destino, que se realiza no quadro mais abrangente de uma intersubjetividade para além das relações sinalagmáticas próprias de um determinado tipo de arranjo social e momento histórico. Trata-se, assim, de situar a questão do novo sujeito de direito, dentro de uma sociedade democrática, o que implicará um novo paradigma de leitura do sistema jurídico.

Para tanto, é necessário que se tenha em conta o texto constitucional, não na letra estrita da lei, mas naquilo que uma pragmática prática transcendental pode contribuir para o ato de compreensão, que se constitui em si mesmo uma forma de ação. Essa identificação do compreender com o agir provoca uma ruptura no paradigma do conhecimento e da interpretação jurídica. Isto porque o intérprete abandona a abordagem "pura", como queria Kelsen, do fenômeno jurídico, e passa a considerá-lo como uma manifestação do próprio ser no mundo objetivado.

Qual seria, então, a indagação *a priori* que se deve fazer ao interpretar a ordem jurídica do estado democrático de direito? Certamente não basta a interpretação gramatical, histórica ou teleológica do texto constitucional. Antes de tudo, porque esse texto deixou de ser simples repositório de normas jurídicas e ganhou um *status* ôntico peculiar, pois é mais do que lei positivada e constitui a realização empírica de valores do sistema jurídico-consticuional. Mas o fato de estar embebido por valores não significa que nos encontramos diante de uma mônada dogmática, que determina o que, como e quando fazer. Pelo contrário, quando consideramos a natureza da constituição no estado democrático de direito, estamos fazendo referência a normas que se realizam como condição moral da própria existência da sociedade. A norma moral fundamental de Apel ganha assim sentido, não sendo em nenhuma hipótese assemelhada às normas dogmáticas do jusnaturalismo.

A argumentação de Apel permite que se responda à pergunta eticamente relevante no contexto de uma sociedade democrática de direito: é possível estabelecer uma norma ética fundamental que torne obrigatória a concordância de todos os indivíduos com um acordo comum? Essa pergunta os fundadores do estado liberal responderam afirmando que o pressuposto de um contrato social original atende a essa exigência. Apel argumenta que essa resposta não garante uma obrigatoriedade moral do contrato social. Escreve Apel que nesse sentido o direito positivo não será normativamente obrigatório a não ser que se baseie no pressuposto tácito de uma ética; ele será apenas efetivo, na melhor das hipóteses. E acrescenta: "é muito elucidativo que um sistema jurídico que perde seu crédito moral na sociedade também costume com o passar do tempo, sofrer perdas em sua efetividade".[259]

Esse argumento, sustenta Apel, mostra a inconsistência das teorias liberais da moral e do direito, que têm a pretensão de estabelecer a validação subjetiva das normas em função de "um individualismo metódico ou de um solipsismo metódico, ou seja, que se pretenda fundá-la apenas na unificação ou mediatização empírica dos interesses individuais". A inexistência de um princípio ético que seja tanto normativamente obrigatório quanto intersubjetivo, implica que a responsabilidade ética em princípio não logra transcender a esfera particular.[260]

Podemos então estabelecer os resultados práticos que iremos constatar na sociedade humana regida por essas variantes de relativismo moral. Em primeiro lugar, os acordos que se cristalizam no corpo das constituições democráticas deixam de ter qualquer obrigatoriedade moral. Mais do que isto, conclui Apel: "isso equivale a dizer que as decisões morais dos indivíduos, regulamentadas por convenções, mas não de forma expressa, e tomadas no dia-a-dia e em situações-limite existenciais, não estão materialmente submetidas à obrigatoriedade de se prestar contas à exigência que a humanidade faz de uma responsabilidade solidária".[261]

A natureza dessa ordem jurídica é que irá determinar até que ponto o sujeito de direito por ela pressuposto e da qual ela é o fruto de sua vontade – neste sentido a vontade geral antecede o contrato social, e não o contrário, como queriam os pensadores liberais – deverá ter algumas características. O processo hermenêutico irá trabalhar com categorias e conceitos, e não simplesmente com o texto legal positivado, pois a aplicação da lei implica a ação que se materializa na rede das relações sociais objetivas. O sujeito de direito no estado democrático de direito é, antes de tudo, uma vontade que se manifesta e é fonte de uma vontade coletiva. Essa vontade, por sua vez, não

---

[259] APEL, Karl-Otto. *Transformação da Filosofia II, O a priori da Comunidade de Comunicação*. São Paulo: Edições Loyola, 2000, p. 424.

[260] Ibidem, p. 425.

[261] Ibidem.

se identifica com os interesses individuais ou grupais particulares, e nem mesmo com uma vontade considerada em situação ideal, como a vontade da posição original imaginada por Rawls. Trata-se de uma vontade geral específica, que irá nascer e ser construída através do diálogo entre agentes morais iguais em direitos e deveres, diálogo este que somente pode ser plenamente desenvolvido no quadro e um estado democrático de direito.

4. Constituição, violência e o mal

4.1. Da natureza da violência e da punição

As reflexões que me proponho a fazer sobre os fundamentos éticos da punição têm uma dupla origem. Nasceram, em primeiro lugar, de uma indignação mais psicológica do que racional provocada pelo grau e a variedade da violência que, em diversas formas e níveis sociais, se propaga nos últimos anos pelo Brasil. Originaram-se, também, da necessidade intelectual de procurar uma resposta racional para o grande desafio que ronda e ameaça a sociedade brasileira contemporânea, evidenciada pela cultura da falta de punição. Essa cultura deita as suas raízes no relativismo radical, que rejeita a possibilidade da existência e determinação de valores morais necessários como alicerces da sociedade. Em consequência, sob a perspectiva relativista, o comportamento humano deixa de ser avaliado em função de critérios valorativos do ponto de vista moral e passa a ser explicado, exclusivamente, em virtude das suas causas sociais, econômicas ou culturais. Essa falta de parâmetros referenciais para o comportamento humano acaba por provocar um vácuo cívico, que se materializa na impunidade, mera expressão sociolegal dessa cultura moralmente anômica.

Não me parece que se encontre na impunidade, simples materialização legal de uma atitude moral e intelectual, o cerne do principal problema, que ameaça a sobrevivência da sociedade contemporânea. Isto porque existe um caldo de cultura que perpassa a lei, cria condições para que viceje a irresponsabilidade – valem dizer, quando ações delituosas não provocam a punição do infrator –, a corrupção e todo o tipo de infração que corroem o tecido social. O retrato da sociedade doente mostra a síndrome de um germe antissocial mais ativo e destrutivo. Idêntico a uma célula cancerosa no corpo humano, invade, contamina e multiplica-se por todo o corpo da sociedade. Pode manifestar-se desde os primeiros passos na vida do indivíduo, quando a criança não encontra limites e se aceita, finalmente, a sua transformação em tirana dos pais, dos irmãos e dos colegas, tirania essa racionalizada por alguns pedagogos. Essa patologia irá agravar-se na medida em que, sem encontrar limites, a criança transmuta-se no adulto que procura pela violência, se necessário, impor a sua vontade descontrolada na família, na escola e na sociedade.

As manifestações infantis da violência e da vontade autoritária tornam-se, assim, as fontes de uma patologia criminógena, que alimentará a vida social. Quando então defrontamo-nos com essa realidade social, ameaçadora e destrutiva dos laços sociais, tentamos como náufrago em desespero, socorrer-nos de soluções simplistas, que ignoram a dimensão patológica do ser humano. A primeira dessas soluções reside numa espécie de volta ao estado de barbárie, ao estado de natureza ou de guerra hobbesiano, que os teóricos do contrato social imaginaram ter existido nos primórdios da vida humana no planeta. Trata-se de responder a violência com a violência, negando-se o progresso moral da humanidade, proclamando-se a injustiça intrínseca dos direitos humanos e advogando-se a política do "dente por dente, olho por olho".

Por outro lado, defende-se, também, uma outra solução simplista, que se constitui, em última análise, no outra face da moeda da primeira simplificação da questão da violência na sociedade humana. Essa falta de perspectiva crítica e analítica, travestida de uma sofisticação intelectual que não encontramos na primeira solução, irá expressar-se na tentativa de se encontrar uma justificativa racional para a rejeição da punição. Essa, a punição, passa a ser considerada, por alguns filósofos, psicólogos, psicanalistas, sociólogos e juristas, como constituindo, em si mesma, a grande violência contra a pessoa humana. Essa violência no entendimento de correntes importantes da filosofia e da ciência penal, que podemos abrigá-las de uma forma geral sob a denominação de defensores do abolicionismo penal, irá encontrar a sua última justificativa na ineficiência e injustiça social intrínsecas do sistema penal, que se estabelece e deita as suas raízes no caldo de cultura de uma sociedade que diferencia para excluir e oprimir. Ineficiente, porque não recupera o criminoso; injusto porque viola direitos humanos básicos, através da prática sistemática da tortura, da violência contra os mais pobres e as mulheres, e a consagração de privilégios ao criminoso de colarinho branco.

Ambas as soluções acabam por passar ao largo do problema central da violência na sociedade contemporânea, que se pretende diferenciada da barbárie, e que se presume necessitar de uma legitimação para as razões últimas da punição. Permanece não respondida, a pergunta que, por não encontrar uma resposta racional no debate que deveria ocorre no seio de uma cultura cívica democrática, não quer se calar e impede a formulação de políticas públicas de segurança consequentes no plano socioinstitucional. Não sabemos justificar em que medida a punição é parte integrante dos mecanismos de defesa de uma sociedade e, por essa razão, não se consegue estabelecer os instrumentos necessários para que a sociedade possa lidar com as manifestações patológicas dos seres humanos.

4.2. Uma relação problemática: as raízes do mal e a Constituição

O desafio da violência na sociedade contemporânea tem duas faces, que se complementam e integram, constituindo-se, assim, numa unidade final. Essa unidade, entretanto, por ser resultante dessas duas dimensões de um mesmo problema – a violência –, guarda em si mesma uma tensão valorativa e conceitual, que por não ser devidamente considerada acaba, muitas vezes, por turvar a visão do problema e de suas possíveis soluções. Refiro-me à relação necessariamente dialética entre os valores morais e o texto da Constituição. Isto significa que a questão da violência encontra a sua matriz no espaço da reflexão ética, portanto, crítica, e das normas constitucionais, que consagram os valores encontrados na "lei mais alta", berço das constituições dos estados democráticos.[262]

A passagem do estado absolutista para o estado de direito teve na promulgação de textos constitucionais o seu instrumental jurídico específico. As constituições, por sua vez, expressaram valores que serviram como fundantes na estruturação do estado de direito. Dentre esses valores destacava-se o valor da segurança do cidadão a ser garantida pelo poder estatal. Com isso tornou-se necessário que no quadro do estado de direito e, principalmente, do seu sucedâneo contemporâneo, o estado democrático de direito esse valor básico fosse justificado através de uma argumentação ético-filosófica. Nos textos básicos do estado liberal, principalmente, as declarações de direito do século XVIII, na Declaração Universal dos Direitos do Homem da ONU e nas constituições do estado democrático de direito, como a Constituição Brasileira de 1988, encontram-se presentes uma compreensão e uma regulação específica da segurança como valor moral, consagrado pela lei maior.

Assim, as declarações dos direitos do homem da Revolução Francesa afirmam como a questão da segurança se constitui em direito anterior à própria organização do Estado. A Declaração dos Direitos do Homem e do Cidadão de 1789 proclama os "direitos naturais, inalienáveis e sagrados do homem" e no art. 2º estabelece que: "a finalidade de toda associação política é a conservação dos direitos naturais e imprescritíveis do homem. Esses direitos são a liberdade, a propriedade, a segurança e a resistência à opressão". Na Declaração de 1791, o mesmo valor é assegurado: depois de afirmar que a finalidade de toda sociedade é a felicidade comum, e o governo destina-se a assegurar ao homem a fruição de seus direitos naturais e imprescritíveis (art. 1º), no art. 2º declara que: "Esses direitos são a igualdade, a liberdade, a segurança e a propriedade". Por sua vez, a Declaração de 1795 é uma declaração não somente dos direitos, mas também dos deveres do cidadão, como confirma o seu título: Declaração dos Direitos e Deveres do Homem e do Cidadão. Essa Declaração introduz na ideia de segurança a participação da coletividade ao afirmar que "a segurança resulta da participação de todos para assegurar os direitos de cada um" (art. 4º). A Declaração Universal dos Direitos do Homem da ONU (1948) retoma o espírito das duas primeiras declarações revolucionárias e no seu art. 3º estabelece que: "todo indivíduo tem direito à vida, à liberdade e à segurança pessoal". A Constituição Bra-

---

[262] CORWIN, Edward S. *The "Higher Law" Background of the American Constitution*. Indianapolis: Liberty Fund, 2008.

sileira de 1988 estabelece em seu Preâmbulo que o Estado Democrático de Direito se destina a assegurar, entre outros direitos, a segurança de cada cidadão, para no título II (Dos Direitos e Garantias Fundamentais) detalhar o conjunto de direitos que normatiza o valor da segurança.

A análise do processo legislativo realizado para a elaboração das declarações da Revolução Francesa aponta para duas características principais desses documentos. A primeira encontra-se no fato de que foram antecedidos e justificados por um processo de argumentação moral e a segunda, a de que em nenhum projeto apresentado ignorou-se a questão da segurança. Assim, por exemplo, Concorcet, no Projeto de Declaração dos Direitos, de fevereiro de 1789, sugere um capítulo específico "para a segurança das pessoas". No mesmo sentido, o Abbé Sieyès, autor do "Primeiro Projeto de Declaração" (julho de 1789), termina o que chamou de "exposição racional dos direitos do homem e do cidadão", estabelecendo no art. IX que "a liberdade, a propriedade e a segurança dos cidadãos devem ser assegurados por uma garantia social superior a qualquer atentado".[263]

Ainda ecoando o entendimento hobbesiano sobre a natureza do estado, a segurança, como remédio institucional para a violência, foi muitas vezes considerada uma manifestação autoritária e distorcida da função própria do estado. Isto ocorreu em virtude de o estado ter-se transformado em diferentes nações no algoz da sociedade civil, onde o sistema de segurança pública tornou-se instrumento institucional destinado a violar os direitos fundamentais do cidadão. A assunção pelo estado do exercício, não da autoridade, mas do autoritarismo provocou, também, uma outra simplificação, a de que o Estado é bom, e o indivíduo, mal.

Essa distorção das funções do estado realizada pelos diferentes tipos de autoritarismos do século XX tornou problemática a formulação de políticas públicas de segurança consequentes e legítimas. Isto porque a prática do autoritarismo realizada, principalmente, em nome e pelo braço armado da segurança pública, esvaziou e distorceu o debate público legitimador do uso da punição, como função essencial do estado. A função de punir, imanente à própria natureza do estado e condição de sua legitimidade, foi sendo progressivamente esvaziada de seus fundamentos morais pela ação corrosiva das experiências autoritárias e totalitárias do século XX, que tinham no sistema de segurança o instrumento da punição sem que houvesse uma justificativa moral para o ato de punir. Por outro lado, as vítimas do estado autoritário reagiam sustentando ser o exercício do poder público uma ação ineficiente e má em si mesma, o que terminava por rejeitar a análise das raízes morais da punição e ignorar natureza da violência na sociedade humana.

O estado democrático de direito enraizado nas conquistas básicas de direitos fundamentais pressupõe a segurança, portanto, a possibilidade de punição, como parte de sua fundamentação moral e arcabouço político-ins-

---

[263] *Droits de l'homme et philosophie. Une anthologie.* Textes choisis et présentés par WORMS, Frédéric. Presses Pocket, 1993.

titucional. Nesse contexto é que se pode falar no "paradoxo penal", a que se refere Delmas-Marty.[264] Trata-se do aparente conflito implícito na própria existência do direito penal que se constitui ao mesmo tempo em proteção e ameaça às liberdades e direitos fundamentais. A consequência desse paradoxo faz com que o princípio das liberdades públicas e os direitos fundamentais possam ser invocados em dois sentidos opostos, como escreve Delmas-Marty: seja para reforçar, seja para limitar a repressão penal.[265] Essa oscilação que se encontra na penalização encobre, entretanto, a razão última do sistema de segurança, que desde o nascimento do estado moderno deitou a sua justificativa última na compreensão de que o estado se destinava a garantir valores morais que se constituíam na espinha dorsal da sociedade humana, entre eles o valor da segurança.

4.3. Uma justificativa da pena: o argumento de Hugo Grotius

Algumas teorias têm tratado da justificativa, não tanto da punição, mas da pena. Desde a conhecida definição de punição dada por Grotius, no século XVII (*malum passionis quod infligitur ob malum actionis* – mal de paixão, infligido em virtude de uma má ação),[266] a teoria da pena veio abandonando a análise das razões primeiras de sua aplicação e tratando mais de suas finalidades, limitando-se a humanizar – o que representa um progresso na história da humanidade – o sistema punitivo, mas desconsiderando a natureza da punição. Isto porque, a pena passou a ser considerada como um mal em si mesmo, assim como o castigo da criança constitui-se, na ótica de algumas escolas pedagógicas, em violência e atentado aos direitos da criança.

A definição de Grotius talvez possa servir como parâmetro de referência para que se inicie a análise dos fundamentos da punição na contemporaneidade. Essa definição inclui elementos que ajudam a compreender e explicar a natureza da punição na sociedade humana, como propõe Hart:[267]

> 1. Quando se fala em punição estamos fazendo referência a um mal, vale dizer, alguma coisa que não é prazerosa, implicando no cerceamento da liberdade e dos seus benefícios;
>
> 2. Aplica-se a punição em consequência de ato praticado anteriormente e condenado pela lei. Trata-se do segundo, de um par de termos relacionados, como no título do romance de Dostoievsky, *Crime e Castigo*. Ainda que se possa infligir dor em outro indivíduo, sem causa ou por simples crueldade, ou mesmo acreditando-se que se está proporcionando um benefício à vítima, agir dessa forma não caracteriza uma punição legal, legítima, executada através do poder público;

---

[264] DELMAS-MARTY, Mireille. "Le Paradoxe Penal" in *Libertés et droits fundamentaux*. Sous la direction de DELMAS-MARTY, Mireille *et* LEYSSAC, Claude Lucas de. Paris: Éditions du Seuil, 1996, p. 368.

[265] DELMAS-MARTY, ob. cit., p. 369.

[266] GROTIUS, Hugo. *Del Derecho de la Guerra y de la Paz*. Trad. Jaime Torrubiano Rippoll. Madrid: Editorial Réus, cap. XVII, I. 1, 1925.

[267] HART, H. L. A. *Punishment and Responsibility*. Oxford: Clarendon Press, 1970, p. 4-5.

3. Para que se caracterize a punição, deve existir uma relação, estabelecida por lei, entre a punição e o ato que a provocou. Considera-se que a punição obrigará o infrator a vivenciar, na no cumprimento da pena de privação da liberdade e na sua consciência, a angústia e os tormentos provocados pelo crime na vítima e na comunidade;

4. A punição é *imposta*. Resulta de um ato voluntário da autoridade e não uma retaliação da vítima, sendo, portanto, uma das conseqüências maléficas da banalidade da violência na sociedade contemporânea, o discurso e as práticas defensoras da punição pela vingança primitiva; o criminoso pelo fato do ato criminoso deixaria de ser considerado como pessoa sujeito de direitos e obrigações;

5. A punição é aplicada através da pena na pessoa do criminoso ou em responsável por atos classificados como crimes pelas leis.

Mas, seguindo o argumento de Grotius, devem-se diferenciar duas questões que se encontram no espaço da punição: *Ob quod?* e *Cuius ergo?*. Pergunta-se qual a natureza da ofensa causadora da punição e com que finalidade é o criminoso punido. A resposta a essas perguntas tem-se constituído em *casus belli* na cultura contemporânea. Encontram-se diferenças radicais nas respostas dadas por filósofos, juristas, cientistas sociais e legisladores, muitas delas mais preocupadas em responder à interrogação sobre a finalidade da pena do que em analisar a questão nuclear da natureza ética da mesma.

Distinguem-se em três grupos as opiniões sobre qual a ofensa a ser punida e a razão para a aplicação da pena. O primeiro grupo afirma como sempre justificáveis e necessários que se punam quaisquer violações das normas sociais e jurídicas, ainda que nem sempre seja possível na prática objetivar-se a punição; o segundo grupo sustenta que a punição é, às vezes, justificável e outras, não; finalmente, o terceiro grupo sustenta ser a punição sempre desnecessária e injustificável.[268]

4.4. *Ob quod*?

A primeira pergunta de Grotius possibilitará a recuperação da relação entre a natureza da violação da lei e a punição. Por que alguns tipos de comportamento são considerados crimes pela lei? Essa pergunta tem encontrado desde as primeiras civilizações uma resposta comum. Historicamente, a qualificação de um ato como criminoso deita as suas raízes em tempos arcaicos, quando a pena destinava-se a corrigir uma transgressão da ordem cósmica, sendo essa justificativa peculiar às sociedades palacianas.[269] O homicídio, principalmente, trazia consigo um simbolismo moral único, pois era considerado como um assalto à ordem natural sagrada, sendo a sua re-

---

[268] MOBERLY, Sir Walter. *The Ethics of Punishment*. London: Faber and Faber, 1968.

[269] GERNET, Louis. *Droit et Institutions en Grèce Antique*. Paris: Flammarion, 1982, p. 157 e segs.

paração somente possível através da morte do próprio homicida.[270] Platão, ao enumerar as penas a serem aplicadas no estado ideal, refere-se "à exposição infamante dos delinquentes, sentados, ou de pé, perto dos santuários nas fronteiras do estado".[271] Gernet[272] chama a atenção para o fato de que Platão não se referia à forma de punição, mas somente reproduz o que constituía uma prática comum na Grécia Clássica. A punição era o braço de uma concepção religiosa da pena, pois o condenado degradava-se como cidadão ao ser exposto no santuário e sendo excluído da comunidade, "nas fronteiras do estado".

Autores mais recentes, ao analisarem os fundamentos do direito de punir, sustentam que a pena é uma forma de resposta da sociedade ao mal que lhe é infligido pelo ato criminoso. Assim, por exemplo, Tobias Barreto, no século XIX, no Brasil, defendia a vendeta como elemento indispensável para a definição da pena, de modo que esta deixa de ser um conceito jurídico e passa a expressar um conceito político, na medida em que o direito de punir fundamenta-se no poder que a sociedade tem de impor penas aos que reagem contra a ordem por ela estabelecida. O direito de punir implicaria, assim, necessidade imposta ao organismo social para garantir o seu próprio desenvolvimento. Tobias Barreto analisa a punição e o direito de punir do ponto de vista da sociedade que, diante do equilíbrio rompido pelo ato criminoso, emprega o direito como meio de restabelecê-lo, impondo penas. Esse direito da sociedade é, para o filósofo brasileiro, autoevidente e dispensa maiores digressões metafísicas no sentido de tentar fundamentá-lo moralmente.[273]

Essa resposta é simples, imediata e reducionista, pois afirma que a punição é a aplicação do princípio geral de justiça em virtude do qual cada indivíduo deve responder por seus atos. O argumento ecoa a conhecida máxima latina: *ut, qui malum fecit, malum ferat*, aquele que com o mal fere, com o mal deverá ser ferido. Nesse sentido, a punição serviria para expressar e satisfazer a indignação da comunidade diante da transgressão, sendo a pena considerada como "tendo uma finalidade em si mesma". A sistematização desse tipo de argumento encontra-se no pensamento de Durkheim, onde se sustenta que o ato criminoso ofende os estados fortes da consciência social, rompendo os vínculos de solidariedade social, que somente poderão ser restabelecidos através da aplicação da punição.[274] Trata-se de uma concepção da punição que responde a uma demanda profundamente enraizada na natureza humana. Resta, entretanto, uma dúvida sobre a qualidade dessa demanda: ela é de Deus ou do Diabo?

---

[270] WILSON, William. "What's wrong with murder?", in *Criminal Law and Philosophy*. Volume 1, n. 2, May, 2007, p. 158.

[271] PLATÀO. *Oeuvres Completes.Les Lois*. Livre IX, 855 c. Paris: Pleîade, 1955.

[272] GERNET, ob. cit., p. 159.

[273] BARRETO, Tobias. "Fundamento do direito de punir", in *Estudos de Direito*. Campinas: Bookseller, 2000, p. 163- 180.

[274] DURKHEIM, Émile. *Da divisão do trabalho social*. 2. ed. São Paulo: Martins Fontes, 1999.

4.5. *Cuius ergo?*

A segunda pergunta implica resposta mais sofisticada e permite que se responda a essa dúvida, pois pressupõe a ideia de que nunca se deve punir pelo prazer de punir. Infligir a dor é sempre um mal em si mesmo; algumas vezes, no entanto, é um mal menor do que a alternativa de não se punir. A punição seria, então, justificada somente como um instrumento com vistas a uma finalidade, que seria prevenir futuros crimes. A pena ideal seria imposta como um exemplo, destinada a servir como um exemplo da capacidade de punir da sociedade e, também, como meio dissuasório. Mas destina-se, também, a produzir efeitos benéficos para o próprio criminoso, que ficaria impedido de praticar outros crimes em três distintas situações.

A reincidência do criminoso pode ser impedida pela morte, pela prisão ou pela mutilação; o criminoso pode, também, sentir-se ameaçado e enquadrar-se, ainda que sem convicção, no convívio social; finalmente, pode recuperar-se para a vida social. A abolição dos suplícios, no fim do século XVIII, advogada por filósofos e juristas iluministas, com destaque para Cesare Beccaria,[275] revolucionou o sistema penal, ao mostrar que se achava na certeza da punição, e não mais no temor ante o abominável espetáculo público das torturas, o verdadeiro motivo capaz de desviar o homem do crime. Essa é a concepção de Beccaria, para quem "[...] a finalidade das penas não é atormentar e afligir um ser sensível nem desfazer um delito já cometido. [...] O fim, pois, não é outro senão impedir o réu de causar novos danos a seus concidadãos e de demovê-los de praticar outros iguais. As penas, portanto, e o método de infligi-las, devem ser escolhidos de modo que, guardadas as proporções, causem a impressão mais eficaz e mais duradoura nos homens, e a menos penosa no corpo do réu".[276]

Michel Foucault sustenta que o projeto dos reformadores do sistema penal do final do século XVIII, como Beccaria, objetivava substituir os suplícios públicos por outras formas de aplicação das penas, sobretudo o aprisionamento. Demonstra Foucault que esse projeto se tornou na verdade um processo com vistas a requalificar os indivíduos como sujeitos de direito a serem individualizados através das *lettres de cachet* – uma ordem do monarca a um indivíduo obrigando-o a fazer alguma coisa – e dessa forma integrá-los no sistema econômico que nascia, o modelo capitalista.[277]

Sob esse ponto de vista, a punição deve ser julgada não porque venha corrigir atos passados, mas sim pelas consequências futuras de sua aplicação, o que, em última análise, não procura fazer justiça, um valor moral, mas a sua utilidade, um critério econômico. Constitui-se, assim, o projeto da reforma do direito penal na institucionalização de uma defesa preventiva, em face de futuros crimes, e não a defesa da retaliação a ofensas passadas.

---

[275] BECCARIA, Cesare. *Dos Delitos e das Penas*. Trad. Marcílio Teixeira. Rio de Janeiro: Editora Rio, 2002.

[276] BECCARIA, ob. cit., p. 72.

[277] FOUCAULT, Michel. *Power*. Allen Lane The Penguin Press: London, 2001, p. 52-70.

Desloca-se, portanto, a questão da punição do âmbito restrito do restabelecimento de uma relação de igualdade rompida pelo ato criminoso, para projetar-se no espaço idealizado de uma sociedade do futuro.

4.6. A punição como mal em si mesmo

A resposta às perguntas de Grotius nos leva à reflexão mais abrangente de que talvez a punição nunca seja remédio para um crime cometido. Essa teoria que assume diversas formas na contemporaneidade, como, por exemplo, a teoria abolicionista, origina-se de duas fontes distintas. O abolicionismo penal, a despeito de suas variadas formas de manifestação, sustenta, em última análise, que não se pode legitimar o direito penal e termina por propugnar a sua exclusão do sistema jurídico, seja por negar o seu fundamento ético-político, seja por considerar que as vantagens proporcionadas pela aplicação da pena são inferiores aos custos que produzem: a limitação da liberdade de ação para os que cumprem a lei, a submissão a juízo de todos os suspeitos de delinquir e o castigo dos indivíduos julgados culpados.[278]

Uma primeira forma de abolicionismo penal resulta da observação empírica, psicológica ou sociológica, que é empregado como argumento teórico justificador da abolição da pena. O crime é explicado, ou pelo menos a maioria deles, como resultado de alguma distorção na razão do criminoso ou fruto do seu ambiente social, e não fruto da manifestação de uma vontade livre e autônoma. O uso da punição como forma de dissuasão de futuros crimes, ou mesmo de reparação do dano infligido, não atenderia aos objetivos últimos de segurança pública, como sustentam filósofos, juristas e cientistas sociais baseados em pesquisas empíricas e suas interpretações. O sistema punitivo, sob essa perspectiva, revela-se uma instituição social fútil e cruel. Por essa razão, argumenta essa escola de pensamento, a sociedade deve procurar coibir o comportamento desviante através do tratamento dos possíveis futuros criminosos e não da punição dos criminosos atuais, ou quando se torne necessário puni-los executar a sentença da forma mais suave possível.

Outra fonte das teorias que questionam a existência do sistema punitivo tem suas raízes na ética religiosa. Essas teorias denunciam a punição como sendo não Cristã, pois contrariaria a regra fundamental do Cristianismo que é fazer o bem para todos os homens, e não o mal, qualquer que seja o tipo de provocação. Seria uma leitura simplista do dar a outra face do Evangelho.

4.7. O cerne da questão

Os questionamentos preliminares sobre a punição estão a exigir, entretanto, novas abordagens do ponto de vista da teoria ética e da criminologia,

---

[278] FERRAJOLI, Luigi. *Derecho y razón*: Teoría del garantismo penal. Madrid: Editorial Trotta, 1995, p. 247.

pois como se evidencia na realidade da sociedade brasileira contemporânea, o aumento da criminalidade encontra-se, talvez, diretamente relacionado com a ausência da punição do infrator. Essa hipótese que não tem sido devidamente analisada por investigações empíricas consistentes, que estabeleçam a relação entre o aumento do crime e a ausência de punição, constitui-se no cerne da questão que desafia a sociedade civil e o governo face ao aumento da criminalidade.

Essa limitação do conhecimento torna-se ainda mais problemática, quando se constata que o tema dos fundamentos éticos da punição não tem sido considerada na cultura cívica brasileira, especificamente na cultura jurídica, como a condição preliminar necessária para a legitimidade, justiça e eficiência de todo e qualquer sistema normativo. Nesse contexto, onde não se analisam os argumentos éticos a respeito dos fundamentos do sistema punitivo, a consciência cívica e a produção legislativa alimentam-se quase exclusivamente de dados da empiria socioeconômica, deslocando-se a questão do seu lugar próprio – a reflexão sobre a fundamentação ética, portanto, filosófica da punição – para a análise da violência e ineficiência última do sistema punitivo.

Quando falamos de justificativa ética, estamos fazendo referência à busca de argumentos racionais para convicções pessoais, fruto de predisposições instintivas, mas que nós, como seres morais, necessitamos para justificar o ato de punir. Por essa razão, a ausência de uma análise da argumentação propriamente filosófica para o ato de punir na cultura cívica nacional tem provocado a paralisia da ação governamental e o consequente aumento da criminalidade. O sistema penal somente poderá tornar-se eficiente e justo quando adquirir a necessária prioridade espiritual, cultural e social que lhe é devido nas sociedades democráticas, e quando a inteligência nacional estiver esclarecida sobre a questão de fundo que todo sistema punitivo procura responder: por que punir?

Para tanto, encontramo-nos em face de um desafio central, cuja resposta torna-se questionável na medida em que fiquemos prisioneiros de uma tradição sociológica e positivista nas ciências sociais e jurídicas. Como justificar a punição, quando se reconhece na sociedade um ambiente criminógeno? Como construir-se um argumento racional, de fundo moral, quando aceitamos, sem análises mais detalhadas, a afirmação de que a razão para o crime acha-se na própria sociedade, e não na ação voluntária do indivíduo? A resposta, certamente, não se encontra unicamente em razões psicológicas, sociológicas ou religiosas, mas, provavelmente, em situarmos a questão do crime no quadro de um princípio moral, alicerce da sociedade.

Duas posições teóricas extremas podem ser formuladas sobre a justificação e a aplicação da pena, através da intervenção do direito penal, posições essas que perpassam as diferentes teorias da pena: o moralismo e o instrumentalismo ou utilitarismo. O moralismo é a concepção de acordo com a qual a pena justifica-se, exclusivamente, em razão e na medida em que o ato criminoso é considerado imoral em determinada sociedade. O utilitarismo considera a pena justificada na medida em que traga consequências benéficas para o criminoso e a sociedade. Trata-se de uma concepção teleológica na qual a justificativa da pena encontra-se na consequência do ato punitivo, e não na natureza do ato criminoso. Ambas as soluções não respondem à questão de fundo, que se torna explícita quando examinamos as dimensões do mal no pensamento e na sociedade contemporânea.[279]

Torna-se, assim, necessário que se procure um argumento moral justificador da pena que leve em consideração o momento do crime e o momento da pena, mas ao mesmo tempo leve em consideração dados socioeconômicos, sem a esses ficar prisioneiro. Para que possamos ser moralmente justos, devemos buscar as razões que se situam em momento social anterior à infração e que se encontram na própria natureza do indivíduo e da sociedade. Uma explicação antropológica preliminar mostra como a punição dos crimes, independente de qualquer teoria, deve atender a duas exigências: defender a vítima e fazer com que o criminoso, através da expiação da culpa, recupere a racionalidade perdida, base de todo o relacionamento humano. O castigo concebido como vingança e o abolicionismo penal ignoram, precisamente, esses dois aspectos inseparáveis da natureza da punição.

Quando um indivíduo agride o outro, um terceiro experimenta – do ponto de vista moral – um duplo sentimento. Em primeiro lugar, sente a necessidade de defender a vítima e, em segundo lugar, de recuperar para o agressor a racionalidade que assegura os laços constitutivos da vida social. Ambas as reações que se experimenta diante do crime deitam as suas raízes no respeito à vida e à dignidade da pessoa. O sofrimento mental vivenciado pela vítima consiste, assim, no fato de que a sua dignidade foi violada, fato que, por sua vez, implica a degradação dessa dignidade na pessoa do criminoso. Nos dois casos, torna-se necessário que essa dignidade violada e degradada seja restabelecida.

Psicologicamente, o nosso sentimento pela vítima é diferente daquele que temos pelo agressor, pois pela vítima sentimos piedade e o agressor provoca revolta e indignação moral. A exigência moral, precisamente, faz com que não deixemos a indignação transformar-se em vingança, na negação do direito do criminoso como pessoa, ainda que materialmente esse direito seja diferenciado do direito da vítima. Essa tem o direito de ser defendida pela sociedade, enquanto o agressor tem o direito de ser reconduzido à razão moral, que possibilita a sua integração no convívio social. A base moral desses dois tipos de relacionamento, como escreve Soloviev, é a mesma: o valor absoluto ou a dignidade da pessoa humana, que reconhecemos em nós e nos outros, criminosos ou não.[280]

---

[279] Ver ARENDT, Hannah. *Eichmann in Jerusalem. A report on the banality of Evil*. New York: The Viking Press, 1963; NEIMAN, Susan. *O Mal no Pensamento Moderno*. trad. Fernanda Abreu. Rio de Janeiro: DIFEL, 2003; PERINE, Marcelo. *Eric Weil e a compreensão do nosso tempo*. São Paulo: Edições Loyola, 2004.

[280] SOLOVIEV, Vladimir. *La Justification du Bien*. Trad. russe par T. D. M. Genève: Editions Slatkine, 1997, p. 304.

4.8. A resposta da tradição ético-filosófica

Existe no terreno da consciência moral uma questão que ronda todo o debate sobre a natureza e a dimensão da pena. Essa questão pode ser formulada da seguinte forma: o fato do crime priva o criminoso dos seus direitos como pessoa humana? A resposta das teorias de que a pena é uma forma necessária de vingança, desdobra-se na defesa da pena de morte e de que "bandido bom, é bandido morto". Acrescente-se à sede de vingança que se encontra entranhada na revolta diante do crime, as vinculações entre a pobreza e a criminalidade, tema esse que recebeu de muitos antropólogos e sociólogos um tratamento inocente e abstrato. A impossibilidade de recuperação do criminoso dentro de um sistema penitenciário corrupto e violento levou outros tantos idealistas da criminologia ao paradoxo de afirmar que a pena em si mesma é um mal[281] e que nada se pode e deve fazer diante do crime. Todo exercício de força ou uso da violência contra o indivíduo, seria um ato ilícito e, por essa razão, a ação contra o criminoso deveria reduzir-se a palavras de persuasão.

O mérito dessas doutrinas talvez possa residir no seu idealismo, mas o seu defeito consiste em não atingir os seus objetivos. O princípio de tomar uma atitude passiva diante do criminoso rejeita qualquer medida de vingança ou de intimidação, mas exclui também as medidas necessárias para prevenir os crimes ou mesmo o de educar os criminosos. No fundo, essa cegueira face às dimensões patológicas do ser humano e a realidade social, terminam por tornar irrelevante o fato de que a sociedade pressupõe a organização do bem, e não a liberdade do mal.

O fato de o sistema de prisões ter-se tornado numa máquina de humilhação e degradação da pessoa do criminoso não justifica o enfraquecimento brutal da ação punitiva do Estado e, portanto, das próprias condições de recuperação do criminoso. Sustentar que a punição tornou-se ilegítima em virtude das condições de execução da pena seria o mesmo que sustentar que não cabe ao Estado, por exemplo, intervir na educação pública das crianças porque as escolas encontram-se em estado deplorável. Negar a punição significa abandonar a vítima a sua própria sorte, de um lado, e de outro, impedir que o infrator possa trilhar o único caminho moralmente legítimo que lhe resta: o cumprimento da pena, como etapa na sua recuperação moral e como cidadão.

A tradição da cultura ocidental, como se encontra estabelecida no início da Idade Média, sob a influência do Cristianismo, enfatizava o crime como uma manifestação do mal entre os homens. Como escreveu Boécio, em 524, a própria prática do crime é um mal e, mesmo quando não punido, o criminoso já está condenado na sua própria consciência pelo mal, que é o próprio crime cometido: "os maus, portanto, quando são punidos, acrescentam al-

---

[281] BAKER, Catherine. *Pourquoi faudrait-il punir? Sur l'abolition du système penal.* Lyon: Éditions Tahin Party, 2004.

guma coisa de bom para eles, ou seja, a própria pena, que em razão de sua justiça é boa; e, da mesma forma, quando conseguem não serem punidos, eles acrescentam algo a eles mesmos, a própria impunidade do seu mal, que admitamos é um mal em razão de sua injustiça. Por essa razão, os maus que conseguem uma injusta impunidade são muito menos felizes do que aqueles que têm uma justa retribuição.. e por fim, os maus que gozam de uma impunidade injusta são mais desgraçados do que se fossem punidos com uma justa retribuição".[282]

Na mesma linha de argumentação, Tomás de Aquino sustenta que a punição traz consigo a satisfação para o infrator, satisfação essa que pode ser definida como sendo aquela consequência da prática da virtude da justiça aristotélica. Para mostrar a equivalência entre a satisfação e a justiça, Tomás de Aquino refere-se a Aristóteles para quem a ideia do justo era considerada certa proporção entre uma coisa e outra. O ato de justiça pode realizar-se entre dois indivíduos, quando um paga a outro aquilo que lhe deve ou então quando um terceiro, um juiz, decide entre duas demandas individuais. Tomás de Aquino mostra como na teoria aristotélica ocorre uma distinção entre o agente e o sujeito; a justiça entre dois indivíduos é estabelecida pelo restabelecimento da igualdade rompida, tendo em vista o agente, enquanto a justiça, estabelecida pelo juiz, realiza-se no sujeito que sofreu uma injustiça. Escreve Tomás de Aquino que a satisfação se expressa pela igualdade, sendo que somente, assim, através da igualdade, será assegurado o ato de justiça de um indivíduo em relação a outro.[283]

Ao final de sua reflexão sobre a punição, Tomás de Aquino soluciona a questão sobre se a definição de satisfação por ele oferecida é aceitável, aduzindo: "a justiça tem por objetivo não somente corrigir a desigualdade atual, através da punição de uma falta passada, mas também salvaguardar a igualdade no futuro, porque de acordo com o Filósofo (*Ética*, ii, 3) 'a punição é medicinal'. Dessa forma, a satisfação, que é um ato de justiça que pune, consiste na cura de pecados passados e a prevenção de pecados futuros".[284]

A punição é, assim, uma forma de justiça, no mais tradicional sentido aristotélico, pois visa a restabelecer o equilíbrio rompido, de modo que a sobrevivência de uma sociedade não se torne inviável somente pela corrosão causada pela disseminação da violência, mas também pela falta de punição dos criminosos e de seus atos. A punição para o pensamento escolástico teria, de acordo com Tomás de Aquino, uma dupla face: satisfação dada a Deus e a preservação da comunidade de futuros pecados ou crimes. A tradição fundamenta, assim, a necessidade de punição como uma satisfação ao Criador e uma garantia futura para a sociedade.

---

[282] BOETHIUS. *Tractates. The Consolation of Philosophy*. Cambridge, Massachusetts: Harvard University Press, 2003, p. 345.

[283] AQUINO, Tomas de. *Summa Theologica*. Suplemento da Terceira Parte, Questão 12, Artigo 1. 2. ed. On-line Edition. Acessado em: 15/12/2007, disponível em: <http://www.newadvent.org/summa/>.

[284] TOMÁS DE AQUINO. Ob. cit. *Suplemento da Terceira Parte*, Questão 12, Artigo 3.

No século XVIII, essa tradição encontrou no pensamento de Emmanuel Kant um desdobramento do argumento escolástico, ao retirá-lo do contexto da religiosidade e situá-lo no terreno da moralidade humana. Kant sustenta que a pena se justifica em si mesma, não tendo o objetivo de realizar algum outro bem, seja para a sociedade, seja para si mesmo. A pena deve ser aplicada pela única razão de que o criminoso cometeu um crime. Isto porque, escreve Kant, o homem não pode ser tratado como um meio, pois "a lei penal é um imperativo categórico, e infeliz daquele que desliza nos anéis serpenteados do hedonismo para encontrar alguma coisa que, mais do que promete, o livrará de pena ou a atenuará...".[285] A seguir, Kant torna mais claro o seu argumento a citar o seguinte exemplo: é moralmente aceitável conservar a vida de um criminoso desde que ele aceite submeter-se a experiências perigosas, que possam contribuir para o conhecimento científico, importante para a saúde pública? Kant sustenta que uma comunidade médica deverá recusar tal proposta, pois a justiça cessa de ser justiça quando se entrega por qualquer preço.[286]

A medida do castigo penal para Kant encontra-se no princípio da igualdade, que se expressa, antes de tudo, pelo fato de que o mal infligido a outra pessoa é um mal que o criminoso se inflige a si próprio. Somente a lei do talião, aplicada pelos tribunais, pode assegurar com precisão a qualidade e intensidade da pena. Por essa razão, o filósofo sustenta a legitimidade da pena de morte "mas se o criminoso praticou um homicídio, deve morrer, não existindo nenhuma comutação de pena que possa satisfazer a justiça... Mesmo se a sociedade civil acabasse dissolvendo-se com o consentimento de todos os seus membros (como, por exemplo, se o povo habitante de uma ilha decidisse a sua separação e se dispersasse por todo o mundo) o último assassino que se encontrasse prisioneiro deveria ser preliminarmente executado, a fim de que cada um experimente o valor de seus atos, e que o sangue vertido não recaia sobre o povo que não tenha desejado esse castigo, pois seria considerado cúmplice dessa violação da justiça pública".[287]

A ideia que sustenta a argumentação kantiana é a da igualdade a ser garantida pela punição. Nesse contexto, Kant critica o "sentimento de humanidade afetada (*compassibilitas*)",[288] que se acha no livro de Beccaria. O argumento de Beccaria era de que a pena de morte não poderia ser aceita no contrato social, pois significaria que o indivíduo livremente admitiria a própria morte caso viesse a cometer um homicídio. Kant argumenta que "ninguém é punido por ter desejado a *pena*, mas por ter escolhido uma *ação*

---

[285] KANT, Emmanuel. *Métaphisique des Moeurs. Doctrine du Droit*. Paris: Librairie Philosophique J. VRIN, 1971, p. 214.

[286] Ibidem, p. 215.

[287] Ibidem, p. 216.

[288] Ibidem, p. 217.

punível".[289] A pena de morte no caso do homicídio seria, então, a única forma de garantir a igualdade uniforme, fundamento último da justiça.

A teoria kantiana da pena situa-se em frontal oposição à teoria penal iluminista, que de uma forma geral sustenta a tese de que a sanção penal justifica-se somente pelo seu caráter dissuasório ou intimidador. Kant sustenta que a teoria utilitarista do século XVIII degrada o homem ao torná-lo um simples meio para a sociedade, ela desrespeita a dignidade inviolável da pessoa, sendo profundamente injusta.[290] A lei penal, por ser um imperativo categórico, não pode atender a considerações de caráter empírico-pragmático, como o objetivo de intimidação ou de inserção social, que se encontram implícitas no projeto iluminista. A ideia da punição torna-se, assim, no pensamento kantiano, uma ideia determinante *a priori* do conceito de direito. A crítica que se faz na atualidade à teoria kantiana reside na dificuldade em romper-se esse seu caráter rigoroso e formalista.

A punição para Kant caracteriza-se por ser uma retribuição, baseada na igualdade. Tanto a lei de talião, quanto a pena de morte, é justificada pelo filósofo sob essa perspectiva. A defesa de medidas radicais na pena do filósofo da liberdade aparece como escandalosamente contraditória. No entanto, torna-se necessária uma leitura mais sofisticada do texto kantiano sobre a punição e a pena, principalmente, nos trechos em que se mostra incoerente com as próprias bases de sua filosofia moral.

Para tanto, Höffe propõe que se analise o projeto kantiano em três níveis: o primeiro, no qual se encontra a razão última da punição, quando a lei moral e a lei jurídica não podem ser pensadas sem o elemento da punição; o segundo irá demonstrar como existe uma relação analítica entre o direito e a faculdade de coerção; e, finalmente, como a punição se aplica no quadro do estado de direito público, necessário para a garantia dos direitos naturais e legítimos.[291]

Kant, na verdade, não emprega a palavra "retribuição", mas somente refere-se ao que poderíamos denominar de retribuição específica. A tratar da punição contida na ordem jurídica, escreve Kant: "a *pena jurídica (poena forensis)* nunca pode ser considerada simplesmente como um meio de realizar um outro bem, seja para o criminoso, seja para a sociedade civil, *mas deve ser unicamente aplicada, pela única razão de que um crime foi cometido*; de fato um homem nunca pode ser tratado simplesmente como um meio para os fins de outro e ser identificado como os objetos do direito real; é contra isso que é protegido por sua personalidade inata, ainda que possa ser condenado a perder a sua personalidade civil. Ele deve ser, preliminarmente, considerado *punível*, antes que pensemos em retirar dessa punição qualquer utilidade para si mesmo ou para os seus concidadãos".[292]

---

[289] KANT, ob. cit. p. 218.

[290] HÖFFE, Otfried. *Introduction a la Philosophie Pratique de Kant. La morale, le droit et la religion.* Albeuve. Suisse: Éditions Castella, 1985, p. 232.

[291] Ibidem.

[292] KANT. Ob. cit., p. 214.

Trata-se de ler para além da estrutura formal desenvolvida no texto de Kant e analisá-lo no contexto mais amplo de sua teoria moral. Höffe propõe que não se aceite o argumento simplista de que a inserção social ou a recuperação do criminoso é o objetivo principal da pena. Kant critica as teorias relativas da pena, que consideram o criminoso como um meio para assegurar o bem do criminoso (correção do culpado e inserção na sociedade) ou da sociedade civil, através da intimidação como prevenção contra crimes futuros, isto porque analisa a instituição do direito de punir e não o sistema de aplicação das penas.[293]

A proposta de leitura kantiana sugerida por Höffe permite que se situe a questão da conceituação da pena de forma diferenciada da referente à aplicação da pena legal. A inserção social, a intimidação, a recuperação do cidadão não são consideradas simplesmente como fins últimos da punição no pensamento de Kant, que sustenta que o direito de punir pode conter a pretensão de corrigir, de inserção, de intimidação, mas isto em outro nível ético e prático. Dessa forma, a legítima intimidação reside na justiça da penalidade com que se sente ameaçado o criminoso.

4.9. Uma fundamentação ético-dialética da punição

Ocorre na reflexão teórica sobre a ética da punição, como podemos verificar, uma antinomia entre as teorias moralistas e as teorias instrumentalistas da punição e da pena legal. Essa antinomia aparece tanto na conceituação do crime – qual o comportamento passível de ser punido pelo estado –, como na penalização – processo que determina a pena em relação ao comportamento considerado criminoso. Como toda antinomia, excludente e reducionista, essa possibilita a abertura de novos caminhos que, sem descuidar das posições básicas de ambos os grupos de teorias, e nem de suas críticas mútuas, possam levar-nos a uma fundamentação racional e empírica da ética da punição na sociedade do século XXI.

A fundamentação ética da punição implica na consideração de algumas condições, que nos remetem ao pensamento de Grotius e às contribuições da ciência e da filosofia contemporânea. Somente, assim no quadro de uma tradição ética e sociológica é que se poderão formular argumentos coerentes e racionais. Essas condições expressam o grau mínimo de concordância e divergência entre as diferentes teorias que tratam da questão. Alguns autores, especificamente, Van der Kerchove, propõem uma fundamentação dialética entre o moralismo e o instrumentalismo. Podem-se sistematizar os princípios básicos da teoria da punição estabelecendo-se alguns conceitos comuns a partir dos quais as diferentes teorias tratam da questão. Em outras palavras, torna-se necessário delinear o espaço conceitual dentro do qual se situa

---

[293] HÖFFE. Ob. cit., p. 241.

o problema da justificação e da sistematização penal da punição. De uma forma geral, existe uma concordância entre as teorias da punição de que:

1. a punição expressa uma condenação moral específica, portanto, a repulsa moral da comunidade diante do crime praticado;

2. a punição destina-se a servir como uma lição para todos os indivíduos, mostrando que os atos criminosos são maus em si mesmos;

3. a punição pretende corrigir e recuperar o criminoso, fazendo com que cumpra uma pena e com isto possa emendar-se e adequar o seu comportamento às leis sociais.

A punição, portanto, somente atenderá a essas exigências quando significar algo mais do que a simples pena. Significa que o criminoso pelo seu ato encontra-se em estado de deterioração moral e também que o ato criminoso provoca consequências socialmente maléficas. Tanto para a sociedade, quanto para o criminoso, a resposta dada pela sociedade é uma obrigação moral, pois somente assim sedimentam-se os laços de igualdade, alicerce da sociedade. A punição é neste sentido um ato da sociedade com vistas a restabelecer uma igualdade rompida pelo ato criminoso.

Mas, como observa Beccaria, a punição alcança sua finalidade não em razão da crueldade das penas, mas da sua infalibilidade: "a certeza de um castigo, mesmo moderado, causará sempre uma impressão mais intensa do que o temor de outro mais severo, aliado à esperança de impunidade; pois os males, mesmo os menores, se são inevitáveis, sempre espantam o espírito humano, enquanto a esperança, dom celestial que frequentemente tudo supre em nós, afasta a ideia de males piores, principalmente quando a impunidade, que a avareza e a fraqueza amiúde admitem, aumenta a sua força".[294]

Neste sentido é que a punição se reveste de um duplo aspecto. Em primeiro lugar, ela se destina a dissuadir, impedir, a prática de outros crimes. A punição visa, portanto, a punir e, também, a desencorajar o criminoso a reincidir no crime e servir de exemplo a toda a sociedade. Mas, por outro lado, a punição tem a função social de expressar um julgamento sobre determinado comportamento e, assim, adquire uma dimensão moral prospectiva. A condenação através do devido processo legal permite que a sociedade vislumbre a deformidade moral do criminoso e, também, repercute na consciência do infrator e na sociedade, punindo agora e prevenindo para o futuro.

Esses dois aspectos da penalidade, o de ser considerada sob o ponto de vista da moralidade e, também, como medida que repercute na vida social, constituem os dois polos em função dos quais se encontram o moralismo e o pragmatismo-utilitarista. Para superar essa dicotomia, alguns doutrinadores sustentam uma concepção dialética da pena, posição intermediária entre o moralismo e o utilitarismo, que se define tanto no momento da criminalização, como também no momento da penalização.

---

[294] BECCARIA, Cesare. *Dos Delitos e das Penas*. Rio de Janeiro: Editora Rio, 2002, p. 90.

Van de Kerchove[295] propõe uma concepção dialética da pena como superação desse antagonismo radical entre o moralismo e o utilitarismo, mostrando como em ambos os extremos acham-se em jogo duas concepções excludentes, tanto da punição quanto da penalização. Quando se fala em ética da criminalização e em ética da penalização, faz-se referência a essas duas perspectivas antagônicas.

Assim, sob o ponto de vista do moralismo, a criminalização é decorrente de ato contrário à moralidade. A expressão mais significativa dessa concepção encontra-se na "ética da convicção", que, segundo Max Weber, é uma forma de atitude ética que se ocupa unicamente com a culpabilidade situada no passado, não se preocupando com as consequências futuras de uma decisão.[296] O moralismo, por sua vez, pode expressar-se sob a forma de moralismo jurídico ao sustentar que o ato imoral – qualquer que seja e cuja caracterização irá depender dos critérios determinantes do que seja moral ou imoral – justifica por si mesmo a punibilidade penal. Encontra-se nos fundamentos dessa concepção a ideia de que a função do direito penal é a de garantir plena eficácia aos ditames da moral vigente em determinada sociedade. Como escreve Van der Kerchove a função do direito penal seria "educativa", pois a lei penal emprestaria à lei moral a sua força física.[297]

Por sua vez, o instrumentalismo ou utilitarismo sustenta a concepção oposta, segundo a qual a punição justifica-se somente em razão e na medida das consequências benéficas que possa trazer para a pessoa do criminoso e para a sociedade.[298] Essa concepção, que encontrou na teoria do direito penal clássico na obra de Jeremy Bentham sua expressão mais acabada, tem como tese central que a utilidade individual e social da pena é uma condição necessária e suficiente para a sua justificação.

Bentham[299] argumenta que a pena pode ser desnecessária, admitindo quatro hipóteses nas quais não caberia a aplicação de uma pena. A primeira quando a pena não tem fundamento, o que ocorre em três casos: quando não ocorreu o delito; quando o ato considerado em outras circunstâncias delituoso foi praticado como prevenção diante de uma calamidade e quando o delito pode ser compensado por uma compensação, como nas fraudes comerciais. A segunda hipótese de Bentham refere-se aos casos em que a punição é ineficaz, como quando a punição vem depois do delito, como nos casos de lei *ex-post-facto*. A terceira hipótese de Bentham trata dos casos em que a punição produz mais mal do que o delito. A quarta hipótese bentha-

---

[295] KERCHOVE, Michel van de. "Penal, Ética", in *Dicionário de Ética e Filosofia Moral*. Organizadora, CANTO-SPERBER, Monique. São Leopoldo: Editora UNISINOS, 2003, p. 311- 317.

[296] WEBER, Max. *Le Savant et le Politique*. Trad. Julien Freund. Paris: Librairie Plon, 1959, p. 168-171.

[297] KERCHOVE. Ob. cit., p. 313.

[298] BEBIN, Xavier. *Pourqoui punir? L'approche utilitariste de la sanction pénale*. Paris: L'Harmattan, 2006.

[299] BENTHAM, Jeremy. *An Introduction to the Principles of Morals and Legislation*. Ed. by Burns. J. H. and HART, H. L. A. London and New York: Methuen, 1970, p. 159-164.

miana argumenta que existem situações sociais onde os delitos podem ser prevenidos a um custo mais baixo, como, por exemplo, pela educação.

Vemos, assim, que os dois grupos de teorias que tratam da legitimidade da punição penal podem trazer para o debate contemporâneo valiosas contribuições. Trata-se, em outras palavras, de incorporar as duas teses centrais de cada grupo de teorias – em primeiro, a do moralismo de que os elementos objetivos e subjetivos da infração penal constituem elementos essenciais na justificativa da pena e em segundo, a tese do utilitarismo de que a pena será justificada, também, por considerá-la em suas dimensões sociais. Essa integração de duas distintas tradições legitimadoras da pena poderá ser encontrada através de uma leitura contemporânea do pensamento kantiano.

Essa leitura de Kant tem a ver com recuperação das raízes do próprio pensamento kantiano, quando se poderá apontar, inclusive, incongruências no corpo do seu pensamento. Essas incongruências, entretanto, não poderão impedir que se desvendem as suas próprias raízes epistemológicas e como podem servir para o debate contemporâneo. O cerne do pensamento kantiano sobre o tema tem algumas vertentes, que poderão contribuir para que possamos rever o debate sobre os fundamentos éticos da pena na sociedade contemporânea.

Esses temas podem ser agrupados em torno de quatro ideias centrais do pensamento kantiano. Em primeiro, o entendimento de Kant sobre a natureza antropológica do ser humano,[300] onde se reconhece a sua dimensão patológica; em segundo, a liberdade e a autonomia como características definidoras da pessoa humana; em terceiro, a possibilidade de determinar-se a responsabilidade moral e jurídica em virtude da manifestação da vontade autônoma do indivíduo; e, por fim, a punição considerada como se constituindo em elemento básico na construção de uma sociedade e de uma ordem jurídica livre e democrática.

Todos os textos da tradição filosófica e política, na qual deitaram as suas raízes as constituições do estado liberal e do estado democrático de direito, afirmam o valor da segurança como específica de uma sociedade democrática. Não se trata, portanto, de uma qualidade do estado autoritário, mas sim o resultado necessário de uma sociedade de homens livres. Por ser constituída por homens livres, o estado democrático de direito pressupõe, entretanto, uma justificativa racional, portanto, moral, para as suas instituições político-jurídicas. Essa a razão que se torna necessário estabelecer a conexão entre os valores morais fundantes da Constituição e a questão da violência, pois somente assim poderemos justificar a natureza e a necessidade da punição na sociedade democrática. Nesse tipo de sociedade a fundamentação ético-filosófica de ideais e valores sociais é condição de possibilidade para a sua objetivação normativa e institucional.

---

[300] KANT, Emmanuel. *La Religion dans les limites de la simple raison*. Paris: Librairie Philosophique J. VRIN, 1996, p. 65-82.

5. Bioética e estado democrático de direito

5.1. A judicialização da bioética

A decisão do Supremo Tribunal Federal sobre a constitucionalidade do art. 5º da Lei de Biossegurança (Lei 11.105, de 24 de março de 2005), que permite a utilização de células-tronco para fins de pesquisa e terapia, o exame do caso de anencefalia, na ADPF 54, são manifestações de questionamentos jurídicos no âmbito da bioética e do biodireito. Esses questionamentos jurídicos refletem a problemática sociocultural suscitada pela aplicação das modernas tecnologias genéticas, nascidas no contexto da revolução ocorrida, durante os últimos cinquenta anos, nas ciências biológicas. A crescente judicialização dos resultados da pesquisa e da tecnologia trouxe para o espaço público algumas questões, que ganham uma especificidade própria no quadro do estado democrático de direito.

Em primeiro lugar, a sociedade tecnocientífica, característica da contemporaneidade, tem uma dimensão particular, qual seja, a sua natureza biopolítica, onde o corpo humano é considerado como referencial último na formulação de políticas públicas e na ordenação do sistema de produção da sociedade. O neologismo "biopolítica", cunhado por Michel Foucault, significa o tipo de governo que utiliza o biopoder para regulamentar a vida. E o biopoder surge como uma nova dimensão do estado moderno, que através dele atua sobre todos os aspectos da vida da pessoa humana. Trata-se, assim, de mecanismos de controle e coerção visando à produtividade e à saúde dos corpos e das populações considerados como sendo recursos e objeto da ação do poder.[301]

Foucault[302] resume o processo através do qual, nos limiares da Idade Moderna, a vida natural começa, por sua vez, a ser incluída nos mecanismos e nos cálculos do poder estatal, e a política se transforma em *biopolítica*. O homem para Foucault, durante séculos, permaneceu o que era para os antigos gregos: um animal vivente e capaz de existência política. O homem moder-

---

[301] ORTEGA, Francisco. "Biopolítica/Biopoder" in *Dicionário de Filosofia do Direito*. Coordenador Vicente de Paulo Barretto. São Leopoldo/Rio de Janeiro: Editora Unisinos e Editora Renovar, 2006.

[302] FOUCAULT, Michel. *Hiostória da sexualidade*. v. 1: A vontade de saber. Trad. J. A. Guilhon Albuquerque/Maria Thereza da Costa Albuquerque. Rio de Janeiro: Graal, 2007.

no, entretanto, apresenta algumas características que o diferenciam dos seus antepassados helênicos, pois é um animal no qual se encontra no seu cerne a questão de sua vida como ser vivente. Foucault abandonou o tradicional paradigma da ciência política, baseado em modelos jurídico-institucionais (a definição da soberania, a teoria do estado), substituindo-o por uma análise que examinava os meios pelos quais o poder penetra no próprio corpo dos indivíduos e em suas formas de vida.

5.2. Vida biológica e vida política

Hannah Arendt,[303] por sua vez, analisa o processo que levou o *homo laborans* e, com este, a vida biológica como tal, a ocupar progressivamente o centro da vida política. Essa substituição de cidadãos pela mão de obra levada a efeito no totalitarismo terminou por estabelecer o primado da vida natural sobre a ação política, que Arendt classificou como os fatores originais da transformação e da decadência do espaço público na sociedade moderna. Essa transformação da natureza humana, como escreveu Arendt, atingiu o seu paroxismo nos campos de concentração nazistas, onde se procurou realizar a redução biopolítica dos indivíduos ao fato biológico. A assunção do fato biológico como fator determinante no espaço público provocou a abertura de um leque de problemas morais e sociais que refletiram no sistema jurídico.

Os desafios morais e jurídicos, que têm sido lançados pela engenharia genética e que repercutem na sociedade e no poder judiciário, levam-nos a algumas considerações que têm a ver com a presença cada vez mais marcante dos mecanismos de biopoder na sociedade contemporânea. As repercussões práticas da decisão do STF apontam para situações futuras que estão a exigir uma reflexão crítica dentro do quadro do estado democrático de direito. Essa nova sociedade tecnocientífica exige especificidades no ato de legislar e no ato de julgar, que irão processar-se no quadro do estado democrático de direito, mas pressupondo uma leitura da constituição e das leis que leve em consideração ao lado do fato biológico os valores e argumentos morais, explicitados no espaço público democrático.

A Constituição de 1988 (Preâmbulo e art. 1º) estabelece que a República Federativa do Brasil constitui-se em estado democrático de direito, que pressupõe, assim, alguns pressupostos éticos, sociais e políticos, implícitos à própria ordem constitucional. Esses princípios por se acharem integrados na ordem constitucional são imprescindíveis para a sua interpretação. A atual Constituição é uma constituição com características próprias, que se fundamenta em valores e princípios, parâmetros necessários para a sua leitura e aplicação. Antes de tudo, a atual constituição brasileira exige para a sua aplicação o entendimento das relações entre a moral e o sistema jurídico no

---

[303] ARENDT, Hannah. *The Human Condition*. Chicago & London: The University of Chicago Press, 1971.
——. *The Origins of Totalitarianism*. Cleveland and New York: Meridian Books, 1962.

contexto de uma sociedade tecnocientífica, que tem na biopolítica o eixo central da vida humana.

A característica peculiar ao estado democrático de direito que se explicita pela necessária complementaridade entre a ordem moral e o direito tem sido analisada por filósofos e constitucionalistas contemporâneos. A questão clássica das relações da moral com o direito, que foi rejeitada pelo positivismo jurídico, irrompeu no espaço público das sociedades democráticas, e passou a representar o tema nuclear do debate público na contemporaneidade. O tema chamado de Cabo d'Horn da ciência jurídica impôs-se na atualidade, principalmente, pelas características da sociedade atual como sociedade biopolítica. Graham Walker escreveu uma lúcida e desafiadora análise das relações entre a moral e o pensamento constitucional contemporâneo, que mostra a atualidade desse tema tradicional. O argumento central de Walker é o de que o niilismo moral cético dos juízes e dos doutrinadores do direito mina a autoridade moral das constituições. Mas ele se mostra mais inquieto, ainda, diante daqueles que pretendem fazer com que o governo constitucional seja a expressão de uma verdade moral superior e absoluta. Walker propõe que se faça uma releitura da ética política de Santo Agostinho como solução para essa tensão, onde poderemos fundamentar uma nova hermenêutica constitucional, que deite suas raízes precisamente no debate em torno das questões perenes da vida e da morte.

A mesma indagação suscitada por Walker encontra-se presente na obra de diferentes autores. Assim, por exemplo, Hallowell[304] e Habermas[305] argumentam de perspectivas teóricas diferentes a necessidade do entendimento da necessária relação de complementaridade entre a ordem jurídica e a ordem moral. No estado democrático de direito, essa relação completar torna-se mais evidente, pois podemos constatar como a moral sem o direito é um ditame da consciência individual, enquanto o direito sem a moral é mera vontade de arbítrio. Nesse contexto é que se admite o estado democrático de direito como a organização do estado que pressupõe essa complementaridade. Dentro dessa perspectiva, poderemos caminhar com mais segurança para procurar entender e resolver a tensão provocada na sociedade contemporânea pela moderna ciência biológica e suas aplicações médicas.

5.3. Engenharia genética e necessidades vitais

A questão torna-se, entretanto, mais aguda quando nos defrontamos com os problemas suscitados pela engenharia genética, principalmente aqueles relacionados com a justa distribuição dos benefícios em função de necessidades vitais. Toda a vida biopolítica na sociedade democrática en-

---

[304] HALLOWELL, John H. *The moral foundation of democracy*. Indianápolis: Liberty Fund, 2007.

[305] HABERMAS, Jürgen. "Direito e Moral", in *Direito e Democracia, entre facticidade e validade*. Trad. Flávio Beno Siebeneichler. Rio de Janeiro: Tempo Brasileiro, 1997, p. 193-221.

contra-se sujeita a valores que não se acham objetivamente estabelecidos nos textos legais. Acham-se implícitos nas constituições e necessitam ser recuperados através da hermenêutica constitucional. Para tanto, a moderna filosofia constitucional aponta para a necessária construção de modelos interpretativos que ultrapassam as limitações do positivismo jurídico.

A contribuição de Ronald Dworkin[306] nesse contexto teórico é relevante, pois permite que se trate a questão da vida e da morte dentro de um quadro que alia a referência ético-filosófica ao necessário enquadramento jurídico-constitucional. O objetivo do livro de Dworkin é o de aplicar um modo específico de leitura da constituição, que classifica como uma "leitura moral". A leitura moral propõe que os princípios e as cláusulas constitucionais abstratas sejam aplicados levando-se em conta princípios morais. Desse modo quando uma controvérsia constitucional é submetida à apreciação da mais alta Corte do país deve-se formar uma opinião como um princípio moral poderá ser melhor entendido. Na frase de Dworkin, "a leitura moral, portanto, incorpora a moralidade política ao coração do direito constitucional".[307]

No caso das pesquisas com células-tronco embrionárias, esses valores e princípios serviram como instrumentos racionais para que se pudesse tomar uma decisão. Na formulação de políticas públicas, que objetivam o biopoder, esses princípios devem ser lidos como limites ao poder governamental. O princípio determinante da natureza do estado democrático de direito encontra-se no reconhecimento da igualdade entre os cidadãos.No estado democrático de direito os cidadãos têm um mesmo status, que se baseia na igualdade moral e política de cada um. O reconhecimento do *status* da igualdade resulta do cidadão ser antes de tudo uma pessoa, na definição clássica de Boetius:[308] *naturae rationabilis individua substantia* ("substância individual de natureza racional").

A filosofia constitucional desenvolve o argumento de justificação do estado democrático de direito no sentido de que os valores morais fundantes da sociedade e, especificamente, do estado e do direito, cristalizam-se no princípio maior da dignidade humana. A Constituição ao privilegiar valores que irão se substantivar no princípio da dignidade humana, também, irá considerar como *condictio sine qua* o entendimento de que a ideia de pessoa constitui-se no epicentro de todo o sistema constitucional. Torna-se, portanto, necessário o aprofundamento da ideia formulada por Boetius, no início do século VI, para a leitura, a compreensão e a aplicação do texto constitucional, e, principalmente, o entendimento do que se entende por "princípio da dignidade humana" (Constituição de 1988, art. 1, III).

Uma questão ronda a cultura filosófica e jurídica contemporânea: o que é a pessoa humana? Até então considerado como um dos conceitos mais

---

[306] DWORKIN, Ronald. *Freedom's Law. The moral reading of the american constitution.* Cambridge, Massachusetts: Harvard University Press, 1996.

[307] DWORKIN, ob. cit., p. 2.

[308] BOETIUS. *The Theological Tractates, Contra Eutychen.* Trad. H. F. Stewart, E. K. Rand and S. J. Tester. Cambridge, Massachusetts/London, England: Harvard University Press, 2003, p. 85.

pacíficos do direito, a ideia de pessoa, principalmente em virtude dos avanços da biologia e de suas aplicações tecnológicas, sofreu nos últimos cinquenta anos um profundo questionamento, que se traduz na perplexidade encontrada entre filósofos, juristas e cientistas sociais face aos questionamentos sobre a concepção de pessoa, constatando-se mesmo ameaças que colocam a " pessoa em perigo".[309] Em torno dessa ideia, tem-se debatido de maneira inconclusa o que se encontra realmente em perigo. Conceitos que serviram de fundamentos para o sistema normativo da sociedade liberal-burguesa aguardam uma releitura do seu significado e de sua função na estrutura jurídica, face aos avanços do conhecimento científico e do mundo novo construído pela engenharia genética. A pessoa definida como ser autonômo e, portanto, moralmente responsável, subsiste diante das novas conquistas da ciência e as realizações da tecnologia? Em quê medida os valores fundamentais e determinantes do ser humano na cultura filosófica e jurídica ocidental podem servir para conceituar o novo sujeito, que aguarda a consagração de seus direitos e deveres no sistema normativo da sociedade tecno-científica?

As tentativas, inclusive consagradas no direito positivo, de salvar-se no contexto de crise da cultura e do direito contemporâneo, os valores fundantes da cultura do Ocidente, fizeram com que juristas e legisladores se socorressem da formulação de princípios, como, por exemplo, o princípio da dignidade da pessoa humana, considerado referencial obrigatório para a formulação e a exegese dos sistemas jurídicos da sociedade democrática. A dignidade humana, entretanto, como ideia-valor, necessita para a sua compreensão e aplicação racional nos sistemas jurídicos, que se recuperem os seus fundamentos ético-filosóficos para que possa exercer a função que dela se espera no estado democrático de direito. Não é, assim, uma ideia originariamente jurídica, fruto da doutrina ou da legislação, mas resultante de uma compreensão específica da natureza da pessoa humana e da sociedade. Falar da dignidade humana sem que se situe esta ideia no quadro de uma ética e antropologia filosófica determinada, resulta lançar o valor que ela representa no vazio dos discursos políticos e jurídicos. Isto porque a ideia de dignidade humana é um conceito ético, que, de acordo com alguns autores expressa-se politicamente no conceito político moderno de "Democracia".[310]

Esse avanço da ética filosófica moderna não encontra correspondente na filosofia clássica, quando se estabeleceram os fundamentos filosóficos da ideia de pessoa humana, pois nenhuma escola do pensamento clássico considerou como havendo uma relação do tipo ontológico – aquela que ocorre entre o ser e o fenômeno, entre a essência e a sua manifestação – entre a ideia de dignidade humana e a forma democrática de governo. As filosofias políticas de Platão e Aristóteles não trabalharam a relação do indivíduo com o poder, mas trataram, exclusivamente, de como as virtudes dos cidadãos iriam definir e caracterizar a ordem da comunidade. O corpo teórico dos

---

[309] ENDELMAN, Bernard. *La personne en* danger. Paris: PUF, 1999.

[310] LIMA VAZ, Henrique. "Democracia e Dignidade Humana", *Síntese*, n. 44., 1988.

filósofos da Antiguidade grega não se constituiu, assim, numa ciência política, no sentido moderno da expressão, mas sim numa Ética política.[311] Como escreve Lima Vaz, não há no pensamento político clássico nenhuma tentativa de se justificar a democracia a partir da essência do homem ou da ideia de "humanidade".[312]

Na contemporaneidade, no entanto, defrontamo-nos com uma problemática diferente daquela da sociedade helênica clássica, e que se expressa em duas questões subjacentes à ideia de dignidade da pessoa humana: em primeiro lugar, encontramos uma interrogação crescente, que não foi formulada pelos fundadores da cultura filosófica do Ocidente e que se refere à determinação dos critérios que possam distinguir entre todos os seres vivos ou não do universo, quais podem ser classificados como pertencentes à categoria "pessoa humana"; a segunda questão remete-nos ao cerne do direito nas sociedades democráticas contemporâneas, onde se irá atribuir à "pessoa humana" uma série de valores, que são determinantes e caracterizadores dos direitos humanos, núcleo moral, político e jurídico do estado democrático de direito. Torna-se necessário, portanto, analisar os possíveis argumentos lógico-racionais que sirvam para conceituar a ideia de pessoa humana. Assim, poderemos substantivar o princípio da dignidade da pessoa humana, que corre o risco de transformar-se numa mera afirmação dogmática e adjetiva no sistema jurídico, desprovido de qualquer significado racional, caso não reflita uma ideia de pessoa.

As duas correntes filosóficas, que procuraram uma resposta para a questão da natureza da pessoa humana, partiram da conceituação, formulada por Boécio. Essa célebre definição de pessoa humana serviu de fundamento às duas mais importantes correntes doutrinárias sobre o tema: a corrente vitalista, chamada também pelos tomistas de realista, e a corrente kantiana.

Para que se possa analisar em que medida os dois tipos de respostas clássicas tornam-se problemáticas do ponto de vista moral e, portanto, insuficientes para que se possa justificar eticamente uma resposta jurídica, no quadro de um estado democrático de direito, vamos fazer referência a um caso concreto, como o proposto por Bernard Baertschi.[313] A análise de um caso permitirá que se avalie até que ponto a lei e a decisão judicial no estado democrático de direito perdem, pela própria natureza, o seu caráter voluntarista e devem fidelidade aos valores fundadores de todo o sistema jurídico.

Nos Estados Unidos, uma mulher de quarenta anos, nunca tendo tido filhos, apesar de diversas tentativas, consegue engravidar depois de submeter-se a tratamento contra a esterilidade. O exame de ultrassom mostra que se encontra grávida de gêmeos, cada um com sua bolsa amniótica, mas com uma única placenta. Tendo em vista a sua idade, realiza-se uma amniossín-

---

[311] ARISTÓTELES. *Ética a Nicômaco*, X, 10.

[312] LIMA VAZ. Ob. cit, p. 18.

[313] BAERTSCHI, Bernard. *La valeur de la vie humaine et l'intégrité de la personne*, Paris: PUF, 1995, p. 158.

tese, depois da décima sétima semana de gestação, constando-se que se encontra grávida de dois meninos gêmeos, um normal, mas o outro sofrendo de trisomia 21. Os pais passam, então, a ponderar sobre uma difícil e angustiante decisão moral: abortar e perder as duas crianças, ou, então, permitir que a gravidez siga o seu curso normal. A mãe desejava preservar a criança normal, mas, ao mesmo tempo, não podia suportar a ideia de ser obrigada a tratar a criança deficiente pelo resto da vida. Os médicos informam sobre os riscos de tal operação – salvar o feto normal e abortar o feto deficiente – pois a mesma poderia ter um dos seguintes resultados: aborto acidental ou nascimento prematuro de um dos fetos, sendo alta a probabilidade de erro na determinação do feto a ser abortado, pois é difícil distinguir as duas membranas amnióticas; ou então, a morte do feto abortado no útero materno, trazendo sérios riscos à saúde e à vida da mãe.

As opiniões médicas não demovem a mãe, que pretende salvar o feto sadio, esclarecendo que, em caso de rejeição, ela prefere o aborto dos dois fetos. Os médicos solicitaram, então, a autorização do judiciário para que fosse realizada a operação nos termos pretendidos pela mãe, tendo em vista a dúvida que tinha a equipe médica sobre se a decisão dos pais não estaria violando os direitos à vida do feto sadio.

A questão mais moral do que jurídica – pois a solução jurídica poderia ser dada no quadro do voluntarismo jurídico com a simples emissão de um *fiat* legislativo – constitui o núcleo da questão a ser resolvida. Os médicos solicitam uma decisão que possa superar o dilema moral que não se encontra solucionado: os dois fetos têm o mesmo valor? Ou a deficiência de um coloca-o em *status* inferior ao do sadio? O aborto do feto deficiente não constitui problema para os médicos, mas sim o risco que a intervenção cirúrgica trará para a vida do feto sadio. Ambos têm o mesmo estatuto moral e jurídico? Ou somente o feto sadio é uma pessoa humana?

As duas respostas paradigmáticas a essas questões, que se defrontam na ética filosófica moderna, representam um desafio para a reflexão contemporânea. De um lado, o modelo vitalista considera como pessoa humana todo o ser que possui o genoma humano; a espécie humana será então definida como aquela a qual pertencem todos os seres com genoma humano. Por outro lado, o modelo cultural exige, para que um ser seja considerado como pessoa humana, uma possível manifestação atual ou futura, de consciência moral e racionalidade, condições para que possa participar da comunidade humana de pessoas livres, caracterizadas pelo exercício da autonomia moral.

Esses dois paradigmas estão sendo, atualmente, contestados pelo argumento de que não é possível buscar-se de forma absoluta os fundamentos ontológicos da pessoa – seja através de uma ontologia substancial (a afirmação de que o homem é um ser racional), seja através de uma ontologia relacional (a afirmação de que essa consciência e racionalidade próprias do humano lhe são atribuídos por uma outra Pessoa, que seria identificada para as religiões, como Deus). A crítica contemporânea, em face dessas dificuldades, procura libertar-se de um tipo de reflexão unicamente teórico-abstrata para substituí-la por um debate sobre a melhor forma de tratar o embrião não considerando, assim, a questão ontológica.

A dúvida residirá, portanto, menos em saber se o embrião é ou não é uma pessoa humana, e mais na definição de normas de boa conduta em relação a ele. O procedimento levado a efeito na filosofia moral contemporânea pretende romper o dualismo coisa/pessoa. Como escreve Fagot-Largeault,[314] pretende-se "redefinir as fronteiras", o que implicará a construção de uma "ontologia intermediária", entre a ontologia substancial e a relacional, e que se torne apta a resolver os dilemas morais e ajudar na racionalidade dos procedimentos judiciais, tendo em vista casos como aquele acima considerado. Para que possam ser analisadas as perspectivas abertas por essa "ontologia intermediária" no campo da bioética contemporânea, é oportuno que se estabeleçam as ideias centrais do modelo vitalista e do modelo cultural.

5.4. A pessoa humana potencial

A ideia filosófica central e subjacente ao pensamento bioético contemporâneo é a de pessoa humana potencial, que se distingue da pessoa humana possível de Engelhardt, como vimos acima. Mas essa ideia tem sido empregada de forma quase adjetiva, por falta de uma fundamentação éticofilosófica mais consistente, que permita estabelecer um denominador comum para o seu emprego legislativo e doutrinário. Baertschi procurou essa fundamentação trabalhando com os dois aspectos da ideia de pessoa: o valorativo e o corporal. O emprego dessas duas dimensões do ser humano permite que se retirem do conhecimento científico os fundamentos empíricos, que servirão de base para a conceituação do que se entende por pessoa humana. Baertschi,[315] para chegar ao conceito de pessoa humana, que contemple as duas dimensões acima referidas, parte da constatação de que no ser humano se encontram dois tipos de potencialidades, uma interna e outra externa, que se constituem nos parâmetros definidores da pessoa humana potencial. Propõe, então, o seguinte modelo para que se possam resolver os impasses provocados pelas doutrinas sobre a pessoa humana.

O filósofo suíço examina duas hipóteses que possibilitem desenvolver um argumento lógico-racional para fundamentar a conceituação de "pessoa humana". Propõe, então, que se analisem duas hipóteses pontuais em decorrência das quais poderá ser estabelecido o conceito de pessoa humana: a) todo feto suíço pode tornar-se Presidente da Confederação Helvética; b) todo feto pode tornar-se agente moral. A diferença entre essas duas hipóteses, escreve Baertschi, encontra-se no fato de representarem diferentes po-

---

[314] FAGOT-LARGEAULT, Anne; PARSEVAL, Geneviève Delaisi de. "Qu'est-ce qu'un embryon?", in *Esprit*, juin., 1989, p. 92.

[315] BAERTSCHI. Ob. cit., p. 193.

tencialidades do feto humano, o que poderá ser determinado em função de dois eixos analíticos: I) a sua importância e II) a fonte de sua objetivação. De acordo com o primeiro eixo, é necessário que se distingam as potencialidades fundamentais e as potencialidades acidentais, isto é, entre aquelas cuja realização será condição determinante da personalidade e aquelas que não definem necessariamente os contornos da personalidade. Assim, por exemplo, a potencialidade de tornar-se presidente da Confederação Helvética não será realizada por todos os fetos suíços, mas essa potencialidade não terá importância na medida em que consideremos a pessoa em si mesma independentemente de sua função. Trata-se nesse caso de uma potencialidade acidental, que não é determinante na conceituação de pessoa. A potencialidade acidental, portanto, não assegura qualquer título de direito a quem a possuí, pois não será a realização dessa potencialidade que irá assegurar ao ser humano o estatuto de pessoa humana.

O segundo eixo de referência permite que se examine a questão de forma mais substantiva, pois faz referência à distinção entre potencialidades extrínsecas – aquelas realizadas por fatores externos ao ser humano – e potencialidades intrínsecas – que se realizam em função de fatores identificados com a própria natureza do ser humano, como são as qualidades morais, que se constituem em alicerces da personalidade. "Assim", escreve Baertschi, "uma pessoa humana potencial, relativamente a sua potencialidade, possui as mesmas propriedades de um presidente potencial, o que lhe atribui um valor particular e impede que a tratemos como um animal ou uma simples coisa: ela é um ser que *será* uma pessoa".[316] Em consequência, e aplicando-se essa ideia ao caso, o aborto ou o infanticídio constituem-se, sob essa perspectiva, em atos de grave violação e destruição da potencialidade de um ser humano, ainda que possam ser considerados atos legais.

Reside na ideia de potencialidades intrínsecas o núcleo em função do qual se poderá definir o que se entende por pessoa humana. As potencialidades intrínsecas são aquelas que, por pertencerem aos seres humanos, darão condições para que a vida da pessoa possa constituir um processo de realização progressiva dessas potencialidades. O modelo vitalista baseia-se nesta percepção de que a vida é uma continuidade, desde a fecundação, que seria o momento de fixação da personalidade do feto. Logo, sugere o autor suíço, não se deve concluir desse argumento que o feto é uma pessoa, mas simplesmente que ele é uma pessoa humana potencial.

Verificamos que, no modelo acima proposto, o genoma retorna como elemento recorrente e necessário para que se possa dar conteúdo lógico à ideia de pessoa potencial. A biologia nos ensina que o momento da concepção é o único ponto de partida significativo na vida do embrião. Todo o homem, identificado por seu genoma, é uma pessoa potencial, podendo-se concluir que o embrião recém-gerado tem os mesmo direitos de um recém--nascido de alguns meses. Baertschi propõe a seguinte definição de pessoa potencial, que serviria como fundamento empírico para a ideia de pessoa

---

[316] BAERTSCHI. Ob. cit., p. 194-195.

humana, diferenciando-a de o simples ser humano: x é uma pessoa potencial se x tem a propriedade intrínseca – e não acidental – que sirva de apoio às propriedades psicológicas de natureza racional, constitutivas da pessoa.[317]

Em resumo: o embrião adquire o estatuto de pessoa potencial quando ocorre a formação física do córtex no processo de gestação. Esse fato físico, entretanto, não é o suficiente para a constituição da pessoa humana, mas unicamente da pessoa potencial. Isto porque a ciência biológica identifica o processo evolutivo em fases: até o 14º dia de gestação, o embrião é um conjunto de células humanas; em seguida, é um indivíduo humano, depois uma pessoa potencial e, enfim, depois do seu nascimento com vida, adquire o *status* de pessoa. (Novo Código Civil, art. 2º).

A redução dessa ideia de pessoa a um fator físico, entretanto, leva à limitação com que se debate a bioética contemporânea. Williams escreve a propósito: "a categoria de pessoa, ainda que muito utilizada em algumas filosofias morais, é um fundamento pobre para o pensamento ético, particularmente porque aparece como uma noção genérica ou classificatória, mas que de fato privilegia características que surgem, quase todas, em graus – responsabilidade, consciência de si, capacidade de reflexão etc.".[318]

5.5. A pessoa como ente político

Essa perplexidade filosófica obrigou o pensamento contemporâneo a procurar outros fundamentos ou classificações para a ideia de pessoa humana, em virtude de essa ideia tornar-se, gradativamente, mais relevante para a cultura política e jurídica do estado democrático de direito. Alguns autores, como Habermas,[319] enfatizam o fato de que a teoria moral contemporânea abandonou todo o conceito pré-social de pessoa, concluindo que a pessoa é o resultado da tessitura de relações humanas e sociais, não tendo sentido a referência a uma categoria universal de pessoa, mas somente ao indivíduo dotado de valores e direitos, que lhe são atribuídos pela sociedade. Caímos, então, na constatação de que não existem valores universais, consubstanciados na pessoa humana, mas unicamente valores e direitos que variam de sociedade para sociedade, de estado para estado. Esse argumento resulta de referências culturais que impregnam o nosso direito, influenciado ainda por uma biologia ultrapassada, pouco diferente da embriologia aristotélica.

De forma mais elaborada, Rawls[320] considera a ideia de pessoa como central no contexto da teoria da justiça. O filósofo norte-americano ancora

---

[317] BAERTSCHI. Ob. cit., p. 197.

[318] WILLIAMS, Bernard. *Ethics and the Limits of Philosophy*, Cambridge, Massachusetts, Harvard University Press, 1985, p. 114.

[319] HABERMAS, Jürgen. *De L'éthique de la discussion*. Paris: Cerf, 1992, p. 90.

[320] RAWLS, John. A *Theory of Justice*, Cambridge, Massachusetts, Harvard University Press, 1972, p. 416; *Political Liberalism*. New York: Columbia University Press, 1993, p. 18-35.

a ideia de pessoa numa determinada concepção da sociedade para, então, afirmar que esse conceito é fundamentalmente político. Considera que a sociedade é um sistema de cooperação equitativa entre grupos sociais e indivíduos, através de gerações, elaborando uma concepção de pessoa condizente com esse conceito de sociedade. Rawls, com fundamento nesse entendimento da natureza da sociedade, argumenta que desde a filosofia clássica a ideia de pessoa vincula-se à ideia de cidadania, sendo o cidadão aquela pessoa que pode participar da vida social através do exercício de direitos e o respeito de deveres.

A pessoa, para Rawls, é um ente que pode ser cidadão, um participante integrado na vida social. Ocorre então uma identificação da ideia de pessoa com a de cidadão, estabelecendo-se então o critério definidor de pessoa através de um critério político. Essa pessoa-cidadão irá diferenciar-se dos diferentes tipos de pessoa, que refletem aspectos do ser humano: *homo politicus*, *homo oeconomicus*, *homo faber* e *homo ludens*. Rawls afirma que a ideia de pessoa, por ele defendida, como alicerce da sociedade equitativa, é "uma concepção normativa, quer legal, política ou moral, ou mesmo filosófica ou religiosa, dependendo do arcabouço global na qual se encontra inserida".[321] A concepção de pessoa é antes de tudo moral, pois se baseia na experiência empírica de cada uma delas, como unidades, na expressão de Rawls, de deliberação e de responsabilidade, unidades essas integradas no entendimento de que a justiça é necessariamente política.

Para justificar essa afirmação, Rawls sustenta que na tradição de pensamento democrático os cidadãos são definidos como pessoas livres e iguais. A ideia básica que sustenta essa tradição é a de que as pessoas são livres em virtude de possuírem poderes morais, que se manifestam na capacidade de lutar pela justiça e por uma concepção do bem comum, e, também, sob a forma de poderes da razão (julgamento, pensamento e conclusões racionais relacionadas com esses poderes). Nessa concepção política de pessoa humana, o ser humano passa a ser considerado uma pessoa humana na medida em que se concebe a si e aos outros membros da comunidade, como dotados de poderes morais, que os habilita a escolher entre o bem e o mal; quando considera o indivíduo como fonte legítima de reivindicações na sociedade; e, por fim, quando assume a responsabilidade por seus atos. Logo, o ser livre é a pessoa humana, que se objetiva como cidadão. Rawls reconhece que trabalha com uma ideia de pessoa, implícita na cultura política democrática, idealizando-a e simplificando esta ideia a fim de que possa enfatizar o seu principal argumento, qual seja, a teoria da justiça como equidade. Por essa razão, admite que a sua teoria não considere, preliminarmente, os indivíduos com desordens mentais ou incapacitados fisicamente para atuarem como membros participantes da sociedade.[322]

---

[321] RAWLS. Ob. cit., p. 18, n. 20.

[322] RAWLS. Ob. cit., p. 20.

A teoria rawlsiana da pessoa como ente político tem limitações principalmente quando considerada sob a perspectiva do estado democrático de direito. Essas limitações reconhecidas, pelo próprio Rawls, têm a ver com a natureza "democrática" não especificamente liberal do estado previsto na Constituição de 1988. Para além da importante contribuição de Rawls para a filosofia do direito, teoria rawlsiana abriu perspectivas que incorporam os desafios bioéticos na sociedade democrática. Martha Nussbaum partiu das conclusões de Rawls, inclusive das limitações da sua teoria da justiça, e procura, tendo em vista a contribuição das ciências da vida na atualidade, tornar o argumento de Rawls mais democrático, vale dizer, incluindo aqueles excluídos da teoria original.[323] O modelo interpretativo proposto por Nussbaum torna possível incluir novos tipos de agentes morais na sociedade, vistos de forma diferenciada pela ciência contemporânea, mas que na tradição do estado liberal encontravam-se alijados do processo de participação política.

A revolução no conhecimento, provocada pela ciência moderna, trouxe novas realidades biológicas para o centro da reflexão contemporânea, que nos obrigam a repensar categorias como a de ser humano, pessoa humana, personalidade jurídica, capacidade, deveres, direitos, responsabilidade, etc. para além das categorias especificamente políticas e sociais. Desde o Iluminismo, a nossa filosofia moral tem estado mais atenta às questões socioeconômicas da liberdade e da igualdade do que aos condicionamentos orgânicos do ser humano e de suas implicações éticas e jurídicas, em outras palavras, a sua dimensão biopolítica. As possibilidades da reflexão ética, para além das recomendações pragmáticas, características da prática bioética, abrem um largo e necessário campo de reflexão onde se possam renovar os laços da questão ontológica da natureza da pessoa humana com a ética.

A enorme quantidade de textos legais (internacionais e nacionais), bem como as disposições dos conselhos de medicina e dos conselhos de bioética, em hospitais e institutos de pesquisa sobre a prática médica, face às novas realidades da vida, da saúde e da morte, constitui um desafio para a nossa capacidade de fundamentar escolhas no campo da terapia e da pesquisa. Precisamente, em virtude desse novo tipo de desafio, ético e jurídico, que ultrapassa as fronteiras nacionais e envolve toda a humanidade, começaram a surgir na legislação constitucional conceitos com pretensões de universalidade, como o conceito da dignidade da pessoa humana e dos direitos humanos. Ambos necessitam serem elaborados levando-se em conta as descobertas da ciência contemporânea, pois são elas que poderão fundamentar empiricamente, os valores e direitos centrais do estado democrático de direito.

O objetivo dessa recuperação filosófica da ideia de pessoa humana tem a ver, diretamente, com a função moral primordial do Direito, qual seja, a de proteger essa "pessoa em perigo" ou buscar os instrumentos normativos que

---

[323] NUSSBAUM, Martha C. *Frontiers of Justice*. Cambridge, Massachusetts/London: Harvard University Press, 2006.

possam preservar a "humanidade do homem".[324] Esse entendimento da função superior do Direito permite que retiremos o sistema jurídico da função de serviçal do voluntarismo individualista ou do sistema técnico-econômico, conservando a sua própria normatividade. Esses tipos de normativismos, que se encontram questionados na contemporaneidade, levaram o jurista à perda da segurança,[325] consequência da morte do *cogito* cartesiano.

Quando o aplicador do direito defronta-se com as indagações de ponta surgidas no contexto da bioética e do biodireito, renasce a indagação originária do Direito, que reproduz nas suas classificações e categorias, o ciclo da simbologia humana, do nascimento até a morte. Fugir da função originária do Direito, que é a de assegurar uma instância de julgamento do homem sobre o homem, será incorrer no mais arriscados dos erros.[326]

O debate milenar sobre o estatuto ontológico do embrião torna-se, assim, mais urgente nos dias atuais, pois a ciência abre novas formas de entendimento da natureza última da pessoa humana. A pergunta sobre a natureza da pessoa humana pressupõe, assim, a aceitação dos dados empíricos fornecidos pela ciência e, ao mesmo tempo, uma reflexão sobre como as dimensões caracterizadoras do ser humano – racionalidade, liberdade e igualdade – devem servir para superar os impasses sobre o tema, privilegiando-o como uma questão moral, a ser resolvida na realidade corpórea individual e no contexto das relações sociais.

Nesse sentido, o Direito, como instância de julgamento, necessita dessa compreensão da pessoa humana e de como ao lado da sua natureza ontológica coexiste de forma essencial com a sua realização existencial. Passa então o Direito a exercer a função de assegurar o tratamento dessa pessoa dentro dos parâmetros normativos a serem definidos na legislação do estado democrático de direito e que, por essa razão, refletirá uma concepção ético-filosófica do ser humano e da sociedade. O mundo da bioética, e muito menos do biodireito, como manifestação voluntarista do legislador, não encontram respostas para a complexidade e abrangência do desafio do milênio, pois nem uma, nem outro, ignorando a reflexão propriamente filosófica sobre a pessoa humana, poderão estabelecer normas que assegurem a sua plena realização individual e social.

---

[324] EDELMAN, Bernard. Ob. cit., p. 23.

[325] STRECK, Lenio. *Hermenêutica Jurídica (em) crise*, 2. ed. Porto Alegre: Livraria do Advogado, 2000, p.273.

[326] EDELMAN, Bernard. Ob. cit., p. 23.

Parte III

1. O conceito moderno de cidadania

1.1. Tipos de cidadania

O tema da cidadania tem sido tratado na bibliografia da teoria do estado e do direito constitucional, no Brasil, de forma reducionista, na medida em que se encara esse conjunto de direitos e obrigações sob o ângulo exclusivamente jurídico. Para sua devida compreensão, deve-se levar em conta o caráter político, que determinará, inclusive, a natureza da cidadania jurídica. A cidadania de uma sociedade democrática, por ser democrática, traz para o conceito significados e consequências jurídicas específicas, que a diferenciam, por exemplo, da cidadania liberal. O objetivo desse trabalho é analisar o grau de insuficiente elaboração conceitual da cidadania na literatura jurídica nacional, tendo em vista que a própria Constituição de 1988 – chamada pelo deputado Ulysses Guimarães de "Constituição-cidadã" – supõe para a sua plena compreensão e eficácia uma conceituação política específica da cidadania. Da relação entre os fundamentos políticos e a formulação jurídica é que se poderá dimensionar as consequências político-institucionais do conceito moderno de cidadania.

O exame preliminar das especificidades da cidadania na Constituição de 1988 mostra que a atual Carta Magna ampliou a sua abrangência em relação àquela encontrada na tradição constitucional e política brasileira. Uma simples leitura comparativa das nossas cartas magnas aponta para três tipos de tratamento da questão nas constituições brasileiras: as constituições liberais e as autoritárias – que são as constituições anteriores à de 1988 – e a Constituição atual. E a diferença reside, precisamente, no que se refere à consagração na atual Carta Magna de direitos e obrigações, que pressupõem para a sua implementação o exercício da cidadania através da participação política dos cidadãos. Temos, assim, de um lado a cidadania liberal das cartas até 1988 – com as exceções dos dois textos autoritários (1937 e 1969) – e, de outro, a cidadania liberal-democrática, ou do estado democrático de direito consagrado no texto atual.

Esses três tipos constitucionais de cidadania refletiram-se de forma diversa na produção doutrinária nacional. O tema "cidadania liberal" foi entendido por nossos juristas e constitucionalistas no âmbito estrito do estado liberal, e caracterizou-se por privilegiar a organização e o controle do Estado. A "cidadania do autoritarismo", expressa principalmente na Carta de 1937, foi precedida pela elaboração doutrinária do autoritarismo, encontrada, principalmente, na obra de Francisco Campos. Para ambos os modelos, serviu o formalismo jurídico, como fonte legitimadora da lei. O culto desordenado do direito adjetivo em detrimento do substantivo levou ao paroxismo a força legiferante. Neste sentido, pode-se dizer que o formalismo jurídico, entendido como a obediência mais ao processo do que as bases da ordem jurídica, servir tanto ao estado liberal, como ao autoritarismo no Brasil.

A doutrina constitucional brasileira, portanto, somente observou uma das linhas de investigação sobre o tema da cidadania. Não acompanharam, na sua maioria, os nossos juristas a transformação do estado liberal, no sentido de sua democratização progressiva que iria provocar, também, uma revisão conceitual nas próprias instituições políticas. Revisão essa que se processou em outros países de forma concomitantemente, e, às vezes, antecedentes às próprias modificações no sistema jurídico. A cidadania no seu momento liberal consistiu na atribuição de direitos e deveres aos indivíduos, restritos a regular "diferenças políticos qualitativas"[327] entre os homens. As diferenças econômicas qualitativas, que irromperam na sociedade liberal, foram ignoradas pela maioria dos nossos doutrinadores, prisioneiros de uma metodologia restrita ao mundo das normas do estado liberal.

Na verdade, a doutrina brasileira refletiu somente a teoria política e constitucional dos últimos dois séculos, que privilegiou o papel do Estado na sociedade moderna. Os autores clássicos da teoria geral do estado e de direito constitucional aceitaram sempre o pressuposto básico da prevalência do Estado sobre a sociedade civil. Em consequência, concentrou-se a produção doutrinária jurídica na análise do Estado, como único agente da ordem política e jurídica.[328] A sociedade civil, e, principalmente, o seu papel no processo de transformação do Estado, foi marginalizado, sendo essa temática mais desenvolvida pelos cientistas sociais e filosóficos. A caracterização do Estado como uma das expressões do fenômeno do poder, realizada pela ciência política da segunda metade do século XX, está assim a exigir uma revisão metodológica por parte dos estudiosos da teoria do estado e do direito constitucional brasileiros.

---

[327] DAHRENDORF, Ralf. *O Conflito Social Moderno*, Rio de Janeiro: Zahar Editores/Edusp, 1992, p. 55-61.

[328] Vide, nesse sentido, alguns autores clássicos, como: Jellineck, Georg, *Teoria General del Estado*, Buenos Aires, Editorial Albatros, 1970; Bluntschli, J.R., *Théorie Générale de l'Etat*, Paris, 1881; Queiroz Lima, E. *Teoria do Estado*, Rio de Janeiro, Freitas Bastos, 1936; Carré de Malberg, R., *Contribution a la Théorie Générale de l'Etat*, Recueil Sirey, 1920.

1.2. A cidadania como ideal político

A temática do Estado, dentro da teoria do estado liberal, restringia-se a alguns aspectos considerados relevantes: a forma do estado, os regimes de governo, os sistemas de governo, a nacionalidade e as relações entre os diferentes Estados. A própria teoria da representação política foi desenvolvida, principalmente, pelos teóricos políticos, e não pelos juristas, do século XIX. Explica-se, portanto, a reduzida atenção dada ao tema da cidadania na doutrina liberal do Estado. A hipótese desse trabalho é que, através da análise do conceito de cidadania, de sua evolução, de sua função no processo de democratização do estado liberal clássico, pode-se apreender em toda sua complexidade o estado democrático de direito, como proclamado pela Constituição de 1988. Trata-se, assim, de resgatar o conceito de cidadania, privilegiando-o em face dos institutos da teoria do estado liberal clássico.

Essa investigação deve, antes de tudo, recuperar o sentido histórico da cidadania como ideal político. A primeira formulação do que se entende por cidadania na cultura ocidental foi feita em 431 a.C., pelo homem de estado ateniense Péricles. Quando a cidade grega homenageou os seus primeiros mortos da Guerra do Peloponeso, Péricles, em nome dos seus cidadãos, disse que os que tinham morrido, morreram por causa nobre, a causa de Atenas. Isto porque Atenas destacara-se, entre as cidades da Grécia, em virtude de três qualidades: a primeira residia no fato de que o regime político ateniense atendia aos interesses da maioria dos cidadãos, e não os de uma minoria, e, por essa razão, Atenas era uma democracia; a segunda qualidade encontrava-se na igualdade de todos perante a lei e na adoção do critério do mérito para escolha dos governantes; e, finalmente, Atenas destacava-se porque a origem social humilde não era obstáculo para a ascensão social de qualquer cidadão. Esse célebre discurso de Péricles enunciou um conjunto de direitos, que iriam, séculos depois, formar a substância da cidadania moderna: a igualdade de todos perante a lei, a inexistência de desigualdades sociais impeditivas do acesso social e no emprego do mérito como critério de escolha dos governantes. Péricles, entretanto, percebeu que esses ideais da civilidade somente poderiam ser realizados através da participação política dos cidadãos no governo da comunidade. Entre as cidades gregas, dizia Péricles, os atenienses eram os únicos a acreditar que "um homem que não se interessa pela política deve ser considerado, não um cidadão pacato, mas um cidadão inútil.[329]

A realidade política e social de Atenas não correspondia, evidentemente, aos ideais proclamados por Péricles. O chamado "século de ouro", ou o "século de Péricles", foi uma época de alto nível de vida para os atenienses e de grande brilho para as artes e a literatura. Mas, como Tucídides escreveu, posteriormente, o regime político da época de Péricles era somente no nome uma democracia, mas, na realidade, o governo de um só homem.

---

[329] TUCIDIDES. *La Guerre du Péloponèse*, Paris: Éditions Gallimard, Plêiade, 1964, p. 813.

Esses ideais do discurso de Péricles acabaram incorporados à cultura política do ocidente, sendo, durante séculos, a fonte onde a maioria dos movimentos políticos contra as tiranias foi buscar inspiração. Representaram, assim, valores – ideais em função dos quais procurou-se, em diferentes momentos da história, apresentar uma alternativa diante do *status quo*.

Na própria Grécia Antiga, esse ideal foi interpretado de forma diferente pelos seus dois maiores filósofos. Platão sustentava que a massa da população deveria ficar afastada da participação política. E, por sua vez, aqueles que detinham o poder político na utopia platônica não podiam ter "vida privada". A elite política de Platão não teria, assim, posses, vida familiar ou propriedade privada. Dessa forma, achava Platão, os governantes poderiam dedicar-se, exclusivamente, ao bem público.[330]

Essa concepção de cidadãos dedicados, exclusivamente, ao bem público de um lado, e de cidadãos excluídos das decisões governamentais, de outro, reduzidos, portanto, à vida privada, foi contestada por Aristóteles. O cidadão foi definido pelo filósofo estagirita, na linha de Péricles, aquele que participava nas decisões e nas funções governamentais.[331] Mais adiante, Aristóteles acentua as virtudes da cidadania clássica, insistindo na necessidade de práticas comuns religiosas e uma regulamentação bastante ampla da vida privada e da moral pessoal. Isto porque, para Aristóteles, "não se deve mesmo considerar que um cidadão se pertence a si próprio, mas que tudo pertence à cidade".[332]

Essa concepção da cidadania clássica, austera e obrigando o cidadão como um todo, transmitiu-se para o pensamento moderno, principalmente através de Rousseau. Depois de referir-se às leis da liberdade como sendo tão severas como o "julgo do tirano", o filósofo sublinhava a necessidade de obrigar-se o homem a ser livre.[333] Esse entendimento de Rousseau teve como consequência uma concepção monástica e espartana da cidadania, que influenciou diferentes movimentos políticos e sociais durante os dois últimos séculos.

Na Revolução Francesa, já se distinguiam as duas categorias de cidadãos, que iriam caracterizar o estado liberal clássico: o cidadão ativo e o cidadão passivo. O cidadão ativo deitava suas raízes no "*status* do homem privado, ao mesmo tempo educado e proprietário".[334] O instrumento jurídico, que formalizava a divisão entre os dois tipos de cidadãos, era o voto censitário. Através dele, o estado liberal clássico regulou o exercício pleno da cidadania, excluindo da participação nas decisões e no governo aqueles que não tivessem um mínimo de renda. A cidadania liberal do início do século XIX deitava, assim, suas raízes no *status* econômico e, por essa razão,

---

[330] PLATÃO. *A República*, livro 5, esp. 456-70.

[331] ARISTÓTELES. *Política*, livro 3, cap. 1.

[332] Ibidem. livros 7 e 8.

[333] ROUSSEAU, J. J. *Du Contrat Social*, livro I, cap. VII. Paris: Gallimard, 1964.

[334] HABERMAS, J. *Mudança Estrutural da Espera Pública*. Rio de Janeiro: Tempo Brasileiro, 1984, p. 106.

não incluía como participantes do processo político a maioria da população. O século XIX vai presenciar uma alteração progressiva na estrutura do estado liberal, provocando o deslocamento de suas bases sociais, que deixam de ser, exclusivamente, de proprietários e passam a englobar não proprietários operários. O acesso de um contingente crescente de eleitores à participação no poder foi denominado, por diversos autores, como o processo de democratização do estado liberal.[335]

1.3. A democratização do estado liberal

A teoria política liberal, ainda que consagre as desigualdades econômicas e sociais, proporcionou uma expectativa de participação no poder político para todos os cidadãos. Ao possibilitar o acesso ao poder, disciplinando o exercício do poder monárquico através do estado constitucional de direito – as constituições liberais do inicio do século XIX foram exemplo desse novo tipo de ordem político-institucional –, o estado liberal pressupunha, para seu funcionamento, certo nível de participação dos cidadãos. O próprio funcionamento da justiça baseava-se na participação dos cidadãos, como condição para sua eficácia.[336] A participação encontra-se na natureza ontológica do liberalismo desde suas origens, sendo a apatia a maior ameaça à liberdade em consequência dessa tendência intrínseca à equalização no exercício da liberdade e no acesso ao poder.

A passagem da cidadania liberal para a cidadania moderna do estado democrático de direito ocorreu, assim, no bojo da sociedade liberal, alterando as relações de poder. Para a compreensão dessas alterações progressivas no conceito de cidadania pode-se utilizar o modelo interpretativo de T.H. Marshall. Apesar de ser um esquema, que não leva em conta as superposições entre os diferentes estágios históricos formadores da cidadania moderna, é bastante útil para que se tenha uma perspectiva histórica ampla.[337]

Marshall diz que a cidadania moderna é um conjunto de direitos e obrigações que compreendem, atualmente, três grupos de direitos: os direitos civis característicos, no esquema de Marshall, do século XVIII; os direitos políticos, consagrados no século XIX e, finalmente, os direitos sociais do século XX. A utilidade do esquema de Marshall reside, principalmente, em destacar no processo de democratização do estado liberal momentos em que um desses grupos de direitos tiveram sua predominância.

Uma análise cuidadosa da evolução do estado de direito mostra como a afirmação inicial dos direitos civis e, posteriormente, dos direitos políticos

---

[335] Vide, a propósito, Macpherson, C. B. *A democracia Liberal*, Rio de Janeiro, Zahar Editores, 1978.

[336] MACEDO, Stephen. *Liberal Virtues*, Oxford: Clarendon Press, 1991, p. 99.

[337] MARSHALL, T. H. *Cidadania, Classe Social e Status*. Rio de Janeiro: Zahar Editores, 1992, p. 63-114. Para uma análise crítica do esquema de MARSHALL, T. H., veja Hirschmann Alfred Q. *A Retórica da Intransigência*, São Paulo, Companhia das Letras.

não ocorreu em todos os países. O caso tomado, como paradigmático por T.H. Marshall, o da Grã-Bretanha, não foi o mesmo encontrado na França ou no Brasil. Os direitos políticos na França foram antecedidos pelos direitos civis,[338] mas não de forma tão diferenciada, como foi o caso da Grã-Bretanha; no Brasil, por sua vez, os direitos políticos antecederam os direitos civis, o que explica, talvez, a ausência de elaboração teórica sobre esse grupo de direitos na cultura jurídica brasileira. Por essa razão, Bobbio sugere que se denomine os direitos civis e políticos de direitos de primeira geração, como sendo os antecedentes dos direitos de segunda geração ou sociais.[339]

Encontramos então no núcleo do estado democrático de direito direitos contra o Estado e em defesa do indivíduo que corresponderiam aos direitos civis (igualdade no acesso à justiça, liberdade de culto, liberdade de expressão, liberdade de ir e vir, direito à propriedade) e aos direitos políticos (direito de votar e de ser votado, direito de participação no governo); surgiram também, os direitos sociais, oriundos da intervenção do Estado, que procurava diminuir as desigualdades econômicas e sociais, provocadas pela economia livre de mercado.

1.4. A natureza da cidadania moderna

A chave para determinar a natureza específica da cidadania moderna encontra-se, precisamente, na análise do processo de democratização do estado liberal. Os três grupos de direitos, na sociedade feudal, não se diferenciavam entre si, enquanto o nascimento da sociedade moderna ocorreu em função de um processo de diferenciação crescente de direitos e dos poderes do Estado. Isto tinha a ver com o que F. Maitland escreveu, referindo-se à história constitucional inglesa: "Quanto mais revemos nossa história, mais impossível se torna traçar uma linha de demarcação rigorosa entre as várias funções do Estado: a mesma instituição é uma assembleia legislativa, um conselho governamental, um tribunal de justiça... Em toda parte, à medida que passamos do antigo para o moderno, vemos o que a filosofia da moda chama de diferenciação".[340] Enquanto os direitos civis políticos e sociais eram locais na Idade Média, a cidadania moderna nasceu de um processo de fusão territorial e separação funcional. Fusão territorial, pois os direitos constitutivos da cidadania deixaram de ser locais e passaram a ter validade nacional; separação funcional, pois cada um dos grupos de direitos seguiu seu próprio caminho, impulsionados por seus princípios. No século XX, esses três grupos de direitos, em virtude da maior democratização no exercício do poder, sofreram um processo de convergência, constituindo-se no núcleo da cidadania do estado democrático de direito.

---

[338] Vide TOCQUEVILLE, Alexis de. *L'Ancien Régime et la Revolution*. Paris: Gallimard, 1953.

[339] BOBBIO, Norberto, op. cit., p. 5-6.

[340] MAITLAND, F. W. *The Constitutional History of England*. Ed. H. A. L. Fisher. Cambridge: Cambridge University Press, 1963, p. 390.

O estágio atual, em que ao lado da expansão dos direitos, cria-se uma interdependência política e jurídica dos direitos constitutivos da cidadania, caracteriza-se por ser o resultado de um processo histórico diferenciado para cada grupo de direitos, mais unido por um denominador comum, que representa o coração da cidadania moderna. A análise desse processo de constituição de uma nova forma de cidadania originou-se, precisamente, de como esses direitos foram elevados ao *status* constitucional que hoje ocupam. Resta determinar qual é essa marca diferenciadora do conceito moderno da cidadania.

Deixando de lado a preocupação de Marshall sobre a função da cidadania na alteração dos padrões de desigualdades social, pode-se privilegiar na análise desse processo o aspecto político-constitucional, buscando-se, assim, uma compreensão dos mecanismos políticos e legais, expressão de novas realidades econômicas e sociais, que marcaram a evolução constitucional dos três últimos séculos.

A sedimentação dos direitos civis caracterizou-se por ser a afirmação da sociedade diante do poder da monarquia absoluta. Foi um longo processo histórico, que deita suas raízes muito antes do século XVIII, mas que encontrou no "século das raízes" a sua consagração final. Tratava-se da necessidade de criar direitos, que viabilizassem a nascente economia de mercado. Os direitos civis tiveram uma função primordial, qual seja, a de garantir a igualdade de todos, mas principalmente, assegurou a igualdade de direitos e obrigações entre os que se dedicavam à atividade econômica. A condição necessária para que funcionasse a economia de mercado residia, portanto, numa ordem jurídica que não privilegiasse indivíduos e grupos detentores dos meios de produção. Algumas liberdades, como a de manifestação do pensamento, aparentemente distantes dos problemas relativos ao funcionamento da economia de mercado, serviram, perfeitamente, para a crítica entre concorrentes comerciais ou industriais.

Os direitos políticos – direito de participar no exercício do poder político, como eleito ou eleitor – tiveram o século XIX como referência, porque foi o momento do surgimento do estado de direito, que substituiu o *ancien régime* do absolutismo monárquico. O estado liberal, ao basear-se na representação política e na lei, deu forma político-institucional à sociedade de mercado. Serviu, portanto, no início do século XIX, para garantir política e juridicamente a economia de mercado que ainda engatinhava, baseada na agricultura e exploração das riquezas do Novo Mundo. Foi preciso a Revolução Industrial alterar o sistema produtivo para que se tornasse necessário incorporar ao conjunto de cidadãos plenos, aqueles que em virtude das modificações na economia participavam como produtores e consumidores dos produtos industriais.

Quando esse processo de incorporação política à cidadania plena, através da extensão de direito do voto e de número crescente de indivíduos atingiu o seu auge, provocou, concomitantemente, uma mudança qualitativa na ordem jurídica. As leis deixaram – e isto ocorreu em épocas diferentes, em países diferentes – de privilegiar os interesses da burguesia, e o poder legislativo passou a legislar também para os não proprietários. Nesse momento é que se inicia a época da legislação social.[341] O poder público intervém, nascendo o "estado social de direito".[342]

A marca diferenciadora do conceito moderno de cidadania encontra-se patente nos três momentos de afirmação dos conjuntos de direitos. Todos esses direitos foram reconhecidos em função da participação de diferentes grupos sociais em face do *status quo*. Afirmaram-se quando os componentes de segmentos sociais uniram forças políticas, sociais e econômicas diante do poder. Nasceram, esses direitos, definidos e duramente conquistados. O estado liberal de direito consagrou esses direitos civis e políticos e somente democratizou-se, quando os segmentos não proprietários da sociedade começaram a participar no exercício do poder. As reivindicações sociais ganharam o *status* de direitos, perdendo o caráter de benevolência pública ou privada, que tinham desde as *Poor Laws* da rainha Elizabeth I da Inglaterra, no século XVI.

O que nos remete ao ideal helênico da participação. A cidadania moderna caracterizou-se, no processo de sua formação, por exigir a participação dos segmentos sociais na sua definição e implementação. Os mecanismos constitucionais, que definem a cidadania no estado democrático de direito, têm implícita a participação como condição política para sua implementação.

"A democracia exige participação *real* das massas", escreve Elias Diaz, e "pode nesta perspectiva definir-se a sociedade democrática como aquela capaz de instaurar um processo de efetiva 'incorporação' dos homens... mecanismos de *controle das decisões*, e de *real participação* dos mesmos nos *lucros da produção*".[343] A cidadania do estado democrático de direito tem, portanto, uma dupla face: ela se realiza através da participação do poder político, e, também, no sistema econômico.

A Constituição de 1988 consagra os direitos civis e sociais a serem implementados pelo exercício de direitos políticos. O princípio da participação política divide-se em face da Carta Magna em dois tipos: a participação através da representação política e a participação direta. O atual texto constitucional consagra ambos ao declarar em seu art. 1º que "todo o poder emana do povo, que exerce por meio de representantes eleitos ou diretamente, nos termos desta constituição". O art. 14 estabelece, por sua vez, os três institutos através dos quais ocorrerá participação popular direta: o referendo, o plebiscito e a iniciativa popular legislativa. A iniciativa popular legislativa prevista para os três níveis de poder admitida pela Constituição de 1988

---

[341] Vide, a propósito, o clássico POLANYI, Karl. *The Great Transformation*. New York: Octagon Books, 1975.

[342] DIAZ, Elias. *Estado de Derecho y Sociedad Democrática*. Madrid: Editorial Cuadernos para El Dialogo, 1975.

[343] Ibidem, p. 141. Para uma análise teórica da autogestão industrial, veja PACTEMAN, Carole. *Participation and Democratic Theory*. Cambridge, 1970.

(art. 61, § 2º, art. 27, § 4º, e art. 29, IX), juntamente com a participação política através do sistema partidário (art. 17), pretende que o mecanismo legislativo possa refletir com razoável precisão a vontade popular.[344]

O texto constitucional, entretanto, não é suficiente para moldar uma realidade social obediente à norma. A tradição brasileira da lei, ineficaz e inconsequente, mesmo a constitucional, aponta para dificuldades intrínsecas à própria organização social, que explicariam o alto nível de diferentes formas de desobediência civil e o grande numero de diplomas legais. Torna-se, assim, um exercício de análise política procurar estabelecer os vínculos entre o que pressupõe a Constituição para o funcionamento do estado democrático de direito e dos obstáculos concretos encontrados no sistema político e social.

A realidade social, que coloca entraves à observância da Constituição, é moldado por dois fatores: a cultura cívica,[345] de um lado, e o sistema político, de outro. A questão da cultura-cívica – tema, aliás, que tem pouco interessado aos nossos estudiosos de direito constitucional e ciência política – pede explicação às práticas políticas e à legislação que as permito. Trata-se de procurar a vinculação entre o sistema legal e a sedimentação de práticas e valores, que contribuem para dificultar, antes de tudo, o cumprimento do espírito de constituição. Nesse contexto, as mudanças na lei dos partidos e no sistema eleitoral tornam-se essenciais para modificação dos valores consagrados na cultura cívica.

O instrumento básico do estado democrático de direito – a participação política – acha-se comprometido, precisamente, pelas peculiaridades da cultura cívica nacional. Os dispositivos constitucionais revelam toda a sua impotência, quando os mecanismos sociais e políticos sobrepõem-se à ordem jurídica, desobedecendo-a, ignorando-a ou fraudando-a. A participação política ainda não adquiriu a função político-institucional que lhe reservou a Constituição e, por essa razão, é um tema distante das preocupações dos nossos constitucionalistas e publicistas.

A Constituição de 1988 sintonizou a demanda difusa e anárquica de maior participação e controle do governo, encontrada na sociedade, e procurou dar-lhe instrumentos político-institucionais – as formas de democracia direta e a representação política – que determinam por entrar em conflitos com as práticas institucionais e sociais existentes. Torna-se, assim, urgente o desenvolvimento de pesquisas multidisciplinares, que estudem as pecu-

---

[344] Para análise desses institutos, veja – BENEVIDES, Maria Victoria. *A Cidadania Ativa*. São Paulo: Editora Ática, 1991; MOREIRA NETO, Diogo de Figueiredo. *Direito da Participação Política*, Rio de Janeiro: Renovar, 1992.

[345] Entende-se por cultura cívica o conjunto de crenças de uma comunidade relativo ao governo e aos seus direitos e deveres. Esse conceito, formulado por Gabriel Almond e Signey Verba no livro *The Civic Culture*, vem sendo retomado por alguns cientistas sociais e brasileiros, como Amaury de Souza e Bolívar Lamounier, "A feitura da nova Constituição: um reexame da cultura política brasileira", in *De Geisel a Collor: o Balanço da Transição*, São Paulo, Sumaré, 1990, e Wanderley Guilherme dos Santos, "Fronteiras do Estado mínimo: indicações sobre o hibrido constitucional brasileiro", in *Brasil e as Reformas Políticas*, org. João Paulo dos Reis Velloso, Rio de Janeiro, José Olympio Editora, 1992.

liaridades da cultura cívica brasileira e suas repercussões na prática social e política, e, também, na legislação brasileira.

É bastante claro que a cidadania moderna se diferencia da cidadania clássica e da cidadania liberal. Mas a cidadania do estado democrático de direito exige uma complementação, tanto legislativa (uma nova lei partidária eleitoral), como política (a utilização em todos os níveis de governo dos instrumentos previstos na Carta Magna para a prática da democracia direta), para atender ao que pretende a Constituição de 1988 (art. 1º, parágrafo único). A prática da democracia é que irá criar uma nova cultura cívica e um novo regime político, garantindo a plena eficácia da ordem constitucional.

A consolidação do estado democrático de direito passa pelo entendimento de que os direitos humanos constituem os núcleos pétreos da vida em sociedade, regulando de forma absoluta as relações interindividuais e entre a coletividade e os indivíduos. Por essa razão, torna-se necessária a constante adequação lógico-racional do princípio da dignidade humana a cada caso, retirando o mesmo do invólucro adjetivo em que foi envolvido pela prática jurídica.

2. Tolerância, exclusão social e os limites da lei

2.1. Introdução

As sucessivas guerras civis, a violência nas cidades e no campo, as diferentes formas de fanatismo religioso, os ódios raciais e os conflitos étnicos retratam uma civilização dividida internamente e ameaçada de extinção. A busca de soluções para esses problemas no final do século XX exige a reavaliação de alguns valores, considerados os alicerces da nossa civilização, entre os quais se destaca o valor da tolerância, e de como a ordem jurídica, tanto na sua elaboração como, principalmente, na sua aplicação acha-se comprometida por esses valores fundamentais. Torna-se necessário, portanto, que essa avaliação seja precedida pela recuperação dos diferentes sentidos assumidos por essa virtude política na história do Ocidente, e pelo entendimento de como os sistemas jurídicos, principalmente nos países da América Latina, por não terem incorporado valores como o da tolerância na práxis político-institucional, terminaram por constituir-se em instrumentos de aprofundamento das diferenças socioeconômicas e da exclusão social.

Assim, pretendemos: situar historicamente o significado da palavra "tolerância" na cultura cívica do Ocidente, mostrar como correntes representativas do pensamento social moderno não consideram viável a concretização jurídica dessa virtude política nas democracias pluralistas; e, finalmente, discordando dessas correntes, investigar quais seriam as bases conceituais da nova tolerância, considerada como princípio social e político essencial para o funcionamento do direito e do regime democrático.

2.2. A evolução de uma ideia

A palavra "tolerância" advém do latim, *tolerantia*, tendo sido empregada por escritores na Antiguidade para significar a aceitação submissa e conformada diante da dor e da adversidade. O *Dictionnaire de l'Academie Française* (1694), em sua primeira edição, definiu a palavra "tolerance" como significando condescendência, indulgência diante daquilo que não podemos impedir. Durante o século XVI, a palavra "tolerância" começou a ser empregada preferencialmente para significar a permissão, particularmente quando dada pelo governo, da prática de culto religioso; a expressão referia-se, portanto, à aceitação da liberdade religiosa. O tema central do debate, que ocorreu no pensamento teológico, durante as primeiras décadas da Idade Moderna, no contexto da Cristandade dividida pela Reforma Luterana, residiu na questão se era permissível ou tolerável a convivência de duas ou mais religiões dentro de um mesmo estado cristão. A eventual permissão governamental, entretanto, não representava a aprovação ou mesmo a aceitação de uma religião não oficial, como, aliás, fica bem claro na máxima da Paz de Augsburg (1555): *cujus regio, eius religio*. Cada estado conservava a sua própria confissão religiosa, que era a religião oficial, sem prejuízo, entretanto, do culto de outras confissões.

A prática da tolerância, portanto, surgiu no contexto interno da Cristandade, onde o catolicismo romano ou o protestantismo eram a religião do Estado; e referia-se ao estabelecimento de relações civis paralelas, que assegurassem a própria sobrevivência da sociedade, colocada em risco pelas guerras religiosas. Dessa forma, a ideia da tolerância – significando a aceitação das convicções dos outros – foi usada inicialmente nos debates teológicos – tendo sido empregada, posteriormente, no debate político – servindo como justificativa racional para o estabelecimento do pluralismo religioso dentro do Estado e da própria Cristandade. A discussão política ocorreu entre cristãos, que, apesar de não estarem unidos em torno de uma mesma igreja, não renunciavam à mensagem do Cristianismo. A tolerância, portanto, não tratava das relações entre cristãos e não cristãos, mas servia como valor político, fundador de uma ordem jurídica que estabelecia os limites da convivência civil entre católicos romanos e protestantes; refletia, assim, não preocupações intelectuais, mas realidades sociais e políticas e tinha por objetivo o estabelecimento da *pax civilis*.[346]

O primeiro autor a defender esse ponto de vista e a sistematizar a questão, em termos filosóficos, foi John Locke nas cinco cartas sobre a tolerância – *A Letter Concerning Toleration* (1688).[347] O filósofo inglês sustentou o argumento de que a tolerância era uma permissão da qual deveriam beneficiar-se somente alguns cristãos, estando dela excluídos os católicos romanos, porque deviam obediência não à Coroa Inglesa, mas ao Vaticano, uma potência estrangeira. Os argumentos de Locke em favor da tolerância baseavam-se na ideia da separação entre a comunidade religiosa, a Igreja; e a comunidade política, o Estado, sendo que a tolerância seria um dos direitos civis do indivíduo a serem garantidos pela comunidade política.

Os limites da tolerância seriam definidos, no entendimento de Locke, pelos tribunais civis e se materializavam nos controles institucionais das práticas religiosas. Assim, por exemplo, Locke condenava a Inquisição Católica porque a seu ver a observação empírica demonstrava que não era uma

---

[346] CHRISTIN, Olivier. *La Paix de Religion, l'autonomisation de la raison politique au XVI e. siécle*. Paris: Seuil, 1997, p. 21-45.

[347] LOCKE, John. *Carta sobre a Tolerância*. Trad. João da Silva Gama. Lisboa: Edições 70, 1987.

política eficiente conseguir, pela força, a adesão de alguém a uma crença religiosa; isto porque o Estado poderia até obrigar uma pessoa a praticar uma religião, mas não conseguiria impor à consciência individual uma crença verdadeira. O argumento da Inquisição era, sob esse aspecto, rejeitado por Locke, não por razões morais, mas por habilidade política, pois a seu ver, a imposição pela força de uma crença religiosa traria como consequência um mau maior para a comunidade, que seria o aumento da hipocrisia civil. Por ter sua preocupação essencialmente voltada para os interesses da comunidade política, Locke entendia que a tolerância não deveria ser estendida às pessoas cujas convicções poderiam ameaçar as instituições; por exemplo, a tolerância no pensamento lockeano, não procurava garantir direitos civis para os ateus. Locke justificava a exclusão dos ateus dos benefícios do estado de direito sustentando o seguinte argumento: os ateus, por definição, não podiam jurar, pois não acreditavam em Deus, e, em consequência, não se obrigavam em consciência a cumprir os acordos firmados, que constituíam o fundamento da sociedade civil.

O argumento desenvolvido por Pierre Bayle, no *Commentaire Philosophique* (1686),[348] apresentou uma defesa teórica da tolerância, que retirou o problema do campo religioso. Bayle transferiu a questão para o âmbito da legislação moral, fruto do emprego da razão prática, independente da fé religiosa. O filósofo francês sustentava que as disputas provocadas por discordâncias teológicas poderiam encontrar solução no nível moral, onde a razão fala da mesma forma para todos os seres humanos. O pensamento de Bayle procurou estabelecer uma forma positiva de tolerância, baseada na relação entre a opinião e a sinceridade das pessoas na defesa de suas convicções. O erro do indivíduo, sob o ponto de vista de determinada convicção religiosa, não traria consigo a sua condenação ontológica, como sustentava a Inquisição; Bayle estabeleceu, assim, as raízes da tolerância moderna, que veio basear-se no direito à consciência errônea. A ideia da consciência errônea subverteu a concepção tradicional do cristianismo de que na mensagem, revelada pela Igreja Católica, encontrava-se a verdade última para o ser humano. Bayle procurou demonstrar que essa verdade poderia ser interpretada e encontrada por diferentes caminhos racionais, que seriam legitimados na medida em que se garantisse o direito inalienável do indivíduo em professar doutrinas consideradas por ele, em consciência, como verdadeiras. A liberdade de consciência aparece, assim, no pensamento de Bayle, como a mais alta expressão das relações entre o Homem e o seu Criador, e, por expressar esse vínculo, qualquer tentativa de controle clerical ou político da consciência individual seria considerado como um "estupro espiritual".[349] Ainda que referida à problemática religiosa, a teoria da tolerância de Bayle permitiu que se explicitasse racionalmente o papel da liberdade de consciência do indivíduo como o fundamento de uma sociedade, integrada por seres criados à imagem e semelhança do próprio Deus, tendo na razão o instrumento

---

[348] BAYLE, Pierre. *De La Tolerance. Commentaire Philosophique* Presses Pocket, 1992.

[349] LABROUSSE, Elizabeth. *Pierre Bayle*. Paris: Albin Michel, 1996.

para fundamentar determinados direitos, que antecediam o Estado. Durante esse período, a tolerância representou uma atitude mais intelectual do que política, que procurava estabelecer normas para a coabitação pacífica entre católicos romanos e protestantes. Essa ideia à medida que se transferiu do campo religioso para o político, começou a ser empregada de forma extensiva, significando um princípio garantidor da convivência, não somente de credos religiosos diferentes, mas de convicções políticas divergentes. Essa nova concepção da tolerância é que foi considerada, pelos primeiros pensadores liberais, como sendo uma virtude social necessária para o funcionamento da ordem constitucional liberal. O advento do pensamento liberal trouxe consigo o entendimento de que a tolerância passava a ser necessária não somente no campo das relações religiosas, mas principalmente nas relações políticas e civis.

Foi o filósofo inglês John Stuart Mill quem sistematizou os argumentos que estabeleciam as relações do conceito de tolerância com o de liberdade. O argumento justificador de Mill procurava atender à pergunta básica em seu pensamento: quais seriam os direitos que permitiriam ao homem conduzir livremente a sua vida? Mill identificou esses direitos como sendo aqueles que se originavam no exercício da autonomia individual; no princípio da autonomia individual face ao Estado, Mill situava o núcleo do argumento liberal em favor da tolerância. A autonomia individual no pensamento do filósofo inglês viria a expressar-se, preliminarmente, através do exercício do direito à opinião divergente. Em torno desse direito, Mill considerava a tolerância como a virtude social primordial para que fosse garantida a liberdade de opinião. A tolerância liberal, entretanto, restringia-se ao âmbito exclusivo da liberdade de opinião,[350] que garantiria para Mill a plena realização do princípio da autonomia. Não se tratava, portanto, de uma virtude aplicável ao exercício dos demais direitos e nem, muito menos, a indivíduos e grupos sociais que não participavam do sistema político.

A crise da tolerância no final do século XX deve ser inserida na interpretação tradicional de Mill e de como essa interpretação entrou em conflito com interesses e agentes sociais que surgiram no processo de democratização da sociedade liberal. Os desafios sociais e políticos que a ordem jurídica liberal encontrou, face aos problemas sociais e políticos das sociedades pluralistas e de massas do século XX, fizeram com que se explicitassem os limites da tolerância nos termos defendidos por Stuart Mill e pelos pensadores liberais de uma forma geral. A tolerância liberal revelou-se insuficiente para preencher a sua função de virtude política – destinada a garantir relações sociais e políticas igualitárias e estáveis – quando novas formas de intolerância entre grupos sociais e nações, provocadas por fatores étnicos, religiosos e políticos, começaram a ameaçar a própria sobrevivência da sociedade.

A história contemporânea obrigou à reformulação do conceito liberal de tolerância, fazendo com que o pensamento social revisse a ideia original

---

[350] MILL, John Stuart. *On Liberty*. Ed. Gertrud Himmelfarb. Harmondsworth, Penguin, 1978, p. 46 e segs.

de Mill, ampliando a sua abrangência ao demonstrar que existem laços necessários, não somente entre a tolerância e a liberdade, como principalmente entre a tolerância e o pluralismo religioso, cultural e político. Em outras palavras, constata-se uma explícita relação de causa e efeito entre o pluralismo e a prática da tolerância, o que permite que se constate empiricamente como o crescimento da intolerância surge precisamente em sociedades onde se nega o pluralismo.[351] Introduz-se dessa forma no debate sobre a tolerância a ideia da igualdade de valores e práticas políticas, sociais, culturais e religiosas diversas.

Desafiada precisamente pela diversidade dos conflitos étnicos, religiosos e políticos, a reflexão filosófica passou a procurar uma justificativa moral para a virtude da tolerância na sociedade democrática contemporânea. Duas respostas foram dadas para o problema, que, no lugar de solucioná-lo, serviram de argumento para agravar as situações de intolerância. Em primeiro lugar, desenvolveu-se o argumento totalitário que procura programar a crença na solução única e definitiva para as divergências morais e políticas, advogando o estabelecimento de uma ordem jurídica que terminava por consagrar a intolerância; o segundo tipo de resposta, nascida no seio do pensamento liberal, sustentava a incompatibilidade do regime democrático com a formalização jurídica da tolerância. Entre essas duas correntes doutrinárias que se opõem, mas que terminam, no que se refere ao tema da tolerância, por a negarem, o pensamento social contemporâneo tem procurado redefinir o conceito, com vistas à sua elaboração de maneira similar àquela empregada nos séculos XVI e XVII, tendo, entretanto, o objetivo comum de estabelecer a *pax civilis*.

O pensamento social contemporâneo procura, depois de reconhecer a importância funcional da ideia de tolerância para a prática política e a ordem jurídica, preencher o vazio que mina a expressão, provocado pelo relativismo e falta de convicções intelectuais na sociedade contemporânea, onde a tolerância acabou por significar o nivelamento comum de todas as ideias e convicções, como se todas tivessem o mesmo valor. Pensadores contemporâneos reagiram ao relativismo reinante, voltaram-se, como fizera Bayle, há quatro séculos, para a construção de um fundamento racional comum para a ideia. A convivência cívica estabelecida através do respeito aos outros em suas convicções, que consistia na ideia central do pensamento de Bayle, representou o passo inicial no processo de determinação de um conjunto de princípios válidos e eficientes para a solução dos problemas da atualidade.

Alguns autores, como Ricoeur,[352] fizeram menção de duas fontes para um "programa prático de tolerância": a primeira é o princípio de abstenção ou da não intervenção, do *laissez-faire*, apropriado ao estado liberal clássico, que se caracteriza pela indiferença na sua aplicação ao exercício dos direitos dos outros; a segunda fonte consiste, principalmente, no princípio da ad-

---

[351] MENDUS, Susan. *Toleration and the Limits of Liberalism*. Atlantic Highlands: Humanities Press International, 1989.

[352] RICOEUR, Paul. *Em torno do político*. Trad. Marcelo Perine. São Paulo: Edições Loyola, 1991, p. 174.

missão – desconhecido nas formulações liberais – que deita as suas raízes no respeito aos direitos dos outros. A formulação do princípio da admissão insere-se no contexto de diferentes correntes da filosofia moral contemporânea, que buscam estabelecer critérios racionais e práticos para normatizar as relações sociais e, portanto, definir a ordem jurídica. Nesse contexto é que a tolerância recupera o seu sentido de virtude política, cuja sua utilização torna-se essencial para o funcionamento de uma ordem jurídica, fundada na liberdade, na igualdade e na solidariedade.

2.3. Uma relação conflituosa

A investigação sobre a natureza das relações da tolerância com a democracia tem levado muitos autores a descobrirem uma incompatibilidade entre os dois conceitos, chegando-se mesmo a afirmar que existe uma relação excludente entre a democracia e a tolerância. A argumentação que procura demonstrar esse conflito parte da tese de que a tolerância é somente uma ideia, tendo representado um importante papel na história dos direitos e da democracia, mas que na atualidade esgotou a sua função política e social. A tolerância seria então mais um ideal contingente, restrito na sua utilização a uma determinada época histórica, tendo sido útil no complexo processo de transição da ordem política medieval para a Idade Moderna. Exercido esse papel de princípio garantidor de um processo histórico-político, a tolerância perdeu, no entendimento desses autores, a sua utilidade, principalmente tendo-se em vista que o estado moderno nasce absolutista e depois se transforma em liberal, mas não em democrático. Por essa razão, a tolerância não pode ser considerada como um princípio constitucional, pois existe, preliminarmente, uma incompatibilidade entre a linguagem da tolerância e a dos direitos; assim sendo, considerar o princípio da tolerância como tendo um caráter central na democracia pluralista constitui, ao ver desses autores, um sofisma do ponto-de-vista jurídico e político, pois a sua aplicação perde o sentido face à realidade da sociedade atual.

A defesa da tese acima esboçada baseia-se no entendimento de que a estrutura constitucional do estado contemporâneo caracteriza-se por sustentar-se em função de um conjunto de direitos e liberdades, que se reconhecem juridicamente na aceitação do *status* da igualdade na titularidade e exercício desses direitos. A ordem constitucional liberal parece, então, como suficiente para garantir a paz social e política, que representaram historicamente os objetivos últimos da prática do princípio da tolerância nos primórdios da Idade Moderna, pois a ordem jurídico-política liberal já incorporou a tolerância na sua formulação; na verdade, essa ordem tornou-se possível graças precisamente ao exercício e consagração constitucional do princípio da tolerância. Os críticos da possibilidade da tolerância integrar-se na prática democrática sustentam que se torna necessária a exclusão desse princípio da análise jurídico-política, pois somente assim a democracia deixa de correr o "risco alternativo",[353] com que se depara, na medida em que a prática da tolerância pode levar ao relativismo ou a considerar-se a democracia como uma espécie de religião civil, restrita a alguns grupos sociais, onde não poderiam ser contempladas as múltiplas expressões etno-culturais que coexistem no seio da sociedade pluralista.

O argumento final refere-se à irrelevância da tolerância sob o ponto-de-vista jurídico, que procura mostrar como a estrutura jurídico-constitucional do estado liberal-democrático não comporta a prática da tolerância. O princípio da tolerância não somente por ser histórico, mas também e principalmente por não encontrar uma expressão jurídica no arcabouço constitucional, torna-se, na opinião desses autores, irrelevante para o direito. A razão para tal afirmativa reside na constatação de que havendo um conflito entre o exercício da tolerância e a prática jurídica, o princípio da tolerância, por ser histórico e não sendo normatizado pela ordem jurídica, acaba esvaziado em suas possibilidades normativas, não servindo, portanto, para atender os objetivos últimos da ordem jurídico-constitucional. A análise dos elementos caracterizadores da tolerância liberal (a assimetria nas relações entre indivíduos e grupos sociais, a superioridade de quem tolera a contradição entre a ordem normativa positivada e a ordem normativa tolerante e a ausência de garantias jurídicas, a não ser a vontade do tolerante) retrata com fidelidade como os mecanismos políticos e sociais da sociedade liberal-burguesa provocam uma dinâmica geradora de exclusão social.

Nesse contexto, é que se desenvolveu a ideia de que a tolerância serviu exclusivamente como argumento em determinado momento da história do estado moderno; mas o Estado Liberal, nascido sob a sua inspiração, trouxe consigo o seguinte paradoxo: a tolerância liberal ao admitir a presença daquele que se trata de tolerar, considera o tolerado como um mal em relação aos valores sociais comuns, mas que em circunstâncias de crise e ameaça à sobrevivência da sociedade deve ser tolerado. Essa exclusão latente na prática política liberal deita suas raízes na própria concepção de cidadão no liberalismo, pois a autonomia individual, ainda que admitida na teoria, na prática social somente é reconhecida naquele que compartilha laços sociais comuns, definidos em termos religiosos, linguísticos e étnicos. Percebe-se, portanto, como o paradoxo liberal segrega o vírus da exclusão social e, em última análise, da intolerância.

As dificuldades no entendimento da função da tolerância na modernidade aparecem, também, na teoria social e política. A teoria contemporânea da justiça, desenvolvida principalmente por John Rawls, contempla a tolerância com um lugar relevante, considerando-a como uma virtude política relativa à equidade. O argumento central de Rawls, no que se refere à tolerância, parte da constatação de que as democracias liberais contemporâneas caracterizam-se por serem pluralistas, onde coexistem uma pluralidade de concepções do bem; o Estado nesse contexto não pode empregar a força para

---

[353] PARAMO, Juan Ramón. *Tolerância y Liberalismo*. Madrid: Centro de Estúdios Constitucionales, 1993, p. 51 e segs.

impor os valores ou crenças da maioria aos grupos minoritários. O princípio da tolerância imprime à ação do poder público a necessária neutralidade face aos valores e práticas religiosas, morais e estéticas, que não sejam compartilhadas pela maioria da coletividade. A teoria política e social rawlsiana avança em relação à concepção original da tolerância, pois incorpora na teoria da justiça a ideia de que além das convicções religiosas, o Estado deve ficar neutro diante dos conflitos a respeito da moral que aparecem na sociedade pluralista.

Os autores clássicos do liberalismo no século XVIII e nas primeiras décadas do século XIX afirmavam – e encontramos nessa postura a explicação para a redução da ideia da tolerância à sua função histórica, isto é, a tolerância não tinha mais razão de ser, pois já se encontrava reconhecida nas declarações universais dos direitos do homem e do cidadão. Thomas Paine escreveu a propósito da Constituição francesa de 1791:[354]

> [...] a Constituição francesa renunciou à *tolerância* como à *intolerância* e estabeleceu um DIREITO DE CONSCIÊNCIA UNIVERSAL. A tolerância não é mais o *contrário* da intolerância; ela é sòmente a sua contrafação. Todas as duas são despóticas; uma se arroga o direito de proibir a liberdade de consciência, a outra a de concedê-la. Uma é como um papa brandindo o fogo e a lenha, o outro como um pontífice vendendo ou concedendo indulgências. A primeira representa a *Igreja* e o *Estado*, a segunda a *Igreja* e o *tráfico*.

Os direitos reconhecidos pelas constituições liberais referem-se, entretanto, a direitos do indivíduo, que não se encontram no espaço público, mas no espaço privado. As liberdades do espaço privado acham-se suficientemente protegidas pela ordem jurídica liberal, sendo que a tolerância no espaço público ou político não encontra guarida no universo intelectual dos autores liberais. Assim, por exemplo, Voltaire afirmava que o dogmatismo e a intolerância, em virtude de motivos religiosos eram irracionais e condenáveis, enquanto que a intolerância justificada por razões de ordem política ou de segurança poderia ser aceita.[355] A tolerância liberal, portanto, referia-se a um tipo de liberdade, a liberdade religiosa e a de expressão, não contemplando as demais situações sociais e políticas do indivíduo, considerado *in abstracto* e desvinculado da realidade social objetiva em que se encontra inserido.

Nos regimes liberais, a questão da tolerância foi teoricamente resolvida, pois tendo sido consagrada no texto da lei, presume-se que se encontra plenamente consagrada nos direitos definidos pelo próprio texto da lei, não cabendo a sua aplicação naquelas situações, que não tenham tido a previsão legal. A teoria da justiça de Rawls ao avançar na reflexão sobre a tolerância levou-a, entretanto, para um novo impasse. Enquanto o liberalismo clássico proclamava a tolerância como própria do espaço privado, ainda que com *status* constitucional, Rawls deslocou o debate para o âmbito da distribuição equitativa dos custos e vantagens na sociedade, que definirão uma socieda-

---

[354] PAINE, Thomas. *The Rights of Man*. New York: Dolphin Books, 1961, p. 323-324.

[355] VOLTAIRE. *Tratado sobre a Tolerância*. São Paulo: Martins Fontes, 1993.

de justa. Rawls procurou responder os problemas que surgiram no seio da sociedade contemporânea, mas que não foram respondidos pela ordem jurídica liberal, estabelecendo para isso critérios a serem observados na distribuição de bens e encargos sociais. O núcleo do pensamento rawlsiano sobre a distribuição equitativa dos bens encontra-se no pressuposto de quem será o sujeito de direito na sociedade. A escolha implícita de Rawls consiste em admitir como sujeito de direito o cidadão do estado liberal, ou seja, aquele que pode participar do jogo político como eleitor e representante político. As constituições liberais, principalmente as do século passado, como a Constituição brasileira de 1824, estabelecem essa definição legal do cidadão, vinculando-a à renda pessoal.

A mesma linha de argumentação, na qual o sujeito de direito já se encontra definido, isto é, trata-se do cidadão reconhecido pela ordem constitucional liberal, serve, também, como pressuposto na teoria de Michael Walzer (1983). As "esferas da justiça" constituem espaços onde a distribuição de bens implica no reconhecimento de fronteiras, que logicamente admitem a existência de incluídos e excluídos. Em torno dessa definição constitucional dos incluídos processa-se o debate contemporâneo, ainda que a aceitação do pressuposto de que não há exclusão quando a ordem jurídica não se refere explicitamente a indivíduos e grupos, e afaste da análise aqueles que a prática social, política e jurídica exclui dos benefícios da sociedade moderna.

2.4. As aporias da tolerância liberal

Os dois blocos de argumentos críticos à tolerância na modernidade, que foram acima explicitados – o político-jurídico e o social – padecem, entretanto, das mesmas insuficiências analíticas; ambos acham-se prisioneiros de uma interpretação reducionista do princípio da tolerância, que consiste em privilegiar o seu papel histórico e considerá-lo irrelevante no estado democrático de direito. Ainda que o princípio da tolerância tenha tido uma aplicação histórica, a permanência do tema mostra como a solução liberal torna-se insatisfatória e insuficiente para solucionar os problemas suscitados na sociedade contemporânea. O entendimento de que se torna necessário repensar o problema supõe que se leve em consideração as características dessa ordem política e jurídica liberal, que proclama um sistema de direitos, mas não soluciona os problemas das novas formas de intolerância. Dentro da ordem liberal ocorrem situações de inclusão e exclusão, que obrigam a teoria da justiça a considerar esses casos limites, pois eles evidenciam exatamente os desafios centrais com que se defronta o estado liberal.

A questão nuclear parece ser a da definição dos sujeitos de direito, para além da dogmática da ordem jurídica liberal. Essa questão, que não foi suficientemente elaborada por teóricos como Ralws,[356] Ackerman,[357] Nozick,[358] e Raz,[359] torna-se fundamental para que se tenha uma apreciação objetiva e não teórica e abstrata da tolerância. Isto porque não se trata mais de problemas que poderão ser resolvidos no quadro das convicções individuais e, portanto, no espaço privado, pois envolvem a aceitação de diferenças entre grupos sociais, relativas à distribuição de bens e ao acesso às garantias jurídicas do estado democrático de direito; sob esse ponto de vista, pode-se dizer que a teoria constitucional do estado de direito ressente-se precisamente de uma reflexão sistemática sobre a justiça, que se fundamente nos fatos sociais da exclusão, da discriminação e da opressão no espaço público. A lógica constitucional liberal passa ao largo dessa questão, pois ela tergiversa e não afirma quais as obrigações de uma sociedade política diante daqueles que não se acham política e socialmente integrados.[360]

A questão da definição do sujeito de direito permite que se tenha uma abordagem do problema da tolerância na sociedade contemporânea sob um ângulo que leve em consideração quais os indivíduos – e as razões pelas quais – são excluídos na sociedade. Trata-se de analisar quais são as justificativas morais, que procuram legitimar o tratamento diferenciado dado a alguns indivíduos no espaço público. Essa argumentação remete-nos à análise da questão da igualdade, o que permite que se dimensione a verdadeira dimensão da intolerância, expressa na exclusão da ordem política e jurídica daqueles que se diferenciam da maioria da sociedade, seja por motivos culturais ou sociais. A tolerância não como equidade, mas como igualdade, acaba constituindo-se em parâmetro objetivo para a democracia, pois perpassa todas as políticas sociais que pretendem no estado liberal realizar a justiça social. Para isto, no entanto, é necessário estabelecer princípios racionais que permitam a definição de uma ordem jurídica e informem o intérprete na sua aplicação. Esses princípios deverão resultar de um processo no qual o intérprete parta da experiência empírica para a formulação teórica e venha, desta última, para a práxis jurídica.

A tolerância no final do século XX refere-se, principalmente, a dois tipos de problemas, que em certas circunstâncias políticas e sociais podem ocorrer de forma simultânea: a tolerância política, que tem a ver com a aceitação numa determinada ordem política de convicções ideológicas e crenças partidárias diferenciadas, característica da sociedade liberal; e a tolerância social, relativa à convivência numa mesma sociedade política de comunidades culturalmente e economicamente diferenciadas, própria das sociedades democráticas e pluralistas. Em ambos os casos, o direito tem uma função

---

[356] RAWLS, John. *A Theory of Justice*. Massachusetts: Harvard University Press, 1972.

[357] ACKERMAN, Bruce A. *Social Justice in the Liberal State*. New Haven: Yale University Press, 1980.

[358] NOZICK, Robert. *Anarchy, State, and Utopia*. Oxford: Basil Blackwell, 1974.

[359] RAZ, Joseph. *The Morality of Freedom*. Oxford: Clarendon Press, 1990.

[360] GALEOTTI, Anna Elisabetta. "Tolérance et justice sociale", In: *Pluralisme et Équité*. Paris: Éditions Esprit, 1995, p.116.

específica, podendo servir como fonte de correção de situações desiguais e injustas, ou então legalizando diferentes formas de opressão. O dilema da ordem jurídica democrática consiste, precisamente, na incorporação dessas duas dimensões da tolerância na formulação e na aplicação da norma jurídica, como procuraremos demonstrar.

As relações da tolerância com a ordem jurídica supõem, necessariamente, o entendimento da mudança da natureza da tolerância em virtude dos problemas, originados no seio da sociedade complexa da atualidade. A ordem jurídica liberal, que tinha na tolerância política o pressuposto implícito para o seu funcionamento, demonstrou durante o século XX a sua incapacidade em lidar com problemas que escapavam da lógica interna do modelo liberal; tornou-se, assim, necessário a elaboração de uma ordem jurídica que pudesse estabelecer normas para as novas relações sociais e culturais e que fosse ativada por um novo tipo de tolerância, que não encontrava respaldo nos quadros do estado liberal clássico. A crise que se observa em diferentes países, como França, Estados Unidos e Alemanha, provocada por políticas públicas relacionadas com minorias étnicas e religiosas, deitam, provavelmente, as suas raízes na tentativa de aplicação do direito liberal – onde as relações sociais e culturais têm como uma de suas características o envolvimento de reduzido número de agentes sociais – à sociedade complexa da atualidade, que supõe para o seu funcionamento o concurso de vários e conflitantes agentes sociais.

Não se trata, portanto, mais e exclusivamente, da aceitação da tolerância liberal, que solucionava os conflitos nos limites do estado constitucional de direito, considerando na práxis jurídica as relações sociais, os grupos e os indivíduos, que não se enquadravam logicamente nas previsões legais, como fora do âmbito e da proteção da ordem social e jurídica, e, portanto, passíveis de punição em nome da sobrevivência da sociedade; agregou-se, assim, ao tema central do debate na sociedade liberal, ou seja, o da liberdade de opinião, a questão da tolerância como aceitação de diferentes culturas e valores pela sociedade e pelo estado democrático. O processo de democratização do estado liberal refletiu-se não somente na participação de novos agentes sociais no sistema de poder, mas também no reflexo que essa participação trouxe para a ordem jurídica, que passou a contemplar demandas e proclamar direitos que pretendem assegurar a participação política e o acesso aos benefícios da sociedade de grupos sociais até então excluídos. A juridificação ocorrida não garantiu, entretanto, a implementação dessa nova ordem jurídica, que, muitas vezes, estabelece direitos e garantias nos textos legais, mas não os implementa nas políticas públicas e nas decisões judiciais.

O processo de globalização da economia trouxe consigo um elenco de novos desafios, que não se limitaram, exclusivamente, à discussão dos limites legais à livre circulação de ideias e opiniões; os problemas provocados pela pobreza e as diferenças culturais mostraram como os chamados direitos sociais entraram em conflito com os direitos básicos do estado liberal clássico, principalmente o direito de propriedade, na sua concepção clássica, e não se inseriram na estrutura lógica do regime jurídico liberal. Esses direitos sociais no primeiro momento do processo de democratização do estado liberal surgiram mais como formas jurídicas desse processo, custando em muitos países, como é o caso do Brasil, a efetivar-se na prática do direito.

2.5. A ordem legal e o véu da intolerância

Na América Latina, ainda que existam em alguns países formas de intolerância étnico-cultural, a ordem jurídica não prevê abertamente a exclusão. A intolerância relaciona-se mais com as grandes desigualdades econômicas e sociais, o que pode se constatado no campo do direito, principalmente, em dois tipos de situação: na discriminação legal, que se produz através da prática jurídica que tem como consequência diferentes tipos de exclusão social, consagrando comportamentos sociais eivados de intolerância; o segundo tipo ocorre quando o sistema jurídico legaliza e, em última análise, consagra a exclusão social, através da impunidade.

Em ambos os casos, o sistema jurídico funciona dentro de rígidos parâmetros de legalidade, sendo esta empregada para consagrar precisamente situações de exclusão, que deveriam ser corrigidas pela própria lei. O legalismo, que se caracteriza como o culto exacerbado e imobilizador da lei, não deve ser confundido, entretanto, com o devido respeito ao princípio da legalidade. Ao contrário, na prática o Judiciário, em muitos casos, por encontrar-se prisioneiro da interpretação restrita da lei, acaba transformando-se na fonte da discriminação social e da intolerância. A característica fundamental desse tipo de processo de aplicação da lei reside na ausência de qualquer consideração sobre as consequências sociais das decisões judiciais, que leve em consideração os diferentes interesses e expectativas da sociedade. Ainda que o argumento legalista, que procura justificar esse tipo de aplicação da lei sustente a sua fidelidade ao princípio da legalidade – caracterizado pela generalização igualitária da lei – o que se revela, muitas vezes, na práxis jurídica é o caráter subjetivo, que se revela discriminatório, do procedimento legal. A questão fundamental nesse processo judicial distorcido reside na falta de acesso à justiça em termos de igualdade, que garanta direitos proclamados na constituição e nas leis; ocorre, portanto, um caso evidente de "exclusão social" através da aplicação do direito.

A consequência social desse tipo de legalismo consiste em excluir pessoas e grupos sociais do sistema, sendo que esses segmentos sociais somente são considerados como agentes sociais quando enquadráveis pelo sistema legal na categoria de devedores, incriminados, culpados ou suspeitos. Em princípio, aqueles que por circunstâncias sociais e culturais não participam dos benefícios e garantias do sistema são considerados sujeitos de direito na medida em que têm somente deveres em relação à sociedade e nenhum direito. Verifica-se, então, como na tradição jurídica latino-americana, baseada nos processos inquisitoriais herdados da Inquisição, e no legalismo positivista, que a aplicação do princípio da legalidade termina em muitos casos por criar, como diria Orwell, indivíduos mais iguais do que outros.

A aplicação distorcida do princípio da igualdade faz com que outra situação social esteja presente nos países da América Latina. Trata-se da questão da impunidade, que explica como nas relações do Direito com a sociedade as penas aplicadas pelo sistema judiciário não representam segurança para a comunidade, além de esvaziar o sentido simbólico da ordem jurídica na sua função de garantir a estabilidade das relações sociais. Na área criminal, principalmente, a condenação dos desigualmente favorecidos não garante punição e, muitas vezes, serve de motivo para a consecução de outros crimes; o caso de policiais culpados que terminam por facilidades do processo não cumprindo pena, mas que se voltam contra suas vítimas e seus familiares para um ajuste de contas, mostra como a impunidade é uma das fontes geradoras da intolerância. Isto porque a não punição representa uma dupla violação dos direitos da vítima, que são desrespeitados pelo ato de violência e, novamente, quando seus agressores escapam da punição em virtude de interpretações legalistas, que encobrem o corporativismo policial ou a solidariedade de classe.

A leniência face ao fato criminoso impossibilita a convivência social fundada na tolerância, ficando a ordem jurídica privada da sua principal virtude, que lhe garante o estabelecimento de relações de respeito mútuo de direitos e deveres. Ao lado desses aspectos, a impunidade faz com que indivíduos que pertencem a grupos de privilegiados, politicamente ou socialmente, não necessitem comportar-se prevendo as suas ações, como devem comportar-se os cidadãos de um estado de direito, onde os direitos e deveres encontram-se previstos na lei; os recentes exemplos da ação policial em diversos estados brasileiros, quando policiais continuam a trabalhar nas ruas, mesmo tendo respondido a processos que indicavam um comportamento arbitrário e violento, mostram o caráter perverso desses sistemas jurídicos. A impunidade, consequência de um sistema legal corporativista que submete o policial infrator ao julgamento de seus pares e não da justiça comum, permite a reincidência criminosa e fomenta a intolerância em relação aos mais fracos socialmente, ocorrendo, então, a quebra da ordem jurídica.

As causas para as distorções encontradas na aplicação do direito nos países latino-americanos encontram-se na sobrevivência de uma cultura inquisitorial nos meios jurídicos. As características teóricas dessa cultura, comum na maioria dos países latino-americanos, podem ser reunidas em quatro grupos:

a) a mentalidade formalística, que acredita poderem ser resolvidos os conflitos individuais e intergrupais através de certas formalidades processuais;

b) o esoterismo das normas jurídicas, que fazem com que a maioria da população permaneça distanciada da linguagem e da realidade judiciária;

c) o burocratismo ou a obsessão pelo procedimento, fazendo com que o ato de julgar esteja mais preocupado com o formalismo legal do que com a questão substantiva geradora do conflito;

d) a santidade mítica do sistema judiciário, onde o juiz aparece como sendo o defensor dos princípios do bem contra o mal e, portanto, acima do controle político da sociedade.

A cultura inquisitorial tem consequências práticas, que se revelam nas diferentes crises do sistema judiciário latino-americano, geradoras de injustiças, opressões e desigualdades:

a) a crise da eficiência, que se evidencia no fracasso do sistema policial e judiciário na ação contra o crime e na lentidão na solução das causas civis;

b) a crise da impunidade, consequência da primeira crise, onde a impunidade dos poderosos desnuda a ideia que perpassa toda a cultura inquisitorial: não existe igualdade na responsabilidade civil e penal;

c) a crise dos direitos humanos, constatada na prática costumeira de torturas, nas execuções sumárias, no fato de cidadãos serem mantidos presos sem condenação, na ausência de advogados de defesa, etc.;

d) a crise da legitimidade, que se expressa na descrença do povo no sistema judiciário, como se tem evidenciado nas mais recentes pesquisas de opinião.

2.6. Tolerância e estado democrático de direito

A questão da tolerância nos sistemas jurídicos de tradição positivista refere-se, portanto, ao estabelecimento de alguns princípios que possam servir de guias para o aplicador da lei, superando a síndrome inquisitorial do sistema. Quando a Constituição estabelece os princípios e os objetivos do estado democrático de direito, desenha-se um quadro político e social, que se diferencia essencialmente do estado liberal democrático. Os princípios expressos pelo legislador constituinte somente adquirem sentido lógico, na medida em que se aceitar o sistema jurídico do estado democrático de direito comprometido, tanto com as liberdades negativas, como com as liberdades positivas.[361]

A sugestão de Paul Ricoeur de que as duas faces da liberdade devem ser entendidas como dois princípios, quando relacionadas com a virtude da tolerância, permite que esta assuma então um caráter positivo e não somente passivo, como ocorria na sociedade liberal-burguesa: o sentido da tolerância positiva consiste em agregar ao dever de não fazer e de não interferência do Estado, o reconhecimento do direito de existência e de expressão de diferentes grupos sociais e culturais. Nas palavras do filósofo

---

[361] BERLIN, Isaiah. *Four Essays on Liberty*. London: Oxford University Press, 1969.

francês: do princípio da abstenção começamos a construir o princípio da inclusão ou admissão.

Em torno do princípio da inclusão é que se pode fazer uma análise sobre a natureza da tolerância no estado democrático e pluralista. Isto porque a tolerância é a virtude que pode assegurar à ordem jurídica a integração de direitos e liberdades de indivíduos e grupos sociais excluídos; a ordem jurídica que se fecha no culto do fetichismo legal torna-se excludente, pois rejeita aqueles que são excluídos da sociedade e permite a construção de guetos de intolerância.[362] A dimensão democrática da nova tolerância realiza-se, assim, na admissão no texto da lei e na prática jurídica daqueles que são considerados socialmente excluídos, mas que na verdade fazem parte da comunidade cívica da nação.

O papel da tolerância na superação dos limites da lei na ordem liberal insere-se, por outro lado, no entendimento da natureza e das relações da sociedade pluralista com essa virtude política. Na medida em que se possa contextualizar a sociedade é que se poderá definir o tipo específico de tolerância a que estamos fazendo referência; por essa razão, para cada concepção ou defesa de um tipo de pluralismo, existe um correspondente tipo de tolerância.[363] Na sociedade moderna, pós-medieval, quando se estruturou o estado moderno, a tolerância e, portanto, a aceitação de valores divergentes do credo oficial, eram um mal necessário, aceito inclusive no seio das monarquias absolutistas; destinava-se, como propunha-se o Edito de Nantes (1598), a salvar a sociedade da desintegração política. A tolerância liberal, por sua vez, definia-se pelo viver e deixar viver estabelecido pelas leis do mercado, sendo no fundo o reconhecimento do direito à existência de interesses opostos na sociedade. A tolerância que constitui uma qualidade da sociedade pluralista da atualidade tem, entretanto, como espinha dorsal, não somente a aceitação de valores e interesses divergentes, mas sobretudo o incentivo à diversidade de grupos sociais primários, que se integram no processo de funcionamento e controle da sociedade.

Trata-se, portanto, de estabelecer um conceito de tolerância que seja uma virtude da sociedade pluralista e democrática. Enquanto o pluralismo liberal identificava-se com a fórmula da democracia liberal clássica – *one man – one vote* –, o pluralismo democrático contemporâneo tronou-se um instrumento moral neutro que afirma a necessidade de cada grupo ter a sua parte no todo social. A pergunta que foi respondida negativamente pelos liberais de que haveria uma discordância fundamental entre tolerância e pluralismo liberal, aparece na atualidade como condição mesma de sobrevivência da sociedade. Nesse sentido é que se torna necessário, na aplicação da lei, um entendimento que se situe para além da lógica constitucional restrita. Desta-

---

[362] NEVES, Marcelo. *Legalismo e impunidade: intolerância e permissividade jurídicas na América Latina*. Rio de Janeiro, UNESCO/ UFRJ, mmo, 1994.

[363] WOLFF, Robert Paul. "Beyond Tolerance", In: Wolff, Robert Paul, Barrington Moore Jr. e Marcuse, Herbert. *A Critique of Pure Tolerance*. London: Jonathan Cape, 1969.

ca-se, assim, o papel do judiciário na interpretação da "verdade legal",[364] que se encontra para além do texto positivado.

Os exemplos dos países latino-americanos demonstram que o princípio da inclusão na aplicação da lei constitui um instrumento a ser usado pelos juízes, com vistas a contribuir para diminuir a desigualdade social e, também, eliminar os focos de intolerância. A inclusão, entretanto, somente torna-se um princípio na medida em que, na aplicação do texto legal, tenha-se presente que será utilizado no sentido de aperfeiçoar a ordem social em face das mudanças constantes de uma sociedade complexa. O compromisso com esse aperfeiçoamento encontra-se inserido nos fundamentos morais da ordem constitucional que somente explicitou de forma necessariamente parcial os valores fundamentais da sociedade e do estado.

O ponto nodal da questão reside, certamente, na incorporação da temática da inclusão social na ordem constitucional. O estado democrático de direito deslocou a questão, rompendo o círculo vicioso do constitucionalismo liberal, que considerava a inclusão social em termos de liberdade igual, situando-a sob o ângulo restrito da proclamação de uma igualdade jurídica teórica entre os indivíduos e ignorando as distorções na distribuição equânime de bens. Nesse sentido é que Galeotti escreveu: "essas circunstâncias [a manifestação de diferenças sociais entre grupos] são cruciais, pois elas tornam as questões da tolerância diretamente dependentes da realização da justiça social e do progresso em direção à igualdade de consideração, *que considero profundamente como mais fundamental do que a igualdade econômica*"[365] (grifo nosso). A tolerância torna-se dessa forma uma virtude política essencial para a realização dos objetivos últimos do estado democrático de direito e, como tal, faz parte integrante do arcabouço hermenêutico na aplicação da lei.

Como chama a atenção Garapon,[366] a metamorfose da ideia da tolerância tem a ver com a mudança ocorrida no sistema político, quando a monarquia absoluta fundada na fé religiosa transformou-se no estado de direito baseado numa nova concepção de justiça. A justiça, tanto no quadro do absolutismo, quanto no estado liberal de direito e, principalmente, no estado democrático de direito, é o referencial último; ela, entretanto, não tem o mesmo sentido, pois deixou de ter um conteúdo substancial e passou a ser definida em termos mais procedimentais. "Diante da lei", escreve Paul Ricoeur, "os indivíduos são reputados ter crenças, convicções, interesses, que definem o *conteúdo* que a justiça ignora, porque ela é a justiça, isto é o árbitro de pretensões rivais, não o tribunal da verdade".[367]

---

[364] FAGUNDES, Seabra. *O controle dos atos administrativos pelo poder judiciário*. Rio de Janeiro: José Konfino Editor, 1991.

[365] GALEOTTI, Anna Elisabetta. Op. cit., p. 119.

[366] GARAPON, Antoine. "Le droit, nouveau langage de la tolérance", In: *Diogène*, 176, oct.-dec., 1996.

[367] RICOEUR, Paul. *Lectures 1*. Paris: Editions du Seuil, 1991, p. 300.

3. Reflexões sobre os direitos sociais

3.1. Um novo paradigma jurídico

O estado democrático de direito, como estabelece o Preâmbulo da Constituição Brasileira de 1988, destina-se a assegurar "o exercício dos direitos sociais e individuais, a liberdade, a segurança, o bem-estar, o desenvolvimento, a igualdade e a justiça". No art. 6º, a Constituição Federal estabelece quais são esses direitos sociais: a educação, a saúde, o trabalho, a moradia, o lazer, a segurança, a previdência social, a proteção à maternidade e infância e a assistência aos desamparados. Esses são valores considerados pelo texto constitucional como "valores supremos". Observa-se, entretanto, na doutrina e na jurisprudência, uma profunda e sintomática dificuldade em lidar com a ideia e o regime jurídico dos direitos sociais, que perdem as características de valores supremos da ordem constitucional, consagrados na lei magna (arts. 6º a 11), e pertencentes, assim, à categoria dos direitos fundamentais (Título I da Constituição de 1988). Os direitos sociais terminam, pelas razões que veremos a seguir, rebaixados na hierarquia normativa, reduzidos a simples normas programáticas a espera de serem regulamentadas para produzirem efeitos.

O constituinte ao listar os valores supremos do estado democrático de direito, considerou os direitos sociais como categoria jurídica essencial do regime que pretenderam estabelecer através da Constituição, e, portanto, pertencentes à mesma categoria hierárquica dos direitos civis e políticos. A hipótese a ser desenvolvida neste trabalho é a da que o legislador constituinte, ao assim proceder, refletiu um novo paradigma, onde os direitos sociais tornam-se, nos termos em que se encontram expressos na Constituição, direitos fundamentais que mantêm relações de igualdade com os direitos civis e políticos.

As dificuldades conceituais encontradas na leitura do texto constitucional originam-se, provavelmente, na falta de uma fundamentação lógico-racional para os direitos sociais, a fim de que possam ser integrados no núcleo normativo do estado democrático de direito, ao lado dos direitos civis e políticos, consagrados no estado liberal. A exclusão dos direitos sociais reflete, a nosso ver, o predomínio de um tipo de "hermenêutica constitucional" que entra em conflito com o próprio paradigma político e jurídico do estado democrático de direito. Como argumenta com precisão Lenio Streck, esse tipo de organização estatal pressupõe para a sua plena realização uma hermenêutica peculiar, que supera a "hermenêutica constitucional" (a técnica própria e específica de interpretar a Constituição) tradicional, diferenciando-se em virtude de ser uma hermenêutica em que a Constituição é vista como "uma ferramenta que está à "disposição" do intérprete", sendo na linguagem heideggeriana um modo-de-ser-no mundo do intérprete.[368] Essa a razão pela qual a parte programática do texto constitucional pode ser considerada como tendo, ao lado do seu caráter principiológico, a função de caixa de ferramentas com a qual deverá contar o intérprete para a plena realização dos objetivos últimos do sistema constitucional. Com isto, a parte programática da Constituição torna-se necessariamente impositiva, independente, portanto, de arranjos políticos, sociais ou econômicos.

Bobbio, em conhecida frase, que expressa, afinal de contas, um truísmo, afirmou que "o problema fundamental em relação aos direitos do homem, hoje, não é tanto o de justificá-los, mas sim o de protegê-los".[369] Não se pode discordar de Bobbio quanto ao desafio que representa a luta pela proteção dos direitos humanos. No entanto, há casos em que a justificação e a fundamentação dos direitos é etapa indispensável e indissociável da sua proteção. A conceituação e o reconhecimento das garantias dos direitos humanos nos diferentes sistemas normativos, nacionais e internacionais, resultaram do seu progressivo amadurecimento histórico. Quando avaliamos a evolução política e legal dos direitos humanos[370] constata-se que a cidadania democrática contemporânea, além de ser a vinculação jurídica do indivíduo a um estado soberano, compreende também uma série de direitos e exigências morais. Esses direitos civis e políticos, núcleo do estado liberal, foram sendo consagrados nos sistemas jurídicos através de processo histórico específico, onde o momento da sua justificativa e fundamentação tornaram-se etapas integrantes da sua implementação. A proteção de que gozam, na atualidade, os direitos de primeira geração, resultou, assim, de argumentos que aprofundaram a importância da temática dos direitos humanos para a construção do estado liberal de direito.

A tradição liberal, entretanto, que deita as suas raízes no argumento de Locke (*Segundo Ensaio sobre o Governo Civil*), estabeleceu a questão dos direitos humanos em função, exclusivamente, da propriedade.[371] Para Locke e os ideólogos do estado liberal, o cerne dos direitos civis e políticos encontrava-se no direito de propriedade, que iria sedimentar, proteger e assegurar o produto do exercício da autonomia, da liberdade e do trabalho humano. Essa a razão pela qual o sistema político e jurídico do estado liberal organizaram-se em função e para a garantia do exercício das liberdades e

---

[368] STRECK, Lenio Luiz. *Jurisdição Constitucional e Hermenêutica*. Op. cit., p. 194-198.

[369] BOBBIO, Norberto. *A Era dos Direitos*. Rio de Janeiro: Editora Campus, 1992, p. 24.

[370] MARSHALL, T. H. *Cidadania, Classe Social e Status*. Rio de Janeiro: Zahar Editores, 1967, p. 57 e segs.

[371] MACPHERSON, C. B. *The Political Theory of Possessive Individualism*. London: Oxford University Press, 1962.

das igualdades de uma sociedade de proprietários. Processo semelhante ao constatado na construção do estado liberal, ocorre nos estágios de consagração ética, política e constitucional dos direitos sociais, nascidos e afirmados através de um processo de legitimação e efetividade crescentes no âmbito da própria transformação do estado liberal em direção ao estado democrático de direito.

O argumento que pretendo desenvolver parte de um pressuposto radical, qual seja o de que os direitos sociais não são meios de reparar situações injustas, nem são subsidiários de outros direitos. Não se encontram, portanto, em situação hierarquicamente inferior aos direitos civis e políticos. Os direitos sociais – entendidos como igualdade material e exercício da liberdade real – exercem no novo paradigma, aqui proposto, posição e função, que incorpora aos direitos humanos uma dimensão necessariamente social, retirando-lhes o caráter de "caridade" ou "doação gratuita", e atribuindo-lhes o caráter de exigência moral como condição da sua normatividade. Constituem-se, assim, em direitos impostergáveis na concretização dos objetivos últimos pretendidos pelo texto constitucional.

O direito do estado liberal concebido no contexto do contratualismo e centrado na propriedade, fechou-se no chamado império da lei e no formalismo jurídico abstrato, impedindo a consideração dos direitos sociais como direitos humanos. Os direitos sociais, como direitos nascidos, precisamente, em virtude e como resposta à desigualdade social e econômica da sociedade liberal, constituem-se como núcleo normativo central do estado democrático de direito. Mas o seu aparecimento provocou um entendimento preliminar de que ameaçariam a propriedade e o contrato. Neste sentido, Weber aponta para a disfunção encontrada na sociedade liberal, que se expressa no conflito entre a legalidade material e a pessoa concreta, de um lado, em face do formalismo e "a fria "objetividade" normativa do governo burocrático". Concluí Weber, afirmando que a solução desse conflito cabe ao direito e ao governo que para isto devem estar a serviço "da nivelação das possibilidades da vida econômica e social em face dos possuidores, e somente podem desempenhar esta função, quando assumem um caráter não formal, ou seja, *um caráter substancialmente ético*".[372] (grifo meu)

Processa-se, assim, uma revolução copernicana no paradigma jurídico contemporâneo no que se refere ao conteúdo dos próprios direitos fundamentais clássicos. Esses direitos, consagrados e garantidos no estado liberal, ao perderem o seu caráter meramente formal, que visava a regulação de conflitos entre proprietários, ganham no contexto do estado democrático de direito, novos conteúdos e materializam-se sob a forma de liberdades e igualdades reais. Esse novo paradigma necessita ser justificado racionalmente para que possa ser aplicado "eticamente", como previa Weber. Somente então teria sentido responder às quatro questões básicas, sistematizadas por Sarlet: em que medida os direitos a prestações, em virtude do disposto no art. 5º, § 1º, da Constituição Federal, são diretamente aplicáveis; quais os

---

[372] WEBER, Max. *Economía y Sociedad*. México: Fondo de Cultura Económica, 1944, p. 735.

efeitos jurídicos inerentes à eficácia jurídico-normativa dos direitos sociais; esses direitos expressam um direito subjetivo individual à prestação? E, finalmente, como poderá ser reconhecido.[373]

3.2. A efetividade dos direitos sociais

Consagrados na Declaração Universal dos Direitos Humanos (art. 22), considerados por alguns autores como fórmula fraca e vazia de efetividade[374] e nos textos constitucionais da maioria dos Estados, os direitos sociais integram os ordenamentos jurídicos sob a regência dos quais vive a maior parte da população do planeta. Todavia, no que diz respeito à prática social e política, poucos são os Estados que protegem ampla e universalmente os direitos sociais. Histórica e teoricamente tem-se justificado a baixa efetividade dos direitos sociais afirmando-se que não existe a indivisibilidade dos direitos humanos, pois na prática histórica e nos dispositivos legais, encontram-se diferentes níveis de direitos, sendo que os direitos humanos reconhecidos como direitos fundamentais nos textos constitucionais seriam unicamente os direitos civis e políticos. Em consequência, estabelecem-se duas "categorias" de direitos humanos, rompendo-se a unidade integradora do bloco sistêmico dos direitos humanos (direitos civis-sociais) como se encontra determinado no texto constitucional. O texto constitucional resultou, entretanto, da afirmação extensiva dos direitos humanos, neles incluindo-se os direitos sociais, sendo essa a razão da recuperação na teoria dos direitos humanos do significado lógico e estrutural dos direitos sociais, como pretendem as recomendações da Conferência de Viena de 1993.

Existem diferentes formas de argumentação que sustentam a inconsistência dos direitos sociais como direitos humanos fundamentais, vale dizer, afirmados universalmente e consagrados no sistema jurídico nacional. Todas partem do pressuposto de que os direitos fundamentais sociais não são reconhecidos "como verdadeiros direitos".[375] Uma das formas mais comuns de se negar efetividade aos direitos sociais é retirar-lhes a característica de direitos fundamentais. Afastados da esfera dos direitos fundamentais, ficam privados da aplicabilidade imediata, excluídos da garantia das cláusulas pétreas, e se tornam assim meras pautas programáticas, submetidas à "reserva do possível" ou restritos à objetivação de um "padrão mínimo social". A doutrina jurídica contemporânea oscila entre esses dois pólos argumentativos, servindo, a nosso ver, para justificar modelos políticos e sociais que se antepõem à ideia central do estado democrático de direito, que afirma ser a

---

[373] SARLET, Ingo Wolfgang. *A Eficácia dos Direitos Fundamentais*. Porto Alegre: Livraria dos Advogados, 2001, p. 258.

[374] CORTINA, Adela. *Ciudadanos del Mundo:* hacia una teoría de la ciudadanía. Madrid: Alianza Editorial, 1998, p. 86.

[375] KRELL, Andréas. *Direitos Sociais e Controle Judicial no Brasil e na Alemanha,* Porto Alegre: Sergio Antonio Fabris Editor, 2002, p. 23.

observância dos direitos sociais uma exigência ética, não sujeita a negociações políticas.[376]

Os valores humanos da liberdade, igualdade e da dignidade da pessoa humana, dos quais os direitos sociais serão uma forma de manifestação, impõem-se, progressivamente, no contexto do modelo liberal, onde se torna determinante na produção e na aplicação da lei o valor econômico da melhor relação custo-benefício para o investimento do capital. Esses valores refletem a própria natureza da sociedade democrática, que considera o social como envolvendo todo o conjunto das relações humanas. Esse entendimento da natureza da sociedade tem sido tema recorrente no pensamento social, desde as suas primeiras formulações, na Grécia Antiga, por Aristóteles[377] e que encontra no texto de Marshall[378] a sua sistematização: a dimensão social abarca toda a sociedade, desde o direito à segurança até o mínimo de bem-estar econômico, materializa-se através da divisão da herança social, implicando a subordinação do preço de mercado à justiça social, a substituição da livre negociação por uma declaração de direitos. Essa ideia de considerar a declaração de direitos como o instrumento próprio para a regulação das relações sociais na economia de mercado aponta para uma solução jurídica integradora dos aspectos éticos e sociais da sociedade democrática, pois atribui ao social, esfera específica de manifestação da liberdade, a última palavra na intervenção do poder público com vistas à correção de desigualdades sociais.

3.3. Falácias teóricas sobre os direitos sociais

A integração dos direitos sociais no quadro dos direitos humanos implica logicamente em considerá-los, preliminarmente, sob a perspectiva da sua universalidade. O núcleo do argumento central, que não inclui na categoria dos direitos humanos os direitos sociais, refere-se à sua universalidade. Argumentos teóricos e práticas, políticas e legislativas, contestam essa universalidade, separando os direitos sociais dos direitos civis e políticos. A hipótese a ser desenvolvida neste trabalho é a de que esses argumentos somente poderão ser superados se e quando situarmos os direitos sociais numa dimensão propriamente ética o que lhes trará, assim como trouxe, historicamente, para os direitos civis e políticos, a qualidade de direitos humanos universais. Torna-se, assim, necessário analisar os fundamentos lógicos e empíricos dos direitos sociais para que se possa verificar onde se situam os obstáculos a sua integração no corpo dos direitos humanos. Trata-se de

---

[376] CAMPILONGO, Celso Fernandes. "O trabalhador e o direito à saúde: a eficácia dos direitos sociais e o discurso neoliberal", em *Direito, cidadania e justiça: ensaios sobre lógica, interpretação, teoria sociológica e filosofia jurídica*, coord. Beatriz di Giorgi, Celso Fernandes Campilongo e Flávia Piovesan. São Paulo: Revista dos Tribunais, 1995, p. 135.

[377] ARISTÓTELES. *Ética a Nicômaco*. 1097 b, 10.

[378] MARSHALL, T. H. Op. cit., p. 87-107.

construir um novo paradigma, que justifique racionalmente a integridade dos direitos humanos, neles incluídos os direitos sociais.

O argumento mais difundido contra a natureza de direitos humanos dos direitos sociais refere-se à sua efetividade, pois os direitos sociais diferenciar-se-iam dos direitos civis e políticos pelo fato de terem caráter programático. Os textos constitucionais ao proclamarem e regularem os direitos sociais estabeleceriam normas de caráter programático, dependentes de regulação infraconstitucional posterior e, por essa razão, esses direitos não teriam a força de direitos públicos subjetivos. Seriam tão somente direitos públicos negativos, mas que de qualquer forma tornariam inconstitucional qualquer medida do Poder Público tendente a retroceder em matéria de direitos sociais.

Ocorre, porém, que nem mesmo esse aspecto de orientação negativa, oriundo de uma interpretação menos consistente do significado dos direitos fundamentais sociais, tem sido observado na realidade brasileira. A grande maioria dos direitos sociais previstos na Carta de 1988 encontra-se aguardando regulamentação sendo mesmo considerada por doutrinadores e magistrados como não obrigando ao seu cumprimento, seja sob a forma de implementação de serviços públicos, seja na salvaguarda de direitos adquiridos, como os da previdência. O detalhamento constitucional dos direitos sociais passa a servir de mero adorno ao arranjo político que termina pôr preservar as desigualdades sociais que a própria Constituição pretende corrigir.

Tendo como pano de fundo essa rejeição política da obrigatoriedade dos direitos sociais, construiu-se no âmbito da teoria três tipos de falácias, que sustentam a exclusão dos direitos sociais da categoria dos direitos humanos fundamentais. Essas falácias ocorrem em três tipos de questões: no âmbito do conflito dos direitos, na concepção funcional dos direitos sociais e nas questões suscitadas pela aplicação do formalismo positivista na interpretação dos direitos fundamentais:

> a) O primeiro problema enfrentado pela doutrina no que se refere à exclusão dos direitos sociais da pauta dos direitos humanos reside no possível conflito latente com os direitos civis e políticos. Os direitos sociais seriam considerados como referidos a dimensões não substanciais da sociedade, pois seriam direitos que, para serem implementados – se isto fosse possível em virtude das limitações orçamentárias, argumenta a doutrina alemã da "reserva do possível" –, violentariam os direitos constitutivos do núcleo do estado liberal: as liberdades individuais e a propriedade. Como escreve Krell,[379] essa posição doutrinária nasceu de circunstâncias históricas específicas, quando o populismo igualitarista e coletivista do estado social-nazista, levou à supressão das conquistas do estado liberal. Em conseqüência, a doutrina do estado e o sistema político da Alemanha pós-Segunda Guerra Mundial – estabelecido na Constituição da República Federativa da Alemanha de 1949 – tiveram a preocupação de evitar a todo o custo que se repetissem as condições sociais e econômicas que serviram de caldo de cultura para o surgimento de projetos políticos, como o nazismo, que, em nome da correção da crise social, provocou o sacrifício das liberdades públicas e individuais da nação alemã;

---

[379] KRELL, Andréas. Op. cit., p. 47.

b) A segunda dificuldade teórica com que se defronta uma justificativa dos direitos sociais como direitos humanos, reside na concepção funcional dos direitos sociais. Por concepção funcional, entenda-se aquela que atribui aos direitos sociais uma funcionalidade reparadora, situando-os face aos direitos civis e políticos numa relação de subsidiariedade.[380] Nessa linha de argumentação, os direitos sociais seriam direitos de segunda ordem a serem, eventualmente, respeitados, não porque tenham a mesma natureza dos direitos fundamentais constitutivos da personalidade humana, mas por responderem a demandas sociais e econômicas conjunturais. Essa vertente teórica derivada da teoria da "reserva do possível", parte da mesma premissa falaciosa, qual seja, a de que existe uma impossibilidade objetiva na implementação dos direitos sociais. A teoria do "mínimo social" procura, em outras palavras, minimizar a radicalidade da teoria da "reserva do possível", ao sustentar, nas palavras do seu mais insigne formulador na cultura jurídica brasileira, que a pessoa sem o mínimo necessário à existência perderia a condição inicial da liberdade que é a sobrevivência.[381] Ainda que Torres introduza no debate sobre o tema uma dimensão moral, qual seja, a vinculação do exercício da liberdade, valor superior no estado constitucional liberal, à questão da sobrevivência, permanece sem resposta a indagação sobre em que medida o valor da liberdade realiza-se através de condições sociais específicas. E essas condições referem-se, precisamente, à garantia de direitos sociais considerados como a materialização da liberdade;

c) Outra dificuldade de caráter teórico encontra-se na concepção do formalismo positivista, que entende o direito como um sistema de normas, onde o império da liberdade formal torna-se o princípio hegemônico na aplicação da lei. Essa concepção, preponderante na cultura jurídica brasileira, parte da ignorância dos conteúdos do direito, como se o exercício das liberdades pudesse ocorrer no espaço abstrato das regulações legais e não no contexto das relações de poder encontradas na realidade social objetiva. Isto porque é neste contexto que se realiza a autonomia do ser humano, onde se concretizam os direitos proclamados no texto constitucional, podendo-se, então, através do sistema jurídico, corrigir-se as situações sociais impeditivas da implementação das liberdades individuais.

Os três problemas acima referidos mostram faces de uma mesma ideia, difundida na cultura jurídica contemporânea. Essa ideia encontra a sua formulação no argumento neoliberal de que os direitos sociais não passam de promessas vazias e que, em última análise, acabam sendo atentatórios às liberdades e direitos individuais. Sustenta-se, inclusive, nesta linha de argumentação, que muitas das normas constitucionais sobre direitos sociais, por não possuírem um mínimo de condições para a sua efetivação, acabam servindo como álibi para criar a imagem de um Estado que responde normativamente aos problemas reais da sociedade[382] Existem aqueles que atribuem uma função preponderantemente ideológica para os direitos sociais, que constituiriam uma forma de manipulação ou de ilusão, que imuniza o sistema político contra outras alternativas.[383] O mesmo autor chama a atenção para o fato de que o exercício dessa função ideológica não é necessariamente nocivo, desde que não se paralise por completo a implementação dos

---

[380] BRINGAS, Martinez de. *Globalización y Derechos Humanos*. Bilbao: Universidad de Deusto, 2001.

[381] TORRES, Ricardo Lobo. "A cidadania multidimensional na era dos direitos", em *Teoria dos Direitos Fundamentais,* org. Ricardo Lobo Torres. Rio de Janeiro: Renovar, 1999, p. 262.

[382] BARROSO, Luiz Roberto. *O Direito Constitucional e a efetividade de suas normas*. Rio de Janeiro: Renovar, 1999.

[383] KRELL, Andréas. "Controle judicial dos serviços públicos básicos na base dos direitos fundamentais sociais", In: *A Constituição Concretizada*. Porto Alegre: Livraria do Advogado, 2000, p. 13.

direitos sociais garantidos na Constituição. A função ideológica positiva dos direitos fundamentais sociais programáticos da Carta de 1988 residiria em seu papel de referência, atuando como um ideal que pudesse contribuir para a transformação progressiva do sistema social.

Essa ideia difusa sobre a natureza dos direitos sociais repercute no processo judicial, onde grande parte da magistratura brasileira emprega formas de interpretação constitucional, calcadas no formalismo jurídico positivista, corrente teórica predominante na formação de gerações de profissionais do direito. Resiste, assim, no quadro do estado democrático de direito, um modelo formal de argumentação em segmentos representativos da doutrina e da jurisprudência no Brasil, que não permite a integração de pontos de vista valorativos, ligados à justiça material no processo judicial, o que representa, em última análise ignorar a exigência estabelecida no próprio Preâmbulo da Constituição de 1988.

3.4. Falácias políticas sobre os direitos humanos e sociais

As falácias mais usuais arguidas contra a natureza de direitos humanos dos direitos sociais deitam suas raízes no fato de que esses direitos sociais encontram-se no estágio de sua justificativa e fundamentação, e, por essa razão, recebem fortes críticas relativas à possibilidade de sua implementação no estado democrático de direito. A hipótese que pretendemos examinar é a de que as falácias políticas utilizadas para, junto com as teóricas, excluir os direitos sociais do âmbito dos direitos humanos fundamentais, evidenciam somente relações sociais e econômicas específicas, centradas na propriedade e na economia de mercado livre, e não social. Algumas constatações empíricas mostram como, por detrás dos argumentos teóricos, escondem-se posições ideológicas e políticas que necessitam serem explicitadas. Essas falácias políticas assumem a forma de três argumentos principais, que procuram justificar a exclusão dos direitos sociais da categoria dos direitos humanos fundamentais.

1º argumento – os direitos sociais são direitos de segunda ordem

Essa falácia político-ideológica sustenta que os direitos sociais são categorias jurídicas de segunda ordem, pois não participam do momento fundador do estado de direito, que foi estruturado em função e para assegurar preliminarmente, os direitos civis e políticos. O estado de direito, na primeira fase do liberalismo, estruturou-se em função de agentes políticos privilegiados – os proprietários- com vistas a regular os conflitos em torno de núcleos de direitos, chamados de civis, porque visavam a assegurar aos cidadãos, aqueles que por lei participavam do sistema político, social e econômico, um conjunto de direitos e garantias individuais. A passagem do estado liberal para o estado democrático de direito fez-se pela extensão dos direitos civis e políticos (principalmente o direito de votar e ser votado) a um número crescente de cidadãos, que através da representação política e dos movimentos sociais, alteraram substantivamente o sistema jurídico do estado liberal clássico. Neste processo político, social e legislativo de democratização do estado liberal de direito o seu fator determinante foi a incorporação dos direitos sociais ao corpo dos direitos humanos fundamentais; na verdade, a salvaguarda desses direitos civis e políticos, originários do estado liberal clássico, passou no contexto do estado democrático de direito a pressupor a realização dos direitos sociais. Estabeleceu-se, portanto, ao contrário do que afirma a falácia examinada, uma relação de reciprocidade e integração entre dois tipos de categorias dos direitos fundamentais.

Os direitos sociais, portanto, não são categorias jurídicas de segunda ordem, pois a própria natureza dos direitos civis pressupõe a sua corporificação através desses direitos sociais. Essa relação torna-se ainda mais evidente quando constatamos que a plena realização dos objetivos da sociedade democrática de direito, como estabelecidos no texto constitucional, tem com seu fundamento dois instrumentos político-institucionais, os direitos civis e políticos, por um lado, e os direitos sociais, por outro. Para tanto, os direitos sociais – entendidos como igualdade material e liberdade real – constituem uma fonte substantiva, não formal ou adjetiva, dos direitos fundamentais. E essa característica faz com que os direitos fundamentais no quadro do estado democrático de direito sejam tais na medida em que assegurem e estabeleçam direitos sociais.

Tendem, portanto, a convergir, os dois princípios básicos do estado liberal, até então considerados como autônomos e independentes: o princípio da liberdade e o da igualdade, sendo o primeiro, na teoria liberal clássica, considerado hegemônico em relação ao segundo. Transitamos então para um novo patamar conceitual, onde os direitos sociais irão representar a integração dos princípios da igualdade material e da liberdade real, que não é aquela meramente proclamada nos textos legais. Os direitos sociais adquirem um novo papel no sistema jurídico, deixando de ser simples expedientes funcionais, destinados a compensar situações de desigualdade, e passando a atuar como núcleos integradores e legitimadores do bem comum, pois será através deles que se poderá garantir a segurança, a liberdade, a sustentação e a continuidade da sociedade humana.

2º argumento – os direitos sociais dependem de uma economia forte

Outra falácia, usualmente arguida em favor da exclusão dos direitos sociais da categoria de direitos fundamentais, consiste em sustentar-se que a efetividade dos direitos sociais depende da existência de uma econômica forte, onde as cifras de manutenção das prestações sociais poderiam ser suportadas. Esse argumento simplifica a complexidade do sistema econômico e social da modernidade, pois parte do pressuposto de que somente os países ricos teriam condições de sustentar políticas sociais consistentes e que atendessem aos ideais de justiça social. Isto porque a presença do poder público na implementação dos direitos sociais independe de mais ou menos recursos públicos, mas encontra-se diretamente ligada à função principal do Estado na sociedade moderna, qual seja, assegurar o bem comum. A alocação de recursos para suprir demandas sociais depende, em última instância, da vontade política que se expressa no estado democrático de direito através do sistema representativo, quando ocorre a escolha pelo eleitor dos projetos público de sua preferência. Tanto a questão da liberdade, como a da igualdade, constituem o pano de fundo diante do qual serão escolhidas as alternativas de políticas públicas apresentadas pelos partidos políticos. A sociedade é que deverá escolher quais as opções político-econômicas e, portanto, em quais setores serão aplicados preferencialmente os recursos públicos.

Por outro lado, esse argumento não se refere ao fato de que, mesmo nas economias fortes, continua-se a advogar a exclusão dos direitos sociais da categoria dos direitos fundamentais. Como sustenta Martinez de Bringas,[384] a persistência da exclusão social nas economias mais fortes do planeta expressa uma crença enraizada em setores do pensamento social e político de que é uma fatalidade histórica a existência das desigualdades sociais, pois estas têm a ver com a própria natureza da sociedade humana. Esse argumento tem como eixo principal a crença ideológica de que é impossível a consideração apriorística da realidade social a ser caracterizado como um espaço de "ausências de carências".

3º argumento – o custo dos direitos sociais supera os recursos orçamentários

Outro argumento falacioso refere-se ao custo dos direitos sociais. Chamada, também, da falácia da "reserva do possível" representa um argumento preponderante no projeto neoliberal contemporâneo. Vestida de uma ilusória racionalidade, que caracteriza a "reserva do possível" como o limite fático à efetivação dos direitos sociais prestacionais, esse argumento ignora em que medida o custo é consubstancial a todos os direitos fundamentais. Não podemos nos esquecer do alto custo do aparelho estatal administrativo-judicial necessário para garantir os direitos civis e políticos. Portanto, a escassez de recursos como argumento para a não observância dos direitos sociais acaba afetando, precisamente em virtude da integridade dos direitos humanos, tanto os direitos civis e políticos, como os direitos sociais.

Estabelecer uma relação de continuidade entre a escassez de recursos públicos e a afirmação de direitos acaba resultando em ameaça à existência de todos os direitos. Supõe, além do mais, que o sistema jurídico serviria para solucionar conflitos em situação ideal de igualdade absoluta, onde não houvessem carências e situações sociais de necessidade, funcionando o direito no quadro de relações contratuais, sinalagmáticas, entre agentes sociais com os mesmos poderes. O não reconhecimento dessa situação de desigualdade no direito liberal é que permite que se argua como os direitos sociais encontram-se fora do sistema de direitos fundamentais.

A superação desse impasse no pensamento social contemporâneo somente poderá ser realizada se os direitos sociais forem considerados, tanto no que se refere a sua fundamentação, como na sua consagração constitu-

---

[384] BRINGAS, Martinez de. *Globalización y Derechos Humanos.* Bilbao: Universidad de Deusto, 2001.

cional, sob um paradigma diferente daquele encontrado na teoria liberal do direito e do estado. Para tanto, deve-se procurar estabelecer, assim como no caso dos direitos civis e políticos, uma fundamentação racional e ética, que possa justificar e legitimar o investimento público na proteção de dignidades humanas vulneráveis e fracas. Essa fundamentação no estado democrático de direito irá sedimentar-se através do procedimento democrático, implementado por indivíduos racionais, no exercício do discurso público no espaço da cidadania participativa. Um projeto público baseado na preservação de direitos e liberdades proclamados no corpo do estado liberal de direito realiza-se, em última análise, somente no estado democrático de direito, que se caracteriza como um sistema político e jurídico, legitimado pela integração teórica e objetiva dos direitos humanos.

Neste contexto, ganha relevância o debate entre constitucionalistas brasileiros sobre o conceito do "mínimo existencial". Inspirada na doutrina e na jurisprudência constitucional alemã, o "mínimo existencial" pretende atribuir ao indivíduo um direito subjetivo contra o Poder Público, que seria obrigado a garantir uma existência mínima digna a todos os cidadãos. Em nenhum momento, pode-se, entretanto, determinar em que reside esse "mínimo existencial", caindo-se, assim, no argumento do voluntarismo político, onde o mínimo para a vida humana fica a depender da vontade do governante.

Essa teoria, por sua imprecisão básica, tem servido de justificativa para interpretar a aplicação dos direitos sociais de forma restritiva, esvaziando a sua amplitude e magnitude. Isto significa que o princípio da dignidade humana, basilar no sistema constitucional, deixe de apresentar sua dimensão social e econômica. Para esses doutrinadores, a maximização dos direitos sociais implicaria no sacrifício do "mínimo existencial", pois, não havendo como assegurá-los, o Estado seria impotente para garantir aquele mínimo, ainda que impreciso, e a ser definido pela vontade política, necessário para garantir uma sobrevivência condigna dos cidadãos.

Torna-se, assim, necessário que se responda a uma questão básica, se pretendemos atribuir aos direitos sociais o status de direito humano fundamental. Quais seriam os valores sociais básicos do estado democrático de direito? Enquanto no estado liberal-democrático esses valores eram a liberdade, a propriedade individual, a igualdade, a segurança jurídica e a representação política, no estado democrático de direito, não somente não se negam esses valores, mas procura-se dar aos mesmos, conteúdos materiais para torná-los mais efetivos. Por essa razão, torna-se cada vez mais problemática a garantia da liberdade, quando a sua implementação não vier acompanhada de condições existenciais que tornem possível o seu exercício real.

3.5. Direitos sociais e direitos fundamentais

A questão preliminar com que nos defrontamos ao procurar estabelecer os direitos sociais como direito humano fundamental reside no próprio conceito de direito fundamental, que tem duas principais acepções. Por um lado, o termo *direito fundamental* pode ser empregado para designar certos direitos que reconhecem e garantem a qualidade de pessoa ao ser humano. Este é o sentido filosófico da expressão, mas, também, e principalmente, na doutrina alemã contemporânea, tem sido empregada com o adjetivo "fundamental" – *Grundrecht*- para referir-se aos direitos que, apesar de serem aqueles que o homem deve gozar por ser pessoa, só aparecem como fundamentais depois que o direito legislado os tenha reconhecido em sua positividade.[385] Entende-se, portanto, que existem e devem existir direitos humanos, antes e fora do direito positivo, mas não haveria direitos fundamentais senão a partir da sua incorporação pelo direito positivo.

Os direitos fundamentais seriam diferenciados dos direitos humanos na medida em que fossem reconhecidos como tais pelas autoridades às quais se atribui o poder político de editar normas, tanto no interior dos Estados, quanto no plano internacional; são os direitos humanos positivados nas Constituições, nas leis, nos tratados internacionais. Essa noção, porém, revela-se radicalmente incompatível com o reconhecimento da existência de direitos humanos, pois a característica essencial destes consiste, justamente, no fato de valerem contra o Estado.[386] De fato, se admitirmos que o Estado nacional pode criar direitos humanos, e não apenas reconhecer a sua existência, é irrecusável admitir que o mesmo Estado também pode suprimi-los, ou alterar de tal maneira o seu conteúdo a ponto de torná-los irreconhecíveis.[387] Essa interpretação sobre a natureza dos direitos humanos explicita o argumento de que eles não têm um caráter universal, e eticamente obrigatórios, o que abre a possibilidade para a sua dependência da vontade do legislador. Não se trataria, assim, de atributos inerentes à condição humana, mas unicamente a determinada nacionalidade, regida pelo poder coercitivo de um Estado determinado.

A teoria dos *Grundrechtes*, portanto, exclui a característica da universalidade dos direitos humanos e consagra alguns desses direitos como fundamentais numa ordem jurídica específica e, finalmente, exclui dessa categoria os direitos sociais, ou seja, aqueles que dependem de uma atuação positiva do Estado. Todavia, dentro de uma interpretação ética dos direitos humanos, fundada em valores intrínsecos à racionalidade humana, devem-se compreender os direitos sociais como direitos essenciais e inafastáveis, por conseguinte fundamentais. A partir dessa eticidade dos direitos humanos, pode-se falar em *direitos fundamentais sociais*, quais sejam, aqueles que, em vez de serem direitos contra o Estado, se constituem em direitos através do Estado, exigindo do Poder Público certas prestações materiais, como a

---

[385] BIDART, German J.; HERRENDORF, Daniel E. *Princípios de Derechos Humanos y Garantias.* Buenos Aires: Ediar, 1991, p. 131.

[386] COMPARATO, Fabio Konder. *Afirmação Histórica.* Op. cit., p. 46.

[387] Ibidem, p. 47.

implementação de políticas sociais que facultem o gozo efetivo dos direitos constitucionalmente protegidos.[388]

Os direitos humanos situam-se, em virtude de suas características morais, – o que torna essa categoria jurídica uma forma de contestação radical à teoria jurídica positivista – para além e acima da organização estatal, deitando as suas raízes, em última instância, na consciência ética coletiva. A investigação sobre a natureza dos direitos humanos tem a ver com a busca dos modelos racionais e lógicos, que deitam as suas raízes na construção historicamente verificável de que esses direitos visam a proteção de bens e valores, que no seu todo constituem o cerne da dignidade humana e que foram sendo construídos no espaço público da sociedade democrática nos últimos dois séculos. O princípio constitucional da dignidade da pessoa humana ganha, assim, substância moral e jurídica, passando a integrar o sistema normativo, perdendo o seu caráter adjetivo, não mais sendo um simples ideal, pouco definido e dependente da vontade mutante do legislador.

Essa constatação exige que se situe a questão da fundamentação ética dos direitos sociais, para além da positivação jurídica. Trata-se, preliminarmente, de demonstrar que os direitos sociais têm as mesmas características de obrigatoriedade dos direitos humanos, participam também de sua natureza ética, tendo características de universalidade, a serem demonstradas através de uma fundamentação racional. A demonstração dessas características dos direitos sociais, como direitos humanos, pode ser elaborada em função da atribuição de qualidades que têm a ver com a dignidade humana. Deste modo poderemos comprovar em que medida os direitos sociais encontram-se no mesmo nível axiológico das liberdades individuais ou, então, dos desdobramentos dessas liberdades, no âmbito da distribuição dos bens. A atribuição de uma natureza ética aos direitos humanos e sociais constitucionais vem de encontro ao que pretendia o legislador constituinte, que ao legislar procurou expressar o entendimento ético que a sociedade tinha sobre o Direito e a organização do Estado. Atender, portanto, à vontade expressa pelo próprio constituinte, consiste, antes de tudo, em acatar as palavras empregadas no texto constitucional no seu sentido próprio e explícito. Isto para que o Direito expresso nas leis tenha um "efeito útil",[389] que no estado democrático do direito tem a ver com os objetivos estabelecidos no Preâmbulo da Constituição de 1988 e que perpassa todo o seu texto.

3.6. Etapas na fundamentação ética dos direitos sociais

Devemos examinar dois níveis de problemas, que se colocam no processo da fundamentação ética dos direitos sociais e que poderão servir como

---

[388] KRELL, Andréas. "Controle judicial dos serviços públicos básicos na base dos direitos fundamentais sociais", In: *A Constituição Concretizada*. Porto Alegre: Livraria do Advogado, 2000.

[389] MELLO, Celso Albuquerque de. *Direitos Humanos e Conflitos Armados*. Op. cit., p. 41.

dados a serem levados em conta na nossa reflexão. Trata-se, no primeiro nível, de considerações de caráter mais abstrato e teórico, onde pontuamos o paradigma jurídico vigente nos dois últimos séculos; o segundo nível refere-se à questão das características objetivas do sistema jurídico, oriundo da concepção teórica. Procuraremos transitar por algumas falácias epistemológicas, que, quando resolvidas, permitem que se desvendem as razões pelas quais os direitos sociais, para alguns autores, não se encontram consagrados na categoria dos direitos humanos.

O primeiro momento da comprovação da natureza ética e universal dos direitos sociais pode ser identificado quando se considera o direito à igualdade, como critério aferidor daquela universalidade. O segundo momento desdobra-se em consequência da leitura não reducionista da filosofia política kantiana, que se antepõe à leitura equivocada que tem servido, como veremos a seguir, de modelo teórico para justificar a posição que considera os direitos sociais como naturalmente contingentes.

Os direitos sociais, também chamados direitos de igualdade, correspondem à segunda geração dos direitos humanos. Surgiram em momento posterior aos direitos civis e políticos, direitos de liberdade, que integraram a primeira geração de direitos humanos. A primeira geração de direitos humanos começou a ser discutida no eclodir da Idade Moderna. A partir dos séculos XVI e XVII, a reação contra os excessos do absolutismo levou ao questionamento sobre os limites do poder do Estado. Os direitos da primeira geração – direitos civis e políticos, cuja consolidação pacífica só se aperfeiçoou no século XVIII, com as primeiras Declarações de Direitos – são direitos de resistência e oposição perante o Estado. Dotados de subjetividade, são faculdades ou atributos inerentes à pessoa, oponíveis ao Estado e, que ao delimitarem o espaço intransponível da autonomia individual, estabelecem os limites a serem observados pelo poder público. Representaram historicamente a positivação da superação do absolutismo através do estabelecimento do estado liberal de direito, que se instituiu em função e para preservar direitos do indivíduo face ao Estado.

O valor que inspirou o surgimento da primeira geração de direitos humanos foi a liberdade, mas é preciso ressalvar que a liberdade foi interpretada em sua acepção negativa. O conceito de liberdade, no sentido negativo, tal como compreendido pelos pensadores liberais, corresponde à ausência de restrição ou interferência. Liberdade negativa é a situação na qual o indivíduo tem a possibilidade de agir sem ser impedido, ou de não agir sem ser obrigado, por outros sujeitos. Nesse sentido, a liberdade consiste em fazer ou não fazer tudo que as leis, entendidas em sentido lato, e não apenas no sentido estritamente técnico-jurídico, permitem ou não proíbem fazer. Entretanto, essa liberdade que serve de base aos direitos da primeira geração pode sujeitar-se a algumas restrições, estabelecidas principalmente pela lei, no interesse da coesão, da justiça e de outros valores sociais, mesmo porque a garantia de uma liberdade estritamente negativa não é suficiente para permitir o adequado desenvolvimento dos atributos do ser humano.

Com efeito, a ordem liberal politicamente institucionalizada através dos direitos civis e políticos, assegurou o estabelecimento de um sistema social em torno da economia livre de mercado, economia esta que terminou por gerar um quadro de profundas e injustas desigualdades sociais, sob a égide de um Estado mais preocupado em representar os interesses dos detentores dos meios de produção do que em proteger os setores menos favorecidos ou mais fracos da sociedade. O Estado Liberal se comprometia apenas a garantir a liberdade dos cidadãos, e, por isso, pretendia apresentar-se como um instrumento neutro, afastado de qualquer implicação "material" de sua atividade e voltado para estabelecer claramente os seus limites com a sociedade civil. A satisfação dos interesses e das necessidades individuais, de acordo com a ideologia liberal, deveria ficar, assim, dependente do livre jogo dos agentes no mercado na sociedade civil, sem a interferência do Estado.

A ideia de um Estado de Polícia, isento e asséptico, mero garantidor da liberdade de iniciativa, não demorou em revelar-se uma ilusão. O Estado liberal, por trás de sua aparente neutralidade, na realidade estava a serviço de uma classe social, a classe dos detentores dos meios de produção, que necessitavam de um sistema jurídico que regulasse de forma igual os conflitos que ocorressem na sociedade civil e garantissem a atividade econômica da intervenção do Estado, para que assim pudesse ser realizado o reino da autonomia e da liberdade individual. Acontece que no seio da própria sociedade liberal ocorreram dissensões entre os detentores dos meios de produção, tornando-se uns mais fortes do que outros, em virtude, muitas vezes, da ação do poder público estatal, renegada ideologicamente, mas bem-vinda quando atendesse ao interesse privado sob as diferentes formas de incentivos e isenções fiscais. Ao mesmo tempo, os mecanismos de produção e distribuição de riqueza da economia liberal produziram prosperidade econômica crescente da sociedade como um todo, acompanhada de profundas desigualdades sociais. Essas desigualdades, que puniram durante décadas a massa de trabalhadores, serviram como condições sociais objetivas para o surgimento da categoria dos direitos sociais como direitos humanos, pois tinham a ver com a própria sobrevivência do indivíduo, prisioneiro das engrenagens da economia liberal. Os direitos sociais vieram a servir como o instrumento político e jurídico que serviu à democratização do sistema econômico e social da sociedade liberal.

Nesse contexto de desequilíbrio entre as condições de vida de diferentes classes sociais, foram, assim, formuladas as reivindicações sociais que serviram de fundamentos para a segunda geração dos direitos humanos, os direitos sociais, econômicos e culturais. Após a consagração dos limites ao poder do Estado no quadro do liberalismo, e depois que essas limitações contribuíram para a exclusão de grandes massas dos benefícios da sociedade industrial, tornou-se evidente a necessidade de democratização dessas liberdades conquistadas no contexto do Estado liberal, para defesa, inclusive, dos próprios direitos fundamentais desse sistema político.

Com a superação da ética liberal, o conceito de direitos fundamentais deixou de estar circunscrito ao *status negativus libertatis*, que vedava a interferência do Estado nas atividades da sociedade civil. A instituição dos direitos sociais supunha também a garantia do *status positivus libertatis*, que compreende o terreno das exigências, postulações e pretensões com que o indivíduo, dirigindo-se ao poder público, recebe em troca prestações. É, portanto, o *status positivus* que permite ao Estado construir socialmente as condições da liberdade concreta e efetiva. Deste modo, o Estado Social de Direito, substituindo o Estado Liberal, inclui no sistema de direitos fundamentais não só as liberdades clássicas, mas também os direitos econômicos, sociais e culturais. A satisfação de certas necessidades básicas e o acesso a certos bens fundamentais, para todos os membros da comunidade, passam a ser vistos como exigências éticas a que o Estado deve necessariamente responder.

A ideia de igualdade social, própria do Estado Social de Direito, não se identifica com a garantia de igualdade perante a lei, mera igualdade formal. Exige, ao contrário, um outro tipo de igualdade, material, que representa exatamente a superação da igualdade jurídica do liberalismo. Pelo princípio da igualdade material, assim desenvolvido, o Estado se obriga, mediante retificação na ordem social, a remover as injustiças encontradas na sociedade. Essa obrigação, entretanto, processa-se não através da pura e simples manifestação do voluntarismo político, mas como consequência da elaboração legislativa, que irá refletir as demandas dos excluídos dos benefícios da sociedade liberal. Antepõe-se, portanto, a sociedade liberal e a sociedade do estado democrático de direito, em virtude, precisamente, da natureza e função dos direitos civis e políticos num sistema jurídico que passou a ter nos direitos sociais a condição para a implementação dos objetivos últimos estabelecidos no texto consticuional. Deve-se enfatizar, aqui, que o surgimento dos direitos sociais não suprimiu nem apagou as conquistas referentes aos direitos civis e políticos. Ao contrário, o que se observa é que no século XX, os direitos civis, políticos e sociais sofreram um processo de convergência, em virtude da maior democratização no exercício do poder, e passaram a constituir o núcleo da cidadania no Estado Democrático de Direito.

Outra questão que necessita ser analisada é a de que no Estado Democrático de Direito contemporâneo, os direitos fundamentais básicos estão cada vez mais dependentes da prestação de determinados serviços públicos, pois os direitos fundamentais de defesa somente podem ser eficazes quando protegem as condições materiais mínimas necessárias para a sua realização. Por exemplo, se o poder estatal deixa de desenvolver esforços para atender à população mais carente, que não tem recursos para pagar um plano privado de saúde, essas pessoas acabam sendo ameaçadas diretamente no seu direito à vida e à integridade física. Os direitos sociais, no quadro jurídico-político atual, concretizam a obrigação do Estado de controlar os riscos do problema da pobreza, que não podem ser atribuídos exclusivamente aos próprios indivíduos, restituindo um *status* mínimo de satisfação das necessidades pessoais. Os direitos sociais, econômicos e culturais constituem, junto com as liberdades civis e políticas, o acesso a essa dimensão maior da liberdade.

3.7. Justiça e dignidade da pessoa humana

Além dos valores da igualdade e da liberdade – conjugados na forma de igual direito à liberdade – os direitos sociais encontram fundamento ético na exigência de justiça, na medida em que são essenciais para a promoção da dignidade da pessoa humana, e indispensáveis para a consolidação do Estado Democrático de Direito. Esse regime, fundado sobre o princípio democrático, pretende assegurar a inclusão social, o que pressupõe participação popular e exercício dos direitos de cidadania. A cidadania, em seu conceito jurídico clássico, estabelece um vínculo jurídico entre o cidadão e o Estado. Esse vínculo, entretanto, no quadro do estado democrático de direito torna-se mais abrangente, pois cidadão é aquele que goza de direitos civis (liberdades individuais) e políticos (participação política), mas também de direitos sociais (trabalho, educação, habitação, saúde e prestações sociais em tempo de vulnerabilidade). O vínculo da cidadania, sob esse ponto de vista, materializa-se em duplo sentido. A cidadania permite que o indivíduo sinta-se partícipe da sociedade na medida em que esta sociedade se preocupe ativamente com sua sobrevivência, e com uma sobrevivência digna. Assim, verifica-se que a cidadania é uma relação de mão-dupla: dirige-se da comunidade para o cidadão, e também do cidadão para a comunidade. Portanto, só se pode exigir de um cidadão que assuma responsabilidades quando a comunidade política tiver demonstrado claramente que o reconhece como membro, inclusive, através da garantia de seus direitos sociais básicos. O reconhecimento de integração na comunidade depende, deste modo, não apenas da garantia dos direitos civis e políticos, mas também da participação nos direitos sociais indispensáveis para ter uma vida digna.

Os direitos sociais derivam, em última análise, do princípio constitucional da dignidade da pessoa humana, através de uma linha de eticidade. Assim, constata-se que não há distinção de grau entre os direitos sociais e os direitos individuais, pois ambos são elementos de um bem maior: a dignidade da pessoa humana, que tem duas faces, conectadas, sobretudo, por sua fundamentação ética, universal, comum: a liberdade e a igualdade. É por essa razão que a eliminação das desigualdades continua sendo uma tarefa irrenunciável – em primeiro lugar, por razões de coerência entre um suposto ideal de igualdade e a própria ideia de democracia; em segundo lugar, pela constatação de igual dignidade das pessoas, apesar das desigualdades físicas e psicológicas. Essa igualdade material é que irá garantir a cada indivíduo o gozo de renda mínima, moradia digna, emprego, assistência sanitária, educação fundamental e apoio em tempos de dificuldade.

Torna-se necessário que se estabeleçam os parâmetros teóricos dentro dos quais poderemos investigar a fundamentação ética dos direitos sociais, assim como foi extensamente elaborada a fundamentação ética dos direitos civis e políticos no alvorecer do estado liberal de direito. Os direitos relativos ao exercício das liberdades e do direito de propriedade, desde a formulação lockeana, que a considerava como uma das formalizações jurídicas do exercício da autonomia, são considerados como direitos universais e que se legitimam eticamente. Isto porque esses direitos expressam ou resultam do exercício da autonomia da pessoa humana. Assim, por exemplo, Locke situava a origem do direito de propriedade (*Segundo Tratado do Governo Civil*, V) no exercício pelo homem de atos que visam a retirar, através do trabalho, da propriedade comum, parte que passariam a legitimamente integrar a propriedade individual. A lei de moralidade, por sua vez, na primeira formulação kantiana, expressa (*Fundamentação da Metafísica dos Costumes*) a ideia de que se encontra implícito no exercício das liberdades, através da manifestação das vontades autônomas, e estabelecimento de limites comuns para o seu exercício. No âmbito das liberdades, por referirem-se num primeiro momento a relações intersubjetivas, a natureza ética das mesmas torna-se evidente. O mesmo não ocorre, entretanto, com os direitos sociais, que são por natureza direitos públicos, a serem realizados coletivamente.

O modelo teórico do qual podemos nos socorrer para examinar a fundamentação ética dos direitos sociais é o kantiano. Torna-se, no entanto, oportuno esclarecer duas questões preliminares: primeiro, quais as consequências práticas da atribuição do caráter ético aos direitos sociais; e segundo, por que Kant?

Esses dois questionamentos podem ser, conjuntamente, respondidos. A leitura de Kant tem sido, a meu ver, realizada de modo reducionista, aceitando-se de forma acrítica a afirmação de que o filósofo alemão erige a lei de moralidade como sendo, principalmente, individual, aplicada exclusivamente aos indivíduos. *A contrario sensu*, alguns autores[390] consideram que se pode, sem violação do texto kantiano, afirmar-se que, partindo-se da segunda formulação do imperativo da moralidade – "seres racionais estão pois todos submetidos a esta lei que manda que cada um deles jamais se trate a si mesmo ou aos outros simplesmente como meios, mas sempre simultaneamente como fins"[391] – podemos evidenciar como a fundamentação ética kantiana aponta para a natureza social do ser humano. Em consequência, argumenta Höffe, podemos retirar das entrelinhas da obra kantiana um outro tipo de imperativo, o imperativo jurídico categórico. Encontramos, assim, implícito em Kant – que nunca empregou diretamente a expressão "imperativo jurídico categórico" – uma abertura metodológica que nos permitirá desenvolver a ideia de que os direitos sociais têm caráter de universalidade obrigatória, isso por serem direitos que se encontram nas origens da sociedade humana, representando a dimensão da pessoa como *bios politikòn*.

---

[390] HÖFFE, Otfried. *Principes du Droit*. Op .cit. CORTINA, Adela. *Ciudadanos del Mundo*. Op. cit.

[391] KANT, Immanuel. *Fundamentação da Metafísica dos Costumes*. Op. cit., p. 76.

4. Globalização e metaconstitucionalismo

4.1. As antinomias da globalização

Entramos no limiar do século XXI com profundas transformações no sistema das relações interestatais. O equilíbrio entre as grandes potências da Paz de Westphalia que tinha sido substituído pelo equilíbrio bipolar – EE. U.U. *versus* União Soviética – durante a maior parte do século XX, com a queda do sistema soviético foi substituído pela hegemonia econômica e militar dos Estados Unidos. Ao lado dessa brusca mudança no cenário político global, pela primeira vez na história da humanidade um sistema econômico pretende-se universal, surgindo mecanismos de produção comuns a todos os povos. Entretanto, a própria hegemonia da superpotência, Estados Unidos e o sistema de produção e comercialização de riquezas veem-se ameaçados por forças políticas, religiosas e militares, que tornam frágil o poder do estado hegemônico. Envolvendo essas transformações políticas, econômicas e sociais encontra-se o processo da globalização.

Os termos "processo de globalização", bem como "globalização" ou "mundialização", tem sido utilizada de forma abrangente e procura expressar, na verdade, fenômenos sociais, políticos, econômicos e culturais, muitas vezes correlatos, mas, às vezes, excludentes. A maioria das vezes, principalmente na literatura das ciências sociais, o uso da expressão vem carregado de uma atribuição crítica e expressa julgamentos valorativos, quer sejam positivos, quer sejam negativos. Essa característica do uso da expressão deve-se ao fato de que a globalização surge, antes de tudo, no âmbito do capitalismo financeiro para então repercutir e ganhar cores próprias nas relações intersubjetivas, intergrupais e interestatais na contemporaneidade. O termo "globalização" foi, também, associado a um projeto sociopolítico, a *Pax Americana*, que após a queda do Muro de Berlim, foi considerado como hegemônico.

O projeto, tanto para alguns teóricos, como na prática das relações financeiras, passou a ser considerado como qualitativamente superior aos demais modelos de regimes políticos, econômicos e sociais, encontrados nas diferentes nações do planeta. Desde as suas origens, a identificação da globalização com uma experiência nacional trouxe consigo distorções na avaliação crítica do fenômeno. O argumento adiantado pelos teóricos da globalização neoliberal consistia em proclamar as qualidades intrínsecas do projeto político e econômico norte-americano, pois ele, e somente ele, representaria a etapa mais avançada da democracia liberal. Essa apropriação da expressão, por uma forma específica de ideologia e sistema político, contribuiu para que aspectos da globalização que escaparam dos limites do projeto norte-americano passassem despercebidos dos analistas.

As categorias clássicas do Estado e do Direito liberal viram-se confrontadas com desafios surgidos no seio do processo de globalização e que se referiam, principalmente, à contestação de alguns princípios fundadores da sociedade liberal. A dimensão da igualdade, por exemplo, viu-se questionada por fatores produzidos no processo. Alguns autores sustentam mesmo que a questão da igualdade encontra, precisamente, no país modelo o seu grande desmentido.

Assim, por exemplo, Habermas, ao tratar da inclusão no estado liberal, sustenta que a proteção igual sob a lei não é suficiente para que seja constituída uma democracia constitucional. Não devemos somente ser iguais sob a lei, mas devemos, também, considerar que somos autores das leis que nos unem. Como escreve Habermas quando consideramos essa conexão interna entre a democracia e o estado constitucional, seriamente, "torna-se claro que o sistema do direito não é cego face às condições sociais desiguais e as diferenças culturais".[392] Habermas aponta, então, o que parece ser o ponto nevrálgico da fragilidade do estado liberal face aos desafios adiantados pela globalização:[393]

> [...] a cegueira em relação à cor da leitura seletiva desaparece desde que se assuma que atribuímos aos detentores de direitos individuais uma identidade que é concebida intersubjetivamente. Pessoas, assim como sujeitos de direito, tornam-se individualizadas somente através de um processo de socialização.

Os efeitos sociais da globalização irão aparecer sob diferentes formas de exclusão, que negam, como sustenta Habermas, a própria natureza de um estado democrático de direito. Essa questão suscitada pelo filósofo alemão faz com que a análise do processo de globalização deixe de ser exclusivamente e principalmente econômica e financeira e volte a sua ênfase nas consequências políticas, sociais e culturais desse processo. Trata-se de encontrar soluções que não se encontram no âmbito da econômica e das finanças, mas sim da organização política. Para tanto é necessário verificar quais as características da globalização considerada como processo social com múltiplas e variadas repercussões na sociedade contemporânea.

4.2. Globalização e processo social

Distingue-se no processo de globalização dois fenômenos distintos, que ocorrem simultaneamente, mas que provocam resultados objetivos diferen-

---

[392] HABERMAS, Jürgen. "Struggles for Recognition in the Democratic Constitucional State". In: TAYLOR, Charles, *Multiculturalism*. Princeton: Princeton University Press, 1994, p. 107.

[393] Ibidem, p. 107.

ciados: o primeiro deles, acontece em função da transformação das cadeias de atividade econômica, social e política, que deixaram de ser nacionais, ganhando dimensões inter-regionais e intercontinentais; mas, por outro lado, a globalização remete, também, à constatação de que existe uma intensificação e mudança na natureza dos níveis de interação e interconexão dentro dos próprios sistemas políticos nacionais, no âmbito da interestatalidade e das conexões entre sociedades e culturas.[394]

A globalização não consiste em processo linear, com princípio, meio e fim, desenvolvendo-se por etapas e momentos previsíveis, explicáveis em virtude de relações de causa e efeito; trata-se de um fenômeno multidimensional, envolvendo diversos domínios da atividade e da interação humanas, tornando-se, assim, em fenômeno complexo que exige a formulação de políticas públicas extremamente sofisticadas para a solução de seus problemas.

A análise do processo de globalização pressupõe, portanto, a consideração de três blocos temáticos, acima referidos. Organizam-se nesses blocos os diferentes tipos de atividades que ocorrem na globalização: a atividade econômica, política, tecnológica, militar, jurídica, cultural e ambiental. Essas atividades têm cada uma de per si peculiaridades próprias, e todas elas refletem o produto do conhecimento e das técnicas próprias de uma civilização tecnocientífica. Neste sentido, o processo de globalização reúne em todos os seus aspectos os resultados da ciência e da tecnologia, sendo necessário que se imaginem novas formas de categorias e sistemas jurídicos que resolvam os conflitos encontrados nessa nova realidade.

Talvez a questão central com que se defronta a globalização, ao lado da constatação do fato científico e tecnológico como motor propulsor do processo, resida na necessária análise e ponderação dos diferentes níveis de acesso ao poder e de sua regulação. As dificuldades oriundas do processo de globalização residem, em primeiro lugar, no fato de que se trata de um processo onde as relações entre os diversos agentes ocorrem no quadro de uma hierarquia que estabelece relações assimétricas, tanto no acesso às redes globais, como na distribuição de infraestruturas sociais e econômicas. Esse tipo de sistema assimétrico produz, em consequência, efeitos socialmente nefastos, alimentando, assim, as mais acerbas críticas ao processo de globalização.

De um lado, o processo conduz a relações de poder desiguais e, em função dessa desigualdade, permeia a sociedade com ideais de consumo somente acessíveis a poucos; ao mesmo tempo, para produzir esses benefícios, aprofunda os níveis de desigualdade econômica e exclusão social, afetando a qualidade de vida de todos, inclusive dos que mais se beneficiam do processo. Esse paradoxal efeito dos avanços tecnológicos e do incremento da desigualdade, que vai redundar naquilo que os sociólogos denominam sociedade de risco, exige uma reflexão e uma participação sociais mais intensas do que aquelas encontradas na sociedade liberal. A natureza do processo

---

[394] HELD, David. "Democracy and Globalization". In: ARCHIBUGI, Danielle; HELD, David; KÖHLER, Martin (edits.). *Re-imagining Political Community*. Stanford: Stanford University Press, 1998, p. 13.

globalizador aponta, assim, para o caminho da democracia e transparência no exercício do poder público e privado.

Dentro desses blocos temáticos, que se referem aos tipos de atividade e interação encontrados na globalização, surgem novos tipos de desafios e perplexidades. A economia que foi o âmbito da atividade humana onde se manifestaram os primeiros indícios da globalização implica relações múltiplas e complexas, que se desenvolvem no comércio, finanças, empresas multinacionais, indústria cultural e meio ambiente. No seio do próprio sistema econômico vamos constatar contradições que evidenciam um sistema ainda embrionário, apesar de extremamente poderoso e imprevisível. Enquanto as relações comerciais levaram as economias nacionais a uma feroz concorrência, o sistema financeiro, a partir da liberalização dos mercados de capitais, no início da década de 80, presenciou o surgimento do mais integrado sistema de que se tem notícia na história da humanidade. Implementando políticas próprias, independentes da vontade política das comunidades dentro das quais atuam, as empresas multinacionais trouxeram para a cena político-institucional, fatores de desestabilização, quando "a autonomia de governos eleitos democraticamente tem sido, e de forma crescente, constrangida por fontes do poder econômico, não eleitas e sem representatividade".[395] Corre-se o risco de abandonar-se, assim, no processo, uma das conquistas mais significativas da cultura política dos últimos dois séculos: a representação política, como fonte legitimadora da lei e do exercício efetivo do poder.

A indústria cultural, por sua vez, expressa por vias próprias as mesmas características dos demais instrumentos de globalização. A transnacionalização dos sistemas de televisão e cinematográfico tende a uma homogeneização de padrões e valores culturais, ainda que haja uma crescente reação de culturas locais a essa tendência. É o caso, por exemplo, do renascimento do interesse das novas gerações por manifestações artísticas e culturais tradicionais, específicas de comunidades, face à pasteurização imposta pelos grandes sistemas de comunicação. Observa-se, também, o aparecimento dentro do próprio sistema da Internet de uma individualização crescente no acesso à informação e à comunicação. Entretanto, esse sistema, que caminha para ser de propriedade de oligopólios, um dos instrumentos econômicos e jurídicos da globalização, tem sido o veículo de circulação de ideias e valores, que por sua própria natureza levam o usuário a encontrar meios que superem as tentativas de controle político da comunicação globalizada.

O meio ambiente constitui, também, uma outra área de atividades e inter-relações onde se delineiam novos tipos de organização dentro do processo de globalização. O aquecimento global, o esvaziamento da camada de ozônio, junto com a expansão demográfica, principalmente, nas populações mais fracas economicamente, excluídas socialmente, e a poluição constituem o espaço pelo qual transitam forças econômicas, financeiras e políticas descontroladas. Entre os processos econômicos, talvez a deterioração do meio ambiente, por ameaçar de modo mais evidente todas as nações do planeta,

---

[395] HELD, David. Op. cit., p. 18.

ricas ou pobres, seja o setor onde maior número de tentativas têm sido feitas para que se estabeleçam acordos e normas de regulação globais. Conferências internacionais, como a do Rio de Janeiro, em 1992, e organizações culturais, científicas e de defesa do meio-ambiente têm submetido governos e empresas a crescentes procedimentos de constrangimento e controle.

Outro tipo de atividade característica da globalização tem a ver com o Direito. Precisamente porque o estado nacional soberano encontra-se submetido a diferentes influências culturais, políticas e econômicas, o Direito que dele emana como manifestação de sua vontade política, sofre no processo uma mudança radical. A legislação do comércio internacional, da exploração e ocupação do espaço, da exploração dos oceanos e das reservas silvícolas são exemplos de como a outrora autônoma vontade estatal encontra-se hoje limitada por acordos e organizações internacionais. O *locus* do poder real deslocou-se, por sua vez, no âmbito interno do estado nacional, do poder executivo para diferentes tipos de agências a nível nacional, regional e internacional, que procuram adequar os sistemas nacionais às exigências reguladoras da globalização.

Trata-se, em outros termos, da constatação de que a soberania, como concebida pela tradição clássica do pensamento político e jurídico, encontra-se questionada por uma rede de novos desafios. Surgem os desafios encontrados na área da ecologia, da complexidade tecnológica crescente do desenvolvimento e de suas consequências sociais, do aprofundamento do fosso entre nações ricas e pobres, das correntes migratórias, internas aos próprios países e entre países, diante dos quais as respostas convencionais encontradas no estado e no direito clássicos têm sido insuficientes.

Quando analisamos os temas centrais desses novos desafios, verificamos que o esvaziamento das possibilidades reais do estado soberano deve-se mais ao aparecimento das demandas valorativas, que têm a ver com a própria sobrevivência da humanidade no quadro da globalização. Existem bens comuns da humanidade, como a saúde, o bem-estar, a alimentação, a habitação, que no quadro da soberania clássica terminaram por ficar prisioneiros de um aparelho estatal dependente do próprio processo de globalização. Esses bens almejados e disputados por populações inteiras, excluídas de seus benefícios, transformam-se de forma crescente em causa para o aumento de pressões políticas sobre os estados nacionais.

Neste contexto, o estado nacional situa-se como parte de um sistema global e regional, complexo e com diferentes níveis, estando submetido a diferentes tipos de pressões, ainda que não tenha subvertido a sua autoridade política, modificam, entretanto, a natureza de sua autonomia e soberania. Constata-se, assim, que as relações objetivas de poder, que ocorrem no processo de globalização, contribuíram para a instauração de um sistema internacional, que representa o contraponto moderno e secular da organização política medieval, caracterizada pela superposição de autoridades e lealdades divididas, entre o monarca e a Igreja.

4.3. O princípio moral da responsabilidade

A conjugação de todos os fatores específicos da globalização faz com que se fale em "sociedade de risco". Essa sociedade poderia ser caracterizada por "riscos e perigos de hoje", que se diferenciam das mesmas ameaças na Idade Média, por exemplo, e isto, em virtude da globalização.[396] Observa-se, por outro lado, um fenômeno político e social que se torna cada vez mais presente no cenário nacional e internacional: na medida que se fortalece a conscientização política sobre o necessário respeito a valores e bens comuns da humanidade, como dique à maré montante dos malefícios de um processo, dito modernizador e que se pretende global, esses bens e valores tornam-se cada vez mais indivisíveis. Como escreve Badie, racional e eticamente esses desafios nos conduzem a um tratamento global no qual "o princípio da responsabilidade se substitua ao da soberania; cada estado é o depositário fiel da sobrevivência do planeta, do seu desenvolvimento e dos valores construídos como universais".[397]

Um modelo universal ou cosmopolita de organização político-social encontra-se em fase de gestação, o que até então somente tinha sido imaginado na especulação filosófica ou ideológica. Esse modelo, que deverá responder às forças atuantes na realidade política, social, econômica e cultural, tem um caminho determinado por referenciais comuns a todos os povos e nações. Esses referenciais é que servirão de fonte legitimadora de um novo sistema jurídico necessariamente universal.

A ideia das "comunidades de responsabilidade"[398] remete-nos para um novo quadro de relações internacionais, onde a ação política deixa de refletir somente a vontade soberana do estado nacional e expressa, também, políticas públicas que tenham por objetivo o atendimento das necessidades das comunidades particulares. O papel do Direito será o de estabelecer de forma intercultural, mais do que por instrumentos interestatais, tipos de responsabilidades coletivas e particulares, a serem garantidas pelos estados. Abrem-se dessa forma possibilidades para a construção de uma nova ordem política, não identificada com o governo mundial, mas que supere as limitações do sistema político e da ordem jurídica do estado soberano. O neologismo "global-local", sugerido por alguns autores,[399] expressa a solidariedade que une duas novas tendências da cena contemporânea: de um lado a globalização, nutrindo-se da dinâmica de fatores locais (produção, gestão, iniciativas municipais, cooperação entre organismos sociais); de outro lado, ela se manifesta através da formação de regiões transversais, como os grandes conjuntos mundiais regionais.

---

[396] BECK, Ulrich. *La sociedad del riesgo: hacia una nueva modernidad*. Barcelona: Paidós, 1998, p. 28.

[397] BADIE, Bertrand. *Un Monde sans Souveraineté*. Paris: Fayard, 1999, p. 166.

[398] Ibidem.

[399] Ibidem, p. 167; ROBERTSON, R. "Globalization: Time-Space and Homogeneity- Heterogeneity". In: M. Featherstone, S. Lash e R. Robertson (edits.). *Global Modernities*. London: Sage, 1995, p. 1-24.

Nos interstícios desse sistema surge uma nova dimensão política, que tem a ver com a cidadania cosmopolita. Ocorre um fenômeno político e social que se torna cada vez mais presente no cenário nacional e internacional: na medida em que se fortalece a conscientização política sobre o necessário respeito a valores e bens comuns da humanidade, como dique à maré montante dos malefícios do processo, esses bens e valores tornam-se cada vez mais indivisíveis. Neste sentido é que se pode visualizar um sistema que seja construído em torno do princípio da responsabilidade entre nações e comunidades o critério jurídico. Esse critério, entretanto, não será o reflexo da vontade de um Estado nacional soberano, nem muito menos de um estado mundial, mas sim de um sistema jurídico que deite suas raízes e os seus limites em função daqueles direitos comuns a todo o ser humano, direitos esses que se expressam juridicamente nos direitos humanos, patamar moral legitimador das soberanias e parâmetro jurídico universal determinante de responsabilidades a serem estabelecidas através dos diferentes estados nacionais.

4.4. Da cidadania liberal à cidadania cosmopolita

O desafio da engenharia política do próximo milênio encontra-se em estabelecer um sistema político, obediente a valores e normas nascidas da realidade social e econômica, mas que oriente o sistema em direção a um maior equilíbrio e distribuição de riquezas, tendo como sustentáculo moral e político os direitos humanos. Para tanto, torna-se necessário investigar quais as condições de possibilidade e as características desse sistema político, resultante necessariamente de um novo tipo de política, chamada, por Habermas, de "política deliberativa".[400] Em torno da ideia de uma nova prática política é que se pode verificar em que medida o núcleo político e jurídico dessa política deliberativa encontra-se nos direitos humanos. Essa categoria de direitos é que poderá estabelecer os limites morais, políticos e jurídicos da sociedade cosmopolita, ao mesmo tempo em que serve como referencial normativo para a sociedade democrática.

A ordem política cosmopolita, entretanto, por sua própria natureza, pois se situa para além do estado nacional soberano, pressupõe o estabelecimento de critérios que não se identificam com uma determinada comunidade política ou com uma nação-estado. Nesse sentido, a proposta central da *Pax Americana*, que se expressa do ponto de vista econômico e social pelo Consenso de Washington, onde o "capitalismo democrático" torna-se o sistema ideal a ser instrumentalizado através do livre mercado global, como seu mecanismo, é contraditória, pois pretende transferir para o âmbito universal uma forma nacional, no caso o modelo norte-americano, de ordem política e sistema econômico. Essa globalização forçada, que nega precisamente as

---

[400] HABERMAS, Jürgen. *Direito e Democracia, entre facticidade e validade*. Trad. Flávio Beno Siebeneichler. Rio de Janeiro: Tempo Brasileiro, 1997, cap. VII.

possibilidades de uma ordem universal, transforma o processo de globalização na imposição de um sistema econômico específico. Neste quadro é que se torna necessário avaliar a função da ideia de sociedade cosmopolita, de cidadania cosmopolita e de direito cosmopolítico.

A palavra "cosmopolita" tem suas origens na Grécia clássica e, particularmente, no ideal dos filósofos estoicos que consideravam os seres humanos como criaturas racionais com direitos universais, sendo cidadãos da "Cosmópolis". Empregada, inicialmente, na Europa durante a efervescência dos anos do Iluminismo, pelas elites intelectuais, a expressão significava o universalismo político ou cultural, que desafiava a particularidade de nações e estados, de um lado, e as pretensões do universalismo religioso, de outro. Cosmopolita passou na modernidade a designar o "cidadão do mundo", aquele indivíduo que se sente em casa não importe onde se encontre. A cidadania cosmopolita constituirá, assim, uma forma peculiar de vínculo jurídico entre o indivíduo e uma nova ordem jurídica, ainda em gestação, que não se identifica com a legislação do Estado-Nação, nem com as leis internacionais, estabelecidas entre estados soberanos ou através das Nações Unidas.

Quando falamos em cidadania cosmopolita, estamos fazendo referência a um novo tipo de vinculo do indivíduo com uma determinada ordem jurídica, que não se reduz àquela do estado nacional. E quando nos referimos a uma ordem que se encontra para além do estado nacional, estamos tratando de um processo, que num primeiro momento, apresentou-se como sendo especificamente econômico. Encontramo-nos diante de uma nova e complexa realidade, onde subsistem estados nacionais e uma ordem econômica internacional, mas também a afirmação de valores culturais locais, dentro de cada estado. O direito de uma ordem política cosmopolita poderá, então, ser concebido como o domínio legal diferenciado da lei dos estados nacionais e, também, da lei interestatal ou seja a lei internacional. A cidadania cosmopolita será, portanto, aquela que irá assegurar direitos e liberdades a serem reconhecidos, não somente pelo estado nacional, mas que perpassará diversas ordens jurídicas. Será uma cidadania que se define não somente por um estado, mas através de diferentes estados.

O fato social e político relevante é que esse processo de globalização tem provocado reações as mais diversas, tanto sob o aspecto político, como sob o aspecto econômico. Constata-se que a imposição do modelo do Consenso de Washington não se processa de forma unilinear, pois as contradições internas provocadas pelas próprias políticas suscitam novas formas de organização social e econômica. Somos então compelidos a reconhecer a interdependência de dois tipos de questões: a existência de uma política global, que visa a todo o planeta, e que se expressa através das políticas do Fundo Monetário Internacional, do Banco Mundial e das empresas multinacionais; mas, paralelamente, num movimento contrário, surgem reações a nível social e político contra essa política uniformizadora.

As nações-estado encontram-se no meio dessa teia de relações múltiplas. A proposta da teoria da democracia cosmopolita baseia-se em algumas constatações empíricas, em função das quais pretende-se estabelecer os fundamentos de uma ordem democrática, que deite as suas raízes em redes regionais e globais de relacionamento e, também, em comunidades nacionais e locais. Os melhores analistas do fenômeno da globalização apontam para essa convergência empírica como forma de impedir que as forças econômicas, determinantes no processo de globalização, escapem dos mecanismos de controle democrático (legitimidade, transparência e participação do poder público).

Neste contexto, assume relevância a nítida diferença estabelecida por Habermas[401] entre a concepção liberal[402] e a concepção "republicana" da política. A primeira, concebe o processo democrático com a função de programar o Estado no interesse da sociedade, sendo que o processo político teria como finalidade fazer valer os interesses privados da sociedade em face do Estado; a segunda, entende o processo democrático, não como mediador entre interesses privados e o Estado, mas como garantidor do processo de socialização coletivo. Torna-se, assim, claro que a política deliberativa, instrumento peculiar à democracia cosmopolita, vai além do modelo do liberalismo clássico e reconhece a necessidade de que a legislação e o controle do exercício do poder sejam instrumentos essenciais na real democratização dos mecanismos político-institucionais, sociais e econômicos da sociedade cosmopolita.

4.5. Em direção à democracia cosmopolita

O sistema político e social da atualidade faz com que o Estado tenha um conjunto de novas responsabilidades, que ultrapassam os limites definidos no quadro do estado liberal. As responsabilidades práticas do estado, que se exercem através dos seus poderes legais, começam a mover-se em duas direções, para baixo e para cima. Ocorre o movimento para baixo das responsabilidades do estado quando funções, antes restritas ao poder público, passam a ser compartilhadas ou exercidas por organizações não governamentais, ou por grupos da sociedade civil. Esse movimento é constatado na crescente presença das organizações comunitárias, em diferentes quadrantes do planeta, que atuam junto e, às vezes, no lugar do poder público. Por sua vez, o movimento para cima acontece quando os poderes legais, até então exclusivos do poder soberano nacional, deslocam-se em direção às organizações que transcendem o estado nacional, que são as organizações regionais, transnacionais e globais. Este segundo tipo de desenvolvimento dos poderes legais do estado já se iniciou há algumas décadas, quando nas-

---

[401] HABERMAS, Jürgen. *L'intégration républicaine*. Trad. Rainer Rochlitz. Paris: Fayard, 1999, p. 259 e segs.

[402] RAWLS, John. *Political Liberalism*. New York: Columbia University Press, 1993.

ceram as primeiras organizações internacionais, constituídas por estados--membros, sendo que em algumas áreas da atividade política, econômicas, sociais e culturais, incluíram além de representações de governos, representantes de órgãos da sociedade civil, que se fazem ouvir de forma crescente no fórum internacional.

Existe, portanto, um novo tipo de regime democrático que se delineia, na medida em que os agentes do processo legislativo e de controle do poder acham-se cada vez mais disseminados pela estrutura social. Resta saber como e em que medida esse processo de democratização do processo decisório caminha de forma basicamente semelhante nos sistemas políticos diversificados e entre os estados e organismos internacionais. Para isto, torna-se necessário estabelecer os parâmetros em função dos quais podemos caracterizar os estados democráticos modernos. Em outras palavras, quais os fatores diferenciadores de um novo tipo de democracia, que alguns autores, seguindo a tradição iluminista kantiana, sugerem chamar de "democracia cosmopolita".

Os estados democráticos modernos são usualmente caracterizados por serem qualificados pelo respeito aos direitos humanos e às liberdades públicas, à igualdade de todos os cidadãos diante da lei e à existência da sociedade civil. Logo, a globalização para deixar de ser um mero arranjo econômico, deverá estar inserida no quadro desse amplo compromisso da democracia cosmopolita, como condição mesma de sobrevivência da humanidade. A democracia cosmopolita consiste no regime político onde o respeito universal e global dos direitos humanos, a igualdade cívica universal, o estado de direito e uma sociedade civil global constituem a sua espinha dorsal. O processo de globalização deixará então de refletir a tentativa de imposição de um modelo econômico global, sob a forma do "capitalismo democrático" universal,[403] e permitirá o surgimento de múltiplos capitalismos, que corresponderão a diferentes vocações sociais e culturais de um orbe pluralístico.

O modelo político-institucional que irá assegurar a democracia cosmopolita implica, por sua vez, numa reavaliação das formas políticas vigentes. Para que se possa caminhar em direção à institucionalização da democracia cosmopolita torna-se necessário que se considerem três fatores: em que medida as relações da comunidade com o poder público asseguram a governabilidade dessa nova ordem político-institucional; quais as relações entre o sistema de produção econômica e a sociedade civil, vale dizer, em que medida e através de quais mecanismos pode a sociedade influir na atividade econômica e contribuir para soluções para além do mercado, tendo em vista os desafios sociais; qual o mecanismo político-institucional próprio para agregar de forma orgânica os dois fatores acima adiantados.

O problema central na construção da democracia cosmopolita reside no modelo político-institucional a ser estabelecido. A tradição do pensamento político e jurídico consagrou a ideia de que a fonte do estatuto constitucional

---

[403] GRAY, John. *Falso Amanhecer, os equívocos do capitalismo global*. Trad. Max Altman. Rio de Janeiro/São Paulo: Record, 1999, p. 13.

dos estados soberanos, identifica-se com um conjunto de normas geradas internamente, sejam elas as normas de reconhecimento de Hart ou a norma fundamental de Kelsen. A teoria constitucional moderna encontra-se na atualidade questionada em seus próprios fundamentos, havendo uma crescente demanda por uma reflexão metaconstitucional para o entendimento do estado democrático de direito e suas relações com a cidadania cosmopolita. Essa reflexão apresenta-se como uma alternativa ao paradigma, tanto científico, quanto político-institucional vigente no quadro do positivismo jurídico. O projeto epistemológico do metaconstitucionalismo privilegia, como fonte teórica e prática da ordem constitucional da democracia cosmopolita, normas que não são geradas pelo estado soberano nacional e nem são válidas por causa do reconhecimento estatal.

As normas metaconstitucionais cosmopolitas são aquelas que exigem uma superioridade normativa sobre as normas constitucionais estatais, que elas se propõem autorizar, influenciar, suplementar ou suplantar.[404] O metaconstitucionalismo assume diversas formas jurídicas, tais como, os acordos internacionais referentes aos direitos humanos que têm efetividade legal ou então leis não constitucionais, como o NAFTA ou o Acordo da Irlanda com o Reino Unido; esse novo tipo de lei não constitucional trata das relações interestatais, mas têm suficiente autoridade para estabelecer uma comunidade política não estatal ou meta-estatal, como é o caso da União Europeia.

Os teóricos do metaconstitucionalismo apontam para a necessidade da reconsideração dos fundamentos do direito constitucional, como exigência para que se possa dar uma dimensão humana às novas relações estabelecidas pela globalização. O modelo do constitucionalismo liberal caracteriza-se por ser dificilmente modificado ou superado, a não ser através de procedimentos constitucionais especiais, como o *quorum* privilegiado, e também por basear-se numa concepção unitária da autoridade. Não atende à complexidade da realidade da sociedade contemporânea, pois é um paradigma autorreferente, voltado para dentro de si mesmo, que funciona prisioneiro da camisa de força positivista, inibidora de uma compreensão mais plural da sociedade.

Por reconhecer a natureza complexa, plural e descentralizada da sociedade e do poder na contemporaneidade é que o metaconstitucionalismo procura libertar-se das normas rígidas e dogmáticas constitutivas de um sistema ao qual possa recorrer diante das ambiguidades da realidade social. As suas raízes deitam-se no discurso legitimador que se processa na sociedade contemporânea, no sentido de controlar o exercício do poder político e do seu braço econômico. O metaconstitucionalismo servirá, então, de espaço teórico onde serão desenvolvidos os argumentos que assegurem a continuidade da dimensão do controle político, desde o nível comunitário até o nível cosmopolita.

---

[404] WALKER, Neil. *Cosmopolitan meta-constitutionalism*. XIX World Congress on Philosophy of Law and Social Philosophy – IVR: New York, mimeo, 1999.

A teoria assim desenvolvida permitirá dotar a democracia cosmopolita de argumentos justificadores de instituições aptas a superar e corrigir os impasses e os efeitos equivocados do processo de globalização. Essa estruturação da democracia cosmopolita deve supor, por outro lado, uma teoria constitucional que possa repercutir os valores políticos encontrados na dimensão local e no espaço global. A proposta do metaconstitucionalismo representa, portanto, um primeiro exercício de imaginação política, que tem por objetivo analisar quais os fundamentos teórico-institucionais da organização política de uma sociedade mutante, complexa, plural e universal.

A questão nuclear com que se defronta o metaconstitucionalismo encontra-se, antes de tudo, na sua própria conceituação, que não pode ficar reduzida a uma vaga referência a princípios políticos ideais ou a técnicas de interpretação constitucional. Trata-se de formular com precisão quais os princípios a que estamos fazendo referência e como eles se tornam fonte e parâmetro hermenêutico da constituição e da legislação infraconstitucional. O principal desafio teórico do metaconstitucionalismo reside, portanto, em buscar a fundamentação racional de primeiros princípios, que justifiquem as constituições democráticas. Na tradição da democracia ocidental, o regime dos direitos humanos, no seu sentido mais amplo – como conjunto de princípios e, também, de normas e instituições – poderá servir de matéria-prima para a teoria metaconstitucional.

4.6. Direito Cosmopolítico e Direitos Humanos

O projeto da democracia cosmopolita, para que deixe de ser uma proposta utópica e ideal, será então analisado tendo em vista o conteúdo de normas que assegurem a realização dos objetivos políticos dessa nova forma de ordenação do poder político global. A proposta a ser desenvolvida na teoria metaconstitucional consiste em considerar os direitos humanos como sendo o conteúdo jurídico do projeto da democracia cosmopolita. Esse núcleo pétreo do projeto político da democracia cosmopolita encontra-se em gestação, para além da vontade dos estados nacionais ou dos interesses econômicos e financeiros, pois se levantam, precisamente, contra os abusos desses centros de poder.

Os direitos humanos adquiriram, a partir de 1945, uma força própria que cresceu progressivamente, vindo a expressar-se numa filosofia cosmopolita, num corpo de leis internacionais, num conjunto de instituições com o objetivo de administrá-los e implementá-los, além de ser importante fator legitimador de uma sociedade civil global emergente. Observa-se, assim, uma aceitação crescente por diferentes povos dos valores consubstanciados nos textos internacionais que proclamam os direitos humanos e preveem mecanismos processuais para a sua implementação. Neste contexto, os direitos humanos têm um caráter de universalidade que os aproximam do ideal democrático, ideal este comum a todas as nações, e que se formula na hipótese de que todos os adultos são capazes de escolha política desde que tenham informações relevantes. Esse entendimento dos direitos humanos é aceito e proclamado com solenidade por governos e grupos sociais, não havendo discordâncias quanto ao seu conteúdo, mas muitas vezes termina negado na prática das políticas públicas.

Diferenciam-se, entretanto, os direitos humanos do ideal democrático quando se verificam as limitações universais da ordenação da democracia. No contexto do estado moderno, o cidadão, o votante, encontra-se definido em termos exclusivamente nacionais, no sentido de que o eleitor é antes de tudo o cidadão de um determinado estado; em consequência, a abrangência dos direitos democráticos tem sido estabelecida nos limites territoriais do estado nacional. Neste sentido, estender o conceito de *demos* da nação para a humanidade como um todo, implicará "no mesmo salto de imaginação que se tornou necessário no século dezoito para estender a democracia da reunião da comunidade para o nível do estado".[405] E do ponto de vista institucional exige-se, também, a mesma criatividade que instituiu o sistema da representação política nacional, a fim de que através de novos mecanismos institucionais possa ocorrer a sedimentação dos valores e projetos encontrados no processo "global-local", acima referido.

A ideia dos direitos humanos, ao contrário do ideal democrático, surge, desde os seus primórdios, com uma conotação universalista. O universalismo dessa categoria de direitos pode ser determinado em função de três tipos de constatações empíricas, que obrigam a construção de um novo sistema de normas jurídicas: humanidade comum, ameaças compartilhadas e obrigações mínimas. Apesar das diferenças culturais e sociais entre os seres humanos, algumas necessidades e capacidades entre todos os habitantes do planeta podem ser consideradas comuns; assim, por exemplo, todos os indivíduos necessitam de meios de subsistência, para sobreviverem com dignidade, necessitam de segurança e respeito aos seus direitos fundamentais, mesmo quando a conceituação de dignidade, segurança e direitos fundamentais possa variar de cultura para cultura.

A sociedade cosmopolita, projeto crescentemente universal, caracteriza-se por pretender assegurar o pleno desenvolvimento das capacidades individuais e coletivas com vistas a atender exigências vitais comuns. As próprias características culturais de diferentes comunidades não apagam essas demandas comuns a todas as sociedades. A Resolução das Nações Unidas sobre as Minorias, por exemplo, afirma o direito à diferença sendo uma categoria de direitos humanos, que deita as suas raízes no respeito igual de cada indivíduo em relação aos outros, considerados como pessoas, portanto, *qua* humanos.[406] A recente pesquisa antropológica mostra, a propósito, como a espécie humana adquiriu durante o seu processo evolutivo, desde o seu

---

[405] BEETHAM, David. "Human Rights as a Model for Cosmopolitan Democracy" In: Archibugi, Danielle, Held, David & Köhler, Martin (edits.). *Re-imagining Political Community*. Stanford: Stanford University Press, 1998, p. 59.

[406] BEETHAM, David. Op. cit., p. 60.

antepassado primata, características de unicidade,[407] que apontam para uma efetiva unicidade básica de todos os seres humanos, independente de suas manifestações culturais.

Por outro lado, constata-se, também, o reconhecimento de que para além dos direitos individuais, proclamados e assegurados nas constituições liberais, existem deveres, reconhecidos universalmente, que supõem a intervenção do estado. Os deveres mínimos de qualquer sociedade em relação aos seus membros, que se originam do dever de solidariedade entre as pessoas humanas, manifestam-se, também, nas mais diferentes culturas e, portanto, expressam um caráter comum e universal. Os efeitos nefastos do processo de globalização têm provocado o surgimento de uma consciência crítica e solidária, que reclama, em fóruns nacionais e internacionais, a restauração dos deveres mínimos do Estado, como obrigação moral da sociedade em relação aos mais fracos e oprimidos.

A tese neoliberal que rejeita qualquer dever não contratual para além do dever negativo de não prejudicar o próximo, acaba provocando o fenômeno observado de forma crescente nas sociedades globalizadas: na medida em que os governos negam-se a reconhecer direitos positivos em relação aos mais fracos e pobres, os mais ricos são obrigados a construir formas crescentes de defesa do seu patrimônio, a começar por suas vidas, contra o montante das exigências dos pobres. O fato constatado no atual estágio do processo da globalização despolitizada (sem controle político democrático) e desumanizada (sem o respeito aos direitos humanos) reside na evidência de que o custo da rejeição dos direitos humanos é exportável, sendo as suas consequências sofridas não somente por suas vítimas imediatas.

A tendência em direção a uma democracia cosmopolita na qual o sistema dos direitos humanos sirva como núcleo jurídico e temático das relações políticas, sociais e econômicas é, por sua vez, um fenômeno que se constata em dois níveis político-institucionais. No primeiro, pela aceitação das proposições dos direitos humanos pela comunidade internacional, mesmo por estados que não cumprem os acordos assinados. No segundo nível, a organização da sociedade civil em organismos não estatais, mas que atuam com eficiência na formulação de políticas públicas com vistas ao respeito dos direitos humanos, comprova, por sua vez, como os próprios estados, muitas vezes reticentes e contrários ao regime dos direitos humanos, são obrigados a rever suas posições e aceitarem os seus princípios universais. Os direitos humanos podem ser considerados neste contexto uma moralidade mínima universal e, também, um regime jurídico supranacional, constituído por instituições formais e informais, um direito cosmopolítico.

A democracia cosmopolita, que tem na cidadania cosmopolita a sua dimensão jurídica, identifica-se como o mecanismo institucional da era da globalização e terá nos direitos humanos o seu impulso teórico e político, mesmo quando, como se observa nas últimas décadas, essa categoria de di-

---

[407] TATTERSALL, Ian. *L'émergence de l'homme,* Paris: Gallimard, 1999.

reitos não tenha sido universalmente garantida. O processo de construção de sistemas políticos transnacionais, em algumas áreas geográficas, evidencia como a democracia cosmopolita já se encontra em fase de gestação institucional, como, por exemplo, no caso da Constituição da União Europeia. O tema da democracia cosmopolita torna-se, portanto, central para a reflexão teórica e, também, como solução prática para superar os impasses sociais e políticos provocados pelo projeto econômico do capitalismo global, centralizador e destruidor de tradições culturais locais e nacionais.

Encontramo-nos, assim, no limiar de uma nova era que exige do pensamento político projetos baseados em realidades objetivas, mas que tenham parâmetros referenciais, que expressem valores nascidos no contexto de comunidades locais e nas redes globais. Essa repercussão de valores locais no nível global é que assegura a construção de um regime democrático cosmopolita, que tenha mecanismos institucionais próprios para realizar essa função. Para tanto não se pode ignorar, como pretende o neoliberalismo, o papel do estado-nação como agente no processo global. O estado-nação encontra-se presente neste processo como agente que irá equilibrar as duas pontas de um processo, o local e o global, mas que atualmente encontra-se, com todos os seus efeitos nefastos, pendendo para o global. A inserção do estado-nação neste processo depende da modificação das formas de atividade política interna, modificações estas a serem provocadas por forças nacionais e pela demanda crescente do respeito aos mesmos valores humanos pela sociedade internacional, não estatal.

Existe, portanto, um novo tipo de regime democrático que se delineia, na medida em que os agentes do processo legislativo e de controle do poder acham-se cada vez mais disseminados pela estrutura social. Resta saber como e em que medida esse processo de democratização do processo decisório caminha de forma basicamente semelhante nos sistemas políticos diversificados e entre os estados e organismos internacionais. Para isto, torna-se necessário estabelecer os parâmetros em função dos quais podemos caracterizar os estados democráticos modernos. Em outras palavras, quais os fatores diferenciadores de um novo tipo de democracia, a "democracia cosmopolita".

Os estados democráticos modernos são usualmente caracterizados por serem qualificados pelo respeito aos direitos humanos e às liberdades públicas, à igualdade de todos os cidadãos diante da lei e à existência da sociedade civil. Logo, a globalização para deixar de ser um mero arranjo econômico, deverá encontrar-se inserida no quadro desse amplo compromisso da democracia cosmopolita, como condição mesma de sobrevivência da humanidade. A democracia cosmopolita consiste, assim, no regime político onde o respeito universal e global dos direitos humanos, a igualdade cívica universal, o estado de direito e uma sociedade civil global constituem a sua espinha dorsal. O processo de globalização deixará então de refletir a tentativa de imposição de um modelo econômico global, sob a forma do "capitalismo democrático" universal,[408] e permitirá o surgimento de múltiplos capitalismos, que corresponderão a diferentes vocações sociais e culturais existentes num orbe pluralístico.

Essa nova realidade política, social e cultural que emerge no contexto da globalização pressupõe para o seu funcionamento novos procedimentos hermenêuticos. O paradigma vigente do constitucionalismo moderno caracteriza-se por ser dificilmente modificado ou superado a não ser através de procedimentos constitucionais especiais, como o *quorum* privilegiado, e, também, por basear-se numa concepção unitária da autoridade. Não atende à complexidade da realidade da sociedade contemporânea, pois é um paradigma autorreferente, voltado para dentro de si mesmo, que funciona prisioneiro da camisa de força positivista, inibidora de uma compreensão mais plural da sociedade.

A complexidade da sociedade cosmopolita evidencia, de antemão, como uma simples teoria jurídico-interpretativa, ou que nome tenha, é insuficiente para substituir o paradigma positivista por um outro paradigma que também não seja informado por valores morais e jurídicos. Esses valores são peculiares e condição de possibilidade de sobrevivência da democracia cosmopolita, representando fonte e parâmetro para a prática metaconstitucional. O principal valor moral-jurídico encontrado como núcleo pétreo de qualquer teoria que pretenda superar o positivismo jurídico é o direito cosmopolítico, que encontra nos direitos humanos a sua formulação jurídica.

Neste quadro, torna-se necessária a fundamentação filosófica dos direitos humanos, desafio que se identifica com a própria luta por sua observância. A fundamentação dos direitos humanos deita as suas raízes no pensamento iluminista e teve uma de suas primeiras formulações no texto de Kant: "os povos da terra participam em vários graus de uma comunidade universal, que se desenvolveu a ponto de que a violação do direito, cometida em um lugar do mundo, repercute em todos os demais. A ideia de um direito cosmopolita não é, portanto, fantástica ou exagerada; é um complemento necessário ao código não escrito do Direito político e internacional, transformando-o num direito universal da humanidade. Somente nessas condições podemos congratular-nos de estar continuamente avançando em direção a uma paz perpétua".[409]

A ideia cosmopolítica de Kant, que tem sido retomada como fonte inspiradora na construção de uma ordem política e social mais justa e humana, encontra-se definida em função dos três níveis de direito público, analisados pelo filósofo: o direito cívico (*jus civitatis*), aquele dos cidadãos no interior de um estado; o direito das gentes (*jus gentium*), aquele dos povos, que é internacional e rege as relações interestatais; e, finalmente, o direito cosmopolítico, ou direito dos cidadãos do mundo, que é transnacional. De acordo com

---

[408] GRAY, John. Op. cit., p. 13.

[409] KANT, Immanuel. *Kant's Political Writings*. Ed. Hans Reiss. Cambridge: Cambridge University Press, 1970, p. 107-108.

Kant, a paz perpétua somente é concebível na medida em que se estabeleça acima dos estados nacionais soberanos uma ordem jurídica capaz de limitar o seu poder. Kant chamava essa ordem jurídica de "república universal" (*Weltrepublik*), mas rejeitava a ideia de que a mesma deveria tomar a forma de um super-Estado ou Estado mundial.

A lição da filosofia kantiana contribui, nessa contexto, para a compreensão dos rumos da sociedade globalizada e para a construção de uma ordem jurídica com conteúdo moral e jurídico, como condição de controlar e humanizar o processo globalizador. Os direitos humanos atendem, assim, à necessidade apontada por Kant, de atribuir ao direito, e não a um instrumento de poder universal, a função de assegurar uma paz justa. Para tanto, o desafio consiste em pensar-se uma categoria jurídica, no caso os direitos humanos ou o direito cosmopolítico kantiano, como uma força normativa, que existe independente de sua identificação com o poder do estado soberano, isto porque reflete os valores morais que são os alicerces da vida social.

5. Multiculturalismo e direitos humanos: um conflito insolúvel?

5.1. Introdução

Uma das indagações mais relevantes e recorrentes no debate político e na teoria do direito refere-se ao problema do universalismo dos direitos humanos. Os direitos humanos constituem-se numa categoria ético-jurídica com abrangência universal? Ou para serem considerados como direitos devem responder somente às exigências de eficácia e validade, garantidas por um estado soberano? Na história dos direitos humanos sempre esteve presente a indagação sobre a sua natureza ética e jurídica. Desde as proclamações revolucionárias do século XVIII, passando pelos debates sobre as relações do estado nacional com valores e direitos que se pretendem universais, durante os séculos XIX e XX, o tema serviu como referência central e obrigatória para a teoria ética, política e jurídica. Esse debate tem servido, também, como arsenal ideológico para justificar e promover revoluções políticas e sociais. A teoria dos direitos humanos, que procura construir uma fundamentação racional para essa categoria de direitos, constituiu-se, por outro lado, em etapa essencial e necessária no processo de sedimentação desses direitos. E o argumento central dessa teoria tem a ver com a sua fundamentação, pois será através dela que poderemos situar os direito humanos no contexto de uma sociedade multicultural, atribuindo-lhe ou não caráter universal.

Essas indagações, que perpassam o debate contemporâneo, poderão ser respondidas na medida em que se considere os direitos humanos como históricos e não manifestações abstratas da inteligência humana. Nesse sentido, é que se torna necessário uma elaboração teórica sobre os fundamentos dessa categoria de direitos, mas que seja atenta, entretanto, às peculiaridades empíricas encontradas nas diferentes culturas Quando falamos de uma teoria dos direitos humanos, podemos estar fazendo referência a dois tipos de análise: em primeiro lugar, à teoria jurídica dessa categoria de direitos, que analisa o conjunto de tratados, convenções e legislações sobre o tema, bem como a regulação dos mecanismos, internacionais e nacionais, garantidores dos direitos fundamentais da pessoa humana; ou então, poderemos estar tratando, também, da análise dos chamados fundamentos desses direitos, tema que se destaca na filosofia social e política contemporânea. A teoria dos direitos humanos implica, assim, a complementaridade necessária entre a reflexão teórica e a prática, pois não teria sentido a análise teórica, abstrata, que não levasse em consideração os problemas reais que afetam quotidianamente a pessoa humana neste final de século (discriminações sociais, políticas e religiosas, falta de liberdade, limpeza étnica, miséria, analfabetismo, etc.) e, nem também, aceitar como verdade última, universal e acabada, as diversas situações sociais do mundo contemporâneo. Torna-se, portanto, irrelevante o argumento de que a prática é o que importa na avaliação dos direitos humanos, pois esta se acha vinculada a argumentos teóricos, que sempre impulsionaram a concretização histórica dessa categoria de direitos.

O debate sobre os impasses encontrados na relação do multiculturalismo com os direitos humanos têm a ver, principalmente, com a questão da sua universalidade. Quando da elaboração, depois da II Guerra Mundial, do projeto que serviu de fundamento para a Declaração dos Direitos do Homem das Nações Unidas, de 1948, o grupo de filósofos, cientistas, juristas e intelectuais, convocados pela UNESCO, estabeleceram os limites do debate sobre o tema da universalidade dos direitos humanos. Os participantes do grupo, independentes de crenças religiosas ou filiações políticas, concordaram que a questão dos direitos humanos deveria ficar adstrita aos mecanismos garantidores desses direitos. Isto porque, como escreveu Jacques Maritain (1976), relator do texto final, não poderia haver uma concordância a respeito dos fundamentos dos direitos humanos entre concepções religiosas, culturais e políticas diversas sobre a natureza da pessoa humana e da sociedade.[410] O acordo entre culturas diferenciadas somente seria possível em torno de um conjunto de direitos mínimos e, principalmente, de mecanismos de controle garantidores dos direitos consagrados pelos estados signatários da Declaração.

Os autores da Declaração de 1948 rejeitavam, portanto, a possibilidade de haver um conjunto de direitos humanos universais, válidos, que fossem independentes de sua consagração nos textos constitucionais dos diferentes estados. Essa concepção teve como consequência reduzir o debate contemporâneo sobre o tema ao problema da sua eficácia, como pretende, por exemplo, Norberto Bobbio.[411] O cerne da questão residiria para esse tipo de interpretação na eficácia ou não desses direitos, na capacidade dos estados fazerem respeitar o que se acha determinado nas declarações internacionais e nos textos constitucionais. Direitos humanos seriam, assim, princípios que perpassam diferentes culturas, mas somente poderiam ser considerados como direitos, na medida em que fossem incorporados pelos sistemas jurídicos nacionais.

A Declaração Universal dos Direitos do Homem das Nações Unidas foi enriquecida por pactos políticos e sociais, que acrescentaram número signifi-

---

[410] MARITAIN, Jacques. "Introdução", In: *Los Derechos del Hombre*. Barcelona: Editorial Laia, 1976.

[411] BOBBIO, Norberto. *A Era dos Direitos*. Op. cit., p. 25-26.

cativo de direitos políticos e sociais ao documento de 1948. Enquanto aumentava o número desses direitos, proclamados nos documentos internacionais, cresceram também as sistemáticas violações dos mesmos e dos pactos subsequentes, pelos próprios estados signatários da Declaração Universal. Essa a razão pela qual, o tema dos fundamentos dos direitos humanos, até então considerado como superado, ainda que não resolvido, tornou-se obrigatório na agenda do pensamento social, político e jurídico contemporâneo. Verificou-se que o debate sobre a fundamentação racional e, portanto, sobre a natureza e validade universal dessa categoria de direitos, achava-se intimamente relacionado com a própria eficácia dos mecanismos garantidores do sistema dos direitos humanos.[412]

5.2. Legitimação e eficácia

A questão da legitimação universal dos direitos humanos deixou de ser teórica e abstrata, e passou a fazer parte do conjunto de fatores determinantes de sua eficácia. A razão nuclear para que se considere o problema dos fundamentos dos direitos humanos no mesmo nível de importância analítica da sua positividade, encontra-se, portanto, no fato de que a eficácia dos direitos humanos encontra-se ligada a sua fundamentação. Isto ocorre porque o respeito aos direitos humanos ocorre em diversas etapas de sua positivação, sendo que a primeira, e que irá definir o escopo dentro do qual serão ou não respeitados, encontra-se na análise da sua fundamentação ética.

Um dos principais argumentos favoráveis à tese de que os direitos humanos não são universais, baseia-se na constatação empírica da existência de uma grande diversidade de moralidades e de sistemas jurídicos. A pluralidade cultural, que se expressa nessa diversidade, tornou-se o nó górdio da leitura dos direitos humanos dentro de uma perspectiva universalista. O debate sobre o multiculturalismo e os direitos humanos tornou-se central na arena das controvérsias políticas da atualidade, em virtude de, na cultura Ocidental, a exclusão religiosa, social, econômica ou política sempre ter refletido a violação dessa categoria de direitos. Essas violações, entretanto, não representam a negação e a rejeição dos direitos humanos, nem, também, a sua redução a ideais abstratos sem qualquer relevância política e social. A história tem demonstrado como os direitos humanos são ideias-força, que ao serem negados constituem-se em argumentos poderosos contra os próprios atos de prepotência, que os negam. Aceitar o argumento de que a diversidade de moralidades e de sistemas jurídicos, que regulam de forma diferenciada uma mesma categoria de direitos, implica em retirar o caráter universal dos direitos humanos, é consequência, assim, de uma leitura simplificada da questão.

---

[412] FERNANDEZ, Eusebio. *Teoria de la Justicia y Derechos Humanos*. Madrid: Editorial Debate, 1987, p. 110-111.

O debate sobre os direitos humanos na sociedade pluralista tem dois parâmetros de referência, que se explicitam em duas linhas de argumentação: a primeira, identificada com as origens iluministas das declarações revolucionárias do século XVIII, baseia-se na proclamação da existência de valores da pessoa humana, válidos em todos os quadrantes do planeta, que constituiriam o núcleo de resistência aos absolutismos; a segunda nega essa pretensão à fundamentação universal dos direitos humanos, identificando-os como uma manifestação do estado nacional de direito, instrumento único para a sua positivação. A primeira vertente da argumentação recebeu duas versões teóricas, uma expressa pelo monismo moral – que afirma a possibilidade da razão humana determinar valores determinantes da melhor forma de vida para o homem, válidas para todas as sociedades – e a outra pelo universalismo mínimo – que reconhece a pluralidade moral, mas sustenta que esses diferentes sistemas podem ser avaliados em função de valores universais.[413]

O cerne da questão sobre os fundamentos dos direitos humanos encontra-se na busca de argumentos racionais, baseados na observação empírica das diversas comunidades humanas, que possam justificá-los como uma categoria universal de direitos. Esse desafio aparece na clivagem que ocorre no pensamento social contemporâneo entre universalistas e relativistas. A construção de uma teoria justificadora dos direitos humanos, que possa fundamentá-los e situá-los diante de sistemas e práticas morais diversas, supõe a superação dessa dicotomia, com vistas a demonstrar como na sociedade multicultural podem ou não subsistir valores universais. Para que seja possível a construção de um argumento universalista, que não fique prisioneiro do monismo moral, torna-se necessário não se abstrair das realidades sociais. Neste sentido é que a construção do argumento do mínimo universal passa pelo reconhecimento de que é possível chegar-se a algumas características comuns dos seres humanos, características essas que servem de fundamento para o estabelecimento de uma sociedade sedimentada nos laços de solidariedade. Esse processo do descobrimento, no seio das diferentes culturas e sociedades, de quais as características comuns dos seres humanos, somente poderá ocorrer através de um diálogo intercultural, a ser realizado no contexto de uma democracia deliberativa, como proposto por Benhabib.[414]

5.3. Uma falsa dicotomia

O argumento mais usualmente aceito contra a universalidade dos direitos humanos é o elaborado pelas correntes relativistas, que se socorrem de uma leitura redutora do multiculturalismo encontrado na sociedade humana. A ideia do relativismo consiste em afirmar que não existe possibilidade

---

[413] PAREKH, Bhikhu. "Non-ethnocentric universalism". In: *Human Rights in Global Politics*, Ed. Tim Dunne and Nicholas J. Wheeler. Cambridge: University Press, Cambridge, 1999, p. 128 e segs.

[414] BENHABIB, Seyla. *The Claims of Culture*. Princeton and Oxford: Princeton University Press, 2002.

de que se possa satisfazer de forma igual e equânime as exigências de bem-estar de todos os seres humanos, isto porque, os seres humanos, no entendimento relativista, não são semelhantes em nenhum aspecto que comporte generalizações. Esse argumento resulta de uma constatação antropológica, isto é, a existência na humanidade de diferentes valores, hábitos e práticas sociais, que se expressam sob variadas formas culturais.

A constatação de que em todos os grupos sociais e comunidades existem tradições culturais múltiplas, representa para o relativismo a prova de que é impossível o estabelecimento de normas universais de comportamento social. A constatação empírica do ponto de vista antropológico, entretanto, pode ser lida de forma não reducionista, quando estabelecemos a diferença entre as necessidades que são respondidas de maneira diversa em culturas diferentes, e aquelas que têm a mesma resposta para todos os grupos humanos, ainda que essas respostas possam aparecer sob formas diferentes, mas todas indicando a existência de uma mesma natureza humana. Como escreve Parekh,[415] a natureza humana não é um dado constatável empiricamente, mas uma inferência, não é um fato, mas uma teoria.

No pensamento social e filosófico contemporâneo encontramos três tipos de "relativismos", referentes à contestação da ideia dos direitos humanos como universais: o relativismo antropológico, o relativismo epistemológico e o relativismo cultural. Este último sustenta o argumento aceitável de que as particularidades culturais exercem um papel determinante na forma sob a qual os valores assegurados pelos direitos humanos irão formalizar-se. O segundo tipo afirma a impossibilidade de se produzir um discurso ético e, portanto, dotado de características universais, que seja transcultural. O primeiro tipo, por sua vez, fica prisioneiro da constatação empírica de que a característica da sociedade humana é o multiculturalismo, que se expressa através de diversos sistemas morais e jurídicos, não havendo, portanto, possibilidade de existir valores e categorias jurídicas universais. A fonte dos três tipos de relativismo encontra-se na pesquisa antropológica, que confirma o fato óbvio e facilmente constatável da diversidade cultural. Por essa razão, a argumentação construída sobre os dados empíricos, fornecidos pela antropologia, merece um destaque especial na análise do tema.

O argumento antropológico baseia-se na constatação de que existe uma enorme variedade de formas de vivência nos grupos humanos, que irão servir de justificativa para a teoria do pluralismo cultural. No entanto, a própria observação antropológica demonstra que algumas necessidades humanas são universais, e não meramente locais, em seu caráter, podendo ser classificadas de necessidades comuns a todos os grupos sociais ou *"humanas"*.[416] O sentimento de afeição, a necessidade de cooperação, encontrada em todas as culturas, a identificação do status do indivíduo na comunidade e a ajuda para quem se encontra em necessidade são exemplos de que exis-

---

[415] PAREKH, Bhikhu. "Non-ethnocentric universalism". Op. cit., p. 140.

[416] PERRY, Michael. *The Idea of Human Rights*. Oxford: Oxford University Press, 1998, p. 66.

tem características comuns do ser humano, que ultrapassam os limites das fronteiras culturais.

Perry[417] procura demonstrar como, da mesma forma que algumas necessidades são comuns a todos os homens, existem, também, alguns valores que conduzem à satisfação de necessidades compartilhadas entre os seres humanos. Em outras palavras, alguns bens são universais e não estritamente locais. A observação das culturas locais demonstra, por outro lado, que elas não se constituem em universos fechados, impermeáveis às influências exógenas e incapazes de serem contestadas por forças sociais internas. A própria ciência antropológica mostra como dentro das culturas encontra-se uma enorme gama de interpretações da própria tradição e das práticas culturais, podendo-se afirmar, neste sentido, que todas as culturas são pluralistas. O pluralismo supõe, assim, a existência de posições divergentes em relação à interpretação oficial da tradição religiosa ou cultural, expressando-se através do que alguns autores chamam da "crítica interna",[418] exercida no contexto de culturas aparentemente monolíticas.

Esses valores, que se encontram escondidos sob a manta de interpretações e práticas hegemônicas da tradição cultural, aparecem sob a forma de movimentos de protestos e de heterodoxias, que vocalizam valores comuns a todos os homens, mas que se encontram momentaneamente negados pelo poder político ou religioso. Os movimentos de afirmação dos direitos humanos, para o qual convergem indivíduos e grupos sociais, excluídos dentro do seu próprio grupo social, evidenciam como em situações socialmente injustas e excludentes o recurso aos valores expressos por essa categoria de direitos constituem um mínimo moral e jurídico comum a todas as sociedades.

O exame do movimento dos direitos humanos nos países islâmicos, por exemplo, demonstra precisamente o processo progressivo de conscientização por parte dos governos e dos movimentos religiosos, pressionados pelo movimento de crítica interna da própria sociedade. Tomemos, por exemplo, o exame do caso da prática cultural da mutilação genital feminina. A primeira constatação é a de que não podemos racionalmente supor que essa prática tenha sido, durante séculos, considerada, por todas as mulheres, como necessariamente boa e aceitável. É razoável supor que tenha havido algum grau de insatisfação diante da obrigação imposta pela tradição; tanto isto é verdade que ocorrem na atualidade, fugas de jovens em países africanos para escapar da mutilação. O simples fato de existir esse nível de rebeldia em países de cultura tradicional, e teoricamente uniforme, faz com que se admita a existência de grupos sociais, que se opõem às práticas tradicionais. Essas manifestações de revolta resultam das chamadas críticas internas, desenvolvidas durante séculos, do mesmo modo como os direitos humanos no Ocidente resultaram de um processo de contestação a valores e práticas, dentro de uma mesma cultura. Nesse contexto, a Declaração sobre a Elimi-

---

[417] PERRY, Michael. Op. cit., p. 66 e segs.

[418] Ibidem, p. 76.

nação da Violência contra as Mulheres (1993), a declaração da Subcomissão das Nações Unidas para a Prevenção da Discriminação e Proteção das Minorias (1988) e a condenação da mutilação genital feminina pela Convenção sobre os Direitos das Crianças das Nações Unidas, adotam a posição de que a circuncisão feminina viola os direitos humanos das mulheres e crianças.

Vemos, portanto, que a leitura antropológica dos direitos humanos não consegue ler na evidência empírica a possível existência de valores humanos universais, pois existe pluralidade de manifestações culturais, quando, na verdade, essas manifestações culturais expressam de forma diferente o mesmo conjunto mínimo de valores humanos. Verificamos, assim, que não se encontra uma mesma resposta sobre a natureza dos direitos humanos, quando ficamos prisioneiros da experiência cultural e particular de cada povo. Trata-se de uma questão que deverá ser solucionada no plano propriamente da reflexão filosófica, e não no terreno da pesquisa social empírica, onde casos particulares *per se* não confirmam, nem desmentem, a possibilidade ou não da universalidade de valores e normas.

Como observa Apel,[419] o conceito de uma ordem jurídica e política de uma sociedade multicultural comporta duas dimensões, que se contradizem logicamente: a do particularismo e do pluralismo das tradições culturais, de um lado, e o aspecto unitário e de sua fundamentação moral no sentido da justiça intercultural, perpassando diferentes culturas, de outro. Esse conflito interno nas sociedades contemporâneas agrava-se na medida em que o consideramos na perspectiva global e cosmopolita. Tornam-se, então, ainda mais acentuadas as dificuldades encontradas para que se evite a construção de sociedades multiculturais. Isto porque o fato social do multiculturalismo, constatado nas mais diferentes nações do planeta, impõe-se com a força das evidências, constituindo um novo paradigma a ser integrado na ordem do direito cosmopolita aceitável por todos os homens.

5.4. O que são os direitos humanos

O próprio emprego da expressão "direitos humanos" reflete a ideia de direito cosmopolita da tradição iluminista, tendo sido utilizada com diferentes conotações políticas e jurídicas. A expressão pode referir-se a situações sociais, políticas e culturais que se diferenciam entre si, significando muitas vezes manifestações emotivas face à violência e à injustiça; na verdade, a multiplicidade dos usos da expressão demonstra, antes de tudo, a falta de fundamentos comuns que possam contribuir para universalizar o seu significado e, em consequência, a sua prática. Número significativo de autores tomaram a expressão "direitos humanos" como sinônima de "direitos na-

---

[419] APEL, Karl-Otto. "O problema do multiculturalismo à luz da ética do discurso", In: *Ethica, Cadernos Acadêmicos*, vol. 7, n. 1, 2000, p. 17.

turais", sendo que os primeiros seriam a versão moderna desses últimos;[420] ainda outros, empregaram a expressão como o conjunto de direitos que assim se encontram definidos nos textos internacionais e legais, nada impedindo que "novos direitos sejam consagrados no futuro".[421]

No pensamento social contemporâneo, encontramos a tentativa de identificar os direitos humanos fundamentais como a "norma mínima" das instituições políticas, aplicável a todos os Estados que integram uma sociedade dos povos politicamente justa.[422] Esse conjunto de direitos tem um estatuto especial no direito interno das nações, sendo exigência básica para que um Estado possa integrar a comunidade internacional. Os direitos humanos, para Rawls,[423] diferenciam-se, assim, das garantias constitucionais ou dos direitos da cidadania democrática, e exercem três papéis relevantes: em primeiro lugar, a observância dos direitos humanos representa a condição necessária para que seja legitimado um regime político e aceita a sua ordem jurídica; o respeito aos direitos humanos, no Direito interno das nações, representa para Rawls, condição suficiente para que se exclua a intervenção em seus assuntos internos por outras nações, através, por exemplo, de sanções econômicas ou pelo uso da força militar; finalmente, Rawls sustenta que os direitos humanos estabelecem um limite último ao pluralismo entre os povos.

Os direitos humanos, no pensamento rawlsiano, expressam-se, portanto, através de normas jurídicas e políticas, que se referem ao mundo das relações entre as nações, expressando compromissos nacionais com valores, destinados a estabelecer uma ordem internacional politicamente justa. Trata-se, em outras palavras, da remissão dos direitos humanos ao plano das relações entre os Estados que, para se legitimarem na comunidade internacional, devem ter como fundamento dos respectivos direitos internos o respeito à norma mínima internacional. Rawls procura, em outras palavras, estabelecer uma norma comum, um direito cosmopolita, que servirá como critério universal para o reconhecimento dos sistemas políticos e jurídicos nacionais. No debate sobre a intervenção em outros países, o tema tradicional da guerra justa será substituído pela análise da obediência dos estados a essa *moralia minima* internacional, que deverá estar expressa no texto e na prática constitucional.

A doutrina de Rawls tem uma variante na qual se afirma que os direitos humanos, proclamados nos tratados internacionais, quando, como é o caso da Constituição brasileira de 1988 (art. 5º, § 2º), são expressamente reconhecidos na carta magna, têm *status* de norma constitucional. Logo, a questão dos fundamentos dos direitos humanos é remetida para a vontade do consti-

---

[420] FINNIS, John. *Natural Law and Natural Rights*. Oxford: Clarendon Press, 1989, p. 198. ROMMEN, Heinrich A. *The State in Catholic Thought*. St. Louis, B. Herder Book, 1955, p. 624. MARITAIN, Jacques. *Les Droits de L'Homme et la Loi Naturel*. Paris: Paul Hartmann Éditeur, 1947.

[421] MELLO, Celso D. de Albuquerque. *Direitos Humanos e Conflitos Armados*, 1997, p. 5.

[422] RAWLS, John. *Le Droit des Gens*. Op. cit., p. 74-75.

[423] Ibidem, p. 79.

tuinte, que nada mais faz do que aceitar o acordado entre os diversos países signatários dos tratados. Ocorre o fenômeno de incorporação ao corpo do direito interno de um conjunto de normas elaboradas no âmbito das relações de poder interestatais, sendo que a sua validade é aceita sem maiores justificativas quanto à natureza particular dessas normas, mas somente na medida em que são aceitas pela "sociedade dos povos politicamente justa", como argumenta Rawls.

Vemos como a argumentação de Rawls desenvolve-se à sombra dos direitos naturais como modelo justificador do direito positivo. Desde o final do século XIX, tornou-se claro que se tornava necessário desenvolver um modelo teórico, que pudesse estruturar logicamente, do ponto de vista jurídico, uma matriz conceptual metajurídica, que seriam os direitos humanos, com a ordem jurídica positiva. Essa dificuldade, que expressava as contradições da ordem jurídica liberal, fez com que a imaginação doutrinária jurídica buscasse uma solução para o impasse, que prescindisse do modelo do jusnaturalismo moderno, mas respondesse à questão da fundamentação do direito e, especificamente, dos direitos humanos.

O caminho encontrado por Georg Jellinek[424] consistiu em trazer para a teoria do direito público uma nova categoria de direitos, os direitos públicos subjetivos. Com isto, Jellinek pretendeu, num primeiro momento, romper o vínculo que identificava os direitos naturais com os direitos humanos. Sustentava o jurista alemão que sob a influência das declarações de direitos do século XVIII, desenvolveu-se a noção de direitos públicos subjetivos do indivíduo no direito positivo dos estados europeus. Até então, continua Jellineck, a literatura jurídico-política conhecia somente os direitos dos chefes de estado, dos privilégios de classe, dos particulares e de algumas corporações, sendo que os direitos gerais dos cidadãos manifestavam-se mais como deveres para com o Estado do que títulos jurídicos caracterizados.

A Revolução Norte-Americana de 1776 e a Revolução Francesa de 1789 introduziram na ordem constitucional um novo tipo de direitos relativos à pessoa humana, que não encontrava a sua justificativa no corpo da teoria dos direitos subjetivos. Essa nova categoria, chamada de direitos humanos, levou à elaboração teórica da categoria dos direitos públicos subjetivos. Graças à Declaração dos Direitos do Homem e do Cidadão de 1789 "formou-se em toda a sua amplitude no direito positivo, a noção, até então somente conhecida no direito natural, dos direitos subjetivos do membro do Estado frente ao Estado como um todo".[425] Esses direitos, proclamados face ao Estado, foram teoricamente sistematizados na teoria dos direitos públicos subjetivos, que deita seus fundamentos no entendimento de que sendo a exigência à prestação jurídica de natureza pública, assim também é o direito do indivíduo fazer valer os seus direitos face à administração pública.[426]

---

[424] JELLINEK, Georg. *La Declaracion de los Derechos del Hombre y del Ciudadano*. Trad. Adolfo Posada. Madrid: Libreria General de Victoriano Suárez, 1908, p. 90-91.

[425] Ibidem, p. 91.

[426] Ibidem, p. 595.

A nova categoria jurídica criada por Jellinek não se refletiu, entretanto, na prática jurídica e política de governos e sociedades, tendo em vista as características peculiares assumidas pelos direitos humanos no final do século XIX. No âmbito da teoria do direito, o tema dos direitos humanos serviu como tema central do célebre debate de Jellinek com Emile Boutmy[427] sobre as origens das declarações de direitos. O jurista francês sustentava que os direitos humanos tinham uma caráter eminentemente francês, encontrando-se a sua origem no pensamento filosófico do século XVIII, principalmente em Rousseau; ao que respondia Jellineck:[428] se esse argumento fosse correto, como explica-se o fato de que somente ouviu-se falar de declarações de direitos depois da Revolução Americana? Como explicar continua Jellineck, que os franceses tenham esperado um quarto de século para assimilar essa doutrina e para transformá-la, ainda que fosse somente como teoria e no papel, numa lista de diferentes direitos? Essa identificação do estado nacional como a fonte dos direitos humanos, acabou por repercutir na reflexão teórica e na prática.

5.5. Nacionalismo e direitos humanos

A primeira resposta a ser dada ao problema, ocorreu no quadro dos estados nacionais soberanos do século XIX. O texto clássico de Hannah Arendt, intitulado "as perplexidades dos direitos humanos",[429] mostra como o processo de identificação dos direitos humanos com a nação, durante o século XIX, fez com que os Estados nacionais, tendo em vista as circunstâncias históricas e as necessidades políticas das sociedades nacionais, em fase de afirmação, fossem incapazes de estender para os não cidadãos aqueles direitos públicos subjetivos, assegurados aos nacionais. Verifica-se, assim, como o nacionalismo, ideia-força central na construção e sedimentação dos estados nacionais da modernidade, representou o primeiro grande obstáculo para a objetivação dos direitos humanos, que tinham como condição a sua necessária universalidade.

Em virtude da conotação nacional dada aos direitos humanos, considerados como garantias fundamentais asseguradas no quadro do Estado nacional de Direito, o tema dos seus fundamentos foi progressivamente relegado ao esquecimento ou restrito ao debate político interno, mas sempre referido às mutáveis legislações positivas. Durante o século XX, constatou-se a proliferação de declarações internacionais e de legislações nacionais asseguradoras dos direitos humanos, ao mesmo tempo em que se observava o insucesso dos diferentes sistemas jurídicos em estabelecer garantias reais para a observância desses dispositivos legais.

---

[427] BOUTMY, Emile. Études Politiques. In: *Droits de l'Homme et Philosophie*. Presses Pocket. 1993, p. 437-443.

[428] JELLINEK, Georg. Op. cit., p. 205.

[429] ARENDT, Hannah. *The Origins of Totalitarianism*. Cleveland: Meridian Book, 1962, p. 290 e segs.

O conflito entre os valores e a prática política e jurídica provocou, no campo da teoria jurídica, um processo de reducionismo epistemológico do tema "direitos humanos", que ficou restrito à sua dimensão positiva, tal como encontrada no campo da legislação dos estados nacionais. A reflexão sobre os fundamentos dos direitos humanos somente tornou-se relevante e inseriu-se no plano de uma reflexão metajurídica, quando as violações desses direitos na prática quotidiana trouxeram consigo um alto grau de relativismo na sua interpretação e provocaram uma consequente insegurança nas relações entre os Estados nacionais e no seio da própria sociedade civil.

5.6. Dois níveis epistemológicos de análise

Nesse contexto, é que se torna imperativo distinguir na análise dos direitos humanos dois níveis epistemológicos correlatos: no primeiro nível, examina-se a questão de sua fundamentação – questão esta, como fizemos referência acima, que foi relegada a segundo plano na teoria do direito do século XX; no segundo nível, examinam-se os mecanismos da garantia e prática dos direitos humanos, tema que ocupa de forma crescente a atenção do pensamento jurídico e social contemporâneo. No que se refere à questão da fundamentação, a influência positivista tornou-se preponderante na teoria do direito, tendo aprisionado a temática dos direitos humanos dentro dos seus próprios parâmetros conceituais e metodológicos, ao considerar a análise da sua fundamentação uma questão metajurídica e, como tal, irrelevante para a prática jurídica.

Número crescente de filósofos e juristas enfatizam, entretanto, a necessidade da recuperação da temática da fundamentação dos direitos humanos, tendo em vista, precisamente, a experiência histórica que evidenciou a fragilidade dessa categoria de direitos diante de governos autoritários. A necessidade de uma fundamentação não se esgota somente na necessidade de dar-se uma resposta ao argumento autoritário, mas encontra-se, também, nas próprias sociedades democráticas contemporâneas, onde a aplicação do direito positivo ressente-se, muitas vezes, de uma subordinação racional a um conjunto de princípios, expressão de valores relacionados com a dignidade humana, que se explicitaram através da intermediação dos direitos humanos. Em virtude desse reducionismo positivista, a prática policial e judiciária nas sociedades democráticas têm, em diversas ocasiões, ignorado os valores e princípios fundadores da ordem constitucional. A observação empírica demonstra como a aplicação da ordem jurídica decantada de suas raízes tem como resultado a transformação do direito em antídoto do próprio direito, explicando-se assim a preocupante baixa efetividade das leis na sociedade contemporânea. A ordem jurídica do estado democrático de direito supõe, entretanto, para a sua implementação, a observância desses princípios, interpretados como expressão racional de valores que proclamam e resguardam capacidades humanas.

Essa leitura, teoricamente desenraizada dos direitos humanos, fez com que os aspectos jurídicos e políticos da questão preponderassem no pensamento social e jurídico do século XX, exercendo um papel hegemônico na teoria dos direitos humanos. O problema dos fundamentos dos direitos humanos (o aspecto filosófico da questão) foi considerado como resolvido, desde o momento em que se chegou a um acordo, entre os diversos países signatários da Declaração Universal dos Direitos do Homem de 1948, a respeito de quais seriam esses direitos e quais as suas garantias mínimas: "Com efeito, o problema que temos diante de nós não é filosófico, mas jurídico e, num sentido mais amplo, político. Não se trata de saber quais e quantos são esses direitos, qual é sua natureza e seu fundamento, se são direitos naturais ou históricos, absolutos ou relativos, mas sim qual é o modo mais seguro para garanti-los, para impedir que, apesar das declarações solenes, sejam continuamente violados... Com efeito, pode-se dizer que o problema do fundamento dos direitos humanos teve sua solução atual na Declaração Universal dos Direitos do Homem, aprovada pela Assembleia Geral das Nações Unidas, em 10 de dezembro de 1948".[430] Reduz-se, dessa forma, a questão da fundamentação dos direitos e de sua aplicação às soluções encontradas pelo direito positivo, ignorando-se que a natureza desses direitos remete para a questão mais abrangente e complexa da moralidade e da racionalidade.

A "reconstrução dos direitos humanos"[431] – considerados como conjunto de direitos que expressam valores da pessoa humana e que se encontram em contínua gestação – exige, assim, uma investigação que se destine, sobretudo, a recuperar a dimensão fundacional dessa categoria de direitos. Os fundamentos dos direitos humanos voltaram a representar um tema plenamente considerado pelo pensamento jurídico contemporâneo, na medida em que se passou a considerar as questões relativas ao estabelecimento de um patamar metajurídico na análise do direito. Trata-se de construir uma matriz conceptual, que possa estabelecer uma conceituação abrangente para esse tipo de direitos. Essa metodologia justifica-se tanto por alimentar a argumentação em favor dos direitos humanos, ameaçados e violados por regimes autoritários, como também por limitar e definir quais são e quais não são os direitos humanos.[432] O desafio da reflexão sobre os fundamentos dos direitos humanos reside, em última análise, na busca de uma fundamentação racional, portanto universal, dos direitos humanos, e que sirva, inclusive, para justificar ou legitimar os próprios princípios gerais do direito.[433]

Esse processo legitimador, entretanto, deve ser contextualizado dentro do quadro mais amplo da democratização crescente que ocorre em todos os continentes. Os direitos humanos têm um estatuto excepcional no sistema jurídico democrático, que se expressa pela peculiar "validade" com que são

---

[430] BOBBIO, Norberto. Op. cit., p. 25-26.

[431] LAFER, Celso. *A Reconstrução dos Direitos Humanos*. São Paulo: Companhia das Letras, 1991.

[432] FERNADEZ, Eusebio. Op. cit., p. 83-84.

[433] DELMAS-MARTHY, Mireille. *Pour un droit comum*. Paris: Seuil, 1994, p. 172 e segs.

dotados. A dificuldade maior para a mentalidade positivista, ao lidar com o problema da fundamentação desses direitos, reside no fato de que não é considerada a "validade" dessa categoria especialíssima de direitos em sua dupla dimensão.

A "validade" dos direitos humanos para o pensamento jurídico e social contemporâneo tem um duplo sentido:[434] em primeiro lugar, porque eles têm a pretensão de serem válidos factualmente, sendo a sua validade assegurada pela sanção pública; mas também pretendem ter uma legitimidade própria através de uma justificação racional de sua positividade. Os direitos humanos, como tais, fazem parte da ordem jurídica positiva, mas como apresentam a dupla dimensão acima referida, eles definem o quadro dentro do qual a legislação infraconstitucional deverá atuar. A marca característica dos direitos humanos residirá, portanto, no seu conteúdo, isto é, normas gerais que se destinam a todas as pessoas como seres humanos e não somente como cidadãos nacionais, sendo válidas, tanto nacionalmente, como para todas as pessoas, nacionais ou não. Nesse sentido, é que Habermas[435] escreve que os direitos humanos produzem efeitos no quadro da legislação nacional, relativos não somente aos cidadãos nacionais, mas a todas as pessoas. O problema da fundamentação ética dos direitos humanos tem a ver, assim, com a busca de argumentos racionais e morais, que justifiquem a sua pretensão a uma validade universal.

5.7. Esboço de uma antropologia filosófica

A investigação sobre os argumentos racionais e morais poderá ser desenvolvida sob dois aspectos: o primeiro, fazendo uma abordagem intercultural do tema, onde a análise das diferentes tradições culturais poderá explicitar quais são os valores universais, que servem de base comum para os direitos humanos; o segundo tipo de abordagem, consiste na construção de uma teoria sobre a natureza propriamente filosófica dos direitos humanos.

Para que possamos transitar por diferentes tradições culturais, torna-se necessário partir da constatação de que algumas capacidades humanas, que irão, na verdade, constituir o corpo da identidade da pessoa humana, independem da cultura. O ser humano tem algumas características comuns, que o fazem distinguir-se dos demais seres vivos e que podem ser compreendidas através de uma construção teórico-racional. E essas características são observadas em todas as sociedades: todo o ser humano tem capacidade de pensar, raciocinar, utilizar a linguagem para comunicar-se, de escolher, de julgar, de sonhar, de imaginar projetos de uma vida plena e, principalmente, de estabelecer relações com os seus semelhantes, pautadas em critérios mo-

---

[434] HABERMAS, Jürgen. *La Paix Perpétuelle*. Trad. Rainer Rochlitz. Paris: Cerf, 1996, p. 87-88.

[435] Ibidem, p. 89.

rais. Essas características do ser humano não lhe são inatas, mas são por ele apreendidas no convívio social e, por sua vez, a prática dessas habilidades é que irá alterar, modificar a sociedade em que vive. Temos, então, um fator inicial na nossa análise que permite afirmar-se que é graças a essas habilidades e capacidades é que o ser humano não somente pertence, como, aliás, os animais, a uma espécie comum, mas, principalmente, que integram, potencialmente, uma comunidade universal.[436]

Essas características do ser humano permitem que possamos identificá-los em presença, por exemplo, de um ser extraterrestre. Graças a esses critérios, podemos identificar, através do seu comportamento, se um ser é ou não uma pessoa humana. A leitura dos textos de Cristóvão Colombo e os depoimentos dos indígenas do Novo Mundo, diante dos espanhóis, são um exemplo demonstrativo de como os critérios culturais, inicialmente, levam a uns e outros a negarem a qualidade de humanos ao estranho; Cristóvão Colombo sustentando serem os índios seres que não podiam comunicar-se, por não falarem uma língua conhecida pelos europeus e, portanto, mal podendo ser classificados como humanos, e os índios considerando os europeus, como enviados por Deus e vindos do céu.[437] Somente com a convivência, ambas as partes descobriram em cada um características humanas.

Essas características distintivas dos seres humanos mostram como todas as culturas e sociedades têm uma mesma caracterização do que é o ser humano. Por outro lado, o mesmo ser humano recebe em cada cultura um tratamento específico, que pode ser ou não ser o mesmo em todas as sociedades, mas o que o caracteriza são critérios e parâmetros racionais em função dos quais se identifica o ser humano em qualquer lugar do planeta. Quando imaginamos, então, a existência de seres em outras partes do universo, pensamos em seres alienígenas, dotados de capacidades sensoriais, intelectuais e físicas inteiramente diferentes daquelas dos seres humanos com os quais convivemos.

As características dos seres humanos constatáveis em todas as culturas, é que no seu conjunto formam o que se chama de identidade humana. Essas características podem ser agrupadas em quatro grandes grupos. No primeiro, situam-se aquelas características que Aristóteles[438] considerava definidoras do ser humano como um animal social. Somente o ser humano tem o dom da palavra, o meio de comunicar-se e agregar-se, não existindo, assim, indivíduo que fosse incapaz de estabelecer relações significantes com os outros e compartilhar a vida comunitária, a não ser que fosse menos ou mais do que um homem. No segundo grupo identificador do homem, vamos encontrar diversas capacidades, a começar pelo dom da palavra que será peculiar ao ser humano e que lhe permite explicitar o conveniente e o inconveniente, o justo e o injusto, o bem e o mal; dessa forma, o ser humano posiciona-se

---

[436] PAREKH, Bhikhu. Op. cit., p. 144.

[437] TODOROV, Tzvetan. *A Conquista da América*. São Paulo: Martins Fontes, 1999.

[438] ARISTÓTELES. "Política", In: *Obras,* Trad. e notas de Francisco de P. Samaranch. Madrid: Aguilar, 1253 a 1964.

em relação superior ao mundo da natureza animal e física. O terceiro grupo de caracteres identificadores é aquele em que se reúnem as capacidades relativas à criação de ideias, valores e conceitos que não somente interpretam o mundo da natureza como permite criar um mundo produto da imaginação e do trabalho humano. No quarto grupo, encontram-se as capacidades relativas aos desejos do ser humano e como ele poderá responder às suas necessidades, o que o obriga a estabelecer com o seu semelhante condições de convivência para que possa sobreviver e aperfeiçoar-se.

Essas características do ser humano estabelecem a base e o contexto do nosso processo deliberativo no qual os valores morais servem como referências nas relações sociais. Nem sempre, entretanto, as relações sociais são estabelecidas obedecendo-se a valores morais, universais e solidários. Os exemplos das guerras, da exclusão social, racial, religiosa e das políticas racistas são fatos que nos demonstram como esse tipo de relacionamento social baseia-se na falsa premissa de que alguns homens são melhores e mais fortes do que outros. Sendo diferentes, não poderão compartilhar com os seus semelhantes os mesmos valores morais. Essa situação de conflito e negação do outro como humano não pode ser uma constante nas relações sociais, pois acabariam dissolvendo os próprios laços sociais.

A resposta para esse impasse deverá partir de uma constatação acima adiantada: os laços de solidariedade, fundados nos valores morais, representam a condição de sobrevivência do ser humano, precisamente, tendo em vista a sua capacidade de procurar estabelecer tipos de sociedade fundados no egoísmo, na violência e na exclusão. Até que ponto essas sociedades da negação são constituídas por seres humanos? Não teríamos sacrificado nesses modelos algumas características da própria identidade do ser humano?

As capacidades humanas são precisamente as características diferenciadoras do ser humano no universo e, portanto, exigem que se construa uma explicação racional para que se possa identificar no indivíduo uma característica central, que unifique todas as suas capacidades e, assim, possa ser erigida como eixo da identidade humana. Em virtude da história recente do século XX com suas guerras, atrocidades e desigualdades no acesso aos bens da modernidade, a reflexão filosófica foi chamada a trabalhar neste tema, esforço esse que resultou na elaboração da categoria moral e jurídica da "dignidade humana". Essa categoria, consagrada como princípio constitucional (Constituição de 1988, art. 1º, III), serve para que seja assinalada a superioridade do ser humano entre os seres vivos. A ideia de dignidade humana deita suas raízes na posição social do indivíduo e na aceitação desse status pela sociedade como sendo algo hierarquicamente superior. O indivíduo dotado de dignidade encontrava-se, assim, em um patamar superior, que implicava no respeito por parte da comunidade. A ideia de dignidade e da sua correlata, a ideia do respeito, implica, em primeiro lugar, numa afirmação negativa da pessoa humana, que impede que elas sejam tratadas como se fossem animais ou objetos; em segundo lugar, consiste, também, numa afirmação positiva, que sustenta ser necessário a ajuda em desenvolver suas capacidades.

A ideia de dignidade humana, entretanto, corporifica-se através do sistema de normas jurídicas. Essa ideia vai receber uma conceituação jurídica específica, que tem como referencial a dupla face como aparece na cultura ocidental. Essa dupla face expressa duas perspectivas – a ontológica e a instrumental –, mas que juridicamente serão complementadas pelas suas características intersubjetivas e, também, por sua dimensão negativa, defensiva de direitos próprios da pessoa humana, e, simultaneamente, pela dimensão positiva, que garante o caráter prestacional da ideia de dignidade humana[439] no contexto de uma sociedade democrática.

Os direitos humanos referem-se, antes de tudo, a uma categoria de direitos que têm o caráter de abrigar e proteger a existência e o exercício das diferentes capacidades do ser humano, que irão encontrar na ideia de dignidade da pessoa humana, o seu ponto convergente. É em função dessa ideia, resultante da concepção do ser humano como dotado de diferentes capacidades naturais, é que se pode procurar um patamar comum, que responda ao desafio do multiculturalismo.

Antes, entretanto, de analisarmos os argumentos que possam nos conduzir à superação do impasse, entre relativistas e universalistas, no que se refere aos direitos humanos, torna-se necessário estabelecer os parâmetros lógicos da argumentação. Quando nos referimos à condição humana e à dignidade humana como sendo o seu referencial básico, que serve para conceituar a pessoa humana através de uma identidade própria, afirmamos que a dignidade e o respeito somente poderão ser concebidos na medida em que existam condições comuns, vale dizer, quando cada ser humano merece igual respeito e consideração. Os direitos reclamados por cada pessoa exigem que esta pessoa aceite o mesmo tipo e qualidade de demanda por parte do seu semelhante. No entanto, essa igualdade não é absoluta, mas supõe que as desigualdades serão atendidas em função da promoção e da proteção de cada indivíduo. Por essa razão, a igualdade não pode ser tratada como um ideal ou valor absoluto, não sendo, portanto, um fato, e sim uma prática moral.[440] Essa prática necessita, entretanto, de um parâmetro moral, que servirá como limite ordenador de ação humana. Kant chama esse parâmetro de imperativo categórico, que pode ser formulado sob duas formas: a primeira, referida à ação moral nela própria; a segunda, levando-se em conta a humanidade considerada como tendo em si mesma um valor moral. Dessa forma, escreve Kant, o imperativo supremo da moralidade exige que o homem trate a humanidade, seja na sua própria pessoa ou na de outra pessoa, nunca como um meio, mas sempre como um fim.[441]

Os valores encontrados nas diferentes culturas devem ser submetidos ao crivo de critérios racionais, que se encontram definidos pelo imperativo categórico, para que se possa averiguar quais deles originam-se na ex-

---

[439] SARLET, Ingo Wolfgang. *Dignidade da Pessoa Humana e Direitos Fundamentais*. Porto Alegre: Livraria do Advogado, 2001, p. 60.

[440] PAREKH, Bhikhu. Op. cit., p. 149.

[441] KANT, Immanuel. *Fundamentação da Metafísica dos Costumes*. Op. cit., p. 91.

periência sociocultural objetiva, representando características comuns dos seres humanos. Essas características é que possibilitarão avaliar a possível natureza universal dos direitos humanos e suas relações com as diferentes realidades culturais. Trata-se, portanto, de explicitar os valores morais que se encontram na base de todas as culturas e, assim, encontrarmos o ponto de equilíbrio racional entre valores universais e diversidade cultural. Dessa forma, poderemos verificar de que modo esses valores se constituem no núcleo moral da categoria dos direitos humanos, assegurando a sua universalidade perpassando as diferentes culturas.

5.8. Do multiculturalismo à fundamentação universal dos direitos humanos

A argumentação que desenvolvemos anteriormente permite que possamos destacar alguns valores morais universais, que têm sido considerados por autores das mais diversas famílias filosóficas: assim, por exemplo, Hart ao definir o conteúdo mínimo do direito natural;[442] Walzer[443] e a exigência de direitos à vida, liberdade e satisfação de necessidades humans básicas; Rawls[444] e a questão dos bens primários; Apel e o princípio consensualista da justiça[445] (2000). Todos esses autores se socorrem de valores e critérios universais, como forma de solucionar conflitos morais e jurídicos numa sociedade multicultural.

Podemos, assim, acompanhar Parekh na sugestão de que para integrar valores universais no quadro do multiculturalismo devemos proceder em duas etapas. A primeira, que corresponde à argumentação até agora desenvolvida, consiste em delimitar valores morais universais: a identidade humana, a dignidade humana, o valor humano, a promoção do bem-estar humano e a igualdade. Na segunda, procura-se fazer a intermediação de valores morais nas sociedades multiculturais, sem que aqueles percam seu caráter de universalidade. Isto porque, são considerados valores em virtude de serem cultivados em todas as sociedades, ainda que implementados de formas diferentes através de normas morais e jurídicas específicas e particulares; são morais porque estabelecem os critérios mínimos em função dos quais os homens vivem e se relacionam uns com os outros; e são universais porque respondem a exigências de todos os seres humanos, independentes de cultura, nacionalidade ou religião.

Trata-se de estabelecer os caminhos através dos quais poderemos garantir a integridade dos valores universais e, ao mesmo tempo, permitir a plena manifestação da diversidade cultural. O primeiro escolhe um mínimo

---

[442] HART, H. L. A. *The Concept of Law*. Oxford: Clarendon Press, 1972.

[443] WALZER, Michael. *Thick and Thin.* Notre Dame/London: University of Notre Dame Press, 1994.

[444] RAWLS, op. cit.

[445] APEL, Karl-Otto. "O problema do multiculturalismo à luz da ética do discurso", op. cit.

moral, que afirma a necessidade de se proteger o homem, dotando-o de uma esfera, que lhe é própria, a ser respeitada pelo Estado, por grupos sociais e pelos outros indivíduos; ao lado dessas garantias negativas, acham-se as garantias positivas, aquelas que asseguram o contexto dentro do qual o ser humano terá assegurado bens básicos. A Declaração dos Direitos Humanos das Nações Unidas e os pactos que lhe complementaram têm, precisamente, essa função.

O segundo caminho aponta para o fato de que, sendo os valores universais gerais e indeterminados, é necessário que sejam expressos por sistemas normativos. Não basta afirmar-se que, por exemplo, a dignidade humana é um valor, mas para que ela se materialize nas relações sociais é necessário que ela se traduza em normas. Essas normas é que irão objetivar a ideia de dignidade humana que deixa de ser afirmada como argumento retórico e passa a integrar através de normas jurídicas específicas. Proibição da tortura, genocídio, usar a pessoa como objeto de pesquisas que afetem o sistema biológico, psicológico ou espiritual do ser humano, são alguns exemplos de normas que materializam, dão substância ao princípio da dignidade humana. Por outro lado, as normas são expressas através da linguagem, podendo, então, as normas estabelecerem direitos ou obrigações, sendo que cada uma dessas formulações obedece às características da cultura.

O terceiro procedimento, para que se possa objetivar os valores universais constitutivos do núcleo ontológico dos direitos humanos, aponta para o cuidado que devemos ter em não confundir valores com mecanismos institucionais específicos. Parekh chama a atenção para o fato de que muitos dos nossos argumentos éticos não fazem a distinção entre as formas institucionais que assumem os valores universais em cada cultura. Dentro do capitalismo o princípio da dignidade pode ser respeitado, bem como em outros sistemas políticos e econômicos. Caso não se faça essas distinções, acabaríamos por negar qualquer possibilidade da existência de direitos humanos, que reflitam valores humanos universais. O fato é que por mais diferentes que sejam as normas é necessário que elas pela linguagem dos direitos ou das obrigações garantam o respeito aos valores morais fundamentais da ordem jurídica.

O quarto procedimento enfrenta o desafio de que, tendo em vista que cada sociedade é moralmente livre para formular as normas materializadoras dos valores universais, não podemos condena-las em virtude dessas normas serem diferentes das aceitas em nossa sociedade. É a questão do etnocentrismo que se situa no âmago da nossa reflexão. Tome-se, por exemplo, o caso referido por Parekh,[446] da prática nas sociedades muçulmanas de apedrejamento de determinados crimes como o estupro. A pena para os não muçulmanos parece degradante e desumana, mas para os muçulmanos ela expressa a repulsa da sociedade em face do crime. Justifica-se a penalidade sustentado-se que o ato de estuprador coloca-o, por sua bestialidade, fora da convivência humana e retira-lhe a sua dignidade. O argumento moral dos

---

[446] PAREKH, Bhikhu. Op. cit., p. 152.

muçulmanos sustenta que essa condenação mobiliza as energias sociais e reafirma a autoridade dos valores violados pelo estuprador.

O argumento muçulmano, aparentemente coerente, tem, entretanto, alguns aspectos que demonstram uma interpretação errônea do ato e da natureza da responsabilidade do seu autor. A dignidade baseia-se na humanidade do criminoso, que não é negada por um ato isolado. Isto porque a dignidade é constituída não de uma capacidade, mas de diversas capacidades que são conservadas e, por essa razão, o criminosos pode ser reformado, reintegrado na vida social ou mesmo isolado para que cumpra a sua pena em condições, sem negar as suas capacidades que não foram afetadas pelo ato criminoso. Apedrejar um ser humano até a morte representa, portanto, desrespeitar a dignidade humana de todos os homens, culpados ou não, além do que não existe comprovação empírica sobre a diminuição dos crimes de estupro nessas culturas em virtude da pena.

A proposta de universalização dos direitos humanos pode ser atingida através de um quinto procedimento, que se baseia no fortalecimento de diálogos regionais interculturais. Vale dizer, estabelecer acordos regionais entre diferentes culturas, que preservem suas características básicas, mas possam ser integradas no sistema global. Assim, poderão ser superadas algumas dificuldades, encontradas na interpretação e aplicação dos direitos humanos nos países asiáticos e africanos. Essas dificuldades te a ver com a própria questão da linguagem política e jurídica do Ocidente, que afirmam mais os direitos do indivíduo, expressos de uma forma legalista. A crítica das lideranças asiáticas a essa abordagem da questão é formulada mostrando-se como essas culturas são mais comunitárias, nas quais a lei é mais relativa aos deveres, que servem integrar a sociedade. Essa diferença de expressão da vontade legal, deve ser respeitada, o que não justifica a violação de valores morais e jurídicos universais por esses estados. Em última análise, não se precisa ignorar os direitos humanos para que sejam aceitas as características das culturas locais, pois sua violação significa rejeitar os próprios laços de solidariedade que fundamentam a sociedade.

A necessidade de uma teoria dos direitos humanos deita as suas raízes no pensamento iluminista e teve a sua primeira formulação no conhecido texto de Kant:[447] "os povos da terra participam em vários graus de uma comunidade universal, que se desenvolveu ao ponto de que a violação do direito, cometida em um lugar do mundo, repercute em todos os demais. A ideia de um direito cosmopolita não é, portanto, fantástica ou exagerada; é um complemento necessário ao código não escrito do Direito político e internacional, transformando-o num direito universal da humanidade. Somente nessas condições podemos congratular-nos de estar continuamente avançando em direção a uma paz perpétua". Na Doutrina do Direito, § 62, Kant argumenta que essa comunidade pacífica não é um "princípio filantrópico (ético), mas um princípio jurídico", que se materializa no chamado direito cosmopolita. Esse tipo de direito tende, ao ver de Kant, a permitir uma união

---

[447] KANT, Immanuel. *Kant's Political Writings*. Op. cit., p. 107-108.

possível de todos os povos, "em vista de certas leis universais do comércio possível". Kant, porém, estabeleceu uma relação entre o ius cosmopoliticum e o desenvolvimento do comércio, refletindo, aliás, a ideia comum na época de que o comércio seria o fator decisivo na humanização das relações entre os povos.

Esse mito a respeito do progresso das relações entre as nações, como fruto do comércio entre elas, foi desmentido pela história dos dois últimos séculos. O atual estágio do processo de internacionalização da economia mostrou como alguns efeitos perversos da chamada globalização ignoram os direitos básicos da pessoa humana. Ao contrário do que sustentavam os ideólogos do liberalismo clássico, a internacionalização da economia aumentou a corrupção política, o tráfico de órgãos entre países ricos e países pobres, a exploração do trabalho infantil, a escravidão branca, o crime organizado, etc. Todos esses resultados dos novos tipos de relações econômicas e sociais evidenciam um quadro de distorções e violações da dignidade da pessoa humana, que somente poderá ser corrigido – e esta é a contribuição central de Kant para a reflexão contemporânea – por um direito também global, cosmopolita, e que afirme e garanta os valores constitutivos da dignidade humana.[448]

A história mostrou que os direitos humanos não nasceram do progresso das relações comerciais entre os povos, mas da identificação de valores comuns às diversas sociedades e grupos de uma mesma sociedade, que sirvam como uma "dimensão do direito suscetível de representar um universal".[449] Trata-se, portanto, de reler a tradição kantiana, no contexto da qual as leis morais são fruto da razão do homem, sendo universais, não dependendo da vontade circunstancial do legislador. Essa releitura processa-se através da identificação dos argumentos racionais, que possibilitem a construção da fundamentação dos direitos humanos em torno, também, de princípios universais, frutos da razão humana.

A necessidade da determinação de normas de caráter universal, que fundamentassem a ordem jurídica, fez com que se recorresse, na primeira etapa dessa investigação, aos princípios gerais do direito a serem legitimados pelo consenso da humanidade dita civilizada – mais ou menos o modelo proposto por Rawls. Mas a relatividade das experiências jurídicas, afastaram a possibilidade de dotar-se os princípios gerais do direito de um conteúdo comum. Tornou-se evidente que os desafios colocados pelo processo histórico à ordem jurídica, obrigavam à recuperação teórica da questão dos fundamentos dos direitos humanos, como condição para se obter uma explicação funcional e não uma fundamentação normativa do direito. Por essa razão, a construção dessa matriz conceptual não poderá consistir "na dedução de um dever-ser a partir de um ser, de um sollen a partir de um sein, mas na estruturação dessas normas a partir de uma visão do real indissociável de

---

[448] DELMAS-MARTY, Mireille. *Vers un droit commun de l'humanité?* Rio de Janeiro: Conjunto Universitário Cândido Mendes. Mmo, 1997.

[449] RENAUT, Alain; SOSOE, Lukas. *Philosophie du Droit*. Op. cit., p. 32.

um realce, portanto, de uma valorização, seja de certos seres, seja de certos aspectos do ser".[450]

Essa fundamentação crítica ou moral poderá ser construída a partir da constatação de que os direitos humanos remetem à exigências imprescindíveis para a vida da pessoa humana, que podem ser resumidas na ideia de dignidade humana. A manutenção da dignidade humana constitui, assim, o cerne dos direitos humanos, pois é por meio deles que serão asseguradas as múltiplas dimensões da vida humana, todas asseguradoras da realização integral da pessoa. A perspectiva crítica parte do pressuposto de que essas diferentes dimensões fazem com que os direitos daí decorrentes somente se materializem no quadro da sociedade quando se supera a ideia, peculiar ao liberalismo individualista, de que esses direitos dizem respeito única e exclusivamente aos direitos individuais. A concepção individualista do ser humano cede lugar, então, à concepção moral do homem como ser social, que como tal tem direitos concretos a serem assegurados pela sociedade. Introduz-se, assim, na temática sobre os direitos humanos a questão do papel do Estado.

O problema reside, portanto, na possibilidade de se estabelecer uma ponte entre os valores morais e a ordem jurídica, recusando-se, desde já, a solução moralista para o problema, qual seja a de transformar o Direito em instrumento das opções morais dos indivíduos. A investigação nesse sentido levou à introdução, no campo da filosofia do Direito, da categoria do imperativo categórico jurídico.[451] Höffe sustenta que o imperativo jurídico, ainda que não se encontre explicitado na obra de Kant, encontra-se sugerido na filosofia prática do pensador alemão. Essa nova categoria do imperativo aparece no pensamento kantiano, ao ver de Höffe, sob três formas: como conceito universal do Direito;[452] como princípio universal do Direito;[453] e como lei jurídica universal.[454]

O imperativo jurídico categórico é o instrumento hermenêutico utilizado para que se possa estabelecer os conteúdos dos princípios morais, que serão os argumentos racionais necessários para a solução da tautologia de que os direitos humanos são os direitos do ser humano. Para isto, torna-se necessário determinar como o imperativo jurídico categórico expressa-se através de princípios morais, que são imperativos, e como deles são derivados os direitos humanos. A principal característica dos direitos humanos é a de que se referem a bens que são de importância essencial para a pessoa humana. Restringe-se, assim, a definição dos direitos humanos, retirando-se do seu âmbito aqueles direitos morais que não se referem especificamente à realização da pessoa humana. Os princípios que fundamentam os direitos

---

[450] PERELMAN, Chaïm. *Ética e Direito*. São Paulo: Martins Fontes, 1996, p. 395.

[451] HÖFFE, Otfried. *Principes du Droit*. Op. cit., p. 91 e segs.

[452] KANT, Immanuel. *Metaphysique des Moeurs*, Ed.cit.. § B.

[453] Ibidem. § C e conclusão da IIa. Parte.

[454] Ibidem. § C.

humanos, por sua vez, dizem-se categóricos porque não condicionam a titularidade de tais direitos às condições externas ao próprio ser humano ou construídas social e artificialmente por uma coletividade de seres humanos, tais como nacionalidade, riqueza, religião, gênero e assim por diante.[455] Os direitos humanos existem, sob essa perspectiva, por si mesmos pautando a regulação das particularidades sociais e culturais da pessoa.

Esses princípios, que formalizam o imperativo categórico, é que, combinados no espaço de uma sociedade democrática, portanto ordenadora de relações intersubjetivas, irão fundamentar os direitos humanos. Nino propõe três princípios fundadores: o *princípio da inviolabilidade da pessoa*, que proíbe impor sacrifícios a uma pessoa baseando-se na única razão de que o seu sacrifício poderá beneficiar os outros indivíduos; o *princípio da autonomia da pessoa*, onde se consagra a imperatividade de ser assegurado um valor intrínseco aos ideais de excelência da pessoa humana; o *princípio da dignidade da pessoa*, através do qual se consagra o acesso ao direito, independente de circunstâncias, como raça, religião, sexo, grupo social ou filiação política.

Os direitos humanos seriam, assim, a positivação dos princípios fundadores, que por sua natureza moral asseguram o caráter de universalidade dessa categoria de direitos. Nesse sentido, é que se pode dizer, com Habermas, que o pensamento kantiano representa "uma intuição diretora"[456] no projeto de estabelecer os fundamentos dos direitos humanos na época contemporânea. Uma intuição diretora mas que necessita de ser racionalizada no espaço público da sociedade democrática e que será ordenada através de normas que expressem uma vontade política específica, consequência de um processo de argumentação racional e estabelecida entre seres livres. Nesse sentido, é que se pode estabelecer a natureza moral dos direitos humanos, como fundamento da ordem jurídica democrática e que expressa as "relações de complementaridade entre a moral e o direito".[457] O direito não é somente um sistema simbólico, mas um sistema de ação, dentro do qual as normas de ação "simplesmente *ramificam-se* em regras morais e em regras jurídicas".[458]

A peculiaridade da matriz conceptual dos direitos humanos no quadro do estado democrático de direito torna-se clara quando se consideram as exigências, tanto de Kant, no Primeiro Artigo Definitivo da Paz Perpétua, como de Rawls (1997), para que seja possível a existência de uma ordem política e jurídica respeitadora dos direitos da pessoa humana. Com expressões diferentes – em Kant, "a constituição política de todos os Estados deve ser republicana" e, em Rawls, a "sociedade politicamente justa"–, ambos os autores buscam um mesmo tipo de organização político-institucional: um

---

[455] NINO, Carlos S. *Ética y Derechos Humanos*. Barcelona: Ariel, 1989, p. 45.

[456] HABERMAS, Jürgen. *La Paix Perpétuelle*. Op. cit., p. 80.

[457] HABERMAS, Jürgen. *Droit et Démocratie, entre faits et norms* Trad. Reiner Rochlitz. Paris: Gallimard. p. 122.

[458] Ibidem, p. 123.

modelo de Estado e de Direito, fundado em valores morais, portanto universais, criadores e unificadores da sociedade. Nesse sentido, é que se pode entender como o princípio do direito, normatiza valores fundamentais do Estado e da sociedade, tornando-se o intermediário entre o princípio da moral, que se expressa na liberdade de autonomia do indivíduo, e o princípio democrático, garantidor da dimensão necessariamente social do ser humano. Os direitos humanos expressam, assim, o núcleo do princípio do direito, que se materializa através da ordem jurídica, garantidora das duas dimensões da pessoa humana.

5.9. Conclusões

Os diversos sistemas e paradigmas analisados ou referidos nos capítulos anteriores permitem que se verifique como foram concebidas diferentes concepções da justiça, dos direitos, dos deveres, das liberdades e formas de responsabilidade no pensamento de filósofos e juristas durante os séculos. Essas construções teóricas deitaram as suas raízes em patamares lógico-argumentativos, onde cada um guardava um entendimento próprio da natureza e da função do direito na sociedade.

O *Dicionário do Houaiss da Língua Portuguesa* define a palavra "conclusão", entre outros significados, como sendo o "ensinamento que se extrai de um texto ou fato", e também, como a "moral" de alguma coisa. Como exemplo, o Dicionário faz referência à "conclusão de uma fábula" ou ao "sentido de uma fábula". Não nos preocupamos nos textos reunidos neste livro, em estabelecer um ponto de vista, único, pretensamente verdadeiro, a que se chegaria depois de um longo processo de observação e de argumentação. A natureza desses textos impede que se adote a palavra "conclusão", no seu sentido clássico e lógico.

Apesar de transitar pelos conceitos e valores que constituem as categorias e conceitos, considerados pelos juristas como o núcleo pétreo da ciência do direito e das instituições jurídicas, os textos acima se preocuparam mais para o significado e função desses conceitos e valores do que para a sua normatização e aplicação. Não têm, portanto, a pretensão de conduzir os leitores a conclusões lógicas e muito menos dogmáticas, a que estamos habituados no jargão e no universo mental dos juristas, tanto nas faculdades de direito, como na atividade profissional. Pretendem, pelo contrário, as análises desenvolvidas nessas páginas serem absolutamente "inacabadas", o oposto de inconcussas, vale dizer, constituem mais apontamentos e indicações para a reflexão do que soluções para os problemas do pensamento jusfilosófico e, muito menos, para a prática judicial. Por essa razão, podemos nos referir a essas linhas finais como sendo "inacabadas" ou uma espécie de "contraconclusão".

Mas, precisamente, por não levarem a qualquer conclusão formalizada e que traga a tão almejada tranquilidade e paz de espírito, denominada de "segurança jurídica" pelos juristas, os textos procuraram estabelecer em que medida podemos encontrar um argumento central que perpasse, ainda que muitas vezes de forma implícita, a tradição filosófica e jurídica do Ocidente. Esse argumento se choca frontalmente com o processo argumentativo, onde a reflexão crítica é substituída pela avalanche de citações que busca no argumento de autoridade a fundamentação última para questões teóricas e práticas. Essa tem sido uma característica da cultura jurídica brasileira, onde o argumento de autoridade sedimenta o formalismo dogmático e torna-se instrumento privilegiado pelos juristas, com a pretensão arrogante de lerem e interpretarem as realidades humanas, que caprichosamente escapam dos códigos, leis e interpretações.

Por essa razão, procuramos identificar nos direitos humanos a condição de possibilidade para a consolidação dos valores, direitos e deveres que formam a espinha dorsal do sistema moral e jurídico das sociedades democráticas. Em torno dessa categoria de direitos, antes moral e depois jurídica, é que se pode acompanhar a progressiva evolução de formas de organização social que, ao assegurarem esses direitos, estão *ipso facto*, garantindo uma determinada concepção do indivíduo, da pessoa, da sociedade, do Estado e do direito. Esse é o conflito latente entre os direitos humanos e uma concepção estritamente dogmática da ordem jurídica, que permite que se identifique a radicalidade dos direitos humanos na história da construção das sociedades democráticas. Nesse sentido é que se deve encerrar esse tipo de análise com uma leitura do núcleo moral da Constituição Brasileira de 1988.

A Constituição Brasileira de 1988, no Preâmbulo – considerado por muitos juristas como unicamente uma peça literária que adorna o texto constitucional – e nos artigos do Título I, proclama valores e princípios que expressam essa tradição esquecida, a que fizemos referência. Assim, o Preâmbulo afirma que a Constituição destina-se a instituir um estado democrático de direito e estabelece os valores fundamentais da República. Não se trata somente de um estado de direito, mas de um estado democrático de direito o que implica em assegurar valores que antecedem e perpassam a ordem constitucional instituída: os direitos sociais e individuais, a liberdade, a segurança, o bem-estar, o desenvolvimento, a igualdade e a justiça. Esses valores são considerados pelo texto constitucional como "valores supremos de uma sociedade fraterna, pluralista e sem preconceitos, fundada na harmonia social e comprometida, na ordem interna e internacional, com a solução pacífica das controvérsias...".

A objetivação jurídica desses valores será realizada através dos cinco princípios fundamentais estabelecidos nos arts. 1º. a 4º. do Título I do texto constitucional. Os princípios fundamentais dividem-se em grupos, que explicitam os fundamentos do estado democrático de direito, definem as relações de poder e identificam a origem legítima do poder, proclamam os objetivos da República e estabelecem princípios reitores a pautar as relações internacionais da República.

Os fundamentos são estabelecidos através do princípio da soberania ou a afirmação do Estado no conserto das nações; do princípio da cidadania, que se definirá na identificação da participação do cidadão na elaboração das leis e na prática das instituições, e, por essa razão, o texto constitucional de 1988 foi chamado de "Constituição Cidadã"; do princípio da dignidade humana, núcleo central da ordem democrática e que se caracteriza pela consideração de que o "outro" tem um valor em si mesmo, igual ao de cada um; do princípio dos valores sociais do trabalho e da livre iniciativa, como agentes econômicos de uma sociedade fraterna e socialmente harmônica; do pluralismo político que assegura a diversidade de opiniões como condição para se garantir os valores proclamados na Constituição.

O art. 2º trata da divisão de Poderes para, no art. 3,º o texto detalhar o compromisso com a justiça social ao estabelecer como "objetivos fundamentais da República Federativa do Brasil" a construção de uma sociedade livre, justa e solidária; garantir o desenvolvimento nacional; erradicar a pobreza e a marginalização e reduzir as desigualdades sociais e regionais; promover o bem de todos, sem preconceitos de origem, raça, sexo, cor, idade e quaisquer outras formas de discriminação". Nos princípios fundamentais reitores das relações internacionais, que se encontram no art. 4º a Constituição irá consagrar valores que foram sendo construídos no transcurso da história para finalmente se cristalizarem como princípios fundamentais nas sociedades democráticas: independência nacional, prevalência dos direitos humanos; autodeterminação dos povos, não intervenção, igualdade entre os Estados, defesa da paz, solução pacífica dos conflitos, repúdio ao terrorismo e ao racismo, cooperação entre os povos para o progresso da humanidade, concessão de asilo político".

O entendimento de que o estado democrático de direito será a organização política que se baseia, protege e garante esses valores, obriga que a prática do texto constitucional tenha, necessariamente, uma leitura diferenciada daquela realizada no estado liberal de direito. Essa leitura irá realizar-se tendo como parâmetros os valores consagrados no texto constitucional por sua importância moral, política e institucional. Encontram-se nesse caso o princípio da dignidade da pessoa humana e do pluralismo político, os objetivos relativos a uma sociedade livre, justa e solidária e, nos termos da própria Constituição, "a prevalência dos direitos humanos".

Nesse contexto, é que se torna necessário avaliar em que medida a abrangência dos direitos humanos, como tem sido realizada pelo legislador e pelo interprete, implica o esvaziamento da natureza e da radicalidade desses direitos. Aquilo que originariamente representava um fetiche libertador e afirmador dos direitos, deveres e liberdades da pessoa humana, e que, portanto, enfeixava os direitos e deveres definidores dessa dignidade, tornou-se uma espécie de emplastro político e jurídico a ser aplicado em todas as feridas sociais. Quando, na verdade, trata-se de uma categoria de direitos e deveres morais – para escândalo dos formalistas e positivistas – que expressam características essenciais da pessoa humana.

A investigação levada a efeito nessas páginas teve por objetivo, dentro de uma perspectiva humanista, explicar como os direitos humanos baseiam-se na consideração da pessoa humana como o cerne da ordem política e jurídica. Não a pessoa humana identificada com o indivíduo da sociedade liberal-burguesa, livre com uma liberdade sem limites somente limitada pela propriedade do outro, mas a pessoa que realiza a sua liberdade na relação com o outro. E a sociedade se constitui não mais como a soma aleatória de átomos individuais, e sim, como um sistema, que se baseia no entendimento do valor do "outro", como pessoa e, portanto, dotado de uma dignidade que não tem preço, pois tem uma finalidade em si mesma, igual a de todos.

Esse entendimento da natureza moral, política e jurídica do estado democrático de direito somente pode ser plenamente desenvolvido se situarmos a questão da pessoa humana no quadro de uma sociedade multicultural e universal. Para tanto, torna-se necessário atentar para a contribuição dada por François Julien no seu magistral livro[459] e, assim, dimensionar as dimensões do desafio com que se defrontam as sociedades democráticas no século XXI.

A análise proposta por François Julien desenvolve-se em função de três conceito-chave da contemporaneidade: o "universal", conceito próprio da razão; o "uniforme", identificado, por François Julien, como "o duplo pervertido do universal", pois se faz passar por ele, mas que deriva do interesse e não da razão, sendo a marca característica do processo de globalização; e o "comum", que é o espaço da comunidade, onde a experiência peculiar a cada grupo social desenvolve suas matrizes específicas. Julien argumenta que o "comum" por sua própria natureza é extensivo, mas a hegemonia dos valores próprios de uma comunidade pode provocar o fenômeno da exclusão, deixando de ser inclusivo para tornar-se excludente, como observamos nos processos de exclusão de imigrantes nos países europeus. Escreve Julien que esse último conceito-chave corre o risco de "em vez de abrir-se para mais participação, desemboca em seu contrário, o "comunitarismo".[460]

Esses diferentes conceitos-chave na análise de Julien abrem as portas para um entendimento mais elaborado das características dos direitos humanos. Julien considera que os conceitos-chave podem ser justificados em função de três formas: primeiro, como categoria lógica, o que significa considerá-los como conceitos abstratos; segundo, como conceitos jurídicos, quando expressam uma concepção universalista, proposta pelos jurisconsultos romanos através do *ius gentium*; e, terceiro, como conceitos teológicos, que deitam as suas raízes na religião, como na tradição paulina.

O importante a assinalar na concepção de François Julien é que tratamos de conceitos-chave que se objetivam em diferentes níveis de conhecimento. Nesse contexto, a interrogação que se encontra implícita nos direitos humanos, consiste em determinar se os direitos humanos podem ou não ser universalizados. Essa é a *vexata quaestio* que se encontra debatida, mas pouco

---

[459] JULIEN, François. *O Diálogo entre as Culturas. Do universal ao multiculturalismo.* Trad. André Telles. Rio de Janeiro: Jorge Zahar Editor, 2009.

[460] Ibidem, p. 15.

respondida, nos meios acadêmicos, políticos e intelectuais das nações democráticas. Em outras palavras, em que medida os direitos humanos podem ser considerados um conceito-chave universalizável e dentro de qual perspectiva lógica, jurídica ou teológica.[461]

A diversidade das culturas demonstra que é impossível sustentar-se o caráter universal dos direitos humanos. Tanto sob a perspectiva jurídica, como teológica, esse tipo de justificativa não resiste à realidade histórica e cultural. No entanto, se abordarmos os direitos humanos sob uma perspectiva lógica, considerando-os antes de tudo como um conceito lógico, eles ganham consistência operacional evidenciam a sua radicalidade.

Tornam-se operacionais, válidos para todas as culturas, na medida em que expressem uma atitude insurrecional diante de situações fechadas. Como escreve François Julien, os direitos humanos expressam antes de tudo a "universalidade da recusa",[462] que se encontra latente em todo ser humano.

Mas, antes de adquirir esse caráter operacional, os direitos humanos, considerados como conceito lógico, revelam a radicalidade que se encontra presente em todas as culturas, e especificamente nas sociedades democráticas, onde essa categoria de direitos revela dimensões originárias da pessoa. Trata-se da expressão do homem naquilo que ele tem de mais essencial: desde o momento em que se considera o indivíduo como uma pessoa humana, em todas as suas múltiplas inserções sociais e culturais, irrompe de forma radical o *dever-ser*, como condição de possibilidade para a existência da própria sociedade. Por essa razão, os direitos humanos encontram-se presentes em todas as manifestações humanas e com isto se constituem nos parâmetros unificadores, implícitos ou explícitos, dos temas abordados nas páginas desse livro.

---

[461] Vide a propósito da relação entre religião e direitos humanos, o instigante livro de PERRY, Michael J. *Toward a theory of human rights*. Cambridge: Cambridge University Press, 2007.

[462] Op.cit., p.149.

Parte IV

1. Bioética, biodireito e direitos humanos

1.1. Para além do direito natural

A ideia de um direito com valor universal constituiu uma das características comuns do pensamento filosófico, político e jurídico da modernidade, tendo sido formulada por pensadores que se diferenciavam em suas posições doutrinárias, mas que compartilharam a mesma intenção de procurar estabelecer como fundamento da ordem jurídica positiva um direito encontrado na natureza do homem e da sociedade. A escola jusnaturalista moderna terminou por ser um referencial obrigatório no pensamento filosófico e jurídico dos últimos três séculos, ainda que não se possa estabelecer um mesmo eixo temático entre os seus representantes, que além de sustentarem a existência de um direito natural, pouco se assemelharam na abordagem dos problemas filosóficos, políticos e jurídicos. As diferentes concepções do direito e do Estado, desenvolvidas nas obras de autores como Hobbes, Puffendorf, Thomasius, Locke, Rousseau e outros, têm, no entanto, um mesmo princípio básico, qual seja a da existência de uma lei natural e de um direito natural, fundamentos da sociedade, do Estado e do direito. No final do século XVIII, foi essa ideia comum que serviu como argumento ideológico para as declarações de direitos da Revolução Norte-Americana de 1776 e da Revolução Francesa de 1789, fontes primárias das modernas garantias da pessoa humana nos textos constitucionais do estado liberal. Esse direito natural exerceu o papel de fonte legitimadora das primeiras constituições escritas, que vieram assegurar do ponto de vista constitucional a passagem do absolutismo para o estado de direito

Entre os filósofos que investigaram a possibilidade de uma ordem jurídica fundada em valores universais, diferencia-se, entretanto, Immanuel Kant, que ao refletir sobre o tema abandona a tradição jusnaturalista moderna e procura estabelecer, em torno da ideia do direito cosmopolita, uma resposta diferenciada para a mesma investigação intelectual comum aos pensadores jusnaturalistas. Em dois textos clássicos, Kant trata do tema o que permite a constatação de que, preliminarmente, o direito cosmopolita kantiano diferencia-se da hipótese do direito natural dos jusnaturalistas, e, também, e principalmente, serve como pista teórica, na modernidade, para que se possa situar criticamente a questão da fundamentação ética do direito e do Estado. Escolhemos para examinar a possibilidade da fundamentação ética da ordem jurídica, as relações estabelecidas entre os valores morais e a pesquisa e tecnologia biológicas, que se formalizam juridicamente na nova área do direito, o biodireito. Procuramos determinar até que ponto os valores éticos podem constituir-se em categorias racionalizadoras e legitimadoras dessa nova ordem jurídica. Para isto, privilegiamos o exame dos princípios da bioética, que, como veremos a seguir, surgiram para estabelecer parâmetros éticos para as pesquisas e tecnologias, e que terminaram por receber sua formalização, mais universal, sob a forma de direitos humanos (*Declaração Universal sobre o Genoma e os Direitos Humanos,* UNESCO, 1997). O processo de transição das categorias éticas para a norma jurídica, corre o risco, no entanto, de transformar-se em dogmatismo moral, sendo necessário, para que isto não ocorra, o emprego de uma ideia que forneça as estruturas racionais necessárias para explicar e fundamentar o biodireito. Essa ideia é a do direito cosmopolita.

1.2. A face oculta do direito cosmopolita

O conceito de direito cosmopolita, proposto por Kant, refere-se, principalmente, ao entendimento de que a evolução histórica, e com ela as luzes da razão, iriam encontrar ou formular normas com fundamentação ética, que poderiam ser consideradas como uma forma de direito. De um direito moral, certamente, pois não se identificaria com normas positivadas, mas que se imporia pela força da sua própria racionalidade. A racionalidade como categoria universal, comum a todos os seres humanos, serviria na concepção kantiana, de instrumento para a determinação de valores livremente aceitos por todos os homens, independentemente de cultura, etnia ou religião. Essa característica do direito cosmopolita permite que se tenha uma leitura propriamente moral dos direitos humanos, podendo-se mesmo entender essa categoria de direitos como uma manifestação de valores éticos no sistema jurídico. Os direitos humanos tornam-se, assim, e principalmente, uma forma de moralidade, que tem a ver com uma determinada concepção ética da pessoa humana, da sociedade e do Estado. Parece-nos que a hipótese dos direitos humanos, como categoria ética, torna-se bastante plausível, quando analisamos os argumentos kantianos, sobre o direito cosmopolita e a melhor forma de governo, argumentos esses que poderão fornecer uma fundamentação racional aos direitos com pretensão de validade universal.

Na *Ideia de uma história universal de um ponto de vista cosmopolita* (1986), Kant identifica na história da humanidade "a realização de um plano oculto da natureza para estabelecer uma constituição política perfeita internamente – e para este propósito também externamente – como sendo o único estado no qual todas as capacidades naturais da humanidade podem ser plenamente desenvolvidas" (Proposição 8). O cerne da questão encontra-se na referência a uma "constituição politicamente perfeita", se torna claro que estamos tratando com critérios que se encontram fora do próprio texto constitucional. A ideia de uma ordem normativa é referida, ainda que implicitamente, a valores a serem aplicados também externamente, ultrapassando, assim, as limitações do direito nacional e situando as suas normas numa dimensão universal. Kant, entretanto, no texto citado, não desenvolve em toda a sua extensão a ideia do direito cosmopolita, restringindo-se a constatar que esse tipo de direito é condição para o pleno desenvolvimento da humanidade. Por outro lado, a ideia de que a evolução da humanidade tem como referencial o aperfeiçoamento moral, encontra-se subtendida na proposição de que existirá um estado social e político onde essas virtualidades humanas encontrarão campo propício para que se realizem e, por essa razão, a ordem social e política será "politicamente perfeita". No pensamento de Kant, essa ordem social e política identifica-se com o governo republicano, em oposição ao despotismo.

No *Projeto para uma paz perpétua* (1970), Kant afirma que "os povos da terra participam em graus diferentes de uma comunidade universal, que se desenvolveu a ponto de que a violação de um direito *numa* parte do mundo, repercute em todos os lugares" (2ª. secção, 3º art. definitivo). O direito cosmopolita consiste, portanto, no tipo de norma que ultrapassa as comunidades nacionais e identifica-se como sendo a norma de uma comunidade planetária. Por essa razão, continua Kant, em todos os lugares da terra reage-se de forma idêntica à violação do direito cosmopolita, sendo este direito "um complemento necessário do código não escrito, tanto do direito civil, como do direito das gentes, em vista do direito público dos homens em geral" (ib.). Para Kant, a paz perpétua sòmente poderá ser atingida na medida em que entre os povos esse direito cosmopolita seja respeitado. O conceito de direito cosmopolita, no pensamento kantiano, será a explicitação da "ideia racional de uma comunidade geral, *pacífica*, quase mesmo amigável, de todos os povos da terra" (Kant, 1971). O direito é entendido, portanto, como o instrumento de uma forma de organização entre os povos baseada na racionalidade e, em função dela, justificando-se e legitimando-se. Na medida em que se organiza como fruto dessa racionalidade, a ordem jurídica irá refletir valores nascidos dessa própria racionalidade, necessariamente universal, e reguladora da autonomia individual.

Temos, assim, as condições de plausibilidade racional que permitem justificar direitos universais e que, em consequência, podem assegurar direitos subjetivos consagrados no direito positivo nacional. Os fundamentos dos direitos humanos, como manifestação de universalidade jurídica, supõem que se encontrem justificativas, que sejam universais para a aceitação desses direitos. Essa universalidade não será dada pela simples afirmação discursiva de direitos considerados, por si mesmos, como identificados com a natureza humana, como pretendiam os teóricos do jusnaturalismo moderno. Isto porque essa natureza humana apresenta-se de forma múltipla e variada, organizando-se em função de diferentes valores morais e normas jurídicas positivas. Trata-se, portanto, de discutir a possibilidade racional de se encontrar uma fonte comum e universalizadora de direitos. Uma primeira, e mais simples resposta, poderia ser aquela dada por alguns filósofos e juristas contemporâneos, que sustentam serem os direitos humanos aqueles proclamados e reconhecidos nas declarações relativas aos direitos humanos das Nações Unidas e incorporados aos direitos nacionais pelas respectivas constituições. A *Declaração Universal dos Direitos do Homem* representaria , no dizer desses autores, " a manifestação única através da qual um sistema de valores pode ser considerado humanamente fundado e, portanto, reconhecido: e essa prova é o consenso geral acerca de sua validade".[463] O filósofo italiano restringe os direitos humanos aos que são reconhecidos pela vontade soberana dos estados nacionais e com isto supõe que a universalidade desses direitos será, necessariamente, mitigada e relativa, pois dependerá das circunstancias e da vontade política mutável de diferentes estados. No entanto, faz referência, também, a um "consenso universal" como condição para a sua validade, que nos remete para um conceito – o de "consenso universal"- que acaba não sendo definido. Torna-se, então, tema prioritário de uma investigação, que pretenda concluir pela plausibilidade universal, porque antes racional, dos direitos humanos, encontrar evidencias empíricas que forneçam dados que possam constituir objeto de uma teoria. Essa teoria, entretanto, estará preocupada em retirar dos fenômenos sociais, os elementos necessários para que se possa compreender em que medida as raízes dos direitos humanos encontram-se mais no campo da racionalidade e da moralidade do que no espaço da vontade do estado soberano.

Desde a *Declaração Universal dos Direitos do Homem*, em 1948, pelas Nações Unidas, houve uma tendência a definir-se, progressivamente, os direitos humanos em função das realidades sociais, econômicas e políticas. Os dois importantes documentos que complementam a declaração de 1948 – o Pacto Internacional dos Direitos Econômicos, Sociais e Culturais (1966) e o Pacto Internacional dos Direitos Civis e Políticos (1966) – consagraram o entendimento de que os direitos humanos referem-se não somente à liberdade dos indivíduos, mas a uma gama de fatores que são determinantes na realização do indivíduo como pessoa humana. Coincidindo com a democratização do estado liberal clássico, principalmente, no correr do século XX, o conceito de direitos humanos alargou-se, incorporando outros direitos, além do direito à liberdade e suas formas, que têm a ver com a necessária correção das desigualdades sociais, econômicas e culturais encontradas na sociedade. De qualquer forma, esses direitos passaram a constituir condição mesma para que os direitos humanos clássicos fossem respeitados em toda a sua plenitude. Em alguns estados, no entanto, esses direitos, chamados de segunda geração foram privilegiados em relação aos de primeira geração, havendo mesmo o sacrifício de algumas liberdades em nome do respeito aos direitos sociais. A interpretação não universal da natureza desses direitos eviden-

---

[463] BOBBIO, Norberto. *A Era dos Direitos*, trad. Carlos Nelson Coutinho, Rio de Janeiro: Campus, 1992.

ciou dúvidas e questionamentos em diferentes estados (como, por exemplo, a China e os países islâmicos)[464] sobre a universalidade dos direitos humanos e o processo comum a ser adotado para a sua garantia. Essas conceituações e interpretações conflitantes demonstraram como faltam argumentos universais, que estabeleçam os fundamentos éticos, universais e legitimadores dessa categoria de direitos e, como tal, garantam a sua eficácia.

A falta dessas justificativas racionais, entretanto, não significou que o tema da ética estivesse para sempre sepultado na cultura e no pensamento social. Permaneceu subjacente na cultura cívica ocidental, como um conjunto de valores que se encontravam esquecidos, face ao avanço do positivismo e do cientificismo, nos últimos duzentos anos, mas que serviram como referência obrigatória na luta contra despotismos e tiranias. A experiência totalitária, em suas duas versões, durante o século XX, as duas guerras mundiais, as atrocidades cometidas no campo de batalha e os bárbaros experimentos genéticos, levados a efeito pelos médicos nazistas em campos de concentração, fizeram com que se acordasse para uma empiria que situava a questão moral de maneira contundente e em estado puro. A história mostrava, assim, como o direito e suas pretensões normativas não atendera às necessidades mínimas de proteção da pessoa humana, o que obrigou a que se recorresse às fontes legitimadoras do direito.

A recuperação do tema clássico das relações da moral com o direito, renasceu, então, como meio de explicar e superar o impasse moral em que se encontrava mergulhada a consciência do homem ocidental. Nesse contexto de crise ética e da necessária restauração de parâmetros metalegais, as indagações suscitadas pelo passado recente e pelo avanço das pesquisas biológicas e suas aplicações tecnológicas do presente fizeram com que se procurasse estabelecer no campo da biologia, princípios destinados a garantir a humanização do progresso científico. Num primeiro momento, procurou-se estabelecer os fundamentos de caráter moral abstrato, para logo em seguida, mesmo quando a questão ética não estava amadurecida, fossem formulados princípios e estabelecidas normas jurídicas, relativas às pesquisas e tecnologias biológicas. Restou, entretanto, um espaço vazio entre a formulação ética e a normatização jurídica, o que obrigou à retomada do debate clássico sobre a possibilidade da construção de normas jurídicas, que pudessem refletir valores éticos. Essa linha de investigação permite que se utilize a ideia do direito cosmopolita como estrutura racional dentro da qual possam racionalmente justificar-se os valores, discutidos em função dos avanços das ciências biológicas, e em que medida poderão constituir-se nos fundamentos da ordem normativa do biodireito. Isto por que, é na ideia do direito cosmopolita que poderemos encontrar os fundamentos racionais, e, portanto, éticos, de normas que se pretendem universais, válidas e legítimas em todos os quadrantes do planeta. A *Declaração Universal sobre o Genoma e os Direitos*

---

[464] A perspectiva jurídica, filosófica e política chinesa sobre os direitos humanos pode ser encontrada em *Human Rights and Chinese Values*, ed. Michel C. Davis, Oxford, Oxford University Press, 1995; sobre o significado político do modelo islâmico dos direitos humanos, veja Ann Elizabeth Mayer, *Islam and Human Rights*, Boulder, West View Press, 1997.

Humanos procura preencher esse vazio, sendo mais uma etapa no processo de inserção de valores morais na construção de uma ordem jurídica, pois estabelece princípios bioéticos e normas de biodireito, às quais aderiram os estados, e que servirão como patamar ético-jurídico da pesquisa e da tecnologia da biologia contemporânea.

1.3. Velhos temas, novas perplexidades

A bioética é um ramo da ética filosófica, fruto de um tempo, de uma cultura e de uma civilização. Quando falamos em bioética estamos tratando de uma área de conhecimento, nascida há somente cerca de meio século, ainda que alguns de seus temas centrais – a saúde, a vida e a morte – tenham a ver com as origens da reflexão filosófica e da medicina na cultura do Ocidente. O juramento hipocrático, na Grécia Antiga, foi a primeira formulação de um sistema normativo, no qual se reconhecia a relação necessária entre a prática da medicina, e a consequente busca da cura das doenças, com o respeito aos valores da pessoa humana. Desde o século V a. C., a prática médica teve um referencial ético, que se constituiu na base dos modernos códigos de ética profissional, o *corpus* da deontologia médica. A medicina, portanto, mesmo quando, ainda no tempo de Hipócrates, lutava para ver reconhecida o seu *status* científico, ao rejeitar as explicações "sobrenaturais" para as doenças, tinha presente a dimensão moral do ser humano. O termo "deontologia", ou "ciência do dever", entretanto, somente veio a ser cunhado pelo filósofo inglês Jeremy Bentham, em 1834, quando tornou sinônimas a ética, ou o conhecimento científico sobre a moralidade, e a ciência do que é necessário ser feito; *Deontology or the Science of Morality*, como intitula-se o livro do filósofo inglês, pretendia, precisamente, criar uma nova área da filosofia, que deveria tratar da ciência ou teoria (*logos*) do que é necessário ser feito (do grego *deon*). O termo deixou de ter suas características filosóficas ao ser aplicado, extensivamente, durante o século XIX, para significar os códigos de ética profissionais, que não são produtos de uma reflexão ético-filosófica.

O paradigma ético-profissional da medicina, estabelecido na Grécia Antiga, daria sinais de esgotamento normativo durante a segunda metade do século XX, no quadro do chamado "vazio ético", em que mergulhou a civilização tecnocientífica da modernidade. A diversidade dos problemas morais, que atingiu o seu paroxismo na própria negação da existência de qualquer valor ético universal entre os homens, surgiu em todos os aspectos da civilização tecnocientífica, mas encontrou nas indagações suscitadas pela bioética campo fértil, onde a empíria exigia de forma urgente, e mais do que em outras áreas do conhecimento, a reflexão ética. Para que se possam entender os problemas e as perspectivas da bioética contemporânea, torna-se necessário, preliminarmente, estabelecer-se as relações entre a crise cultural dessa forma civilizatória e a conscientização moral crescente da sociedade, que encontra na bioética uma de suas principais manifestações. Nesse sentido é que se pode afirmar ser a bioética o mais no novo ramo da filosofia moral, por ter surgido da necessidade de se estabelecer princípios racionais que explicassem e fundamentassem o comportamento do homem face a novos conhecimentos e tecnologias. E somente poderia ter ganho corpo científico no quadro de uma específica cultura e civilização, pois a bioética extravasou da análise médico-paciente e atingiu todo o contexto que envolve os problemas da vida, da saúde, da morte e das tecnologias a elas relativas.

O fenômeno cultural e de civilização, denominado de tecnociência, ocorreu de modo progressivo a partir do século XVII, quando se processou uma radical mudança no paradigma do conhecimento humano, provocada pelo advento da ciência galileiana da natureza. O novo tipo de conhecimento consagrou os modelos operativos, tanto teóricos, quanto técnicos, fazendo com que houvesse "uma perfeita homologia na ordem do *conhecer* e do *fazer*, entre o ser humano e o mundo por ele transformado".[465] A tecnocivilização modificou, portanto, não somente a forma do conhecimento humano, mas também o próprio estatuto natural da situação do homem no mundo ou, como dizem os filósofos, do nosso ser-no-mundo. O homem deixa de ser um agente, exclusivamente, voltado para dominar e controlar o mundo que o cerca, passando a receber desse domínio uma influência reflexa, que irá alterar o próprio estatuto da sua humanidade. Por essa razão, alguns filósofos contemporâneos[466] procuram demonstrar que a ética contemporânea exige uma fundamentação, que não se esvai na prática de tal ou qual virtude ou na observação de tal regra. No contexto dessa civilização tecnocientífica é que se afirma ser a bioética o campo próprio para repensar a ética, pois o material de reflexão do novo ramo da filosofia moral trata com o nascimento de uma nova humanidade e de uma nova natureza. A interferência do homem no mundo que o cerca modifica não somente o mundo, mas o próprio homem, que se vê diante de possibilidades até então desconhecidas, como são as advindas dos novos conhecimentos proporcionados pelas ciências biológicas; são conhecimentos que não se restringem à explicação do mundo natural, mas que apontam para mudanças no próprio ser humano.

O desenvolvimento das ciências e das técnicas, nos dois últimos séculos, trouxe consigo desafios, que têm a ver com o surgimento de novos tipos de relações sociais no quadro cultural da tecnocivilização. O renascimento do debate ético em todos os domínios da atividade humana talvez encontre a sua explicação final na necessidade da consciência do homem contemporâneo em situar-se face ao fato de que, o paradigma científico domina cada vez mais as forças da natureza e, ao mesmo tempo, interfere de forma crescente no mundo natural, suscitando problemas que não encontram respostas no quadro da própria cultura tecnocientífica, onde surgiram e desenvolveram-se. A principal dessas intervenções é a que ocorre no corpo das ciências

---

[465] LIMA VAZ, Henrique C. de. *Escritos de Filosofia IV, Introdução à Ética 1*, Belo Horizonte: Edições Loyola, 1999, p. 32.

[466] JONAS, Hans. *Le Principe Responsabilité – Une éthique pour la civilisation technologique*, trad. Jean Greisch, Paris, Les Éditions du Cerf, 1995; *Pour une éthique du futur*, trad. Sabine Cornille et Philippe Ivernel, Paris, Editions Payot, 1998; Hottois, Gilbert, "Introduction", em Gilbert Hotois (éd.), *Aux fondements d'une éthique contemporaine*, H.Jonas et H.T. Engelhardt, Paris, J. Vrin, 1993, p. 11 e segs.

biológicas, onde o homem, ao ampliar o seu domínio sobre a natureza, intervém na sua própria condição natural de pessoa e possibilita a implantação de tecnologias sem previsão quanto às suas consequências. Por lidar com esse novo tipo de conhecimento, o homem contemporâneo interroga-se de forma crescente sobre as dimensões, as repercussões e as perspectivas das novas descobertas científicas e de suas aplicações tecnológicas.

A bioética nasce, assim, como uma resposta a desafios encontrados no corpo de uma cultura, de um paradigma do conhecimento humano e de uma civilização. Antes de tudo, é a expressão teórica da consciência moral de um novo tipo de homem no seio de uma nova cultura e civilização. Distingue-se, portanto, de uma ética estritamente profissional, pois trata da análise teórica das condições de possibilidade dos valores, normas e princípios, que procuram ordenar o avanço científico e tecnológico. O progresso científico, por outro lado, em virtude de suas aplicações tecnológicas, não se processa de forma neutra, mas, no campo da engenharia genética, envolve uma rede imensa de interesses econômicos que acabam por questionar os próprios fundamentos da tradição ética ocidental. Médicos e pacientes, empresas de seguro de saúde, grandes indústrias farmacêuticas, disputas na comunidade cientifica por recursos cada vez mais vultosos para a pesquisa, investimentos públicos e privados na aplicação dos produtos resultantes das pesquisas, tudo contribui para que os princípios reguladores da medicina tradicional tornem-se insuficientes para regular as relações sociais, econômicas e políticas nascidas na civilização tecnocientífica. A chamada crise ética refere-se, precisamente, ao conflito entre aquela tradição e os valores da cultura da tecno-civilização, que servem como alicerces para a construção de novas, imprevisíveis e descontroladas relações sociais e econômicas.

1.4. Origem e evolução temática da bioética

No contexto da tecnociência, o conflito referido assumiu peculiar intensidade no âmbito da biologia contemporânea, principalmente nas suas mais avançadas realizações, que se encontram no campo da engenharia genética. O progresso científico e suas aplicações tecnológicas provocaram o surgimento de um complexo e intricado conjunto de relações sociais e jurídicas, que envolve valores religiosos, culturais e políticos diferenciados e, também, a construção de poderosos interesses econômicos que se refletem na formulação de políticas públicas. As questões éticas suscitadas pela ciência biológica contemporânea tratam, assim, das interrogações feitas pela consciência do indivíduo diante dos novos conhecimentos, e, também, como esses conhecimentos materializados em tecnologias estão repercutindo na sociedade. Vemos, então, como a complexidade das relações estabelecidas em virtude da nova ciência e tecnologias no campo da engenharia genética, fazem com que a bioética e o biodireito, não possam ficar prisioneiros da teorização abstrata ou do voluntarismo legislativo, pois ambos são chamados a responder à indagações práticas e imediatas, que nascem de relações sociais, econômicas, políticas e culturais características da civilização atual.

Esse conjunto de relações pode ser analisado, do ponto de vista ético, sob aspectos distintos: em primeiro lugar, considerando que o mais novo ramo da filosofia moral – a bioética – constituí uma fonte e parâmetro de referência, tanto para o cientista, como para o cidadão comum. Em segundo lugar, procurando-se estabelecer quais os princípios racionais, que fundamentam a bioética e como podem servir de parâmetros éticos na formulação de políticas públicas, que encontrarão nas normas jurídicas a sua formalização final. E, finalmente, como o biodireito, conjunto de normas jurídicas destinadas a disciplinar essas relações, deverá encontrar justificativas racionais que o legitimem. Encontramo-nos, assim, diante do problema nuclear do pensamento social, qual seja, o da convivência de duas ordens normativas – a moral e o direito – diferenciadas entre si, mas que mantêm um caráter de complementaridade, que impeça, parafraseando Kant, o vazio da bioética sem o biodireito e a cegueira do biodireito sem a bioética.[467]

O termo bioética foi proposto, pela primeira vez, no início da década dos setenta, pelo cancerologista Potter Van Rensselaer. O precursor do uso do termo empregou-o em sentido bastante diferenciado daquele que encontramos na atualidade. Potter considerava que o objetivo da disciplina deveria ser o de ajudar a humanidade a racionalizar o processo da evolução biológico-cultural; tinha, portanto, um objetivo moral-pedagógico. Andre Hellegers, fisiologista holandês e fundador do *The Joseph and Rose Kennedy Institute for the Study of Human Reproduction and Bioethics,* passou a empregar a palavra em sentido mais amplo, relacionando-a com a ética da medicina e das ciências biológicas. Ambos os precursores no emprego da palavra, procuraram soluções normativas para problemas que, desde o início da década dos cinquenta, inquietava os meios científicos. Tratava-se de avaliar as consequências dos rápidos avanços nas ciências biológicas e controlar, ou humanizar, os seus efeitos. Tentavam os iniciadores da bioética fazer com que a própria comunidade científica definisse princípios éticos, inibidores da síndrome de Frankstein, que rondava a ciência biológica desde os experimentos dos médicos nazistas.

O nascimento da bioética ocorreu, assim, em contexto histórico e social específico,[468] correspondendo ao momento de crise da ética médica tradicional, restrita à normatização do exercício profissional da medicina, que não conseguia responder aos desafios morais encontrados no contexto da ciência biológica contemporânea. A primeira contestação aos padrões tradicionalmente utilizados pela corporação médica nas suas relações com os pacientes, e que revelou a insuficiência dos cânones da deontologia médica clássica,

---

[467] Essa ideia foi-me sugerida e desenvolvida pelo prof. Francisco Javier Herrero, na comunicação "Problemas e Perspectivas da Bioetica (Questões para o debate)", apresentada no *Forum Jurídico – Erro Médico, Responsabilidade Civil, Criminal e Bioética,* Belo Horizonte, 04/06/98.

[468] PARIZEAU, M.-H. *"Bioéthique",* em *Dictionnaire d'Éthique et de Philosophie Morale,* dir. Monique Canto--Sperber, Paris, PUF, 1996.

surgiu, entretanto, no bojo de um movimento social mais abrangente, onde a autoridade médica foi questionada, como as demais autoridades constituídas, como sendo representante do *status quo* do Estado liberal e da maquinária burocrática, montada para atender às políticas do bem-estar social dessa forma de organização estatal. Essas reivindicações, que caracterizaram o movimento social nos anos de 1960, foram expressas por algumas bandeiras: questionou-se a legitimidade das instituições, do Estado e da religião, o que provocou mutações profundas na vida privada dos indivíduos e na vida pública; no campo das ciências humanas e da vida ocorreram profundas mudanças em virtude de novos conhecimentos, novas tecnologias genéticas e da consagração de novos valores: fecundação *in vitro*, transplantes de orgãos, aperfeiçoamento das técnicas de enxertos, descriminalização do suicídio, do aborto, do homossexualismo, a legalização do divórcio, a questão do transexualismo, o emprego generalizado de métodos anticoncepcionais, a desinstitucionalização das instituições psiquiátricas, todos são temas que se incorporaram à cultura contemporânea através de acirrados debates científicos e morais, envolvendo universidades, pesquisadores, igrejas, partidos políticos, imprensa, organizações sociais e profissionais.

Nesse quadro de profundas modificações culturais, as relações médico-paciente foram denunciadas como sendo mais uma forma de paternalismo, entre as muitas encobertas pela sociedade liberal, a ser substituída por uma relação transparente e responsável. Os imensos progressos das ciências biológicas provocaram, entretanto, uma atitude ambivalente em relação ao modelo tecnocientífico vigente da medicina, responsável, aliás, pelos progressos alcançados no combate às doenças e endemias. A bioética surgiu como resposta ao conflito entre a ética médica deontológica, restrita à corporação médica, e as reivindicações de transparência e responsabilidade pública, levantadas pelo movimento social, que reconhecia, entretanto, as conquistas fundamentais realizadas pelas ciências biológicas. Vemos então, como nas suas origens, a bioética, e o biodireito, logo em seguida, iriam ter que conviver com essas duas dimensões: de um lado, a crítica às práticas éticas da medicina tradicional, consideradas inaptas para lidar com o novo mundo da biologia e tecnologias genéticas; de outro lado, a necessidade de apoio e incentivo às pesquisas que traziam avanços consideráveis na luta contra as doenças e epidemias.

A bioética trouxe do nascedouro algumas características, tornando-se evidente que as pesquisas da ciência biológica ampliavam os seus horizontes, deixando o campo restrito da busca da cura e desdobrando-se em temas, como as novas formas de procriação, a eutanásia, a clonagem e as políticas públicas relacionadas com esses temas. O campo de conhecimento da bioética exigiu, assim, a incorporação à temática original de outras áreas científicas. Por essa razão, a bioética contemporânea tornou-se, necessariamente, um conhecimento interdisciplinar, pois ela é parte, mas, na realidade, ultrapassa a ética médica, restrita às relações médico-paciente. Isto por que trata de investigações que envolvem a vida humana na perspectiva terapêutica e também de pesquisas puras, que podem ou não levar à aplicações práticas.

Esse conhecimento, portanto, não se esgota na reflexão sobre as novas terapias, mas desdobra-se acompanhando as múltiplas aplicações tecnológicas, que irão envolver outras áreas de conhecimento sobre o homem e a sociedade. Por essas razões, a bioética tem uma dupla face, pois ela é um discurso e uma prática, materializando-se não na teoria acadêmica, mas na prática dos hospitais, nos comitês de bioética e na formulação de políticas públicas. Esse duplo aspecto da bioética é que a torna um ramo da filosofia moral, comprometida com um tipo de conhecimento voltado para a prática.

A análise filosófica da bioética, que irá possibilitar o estabelecimento dos parâmetros racionais, éticos e universais do biodireito, pode ser desenvolvida em duas dimensões:

a) trata-se, no primeiro nível, de desenvolver os argumentos racionais, que possam fundamentar e explicar os valores e princípios envolvidos. A bioética, sob esse aspecto, situa-se num nível metadeontológico e analítico. Pretende-se, portanto, menos tomar posição, e em consequência expressar uma verdade canônica, e mais descobrir os argumentos contraditórios ou tautológicos encontrados no discurso bioético;

b) no segundo nível, a bioética procura explicitar recomendações objetivas, que contribuam para solucionar problemas específicos e circunscritos. Encontram-se nesse caso pareceres dos filósofos morais sobre problemas de política pública ou decisões judiciais, como, por exemplo, os pareceres do grupo de filósofos morais norte-americanos, que, como *amicus curiae*, ajudaram à Corte Suprema dos Estados Unidos a decidir sobre a eutanásia.[469]

A bioética, portanto, não pretende constituir-se no corpo de uma moralidade canônica, estabelecida por uma autoridade religiosa ou política, que impõe a sua concepção moral própria, pois a sociedade pluralista em que vivemos não comporta uma mesma resposta para os problemas morais, mas múltiplas interpretações de diferentes códigos morais, pertencentes a diversas comunidades. A bioética é, assim, considerada como sendo necessariamente plural, e pode ser caracterizada "como uma lógica do pluralismo, como um instrumento para a negociação pacífica das instituições morais".[470] Para a realização da negociação pacífica, peculiar ao argumento ético, supõe-se que seja possível determinar um princípio de universalidade, como raiz da vida moral e jurídica.

O mais novo ramo da filosofia moral poderá definir, assim, não um código de normas substantivas, que sirva de guia para as políticas públicas de saúde e de pesquisa biológica, mas sim analisar as condições racionais para a existência de argumentos, fundadores de princípios, que serão materializados através da ordem jurídica, e visem resguardar a pessoa humana e os seus descendentes. Os problemas bioéticos referem-se em sua amplitude às condições de conservação e melhoria da própria condição humana, que se

---

[469] *The New York Review of Books*, March 27 , 1997, p. 41 – 47.

[470] ENGELHARDT, H. Tristram. *The Foundations of Bioethics*, New York, Oxford University Press, 1996, p. 11 e segs.

expressam no estado da saúde de cada pessoa, reflexo não somente de condições físicas ou psíquicas do indivíduo, mas, também, de políticas públicas e da prática da medicina.[471] Nesse sentido, a bioética insere-se na tradição da ética prática, analisando do ponto de vista ético a prática da medicina e, também, os fundamentos e objetivos das políticas públicas de saúde.

Os propósitos da bioética são necessariamente limitados, tendo em vista a situação social contemporânea, na qual ocorre uma descontinuidade entre a racionalidade e a moralidade. A principal razão para essa ruptura intelectual, advém do fato de que presenciamos uma anemia crescente no debate público sobre a natureza e a função da moralidade. Construímos e convivemos com diferentes justificativas morais, que não mais fazem referência a um Deus unificador, gênese do que é certo e do que é errado, do bom e do mal, fonte durante séculos da moralidade. A necessidade da bioética na contemporaneidade – como, aliás, da filosofia moral de um modo geral – prende-se ao fato de que o modelo de sociedade individualista e socialmente atomizada dos tempos atuais, encontra-se questionada em seus fundamentos pelo próprio relativismo moral, que dela tomou conta. A fome pela ética no nosso tempo, principalmente levando-se em consideração as interrogações morais provocadas pelas ciências biológicas e tecnologias médicas, expressa o entendimento essencial do ser humano de que, para além das convicções individuais, encontra-se a necessidade de se estabelecer um balanceamento entre os custos e os benefícios do mais ambicioso projeto da pós-modernidade: adiar a morte.[472]

Existe, portanto, uma tensão permanente entre os valores morais e os cânones éticos encontrados na sociedade pluralista da modernidade. A própria natureza humana é concebida de forma diversa pelas diferentes tradições culturais e religiosas. Dentro da tradição judáico-cristã, por exemplo, encontramos posições divergentes diante de uma mesma situação fatual, obrigando o médico a agir de uma ou de outra forma. Por outro lado, os regimes democráticos contemporâneos romperam as muralhas institucionais protetoras de segredos, tornando-se cada vez mais reduzido o número de fatos protegidos sob o manto dos *arcana imperii,* permitindo-se um contrôle mais efetivo pela sociedade civil dos rumos das pesquisas e experiências científicas. A mentalidade dos cientistas, é certo, encontra dificuldades em lidar com essa nova realidade político-institucional, caracterizada por uma consciência crescente da comunidade na defesa de valores e direitos considerados essenciais para a pessoa humana. O professor Robert Edwards, que, com Patrick Steptoe, iniciou a técnica da fertilização *in vitro*, em discurso pronunciado, em 1987, advertia para essa deficiência na formação dos cientistas: "os cientistas são notoriamente desprovidos de ética se comparados à população em geral. Muitos deles não se interessam em participar desses

---

[471] GADAMER, Hans-Georg. *El estado oculto de la salud*, trad. Nélida Machain, Barcelona, Gedisa Editorial, 1996.

[472] ENGELHARDT, H. Tristram. *The Foundations of Bioethics*, New York, Oxford University Press, 1996, p. 14.

debates sequer em seu próprio campo de trabalho, a menos que as circunstâncias sociais os empurrem literalmente para a discussão ética. A maioria dos cientistas nunca teve uma formação ética e enfrenta consideráveis dificuldades, quando obrigada a expressar seus próprios princípios éticos em relação à sua disciplina".[473]

1.5. Os princípios da bioética

Desde os seus primórdios, imaginou-se a bioética como uma fonte de normas, regras gerais e princípios, cujo objetivo principal seria o de disciplinar eticamente o trabalho de investigação científica e de aplicação dos seus resultados, protegendo a biologia da ameaça de deshumanização. A própria comunidade científica despertou para essa necessidade, fazendo com que os princípios da bioética constituíssem, nas suas primeiras formulações, uma espécie de código de ética profissional para cientistas e pesquisadores. A partir do início da década dos cinquenta, a rapidez e sofisticação das novas descobertas biológicas, suscitaram indagações morais, que procuraram resposta na formulação de princípios éticos, que em sua origem, pretendiam regular a pesquisa e a engenharia genéticas, consideradas, em muitos aspectos, como uma ameaça à inviolabilidade da pessoa humana.

Os avanços do conhecimento científico, no contexto de desconhecimento objetivo sobre os resultados da aplicação das tecnologias e, também, de uma certa paranoia nascida, mais do culto da ficção científica do que propriamente da ciência, provocaram uma proliferação de regras bioéticas ou deontológicas de caráter geral, cuja fundamentação encontram-se nos princípios da bioética. Os antecedentes normativos do biodireito, mais éticos do que jurídicos, representaram sòmente a primeira resposta para que pudesse ser preenchido o vazio normativo, ocasionado pela incapacidade da ordem jurídica vigente de lidar com as novas descobertas e suas aplicações, consideradas como ameaças, quando não reais, imaginadas, para a sobrevivência da humanidade. O vazio normativo tornou-se mais evidente com a insuficiência da deontologia médica clássica em lidar com as novas descobertas e as exigências sociais de transparência e publicidade na pesquisa e na prática médica, fazendo com que as questões morais suscitadas procurassem socorrer-se de princípios, que, teoricamente, deveriam pautar eticamente o desenvolvimento da investigação científica e suas aplicações práticas. Os princípios em sua generalidade, no entanto, não corresponderam às expectativas de regulação e, por essa razão, legislou-se sobre a pesquisa e as tecnologias de forma impulsiva, procurando-se resolver situações pontuais e não estabelecer normas jurídicas gerais.

Os fantasmas que rondaram as descobertas da biologia contemporânea tinham, entretanto, uma certa materialidade, pois o progresso biológico

---

[473] WILKIE, Tom. *Projeto Genoma Humano*, Rio de Janeiro, Jorge Zahar Editor, 1994.

trouxe consigo a lembrança dos experimentos nazistas, o que justificou a proclamação das normas do Código de Nuremberg, em 1947. Essa foi a primeira tentativa de distinguir entre pesquisas clínicas e não clínicas, quando se recomendou a formação de comitês destinados a regular o processo de obtenção do consentimento e do tipo de informação dada aos doentes, que fossem objeto das pesquisas. O movimento dos comitês de ética expandiu-se, principalmente, em hospitais universitários, sendo formado, originalmente, por médicos; em pouco tempo, surgiram os comitês nacionais de bioética, que a partir dos anos sessenta foram criados nos Estado Unidos, na Grã-Bretanha, na Suécia, na Austrália e em outros países, com a função de atuarem como instâncias nacionais para o contrôle do desenvolvimento da pesquisa e da tecnologia biológicas. Normas internacionais terminaram por consagrar a temática da bioética como tema planetário, procurando envolver em suas determinações inclusive aqueles países onde não se tinham ainda estabelecidos os comitês nacionais de bioética.

Os chamados princípios da bioética foram formulados, pela primeira vez, em 1978, quando a "Comissão norte-americana para a proteção da pessoa humana na pesquisa biomédica e comportamental", apresentou no final dos seus trabalhos o chamado *Relatório Belmont;* este texto respondia àquelas exigências, acima referidas, vindas da comunidade científica e da sociedade no sentido de que se fixassem princípios éticos a serem obedecidos no desenvolvimento das pesquisas e que deveriam ser considerados quando da aplicação de recursos públicos nessas atividades científicas. O *Relatório Belmont* estabeleceu os três princípios fundamentais da bioética, em torno dos quais toda a evolução posterior dessa nova área do conhecimento filosófico iria desenvolver-se: o princípio da beneficência, o princípio da autonomia e o princípio da justiça, chamado por alguns autores de princípio da equidade.[474] As normas biojurídicas, promulgadas, desde então, em países pioneiros na legislação do biodireito, como a Grã-Bretanha, Austrália e França, tiveram como referencial último esses princípios estabelecidos pelo *Relatório Belmont*. O exame desses princípios permite que se tenha uma ideia, no entanto, de suas limitações como princípios fundadores de uma ética e de um biodireito na sociedade pluralista e democrática.

O princípio da beneficência deita suas raízes no reconhecimento do valor moral do outro, considerando-se que maximizar o bem do outro, supõe diminuir o mal; o princípio da autonomia estabelece a ligação com o valor mais abrangente da dignidade da pessoa humana, representando a afirmação moral de que a liberdade de cada ser humano deve ser resguardada; o princípio da justiça ou da equidade estabelece, por fim, que a norma reguladora deve procurar corrigir, tendo em vista o corpo-objeto do agente moral, a determinação estrita do texto legal. Verificamos que os três princípios correspondem a momentos e perspectivas subsequentes na evolução da bioética, e em consequência do biodireito: o momento e a perspectiva do

---

[474] LEPARGNEUR, Hubert. "Força e Fraqueza dos Princípios da Bioética", em *Bioética*, vol. 4, n° 2, 1996, p. 133.

médico em relação ao paciente; o momento e a perspectiva do paciente que se autonomiza em relação à vontade do médico; e, finalmente, o momento e a perspectiva da saúde do indivíduo na sua dimensão política e social.

Alguns problemas de ordem racional surgem, entretanto, na análise da formulação e aplicação desses princípios. O estabelecimento de princípios, expressando raízes da vida moral, como quer Engelhardt,[475] significa que irão formular uma determinação que, em última análise, torna-se canônica – pois quem irá definir em cada caso qual o "verdadeiro" significado de cada um deles –, e com isto terminam por negar o princípio racional básico de que as leis morais resultariam de uma ampla argumentação pública entre pessoas autônomas. A aplicação dos princípios, por sua vez, leva à situações conflitantes, entre si, a partir da constatação de que tomados, separadamente, cada um deles pode ser considerado como superior ao outro. Logo, logicamente, a sua aplicação não pode ser feita de maneira conjunta e não diferenciada, pois implicaria num processo de paralisação mútua do processo decisório.

A própria origem de cada um dos princípios da bioética mostra, em sua formulação restrita, que não atendem às demandas da ordem normativa, moral e jurídica de uma sociedade pluralista e democrática. As condições mínimas para a construção de qualquer sistema normativo – *i.e.*, ordem e unidade – supõem a coexistência de princípios, que sejam complementares e não, como é o caso dos princípios da bioética, princípios que partem de pressupostos e cujos objetivos são mutuamente excludentes. O princípio da beneficência tem suas origens na mais antiga tradição da medicina ocidental, na qual o médico deve visar antes de tudo o bem do paciente – definido pelas luzes da ciência, sendo que o principal desses bens é a vida; logo, o compromisso maior do médico é o de envidar todos os esforços e empregar todos os meios técnicos tornados viáveis pela ciência e pela tecnologia para manter vivo o paciente, mesmo contra a vontade deste último. O princípio da autonomia, por sua vez, surge dentro da tradição liberal do pensamento político e jurídico, que por sua vez deita suas raízes no pensamento kantiano; o indivíduo, dentro da concepção liberal, é um sujeito de direitos, que garantem o exercício de sua autonomia, sendo que como paciente deve, também, ter aqueles direitos, que o situam como pessoa e membro de uma comunidade, advindo dessa constatação, o direito do paciente decidir, como sujeito de direito, na relação médico-paciente. O princípio da justiça recebe a sua primeira formulação no bojo da crise do estado liberal clássico, quando o processo de democratização dessa forma de organização política passa a considerar a sociedade e o Estado como tendo a obrigação de garantir a todos os cidadãos o direito à saúde; essa obrigação torna o Estado e a sociedade agentes e responsáveis na promoção da saúde do indivíduo, achando-se estabelecida na Constituição brasileira de 1998, nos seguintes termos: "a saúde é direito de todos e dever do Estado, garantido mediante políticas sociais e econômicas

---

[475] ENGELHARDT, H. T. *The Foundations of Bioethics*. New York: Oxford University Press, 1996, p. 103.

que visem à redução do risco de doença e de outros agravos e ao acesso universal igualitário às ações e serviços para sua promoção, proteção e recuperação" (art. 196). Torna-se, assim, evidente que a aplicação literal dos três princípios da bioética de modo mecânico, sem que sejam discutidos os seus fundamentos éticos, podem tornar-se conflitivos, contraditórios e autoexcludentes.

Em cada princípio, privilegia-se um elemento diferente, sendo que a prática deformada de cada um desses princípios provoca situações sociais injustas. Assim, o princípio da beneficência pode facilmente transmutar-se em paternalismo médico, tendo sido contra esta característica da prática médica dos últimos cem anos, que se manifestou o movimento social dos anos sessenta. O princípio da autonomia, por sua vez, pode instaurar o reino da anarquia nas relações entre médico e paciente, isto acontecendo, quando a liberdade individual passa a representar o escudo atrás do qual o paciente impede que o médico exerça a sua função. O princípio da justiça, por fim, corre o risco de transformar-se na sua própria caricatura nas mãos da burocracia estatal, sob a forma de paternalismo e clientelismo político. O que se encontra por detrás da aplicação mecânica desses princípios, como se fosse possível a sua aplicação conjunta, é a tentativa de justificar-se a hegemonia de uma das três dimensões da saúde na sociedade contemporânea, o paciente, o médico e a sociedade. Os três princípios sòmente adquirem sentido lógico se forem considerados como referentes a cada um dos agentes envolvidos: a autonomia, referida ao indivíduo, a beneficência ao médico e a justiça à sociedade e ao Estado. A aplicação isolada de cada um desses princípios, no entanto, terminará por consagrar as situações sociais injustas a que fizemos referência. Torna-se, então, necessário procurar um modelo que não permita a hegemonia de um princípio sobre os dois outros, mas que assegure a justificação, a integração e a interpretação dos três princípios. Em outras palavras, como fazer com que a autonomia seja preservada, a solidariedade garantida e a justiça promovida.

1.6. A agenda temática da bioética

A aplicação desses princípios tem sido realizada em contextos específicos, o que possibilita a elaboração de uma agenda temática da bioética da qual poderemos remontar e procurar solucionar o problema da contradição, considerando-se que quando nos referimos a princípios, estamos fazendo referência a parâmetros, que mesmo sendo autoexcludentes, referem-se a determinados temas. Na bioética, esses princípios têm por objeto material o processo de avaliação ética da pesquisa e das tecnologias da biologia e da medicina contemporânea. Os parâmetros, no entanto, exigem para a sua materialização, uma contextualização temática, que delimite o universo próprio onde deverão ser aplicados. Parizeau[476] sistematizou a temática do discurso da bioética nos seguintes itens:

a) a relação médico-paciente, em grande parte contemplada nos códigos de ética médica;

b) o problema da regulamentação das experiências e pesquisas com os seres humanos;

c) a análise do ponto de vista ético das técnicas concernentes à procriação e à morte tranquila ou eutanásia;

d) a análise ética das intervenções sobre o corpo humano (transplantes de órgãos e tecidos, medicina esportiva e transexualismo);

e) a análise ética das intervenções sobre o patrimônio genético da pessoa humana;

f) a análise ética das repercussões do emprego das técnicas de manipulação da personalidade e intervenção sobre o cérebro (psicocirurgia e contrôle comportamental da psiquiatria);

g) a avaliação ética das técnicas genéticas e suas repercussões no mundo animal.

Vemos como a temática cobre uma ampla gama de questões que se iniciam no âmbito exclusivo do indivíduo e sua saúde e termina nos debates sobre as repercussões sociais de decisões, também de caráter individual (como aquelas que envolvem os transexuais). Ressente-se, entretanto, essa agenda temática daqueles problemas, a que faz referência Hans-Georg Gadamer, que são os problemas relativos à saúde como bem do indivíduo e bem da coletividade. Somente nos últimos anos, a bioética começou a considerar, além da análise das decisões que envolvem a escolha do tipo de pesquisas a serem financiadas com recursos públicos, o problema relativo às políticas públicas de saúde e previdência, que testam o princípio de justiça e o princípio da autonomia. A análise dos escolhas morais, que se encontram subentendidas na definição de políticas públicas é um tema, que por si mesmo, exige um tratamento teórico à parte, pois encontram-se, também, nesse terreno, dados empíricos necessários para a avaliação das possibilidades dos princípios da bioética.

1.7. Duas respostas aos temas da bioética

As questões políticas referentes à bioética foram respondidas de forma diversas pelas duas grandes linhas do pensamento contemporâneo: liberais e conservadores. Para que se possa, de uma forma geral, verificar onde se encontram as diferenças entre os dois grandes grupos doutrinários do cenário político da modernidade, torna-se necessário situar as políticas advogadas,

---

[476] PARIZEAU, M.-H. *"Bioéthique"*, em *Dictionnaire d'Éthique et de Philosophie Morale*, dir. Monique Canto-Sperber, Paris, PUF, 1996.

por ambas as correntes do pensamento social, no quadro de três perguntas básicas, cujas respostas servem para diferenciar os pensadores liberais dos pensadores conservadores (Fagot-Largeault, 1996: 33 e segs.). Essas perguntas representam o cerne da indagação bioética contemporânea e em função delas encontramos, *grosso modo,* respostas que têm a ver com a concepção do homem e da sociedade, como foram formuladas pelo pensamento social.

As perguntas que constituem o cerne da temática política da bioética são as seguintes:

a) o que é necessário evitar?

b) o que é necessário promover e apoiar?

c) qual o estatuto do corpo humano?

As respostas às três questões acima referidas traçaram o quadro teórico dentro do qual desenvolveu-se o debate sobre a bioética nos tempos atuais, quadro este que deverá informar ou complementar o trabalho do legislador e do julgador. À primeira pergunta, os conservadores responderam com a afirmação de que não se encontra em discussão a liberdade dos indivíduos, mas sim os problemas individuais e sociais, provocados pelas novas tecnologias, ainda não devidamente controladas e conhecidas em suas consequências pelo homem. Sustentam os conservadores que, no caso de dúvida, deve-se paralisar as experiências e transferir para especialistas bem intencionados a decisão e o controle final do processo científico e tecnológico.

Os liberais, por sua vez, respondem colocando em situação privilegiada o indivíduo, acima de considerações de caráter público ou social. Considerado como agente moral, cuja a liberdade constitui a sua dimensão principal, o indivíduo é o senhor absoluto dos seus destinos, não devendo sujeitar-se às imposições dos detentores do conhecimento ou do poder público; trata-se, portanto, para os liberais, de evitar qualquer restrição ao exercício pleno da liberdade individual. Em torno da ideia de pessoa e de liberdade, a boa doutrina liberal[477] sustenta que, por tratar-se da pessoa humana, e em função dela, é que se deverão aplicar os princípios da bioética; e da pessoa humana que vive numa sociedade democrática e pluralista, significando, assim, que os princípios da bioética supõem a existência de uma sociedade liberal. Essa objetivação dos princípios da bioética, para Engelhardt, somente pode ocorrer na sociedade plural, estruturada através de uma ordem política liberal, sendo essa a razão pela qual, em seu pensamento, o princípio da autonomia torna-se hegemônico em relação aos dois outros princípios da bioética. A solução política liberal deixa, então, para o indivíduo, através de seus representantes políticos, a tarefa de avaliar o progresso da ciência e da tecnologia, cujo ritmo e objetivos deverão estar sujeitos ao contrôle da sociedade civil.

A segunda questão de caráter geral que se coloca para a bioética – o que se deve fazer –, também, é respondida de forma diversa pelas duas correntes de pensamento. O pensamento liberal sustenta que se deve promover a tolerância e assegurar a resolução pacífica dos conflitos. Os conservadores

---

[477] ENGELHARDT, ob. cit.

consideram, por outro lado, que se torna necessário aprofundar os debates sobre as descobertas e tecnologias da genética, antes que a ciência humana aventure-se por campos do conhecimento ainda pouco conhecidos; esses debates devem obedecer a uma estratégia política de dissuasão, através do medo, a chamada "heurística do medo".[478] Assim, na concepção conservadora seria exorcizada a compulsão tecnicista da contemporaneidade, que, ao ver de importantes críticos da modernidade, transformou o homem de sujeito em objeto da técnica.

Tanto liberais, como conservadores, entendem o estatuto do corpo do indivíduo de forma diferente, sendo que esse entendimento resulta de uma concepção, também diversa, da natureza ontológica do ser humano. Para os conservadores, o homem estrutura-se em função de uma unidade orgânica, na qual a liberdade constitui a espinha dorsal, essencial para o equilíbrio e aperfeiçoamento da pessoa humana. Por essa razão, a natureza biológica do ser humano é facilmente atingida pelas temidas agressões tecnológicas, cujas consequências acabam atentando contra a própria natureza humana. Sustentam os conservadores ser necessário suspender essas experiências, que resultam em violações desse espaço primitivo de liberdade natural, para que se possa recuperar a unidade natural do indivíduo. Os liberais respondem à questão sobre o estatuto do ser humano relacionando-o com uma das formas naturais que garantem o exercício da liberdade; na verdade, os liberais, pelas próprias caraterísticas do seu pensamento, não têm uma concepção unificada do ser humano, a não ser a remissão à liberdade.

As diferentes respostas, dadas por liberais e conservadores, permitem determinar qual o entendimento do homem e da sociedade, que se encontra subjacente em cada uma das posições e quais as consequências para o mundo da nova biologia. A posição conservadora parte da suposição de que as aplicações dos novos conhecimentos, principalmente genéticos, devem ser encarados com cautela. Não se encontrando no contexto das biotecnologias parâmetros seguros, que possam servir de referência para pesquisas, ainda embrionárias, deve-se procurar preservar a todo o custo a esfera da pessoa, considerada como um todo orgânico. Propõem os conservadores, o estabelecimento de uma moratória nessas pesquisas, impedindo-se, assim, que a natureza humana seja desnaturada.[479] Essa moratória serviria, portanto, para resguardar a pessoa humana de tecnologias que poderão ou não modificar a própria natureza humana, pois, sustentam os conservadores, ninguém conhece com precisão os resultados e as repercussões, principalmente, da engenharia genética. O temor de um progresso científico e tecnológico, que se desenvolvia em ritmo acelerado, a partir de 1950, fez mesmo com que o argumento contrário ao prosseguimento das pesquisas fosse aceito pela comunidade científica, durante a reunião de Asilomar, em 1974, quando cientistas concordaram em estabelecer uma moratória nas pesquisas sobre a

---

[478] HOTTOIS, Gilbert. "Introduction", em Gilbert Hotois (éd.), *Aux fondements d'une éthique contemporaine*, H.Jonas et H.T. Engelhardt, Paris, J. Vrin, 1993, p. 23.

[479] JONAS, Hans. *Philosophical Essays*, Chicago, The University of Chicago Press, 1980, p. 141 e segs.

recombinação artificial com vistas à transferência de material genético para uma célula receptora. Em 1975, ainda em Asilomar, a moratória foi suspensa, retomando-se as pesquisas. Constatamos, assim, como para o pensamento conservador o importante, tendo em vista a imprevisibilidade do novo mundo que se vai abrindo para o conhecimento humano, é evitar o risco tecnológico, ainda que custe novos avanços na ciência.

A posição liberal sustenta não ser possível determinar uma definição do bom e do mal de forma abstrata e com expressão universal. Em consequência, o importante nas questões da bioética, como em todos os demais problemas sociais, consistirá na preservação da liberdade de escolha e do debate público, permitindo-se que cada indivíduo e comunidade estabeleçam seus próprios padrões de controle.[480] Os liberais consideram mesmo que esta não é uma questão essencial, pois cada sociedade, em princípio, deve determinar os seus próprios parâmetros normativos, seja do ponto de vista moral, seja sob o aspecto jurídico.

1.8. Da bioética aos direitos humanos

A bioética, portanto, não se identifica com a "ética" médica, como esta foi entendida durante séculos, nem se constitui em um *corpus* de princípios, interpretados de forma uniforme, por diferentes correntes do pensamento social; trata-se de uma área de conhecimento, cujas raízes encontram-se nos dados fornecidos pelas ciências biológicas, que fornecem o material empírico necessário para a reflexão propriamente filosófica. Desde a definição de Potter, que pretendia construir um projeto para garantir a humanização das ciências biológicas com vistas à melhoria da qualidade de vida, o conceito sofreu profundas modificações. A evolução da bioética processou-se em função da necessidade de pensar-se o avanço científico, levando-se em conta como a intervenção do homem na natureza exige a construção de uma ética filosófica, que possa ter a pretensão de universalidade, mas que responda às ameaças reais ou imaginadas à humanidade, consequência de novas descobertas e tecnologias; essa evolução caminhou, também, no sentido da construção de um discurso ético, dentro do qual possam encaminhar-se, e achar solução, os conflitos que ocorrem em virtude das novas relações sociais e econômicas, nascidas dessas descobertas e até então desconhecidas pelo ser humano.

Na atualidade, o campo da bioética extrapola do âmbito restrito das ciências da saúde e apresenta uma dupla face. De um lado, incorpora as novas formas da responsabilidade, principalmente a responsabilidade com as gerações futuras, como foram vistas por Hans Jonas; mas também aceita a ideia kantiana do respeito à pessoa e do respeito ao conhecimento. A bioética surge, assim, como o mais novo e complexo ramo da ética filosófica, pois

---

[480] CHARLESWORTH, Max. *Bioethics in a Liberal Society*, Cambridge, University Press, 1993, p. 10 e segs.

trata da responsabilidade em relação à humanidade do futuro e, ao mesmo tempo, considera a pessoa humana como detentora de direitos inalienáveis. Contribuem, assim, para estabelecer os seus fundamentos duas linhas do pensamento contemporâneo: a primeira, peculiar à tradição liberal, onde se proclamam e afirmam os direitos da pessoa humana, como limites à ação do Estado e dos demais indivíduos; a segunda, socorre-se de uma nova linha do pensamento filosófico, originária da primeira, mas que passa a pensar a ação do indivíduo, não somente no quadro de suas consequências imediatas, mas principalmente em função de suas repercussões futuras. Trata-se, portanto, de construir uma ética que irá materializar-se em novas responsabilidades.

Dentre os diferentes objetos da regulação jurídica, o problema nodal do direito – a questão da responsabilidade –, por exemplo, deverá sofrer uma profunda reavaliação, quando lida sob essa perspectiva ética, pois irá ultrapassar a concepção restrita e ineficiente da responsabilidade civil e penal do direito liberal. Nesse sentido, torna-se necessário abandonar o conceito de uma responsabilidade jurídica, comprometida em determinar uma compensação *ex post facto*, e procurar construir uma nova responsabilidade, a ser formalizada juridicamente, fundada no conceito mais abrangente de responsabilidade moral. Nas palavras de Hans Jonas, a civilização tecnocientífica, que tem na engenharia genética uma de suas mais importantes realizações, encontra-se eticamente à deriva, sendo que a sobrevivência do ser humano depende da construção de uma nova ética. Essa "ética do futuro", escreve Jonas, "não designa a ética *no* futuro – uma ética futura concebida na atualidade para os nossos descendentes futuros –, mas sim uma ética da atualidade que se preocupa *com* o futuro e pretende protege-lo, *para* os nossos descendentes, das consequências de nossa ação presente".[481] Essa responsabilidade moral, núcleo da ética do futuro, não é, portanto, a responsabilidade civil clássica, determinada pelo cálculo do que foi feito, mas pela "determinação daquilo que se irá fazer; um conceito em virtude do qual eu me sinto responsável, portanto, não em primeiro lugar por meu comportamento e suas consequências, mas da *coisa* que reivindica o meu agir".[482] Essa é a ideia fundante das novas responsabilidades, que se torna característica quando referidas às coisas a que se destinam o agir humano, seja o corpo humano, os animais ou o equilíbrio ecológico.

Por ambas as razões, o tema da bioética extrapolou da área restrita dos hospitais e da própria profissão médica e tornou-se tema a ser analisado na espaço público democrático. Tratando de tema essencial para a sobrevivência da humanidade, e que envolve liberdades, direitos e deveres da pessoa, da sociedade e do Estado, a bioética transformou-se na mais recente fonte de direitos humanos. Esse trânsito da bioética para o biodireito, em nível internacional, materializou-se através da *Declaração Universal do Genoma Humano*

---

[481] JONAS, Hans. *Pour une éthique du futur*, trad. Sabine Cornille et Philippe Ivernel, Paris, Editions Payot, 1998, p. 69.

[482] JONAS, Hans. *Le Principe Responsabilité -Une éthique pour la civilisation technologique*, trad. Jean Greisch, Paris, Les Éditions du Cerf., 1995, p. 132.

e dos Direitos Humanos, elaborada pelo Comitê de Especialistas Governamentais da UNESCO, tornada pública em 11 de novembro de 1997. O texto, assinado por 186 países-membros da UNESCO – portanto, fonte legitimadora do documento – estabelece os limites éticos a serem obedecidos nas pesquisas genéticas, especificamente as pesquisas relativas à intervenção sobre o patrimônio genético do ser humano. A natureza ética e jurídica do citado documento, como veremos adiante, remete-nos à constatação de que é necessário, para que ocorra a passagem da ordem ética para a ordem jurídica, a explicitação de uma norma, mas que tenha características de universalidade, próprias do discurso ético. Não se trata, portanto, de uma simples formalização jurídica de princípios, estabelecidos por um grupo de sábios ou mesmo proclamados por um legislador religiosos ou moral. O biodireito pressupõe a elaboração de uma categoria intermediária, que se materializa nos direitos humanos, assegurando os seus fundamentos racionais e legitimadores.

A formulação de uma nova categoria de direitos humanos – a dos direitos do ser humano no campo da biologia e da genética – responde à indagação central do pensamento social contemporâneo: a possibilidade da universalização de direitos morais, fundados numa concepção ética do Direito e do Estado, vale dizer, na construção de uma ordem normativa construída através do diálogo racional entre pessoas livres. Neste contexto, a possibilidade da bioética depende, como sustentam os pensadores liberais, da existência de uma sociedade democrática, pois se assim não for os valores e princípios bioéticos irão expressar a vontade dos cientistas, ou do Estado, e não de indivíduos livres e autônomos. Essa sociedade, entretanto, necessita de mecanismos institucionais que assegurem a manifestação de diferentes concepções religiosas, políticas e sociais, sem as quais torna-se inviável o discurso ético.

Como verificamos acima, os princípios provocam na sua aplicação antinomias, que sòmente podem ser racionalmente resolvidas na medida em que se puder integrar os três princípios e não se privilegiar um deles. A formulação canônica, pela própria comunidade científica, desses princípios, e a sua aplicação sem que haja uma intermediação entre o patamar ético e a prática social, termina por consagrar uma interpretação subjetiva e, portanto, relativista do sentido e alcance dos *principia*. Esses princípios, entretanto, serviram como inspiração na implementação de uma nova categoria de direito humanos, que procura, precisamente, suprir essa lacuna ou vazio existente entre a esfera ética e as normas jurídicas constitutivas do biodireito. Em outras palavras, o biodireito deixado à mercê do subjetivismo procura amparar-se em princípios bioéticos, que como tal necessitam de uma objetivação com características de universalidade. Estamos tratando de uma forma de direito que se legitima racionalmente e pela expressão livre de autonomias numa sociedade democrática, o que pode ser identificado como um direito construído em função do exercício livre da razão, portanto, o que Kant chamou de "direito cosmopolita". Os princípios da bioética deixam, então, de representar determinações canônicas e passam a constituir uma forma de direito cosmopolita, que serão objetivados, através dos direitos humanos. A formulação encontrada na *Declaração* de 1997 permite comprovar a viabilidade desse trânsito entre a ética e o direito. O documento da UNESCO permite que se superem as dificuldades para a implementação de princípios éticos e de direitos, que têm uma natureza específica, pois pretendem estabelecer limites universais às legislações nacionais e políticas públicas de estados soberanos. Mantendo a necessária vocação universalista, a *Declaração de 1997* estabelece, também, uma série de medidas, visando à promoção dos princípios expressos e às exigências a que se submetem os estados signatários, para a sua implementação.

A *Declaração da UNESCO* divide-se em grandes eixos temáticos. O tema da dignidade humana constitui o fundamento ético de todas as normas estabelecidas e do exercício dos direitos delas decorrentes (arts. 1º – 4º). A *Declaração* situa os direitos das pessoas envolvidas como referencial obrigatório para as pesquisas e suas aplicações tecnológicas (arts. 5º – 8º). O ser humano em função dessa dignidade natural, compartilhada por todos os seres humanos, independentemente de suas características genéticas, tem o direito de ser respeitado em sua singularidade e diversidade (art. 2º, "a"). Outra consequência da identificação e materialização da dignidade humana, no respeito ao genoma, encontra-se na proibição de utilizá-lo para ganhos financeiros (art. 4º).

A regulação da pesquisa científica é tratada sob dois aspectos correlatos: o documento estabelece, como decorrência dos princípios e direitos anteriormente definidos, que a pesquisa e aplicações tecnológicas não poderão desrespeitar os direitos humanos, as liberdades fundamentais, a dignidade humana dos indivíduos e de grupos de pessoas. O documento não se restringe a determinar os parâmetros legais que visam proteger diretamente a pessoa humana nas pesquisas relacionadas com o genoma humano, mas avança procurando estabelecer as condições para o exercício da atividade científica ao prever responsabilidades, tanto dos cientistas e pesquisadores envolvidos nessas pesquisas, como dos Estados (arts. 10 – 16).

Os deveres de solidariedade e cooperação internacional, no contexto da internacionalização crescente do conhecimento científico, torna-se tema necessário na medida em que os princípios éticos e direitos afirmados pela *Declaração*, tornar-se-ão vazios de conteúdo prático caso não exista um compromisso dos Estados em promover a solidariedade entre indivíduos e grupos populacionais. A cooperação internacional é prevista na *Declaração* sob quatro formas: através da avaliação dos riscos e benefícios das pesquisas com o genoma humano, da promoção de pesquisas sobre biologia e genética humana, levando-se em conta os problemas específicos dos diferentes países, da utilização dessas pesquisas em favor do progresso econômico e social e assegurando-se o livre intercâmbio de conhecimentos e informações nas áreas de biologia, genética e medicina (art. 19).

Os eixos temáticos são desenvolvidos na *Declaração* através, em primeiro lugar, da explicitação de princípios éticos, e em segundo, prevendo instrumentos capazes da assegurar a observância desses princípios e dos direitos deles decorrentes pela comunidade internacional, pelos estados e pela comunidade científica. A originalidade do ponto de vista da teoria do direito encontrada na Declaração do Genoma Humano reside, assim, na reunião, em um só texto, de princípios bioéticos e normas de regulação, que obrigam o sistema jurídico internacional e nacional.

O objetivo principal da Declaração consiste em estabelecer princípios e prever mecanismos que resguardem o genoma humano, considerado como fundamento da "unidade fundamental de todos os membros da família humana" (art. 1º). O genoma é elevado, portanto, a uma categoria universal, definidora da própria humanidade. Essa definição, entretanto, responde à necessidade de se estabelecer um padrão que possa garantir a natureza comum para homens de diferentes credos, etnias e convicções, tornando-os iguais e, portanto, sujeitos de um mesmo conjunto de direitos. Encontra-se, assim, um referencial seguro para que se possa elaborar uma normatização com características universais e capaz, portanto, de ser definida como um direito de toda a humanidade.

Os direitos da pessoa são encarados pela *Declaração* como repercutindo no biodireito a ideia mais geral dos direitos humanos. O texto da UNESCO propõe uma série de medidas que têm por objetivo preservar a autonomia e a saúde do indivíduo. Encontram-se nesses casos o princípio da dignidade do indivíduo, que se encontra no princípio bioético da autonomia, independente de suas características genéticas; e o princípio da irredutibilidade do ser humano ao determinismo genético, o que desmente as falácias dos diferentes argumentos racistas. O segundo princípio é exemplificado no documento da UNESCO, como instrumento de garantia da necessidade de permissão prévia para pesquisas, tratamento ou diagnóstico, e, também, da proteção contra a discriminação fundada em características genéticas. A preservação do caráter confidencial dos dados genéticos de uma pessoa representa uma outra face da aplicação do princípio bioético da autonomia, pois atribui à esfera dos direitos personalíssimos, informações e dados que possam ser usados para a prática da discriminação social e política. O ponto nevrálgico do documento da UNESCO reside, assim, na defesa do patrimônio genético dos indivíduos como constitutivo de uma base empírica na qual se pode construir uma ética e um direito cosmopolita, como previra Kant.

A *Declaração Universal da UNESCO*, de 1997, estabeleceu, assim, uma nova categoria de direitos humanos, o direito ao patrimônio genético e a todos os aspectos de sua manifestação. A concordância dos países signatários, através dos mecanismos próprios da sociedade democrática, legitima limites aos cidadãos, grupos sociais e ao próprio Estado, que se obriga em função de normas da comunidade internacional. Esse documento internacional representa, também, uma tentativa de criar uma ordem ético-jurídica intermediária entre os princípios da bioética e a ordem jurídica positiva, o que irá obrigar os países signatários, como no caso o Brasil a incorporar as suas disposições no corpo do direito nacional (Constituição brasileira de 1988, art. 5º, § 2º).

A questão, portanto, da necessária complementaridade entre os princípios éticos e as normas jurídicas torna-se explícita, no caso da legislação sobre a genética, em virtude da incorporação ao direito nacional, por força da norma constitucional, de normas internacionais, que refletem valores éticos e que se destinam a todos os povos. A caracterização dos direitos relativos ao genoma humano como direitos humanos torna, ainda mais evidente, como o documento da UNESCO vem preencher um vácuo normativo no contexto do direito nacional. Isto significa que a legislação brasileira sobre engenharia genética – Lei nº 8 501, de 30 de novembro de 1992; Lei nº 8 974, de 05 de janeiro de 1995 e Lei nº 9 434, de 04 de fevereiro de 1997, complementadas por decretos, regulamentos e resoluções do Conselho Nacional de Saúde e do Conselho Federal de Medicina, inclusive o Código de Ética Médica – dependerá para o seu aperfeiçoamento de uma análise e um amplo debate sobre os princípios e os direitos estabelecidos na *Declaração Universal do Genoma Humano e dos Direitos Humanos*. Fará parte integrante desse processo de aperfeiçoamento legislativo, o entendimento, tanto pelo legislador, como pelo magistrado, de que existe uma complementaridade entre a ética e o direito. A prática social acha-se, progressivamente, modificada pelas novas tecnologias, ocupando lugar de destaque nesse processo o papel da ética, que obriga a revisão de conceitos da doutrina jurídica clássica e a consequente revolução paradigmática na teoria do direito.

As questões suscitadas pela ciência biológica tornaram evidentes às relações necessárias, que acontecem no seio de uma sociedade democrática e pluralista, entre os valores morais e o biodireito. O campo de conhecimento aberto abrange uma vasta gama de possibilidades. Os problemas suscitados não se referem somente à questão da vida e suas condições, mas também aqueles relativos ao fim da vida, que encontra nas diversas legislações relativas à morte assistida e à eutanásia motivo de sérias e inquietantes indagações morais. Essas interrogações tornam-se matéria a ser julgada pelos tribunais e debatida pela sociedade civil, sendo necessário a utilização de critérios éticos comuns, vale dizer racionais, para a busca de soluções. Nesse quadro, a identificação dos direitos do genoma humano, como sendo uma forma de direitos humanos, constituiu um progresso, pois forneceu conteúdos jurídicos a princípios éticos, e, por outro lado, assegurou, também, uma fundamentação moral para a ordem jurídica do biodireito. Essa relação de complementaridade, entretanto, somente poderá efetivar-se na medida em que se utilize uma ideia como a do direito cosmopolita, considerado, não como uma forma sofisticada de direito das gentes, mas sim como um modelo jurídico, que apresenta um conteúdo ético original, característica que se encontrava implícita na concepção do seu primeiro formulador. Os direitos humanos, assim entendidos, constituem a formalização desse direito cosmopolita, primeira manifestação de uma leitura ética do direito e do Estado. Verifica-se, então, como a aplicação da ideia do direito cosmopolita, permite que se recupere o sentido ético original da ordem jurídica no pensamento kantiano. A ideia do direito cosmopolita serve, portanto, de categoria racional, para que se possa realizar um enxerto propriamente ético nos direitos humanos. O desafio da ética no campo das ciências e tecnologias biológicas representou, em última análise, um momento privilegiado, onde a hipótese da complementaridade entre a ética e o direito pôde ser testada e provada, através da explicitação dos princípios bioéticos sob a forma de direitos humanos.

2. As relações da bioética com o biodireito

2.1. Problemático mundo novo

As implicações morais do progresso da biologia começaram a ser discutidas logo depois de Segunda Guerra Mundial, quando a lembrança das experiências nazistas nos campos de concentração e as consequências da explosão das primeiras bombas atômicas colocaram a consciência moral diante de um novo, insuspeito e perigoso mundo. O mais novo ramo da ética – a bioética – surgiu, entretanto, como uma resposta mais às exigências morais da comunidade científica do que da sociedade em geral, isto porque as perspectivas que se abriam para a ciência e suas aplicações, durante os anos quarenta e cinquenta do século XX, eram conhecidas por apenas alguns poucos cientistas. No seu primeiro momento, a problematização ética surgiu na comunidade de pesquisadores e cientistas, que trabalhavam nas investigações de ponta na área das ciências da vida, e que constatavam como os descobrimentos da nova ciência, principalmente, no campo da biologia, suscitavam novas e inquietantes interrogações para a consciência moral. Tratava-se, então, de buscar limites éticos para a pesquisa e a aplicação tecnológica das novas descobertas, que, em ritmo acelerado de acumulo de conhecimentos, apontavam para realizações até então insuspeitas para os cientistas e a sociedade. As novas descobertas da ciência biológica superavam em muito o próprio conhecimento da física nuclear ou da astrofísica, pois eram descobertas que não somente passavam a ameaçar a espécie humana, como ocorria com as armas nucleares, mas conhecimentos e tecnologias, cujo material de investigação e aplicação eram a própria pessoa humana, e que caminhavam para alterar a própria natureza do homem, podendo transformá-lo, para além da imaginação da ficção científica.

Os avanços no conhecimento científico indicavam que vivíamos um mundo novo, caracterizado pela explosão do conhecimento científico e da inovação tecnológica, que evidenciavam as vulnerabilidades da natureza, da mente e do corpo humano. Essas questões, apesar da radicalidade com que surgiram na cultura contemporânea, refletiam indagações que se perdiam nas origens da sociedade humana. Isto porque tratavam de questões imemoriais a respeito da vida e da morte, da dor e do sofrimento, do direito e do poder de controlar a própria vida e, também, dos nossos deveres em relação ao nosso semelhante e à natureza, diante das diversas e invasivas ameaças à saúde e ao bem-estar do ser humano. Essas ameaças concretas à pessoa humana fizeram com que cientistas propusessem e estabelecessem uma moratória de um ano nas pesquisas de engenharia genética, no final da década de 1960, procurando estabelecer um consenso moral mínimo na comunidade científica, que permitisse a definição de normas de comportamento disciplinadoras das pesquisas e tecnologias. A moratória durou um ano, sendo suspensa em virtude da pressão da própria comunidade científica – interessada em prosseguir na exploração desses novos campos de conhecimento – e dos crescentes interesses da indústria farmacêutica e do sistema de saúde – que viam nas novas tecnologias possibilidades de comercialização e de um atendimento médico mais amplo das populações. A moratória, entretanto, permitiu que houvesse uma parada no ritmo das pesquisas e que se introduzissem algumas indagações de caráter moral, no universo da ciência biológica. As dúvidas e indagações morais iniciais exigiram o estabelecimento de princípios que permitissem, pelo menos, a curto prazo, estabelecer um contexto ético e moral dentro do qual o novo conhecimento não fosse, exclusivamente, mais uma forma, e neste caso letal, de violência contra a pessoa humana.

Para atender a esse reclamos da comunidade científica e da sociedade, que começavam a ter as suas atenções despertadas para as possibilidades e perigos da nova ciência biológica, é que se formularam os princípios da bioética. O entendimento do significado e da função dos princípios fundadores da bioética exigem, entretanto, que sejam situados no que se entende por "bioética" na atualidade. A palavra "bioética" é de uso recente, tendo sido empregada pela primeira vez pelo biólogo Van Rensselaer Potter, no início da década de 1970, significando a área do conhecimento, dedicada ao estudo das condições de sobrevivência da humanidade e de melhoria das condições da vida humana. A palavra "bioética" relacionava-se, portanto, com um projeto de qualificação da vida humana, e não, necessariamente, com a medicina. Atualmente, a bioética compreende, basicamente, o campo de interseção da ética com as ciências biológicas, que se transformou numa área de conhecimento interdisciplinar, tendo múltiplas facetas. A bioética, além de ser uma disciplina acadêmica, também representa uma força política no campo da medicina, da biologia e dos estudos ambientais e, ao mesmo tempo, constituiu-se em perspectiva cultural com marcante presença, e influência, na contemporaneidade. Mas a bioética não se reduz a essas pontuações específicas e particulares. Tem um significado amplo, geral, que alterou diferentes e tradicionais ramos do conhecimento como o direito, as políticas públicas, os estudos literários, culturais e históricos, a imprensa, a filosofia, a religião, a ciência da medicina, da biologia, da ecologia, do meio-ambiente, da demografia e das ciências sociais. O objetivo principal desse campo de estudos éticos consiste, assim, em trabalhar as relações entre a ética e a vida humana, a ciência e os valores humanos, sendo necessáriamente interdisciplinar. Na atualidade, como escreveu Callahan,[483] "a bioética é a área de conhecimento que se estende dos angustiantes dilemas privados e individuais, enfrentados pelos médicos ou outros profissionais da saúde na cabeceira de pacientes terminais, às terríveis escolhas publicas e sociais enfrentadas pelos legisladores e cidadãos, quando procuram definir políticas de saúde e ambientais equitativas". Dentro desse amplo espectro de temas e interseções com os quais a bioética trabalha a matéria objeto do seu estudo, o novo ramo da ética apresentou desde o seu início uma nítida vocação reguladora, mas não dogmática, do comportamento humano.

2.2. Fundamentos e princípios

Por essa razão, desde os seus primórdios, a bioética procurou formular princípios gerais, que pudessem servir como "mandatos de otimização" (Alexy, 1993: 86-87), na criação de normas aplicáveis às pesquisas e tecnologias genéticas. Esse tipo de normas não traduzem regras jurídicas, mas princípios. As regras distinguem-se dos princípios, na proposta de Alexy, pelo fato de que os princípios são normas que determinam que algo seja realizado ou não, dentro das possibilidades reais existentes. Os princípios são chamados, assim, pelo filósofo alemão, de "mandatos de otimização", em virtude de poderem ser cumpridos em diferentes graus, sendo que a medida do grau de cumprimento irá depender das possibilidades reais e jurídicas que cercam o ato. Podem ser aplicados, portanto, não somente em uma ordem jurídica definida e completa, mas, principalmente, como é o caso do biodireito, em ordem jurídicas que se encontram *in fieri*, estando ainda em processo de construção, tendo em vista as novas realidades sociais, resultantes dos novos conhecimentos científicos. Os "mandatos de otimização" servirão para que, no processo de criação de normas do biodireito e da sua aplicação, possamos contar com elementos heurísticos que se constituam em instrumentos de regulação, quando e onde não se encontrem respostas no direito positivo para os problemas levantados pela ciência e a tecnologia. A utilidade do emprego dos princípios reside, assim, em poder considerá-los como um espaço normativo anterior ao sistema do direito positivo, apto a suprir as lacunas do direito face aos novos descobrimentos científicos.

Os princípios da bioética podem ser considerados sob a perspectiva de "mandatos de otimização", pois procuraram, desde sua formulação, estabelecer normas de comportamento, que permitissem a solução dos problemas suscitados pelo novo conhecimento, soluções essas que teriam obrigatoriamente um caráter eminentemente prático. Esses problemas práticos referem-se às dúvidas individuais, como, por exemplo, qual o meu comportamento diante de determinadas situações e circunstâncias; também aparecem esses problemas ou indagações, para além do foro íntimo de cada indivíduo, quan-

---

[483] CALLAHAN, Daniel. "Bioethics", em *Encyclopedia of Bioethics*, ed. Warren T. Reich, New York, Simon & Schuster and Prentice Hall International, vol. II., 1995, p. 248.

do a própria comunidade se questiona sobre decisões públicas que irão afetar os indivíduos na condição de cidadãos e de pessoas humanas. O campo da atividade humana prioritário da bioética, e em função do qual ela se originou, foram as ciências da vida, pois foi em função das perguntas surgidas na pesquisa biológica e nas aplicações técnicas da medicina, que se tornou necessária a construção de dois tipos de ordem normativa: a primeira, expressa nos princípios da bioética, de caráter moral; e a segunda, nas normas jurídicas do biodireito. Para que se possa precisar quais os limites da bioética e a relação de suas normas com o biodireito torna-se necessário avaliar criticamente a natureza dos princípios fundadores da bioética – o princípio da autonomia, o princípio da beneficência e o princípio da justiça.

A construção dos princípios fundadores da bioética resultou, entretanto, de um processo de conscientização, ocorrido tanto no contexto da comunidade científica, como da sociedade em geral, processo este decorrente do alarme provocado pelas experiências biológicas realizadas pelo nazismo, pela ameaça nuclear e em virtude das fantásticas possibilidades das tecnologias médicas, surgidas na segunda metade do século XX. Esse processo desenvolveu-se em duas etapas: no estabelecimento dos fundamentos da bioética e na formulação dos seus princípios. Os fundamentos procuraram explicar o porquê da ação recomendada como moralmente correta; os princípios, por sua vez, constituem-se em uma proposição primeira, consequência de uma razão, que é o seu fundamento, e expressão que melhor resume a conduta prescrita.

Todas as tecnologias resultantes do progresso científico e tecnológico evidenciaram a fragilidade da vida humana, não mais em face de fenômenos naturais, mas em consequência da manipulação do sistema da vida pela ciência humana. Essas novas realidades serviram como alicerces fáticos para a formulação dos fundamentos e dos princípios da bioética. A década de 1960 foi peculiar, no transcorrer do século XX, pois no seu decurso foram feitas descobertas fundamentais para a biologia e para a medicina: a diálise renal, o transplante de orgãos, o aborto médico, a pílula contraceptiva, o diagnóstico pré-natal, o uso disseminado em hospitais públicos das tendas de oxigênio, a radical mudança cultural, ocorrida em consequência da transferência da morte domiciliar para a morte em hospitais e instituições de saúde e de assistência social, e, finalmente, os primeiros indícios das radicais possibilidades contidas na revolução da engenharia genética. Ao mesmo tempo, o desenvolvimento econômico e a desmesurada ambição de controle da natureza, por parte do homem, provocaram uma série de ameaças à vida, sem que possamos ter, até os dias de hoje, uma noção precisa e objetiva das consequências do novo conhecimento e das novas tecnologias biogenéticas.

Callahan[484] chama a atenção para o fato de que as ciências biomédicas e suas aplicações tecnológicas provocaram três grandes mudanças na cultura humana: em primeiro lugar, transformaram muitas das ideias da medicina clássica sobre o seu campo de conhecimento e aplicação, depois modificaram

---

[484] CALLAHAN, Daniel. Ob. cit., p.249.

o âmbito e o significado da saúde humana, e, finalmente, alteraram as opiniões sociais e culturais sobre o que significa viver uma vida humana com dignidade. A medicina deixou de ser um conhecimento voltado para o diagnóstico e a cura, e transformou-se num potente agente de prevenção e cura da doença, chegando, inclusive, no final do século, a tentar realizar o velho sonho da humanidade: adiar a morte. A saúde humana, continua Callahan, passou a abranger um amplo espectro de condições e fatores, como se encontra definida pela Organização Mundial de Saúde: a saúde significa um "estado de completo bem-estar físico, mental e social e não somente a ausência de doenças ou enfermidades". Em consequência, as ideias tradicionais a respeito do que representa viver uma vida humana digna modificaram-se em virtude do aumento da expectativa de vida, do planejamento familiar e da utilização de poderosos agentes químicos e farmacêuticos capazes de alterar os sentimentos e o pensamento humano.

Neste contexto, é que se pode recuperar e compreender os limites e as perspectivas dos princípios da bioética. O entendimento da função dos princípios prende-se a um dos grandes enigmas da ética filosófica: as decisões éticas são resultantes da obediência a um dever ético, encontrado na consciência humana e que nos dispõe a agir da forma mais justa e virtuosa possível? Ou são esses princípios formulados racionalmente pela pessoa humana com vistas a estabelecer um formulário que facilite as nossas decisões? A tradição médica, desde Hipócrates, enfatizou a tomada de decisões em virtude de deveres morais, devendo o médico exercer a virtude moral em face da complexidade e individualidade das situações encontradas na cabeceira dos leitos dos enfermos. A medicina curativa, exatamente em virtude de seu limitado campo de atuação, privilegiou um dos princípios da bioética contemporânea, o princípio da beneficência. Os demais princípios da bioética – o princípio da autonomia e o princípio da justiça – surgiram em virtude de ocampo das ciências da vida ter-se expandido de forma notável durante os últimos cinquenta anos, colocando problemas éticos até então desconhecidos pela medicina clássica. Os princípios da bioética foram então construídos, não tendo em vista o exercício das virtudes de médicos e cientistas, mas a necessidade de preenchimento do vazio dogmático, encontrado no contexto da pesquisa científica e na prática médica a respeito do que era ou não razoável eticamente. Os princípios da bioética representaram, em certo sentido, uma tentativa de solução ética normativa que pudesse disciplinar o desenvolvimento da pesquisa e da tecnologia genética, expressando valores éticos aceitos pela comunidade científica e pela comunidade médica. As dúvidas não resolvidas pelo sistema jurídico que passou a se defrontar, de forma crescente, com situações individuais e sociais sem solução nos códigos, terminaram por provocar o surgimento de uma dogmática paralegal, que se materializou através da aplicação dos princípios da bioética a diferentes casos não previstos em lei.

Muito mais cedo do que se esperava, verificou-se que os princípios da bioética, por mais que ajudassem na solução de diferentes problemas, não conseguiam responder em toda a sua extensão à indagação sobre questões relevantes suscitadas pela ciência biológica. Esses princípios mostraram ser um passo inicial e necessitar, concomitante, de avaliação crítica através da recuperação dos seus fundamentos racionais e morais, para que pudessem servir de patamar ético na descoberta de valores e normas que fossem aplicados no contexto da nova ciência e tecnologia biomédica. O primeiro deles, o princípio da autonomia, considera como base das decisões a serem tomadas relativas ao uso de terapias e o desenvolvimento das pesquisas, o respeito à autonomia do ser humano, que serve para determinar os limites na aplicação de terapêuticas e na utilização do corpo humano, como objeto de pesquisas científicas (Declaração Universal do Genoma Humano da UNESCO, 1997); o segundo princípio, o da beneficência, enfatiza a busca do bem-estar do paciente, incluindo a proibição de prejudicar o doente, sendo o mais antigo e tradicional, constituindo-se no núcleo do juramento hipocrático; o terceiro princípio estabelece o tratamento justo e equânime de todas as pessoas, expressando, mais do que os dois outros, os valores morais que adquirem uma dimensão social no estado democrático de direito. Veremos mais adiante como esses três princípios, aplicados de forma concomitante, podem ser excludentes entre si, constituindo este óbice uma das evidências de que os princípios da bioética considerados como normas de comportamento não atendem de forma absoluta à complexidade das relações sociais encontradas numa sociedade em fase de mutação, provocada pelos avanços no conhecimento científico.

A tradição filosófica ocidental tem dois tipos de respostas para as interrogações morais. De um lado, encontramos o conjunto de filósofos que consideram o comportamento ético como produto de uma ética da virtude; de outro lado, aqueles que propõem como fundamento do agir moral um conjunto de princípios morais, que compõem uma ética do dever. A ética da virtude afirma que o comportamento moral resulta de uma vocação para o agir virtuoso, expressando tal vocação um tipo de caráter do indivíduo. O homem age moralmente porque, como ensinou Aristóteles, aprendeu a ser virtuoso. A tradição da ética do dever, que teve em Immanuel Kant, o seu mais ilustre formulador, sustenta ser o comportamento moral resultante do agir da pessoa humana em obediência aos princípios da moralidade, que tem no imperativo categórico a sua formulação mais universal. Essas duas grandes correntes do pensamento moral receberam diferentes versões, mas que, no fundo, terminam por aceitar as premissas básicas acima referidas.

A tradição da medicina ocidental deita suas raízes na ética da virtude. Isto é, ao enfatizar a complexidade e individualidade encontradas pelo médico em face de cada paciente, sublinha as virtudes individuais de cada profissional, para diante do caso particular agir de forma virtuosa e considerando unicamente a finalidade última da medicina, a cura do paciente. A etimologia das línguas indo-europeias confirma essa identificação no médico da dimensão virtuosa aliada ao conhecimento científico, como necessária para o exercício da medicina. Encontra-se, mesmo, uma unidade original das raízes das palavras medicina e meditação.[485] A medicina, como escreve Hottois, procura restabelecer o equilíbrio natural rompido pela doença, pela lesão e pela dor física. A filosofia explicita a harmonia das boas formas naturais, ambas, portanto, preocupando-se em restabelecer o equilíbrio rompido na natureza. O tratado do médico grego, Galieno, escrito no século II e que teve uma influência constante na medicina ocidental até o século XIII, comentando os textos de Hipócrates, intitulava-se, de forma expressiva, *Que o excelente médico é também um filósofo*. O guia supremo, portanto, é a natureza que, por diferentes caminhos, é analisada sob ângulos diversos, mas que supõe, para a sua plena compreensão, o exercício da disposição da virtude, ou seja, a busca do equilíbrio, do justo meio, tanto em um, como no outro. Assim, o exercício da medicina e a reflexão filosófica, desde os primórdios da cultura ocidental, caminharam na busca do equilíbrio, que se supõe encontrar no corpo humano, mostrando-se sob a forma da saúde do organismo, por um lado, e, por outro, na racionalidade, que explicaria os mecanismos da natureza.

A tradição corporativa da medicina enfatizou, até o século atual a normatização da prática médica, principalmente, em função da ética da virtude. A medicina seria, assim, a arte de restabelecer o equilíbrio da natureza, violado pela doença, pelas lesões e pela dor; a meditação seria, então, o exercício intelectual de revelar e refletir sobre as boas formas da natureza. Como escreve Hottois,[486] tanto a medicina, quanto a meditação, objetivam o equilíbrio e as harmonias da natureza. Neste sentido, a medicina é filosófica e a filosofia é terapêutica. Esse sentido comum da reflexão filosófica e da prática da medicina representou durante muitos séculos duas faces de uma mesma moeda, ou seja, o bom médico deveria ser em grande medida um bom filósofo. Era através da reflexão filosófica que o médico deveria encontrar os princípios da virtude que iriam pautar o seu comportamento profissional. Por essa razão, o médico dos dois últimos séculos deveria ser um generalista, com uma visão geral do ser humano e de seus problemas do corpo e do espírito, sendo tanto mais competente quanto fosse, também, prudente e virtuoso, podendo curar e aconselhar.

Ainda que a tradição da medicina deite as suas raízes na ética da virtude, os desafios suscitados pelo avanço da ciência médica criaram situações críticas, onde o simples caráter individual do médico não poderia garantir uma verdadeira escolha moral. A segunda vertente do pensamento ético contemporâneo procurou estabelecer princípios gerais de comportamento moral, independentes das virtudes individuais do médico ou do cientista, e que pudessem ser aplicados no campo da medicina e das ciências da vida. Encontramos aí o núcleo dos chamados princípios da bioética. Enquanto a ética hipocrática baseava-se na escolha a ser realizada pelo médico como pessoa virtuosa, os princípios da bioética, expressão de uma ética do dever,

---

[485] HOTTOIS, Gilbert. *Essais de philosophie bioéthique et biopolitique*, Paris, J.Vrin, 1999, p.9.

[486] Ibidem, p. 9.

passaram a formular normas de comportamento a serem seguidas por indivíduos virtuosos ou não.

Com a progressiva especialização da medicina e expansão do seu campo de atuação, a participação crescente do poder público no reconhecimento da profissão e nos investimentos na saúde pública e na pesquisa, a ética da virtude, fundada na qualidades morais e individuais dos médicos, tornou-se insuficiente, pois não bastava mais a condenação social do mau médico, mas tornava-se necessário o estabelecimento de um sistema de normas que regulassem o exercício da profissão e da pesquisa, independentes das virtudes pessoais de cada indivíduo. A ética do dever ou deontológica irá, por sua vez, privilegiar as escolhas que mais respeitam o valor da pessoa humana, e, particularmente, os direitos fundamentais dos indivíduos. Para essa corrente ética, a obrigação básica que temos é para com os outros indivíduos. De uma perspectiva deontológica, boas consequências para a sociedade devem ser sacrificadas para que se possam respeitar direitos humanos inalienáveis, como, por exemplo, será moralmente condenável sujeitar seres humanos a pesquisas médicas perigosas sem o seu consentimento, mesmo se os resultados dessas pesquisas possam salvar a vida de muitas outras pessoas.

Verifica-se, portanto, como o progresso do conhecimento científico e de suas aplicações tecnológicas colocou diante de ambas as tradições éticas da moral ocidental indagações, que não encontram respostas canônicas no rígido cumprimento de uma ou outra forma da racionalidade ética. A tentativa de formular princípios da bioética surgiu exatamente do conflito entre essas duas tradições e a realidade da cultura tecnocientífica da contemporaneidade. Os limites e as perspectivas dos chamados princípios da bioética, talvez, possam ser melhor analisados se situados no quadro contextual de três problemas: o primeiro, refere-se à relação entre a Ciência e a Ética, quando se trata de refletir sobre a vida humana; o segundo tipo de problematização, busca analisar as relações entre os três princípios da bioética; e, finalmente, o terceiro problema trata das relações entre a Ética e o Direito para que se possa situar quais os laços da bioética com o biodireito e, em que medida, encontramos limites entre as duas ordens normativas.

2.3. Ética e razão demonstrativa

O problema das relações da Ética e da Ciência encontra-se nas bases da cultura ocidental. Essa cultura alicerça-se na razão e procurou, desde as suas origens na Grécia Clássica, construir modelos teóricos explicativos dos fenômenos naturais, e, em função desses modelos, desenvolver tecnologias que chegam na contemporaneidade à possibilidade de alterar a própria natureza humana. Desde as suas primeiras manifestações, a cultura ocidental caracterizou-se como sendo uma forma de pensar o mundo e o homem em torno do *logos*, especificamente, do *logos apodeiktikos*, ou seja, da razão demonstrativa. A razão reflexiva fez com que, nas primeiras manifestações da cultura filosófica ocidental, ela objetivasse explicitar e codificar a sua própria lógica, voltada, na obra dos primeiros filósofos, à descrição racional, na ordem do logos, da natureza, da *physis*, sendo esta razão pela qual a filosofia surgiu como o tipo de conhecimento que procurava as causas primeiras dos fenômenos naturais. Esse tipo de investigação, na Grécia Clássica, tinha na filosofia o seu corpo de conhecimento, que foi substituído pela ciência moderna, caracterizada pelo predomínio da razão tecnocientífica e do método experimental. O movimento de submeter a natureza à ordem do *logos* através do exercício da razão demonstrativa foi logo transferido, na própria Grécia Clássica, a partir dos sofistas, para analisar o comportamento humano, o *ethos* humano, à luz do *logos*, sendo criada, então, a ciência da Ética.[487] Vemos, portanto, como o nascimento da ciência e da ética aconteceu de forma subsequente, sendo que a ética surgiu da mesma preocupação em submeter o comportamento humano ao modelo racional de regras, que procuravam determinar as causas comuns dos fenômenos naturais, superando as explicações da tradição mitológica e religiosa da cultura arcaica.

Para que se possa compreender as relações entre a ciência e a ética é necessário situar a nossa análise sobre os fundamentos da ciência ocidental, que parte da constatação da relação expressa no binômio particular-universal. Quando nos perguntamos sobre o significado das primeiras reflexões da inteligência humana sobre a ordem da natureza, verificamos que a primeira grande descoberta dos chamados filósofos da natureza foi a explicação dos fenômenos naturais através de leis da natureza, necessariamente universais, para que pudessem explicar racionalmente cada fenômeno em particular. Essa descoberta, entretanto, a de que leis universais poderiam explicar racionalmente os diferentes fenômenos da natureza, não conseguiu com a mesma facilidade racionalizar e transcrever em termos científicos a ação humana. A cultura ocidental, mesmo com as dificuldades de estabelecer leis universais para o comportamento humano, sempre procurou construir nos diferentes sistemas filosóficos uma Ética como ciência universal. Detectar essas dificuldades poderá servir para que possamos ter uma visão mais pragmática e menos teórica e abstrata da Ética contemporânea. O importante é constatar o paradoxo que se encontra na dialética do particular-universal quando nos referimos à ação humana. Esse paradoxo refere-se ao contraste observado entre a particularidade do comportamento humano e a necessária universalidade das leis éticas. O *ethos* histórico, que é particular por natureza, pois o comportamento humano restringe-se ao tempo e ao espaço determinado, desmente as pretensões de universalidade da razão ética, que fundamenta e se codifica na Ética, como sistema de normas de comportamento. Encontra-se neste contraste entre uma pretendida universalidade do comportamento moral do ser humano e a sua realidade histórica o maior óbice para que se possa chegar a um patamar comum de princípios, que fundamentem um

---

[487] LIMA VAZ, Henrique C. de. *Escritos de Filosofia IV, Introdução à Ética 1*, Belo Horizonte, Edições Loyola, 1999, p. 35 a 76.

conjunto de direitos, necessariamente históricos e contingentes, por sua própria natureza.

As ciências físicas e naturais da contemporaneidade fundamentam-se no reconhecimento da universalidade, empiricamente comprovada, das teorias científicas, que expressam leis racionalmente formuladas com alcance universal. A civilização contemporânea é tecnocientífica, vale dizer, uma civilização na qual o valor superior e hegemônico é aquele advindo do conhecimento científico, como se encontra formulado no modelo das ciências físicas e naturais. Dessa forma, ao contrário das ciências humanas, os sistemas teóricos das ciências empíricas conseguem explicar os fenômenos particulares objeto dessas ciências no contexto de leis racionais universais.

A questão que se coloca no exame das relações da ética com a ciência situa-se precisamente na particularidade encontrada na ciência da ética. Assim, como as demais ramos do conhecimento científico, a ética teve pretensões de formular leis válidas universalmente, através da formulação de uma ética universal, aplicável em todos os quadrantes do planeta. De fato, nenhum dos inúmeros sistemas éticos, elaborados desde a Antiguidade até os dias atuais, conseguiram realizar essa pretensão, tendo em vista o fato da múltipla diversidade dos sistemas éticos encontrados nas diversas culturas. No campo da ética, portanto, defrontamo-nos com uma questão central, qual seja, a de como superar o relativismo de valores característicos da nossa civilização? Precisamente neste ponto é que se acha a explicação última para a necessidade crescente da afirmação de valores éticos na sociedade contemporânea. Nunca se escreveu tanto sobre a necessidade de normas éticas que venham preencher o vazio ético da atualidade. A questão da natureza do ser humano e os debates sobre a bioética e o biodireito mostram uma das faces dessa carência social, que tem a ver com a necessidade de novos tipos de regulação. A convivência social modificou-se em função dessas novas realidades tecno-científicas, questionadoras de um sistema de valores e normas morais e jurídicas. O direito, e, especificamente, o biodireito, em virtude do esvaziamento dos fundamentos éticos da ordem jurídica, corre o risco de ficar pairando como um conjunto de normas abstratas, tentativamente impostas pelo Estado, que, por sua vez, perde progressivamente a sua força coativa, por falta, precisamente, de um embasamento moral do ordenamento jurídico.

2.4. Crise do paradigma liberal e a bioética

O direito contemporâneo no quadro do pensamento social enfrenta um desafio, consequência da incompatibilidade entre a realidade social da civilização tecnocientífica e a ordem jurídica do estado liberal de direito. Os conceitos e institutos básicos do direito clássico – como os de pessoa, responsabilidade, propriedade, contrato e família – acham-se atualmente sob o fogo cerrado da contestação, advinda das dificuldades e mesmo impossibilidade de essas categorias jurídicas servirem como instrumentos para a solução de novos tipos de conflitos, surgidos no seio dessa civilização. Trata-se, portanto, de uma realidade sociocultural, surgida dos novos conhecimentos das ciências da vida, que tem implicações não somente no campo específico da moralidade, mas também das políticas publicas. As nossas opções morais no campo da bioética e do biodireito irão provocar resultados práticos, diretamente relacionados com o custo público do sistema de saúde, acrescentando às funções e ao custo do Estado, novas obrigações a serem atendidas pela coletividade.

Os três princípios referidos da bioética – beneficência, autonomia e justiça – tomados isoladamente podem, cada um, facilmente erigir-se em princípio hegemônico em relação aos demais, ou seja, a beneficência transformando-se em paternalismo médico, com as consequentes distorções nas relações de responsabilidade entre médico e paciente, a autonomia em descontrole do paciente, em face das recomendações médicas, e o da justiça, em clientelismo demagógico. Como podemos constatar realizando um exame mais acurado dos três princípios da bioética, os mesmos não foram estabelecidos para juntos resolverem as questões conflituosas surgidas no contexto da experiência e da tecnologia médico-científicas da atualidade. Os princípios são referenciais de três campos de atuação distintos, ainda que referidos ao mesmo objeto, qual seja a pessoa humana. Os princípios servem para privilegiar um dos aspectos da relação médico-paciente: o princípio de beneficência enfatiza o papel do médico e, também, do pesquisador ao lidar com o corpo e a mente da pessoa humana; o princípio da autonomia refere-se ao espaço de autonomia decisória que cabe à pessoa humana em submeter-se a tratamento ou ser objeto de pesquisa; e, finalmente, o princípio da justiça tem a ver com a ação do poder público estatal e da sociedade, por onde se procura realizar o mais alto grau de justiça distributiva.

Vemos, então, como os princípios da bioética exigem uma necessária complementaridade, que possa cobrir o vácuo normativo em que se encontra a normatividade social relativa às ciências da vida e suas tecnologias. Em virtude de não se poder prever as repercussões da nova ciência em nós mesmos, como "seres humanos", nem as consequências remotas da investigação científica – assim, por exemplo, quando se descobriu os antibióticos ninguém poderia imaginar que o seu uso massificado pudesse provocar o desenvolvimento de organismos resistentes à sua própria ação –, o progresso científico provocou a ruptura daquelas categorias jurídicas básicas do direito moderno, obrigando que se fosse buscar nos fundamentos da racionalidade argumentos justificadores, que se poderão expressar sob a forma de "mandatos de otimização", de uma ordem normativa com condições de regular uma nova realidade social, característica da civilização tecno-científica.

Assim, por exemplo, algumas das chamadas "questões de vida" implicam diretamente em desafios nucleares para a ciência, a filosofia e o direito. Basta considerar como os transplantes de órgãos, como o coração ou os rins, representaram um avanço somente tornado possível pelo progresso da ciência e a aplicação dos conhecimentos adquiridos em tecnologias, permitindo o prolongamento da vida de pacientes, que outrora não tinham condições de sobrevivência. No entanto, constituem, também, evidências de limites do conhecimento científico, tendo em vista o risco da morte do doador e a lesão irreparável do órgão homólogo do receptor; esses limites são ainda agravados quando se constata ainda as dificuldades tecnológicas para a produção de órgãos artificiais, que poderiam significar a superação do princípio *mors tua, vita mea*. Quando tratamos, por exemplo, dos procedimentos que levam à fecundação artificial, estamos admitindo, implicitamente, os limites do conhecimento científico com relação à superação da esterilidade. O mesmo com relação ao aborto, expressão eloquente do fracasso da sociedade contemporânea em controlar os nascimentos com meios menos traumáticos. Podemos, então, asseverar que não se pode esperar que o progresso do conhecimento científico traga consigo, somente e necessariamente, benefícios para a pessoa humana, pois o que temos presenciado é exatamente o inverso, quando a ciência e as tecnologias de aliados do ser humano passam a atuar como seus algozes. Por outro lado, a conceituação de Potter de que a bioética tinha por objetivo a utilização das ciências biológicas como meio de melhoria da qualidade de vida, encontra uma certa confirmação, quando verificamos que a descoberta dos microorganismos, das bactérias e das enzimas e suas aplicações terapêuticas e industriais contribuíu para a melhoria das condições de vida da pessoa humana. Entre esses dois pólos, oscilam a ciência e as tecnologias da vida, cabendo à bioética estabelecer os limites racionais para que se possa construir um sistema jurídico, o biodireito que não seja um empecilho para o progresso do conhecimento e da medicina.

Mas a questão das relações do ser humano com a sua natureza não se esvai no que diz respeito ao seu próprio corpo ou ao respeito à pessoa do seu semelhante. Uma das descobertas fundamentais da ciência contemporânea consistiu no estabelecimento das relações de interdependência, de coevolução, entre os seres vivos e não somente de luta e seleção.[488] Por essa razão, os dados científicos começaram a ser lidos como refletindo a natureza inanimada, uma realidade última que constitui o substrato da vida de todas as espécies. Neste sentido, a consciência ética expandiu suas indagações para as relações da pessoa humana com o ambiente natural em que vive, questionamento este que suscitou novos tipos de interrogações éticas e novas perspectivas jurídicas para a solução dos conflitos daí advindos. No que se refere ao meio ambiente, a pessoa humana, de vítima da natureza passou a ser sua violadora, provocando, assim, a necessidade ética da fixação de responsabilidades, que possam dimensionar e controlar a ação humana em face da natureza, tendo em vista as suas repercussões na vida do próximo e de sua descendência. As questões suscitadas pela intervenção violadora da pessoa humana no equilíbrio da natureza mostraram como a doutrina clássica da responsabilidade não conseguia responder a esses problemas, exigindo a construção de uma nova teoria da responsabilidade jurídica, que possa pri-

---

[488] TATTERSALL, Ian. *L'émergence de l'homme*, Paris: Gallimard, 1999.

vilegiar a natureza como categoria a ser considerada pela consciência moral do ser humano.

Torna-se, então, necessário que se sistematize os três campos principais sobre os quais transitam as indagações da bioética contemporânea, para que possamos estabelecer em função de que problemas o objetivo central do sistema de normas jurídicas deverá construir um novo tipo de responsabilidade: A) nascimento, desenvolvimento e transformação da vida; B) as relações humanas intersubjetivas e a relação saúde-doença; C) as relações intersubjetivas e as relações da pessoa humana com o meio ambiente.

Os problemas éticos e jurídicos, suscitados por esse conjunto de problemas, mostram como se torna insuficiente a normatização da bioética, em torno dos três princípios, e a insuficiência do direito positivo em responder a essas questões – por exemplo, a ausência de legislação, no Brasil, sobre as aplicações práticas do DNA recombinante, com exceção do disposto na Lei nº 8.974/95, art. 8º (lei da engenharia genética), que vedou a manipulação genética de organismos vivos ou o manejo *in vitro* de DNA/ARN natural ou recombinante. Os temas éticos multiplicam-se, podendo-se privilegiar a relevância ética de alguns, como aqueles referentes à regulação das patentes do genoma ou de novas espécies vivas, ou a discussão sobre a determinação do início da vida ou, ainda, a regulação dos bancos de embriões. Em todos esses problemas, permanece no seu substrato, a indagação ética, mesmo quando alguns destes problemas tenham sido tentativamente regulados por legislações nacionais, que não esgotam, todavia, a gama de interrogações morais e jurídicas, suscitadas pelo avanço do conhecimento científico e suas aplicações tecnológicas.

Neste quadro de incertezas morais e jurídicas, torna-se necessário procurar alguns critérios que expressem argumentos morais, mais do que tentar a solução dessas questões através da aplicação mecânica dos princípios da bioética ou pura e simplesmente acatar os ditames contidos no Código de Ética Médica. O caminho para solucionar essas questões talvez possa ser escolhido em função da determinação preliminar do objeto do sistema moral e do sistema jurídico. Ambos tratam, em última instância, no âmbito de seus respectivos campos de atuação, da responsabilidade da pessoa humana em virtude de sua ação, omissão ou por fato natural. A responsabilização, principalmente nos casos de investigação científica de ponta e de suas aplicações, referem-se a atos praticados, com especificidades morais e jurídicas, conscientes ou não, mas que, por não existir legislação positiva com critérios gerais, refletindo princípios racionais, válidos universalmente, permanecem flutuando no espaço da anomia moral e jurídica. Trata-se, portanto, de um desafio, para o filósofo e para o jurista, o de construir uma teoria moral que possa refletir-se, sem sufocá-la, em uma teoria da responsabilidade jurídica, que abarque todos os casos provocados pela engenharia genética.

O exame da evolução da doutrina jurídica da responsabilidade civil e penal mostra como podem ser identificadas "três épocas da responsabilidade jurídica":[489] a responsabilidade por culpa, a responsabilidade por risco e a responsabilidade em virtude do risco culposo. Essas épocas correspondem na história do Estado e do Direito moderno a tipos de organizações políticas e de sociedade, historicamente determinadas, sendo a primeira característica do estado liberal clássico, que teve no Código Civil francês de 1804 a sua expressão mais significativa e influente; a segunda, estrutura-se no contexto do Estado social do início do século XX, e o terceiro momento da responsabilidade ocorre no quadro da crise do Estado-Previdência. A experiência histórica mostra, portanto, como os tipos de responsabilidade corresponderam a organizações sociais e políticas específicas, representando as suas diferentes concepções a expressão de valores morais e político-sociais. A época de incertezas, coincidente com o período posterior à Segunda Guerra Mundial, quando os alicerces do sistema jurídico sofreram impactos de fatos sociais e econômicos que escapavam às previsões do próprio sistema, provocou o surgimento de um novo tipo de responsabilidade aquela a ser caracterizada pelo risco culposo.[490] A variedade e especificidade dos novos fatos jurígenos pode ser mesmo constatada na bibliografia nacional, onde os doutrinadores destacam casos específicos que demonstram as dificuldades encontradas na lei e na doutrina para a solução de questões relativas à responsabilidade.[491]

No campo da engenharia genética, a solução da questão da responsabilidade, como categoria jurídica na qual se alicerçam as relações intersubjetivas e sociais, tem sido buscada nos códigos de ética médica e numa legislação incipiente, que o mais das vezes procura legislar sobre situações tópicas. A construção de uma racionalização que procure justificar universalmente alguns direitos e a consequente responsabilização por atos que infrinjam essas normas, supõe o reconhecimento de que existem para além do direito positivo um conjunto de valores que devem justificar-se e sobre os quais podem ser formulados direitos, ainda não considerados pelo direito positivo. Trata-se, portanto, de valores atemporais que transmitem critérios para os decretos temporais, por exemplo, os critérios do que constitui a "justiça". Neste momento é que se evidenciam os laços entre direito e moral, em virtude dos quais, afirma-se o "direito da *ética* intervir nas questões do direito".[492]

Encontramo-nos, então, em momento propício para refletir sobre as relações da ética com o direito, e , especificamente, entre a bioética e o biodireito. Caminha-se, ainda de forma embrionária, para a elaboração de uma teoria geral do biodireito, atenta aos valores elaborados pela bioética, mas que considere fatos e argumentos morais, que irão contribuir para que se possam estabelecer os fundamentos de uma nova ordem jurídica. Seguindo

---

[489] MAILLARD, Jean de; MAILLARD, Camille de. *La Responsabilité Juridique* , Paris: Flamarion, 1999.

[490] Ibidem, p. 48 e segs.

[491] GOMES, Luiz Roldão de Freitas. *Elementos de Responsabilidade Civil*, Rio de Janeiro: Renovar, 2000, p. 185 e segs; Francisco Amaral. *Direito Civil, Introdução*, 2. ed. Rio de Janeiro: Renovar, 1998, p. 521 e segs.

[492] JONAS Hans. *Évolution et Liberté*, Paris: Payot & Rivages, 2000, p. 162.

a sugestão de Hans Jonas,[493] podemos examinar a questão central da responsabilidade em função de uma realidade social, que situa a problemática da bioética na interface dos direitos individuais e os deveres do estado. Assim, a intervenção estatal manifesta-se, antes de tudo, pelo credenciamento da profissão médica, que tem o monopólio da saúde do indivíduo. O indivíduo no contexto das novas tecnologias genéticas sofre com a intervenção do Estado, retirando a solução dos problemas suscitados pela nova biologia, do âmbito restrito da autonomia individual. Por outro lado, a desindividualização da pessoa humana na contemporaneidade, face à medicina e suas tecnologias, torna-se mais evidente quando consideramos o fato de que os direitos individuais não são absolutos, pois eles convivem com direitos, também, individuais, de outras pessoas, como os parentes, os doadores de sangue ou de esperma e óvulo, as mães de aluguel, o *foetus* e a criança, que vai nascer nos casos de inseminação. Por último, a intervenção das novas tecnologias genéticas implicam no questionamento de sentimentos e valores morais, que representaram durante séculos os alicerces da civilização judaico-cristã.

O processo de passagem da ética para o direito, neste campo, faz-se de forma a não consagrar o direito como valor supremo e nem a moral como sendo a substância das normas jurídicas. A presença do Estado tornou-se parte essencial na bioética e no biodireito, seja como legitimador, através das leis positivas, do exercício da profissão de médico, seja como financiador de pesquisas e implementador de tecnologias genéticas. A primeira constatação que se faz face à intervenção do Estado é a de que se tornou necessário fazer com que a ação do poder público não seja conivente com ações consideradas como violadoras da moralidade. O Estado, não podendo recorrer a um direito anterior a ser aplicado na solução de conflitos entre desejos e valores, não tem outro caminho a não ser o de recorrer à instância da moral para criar um novo direito. Poderia, eventualmente, afastar a discussão ética e optar por uma legislação que atendesse aos desejos majoritários do momento, mas que por sua própria natureza seria mutável. Encontramo-nos, assim, diante de um caso raro, onde a lei, para que tenha generalidade e eficácia social, é obrigada a voltar-se para a ética a fim de que tenha um árbitro na elaboração da sua própria vontade. Por essa razão, não podemos excluir o Estado de nossas considerações bioéticas, pois tratamos de desafios que não se esgotam no campo dos direitos individuais, mas apresentam na contemporaneidade dimensões sociais, que ultrapassam as relações médico-pacientes e envolvem decisões de caráter moral e político que afetam à sociedade, atual e futura. Torna-se, necessário, portanto, tentar aplicar, a diferentes casos, critérios de análise ética para que possamos estabelecer princípios e normas jurídicas com o mais alto grau de generalidade

Propomos examinar em função de uma tecnologia corriqueira, na atualidade, – a da inseminação artificial –, quais as implicações morais suscitadas por esta tecnologia e o tipo de responsabilidade jurídica delas decorrentes.

---

[493] JONAS, Hans. Ob. cit.

Para tanto, seguindo a sugestão de Hans Jonas,[494] podemos verificar quais as principais decisões a serem tomadas pelos indivíduos e pelo poder público em vista das modernas formas de procriação. Essas formas resultaram da colaboração da técnica com a medicina e provocaram problemas não previstos pelo direito e pela ética. Sugiro que se tome cada caso para que se possa realçar as dimensões éticas envolvidas, referindo apenas incidentalmente aos aspectos jurídicos dos mesmos. Essas dimensões éticas, que devem ser levadas em consideração no exame da realização do direito à procriação, supõem elementos e variáveis tecnológicas progressivamente mais complexas, que servirão de arcabouço para a construção de uma nova teoria da responsabilidade jurídica.

1 – **A** não pode ter filhos por deficiência fisiológica, que pode ser curada através de tratamento médico ou sanitário. Não existe problema ético envolvido, pois a tecnologia médica, independente de considerações de caráter moral, pode resolver o problema, não importando o uso futuro que o paciente fará em virtude do sucesso do tratamento;

2 – O casal **A** e **B** – homem e mulher – , nenhum sendo estéril, não pode conceber a criança desejada através de relações sexuais, seja porque o homem é incapaz de completar o ato sexual, seja porque a mulher não consegue conceber. Esses dois obstáculos são superáveis com a ajuda da medicina através do recolhimento do esperma de **A** e a inoculação do mesmo em **B**. Também neste caso os problemas éticos são de pequena monta, somente aparecendo se passamos a questionar o número de vezes que seria razoável atender ao desejo do casal. O direito à descendência deve ser financiado pelo Estado? Para quais famílias? As mais pobres e as mais ricas terão o mesmo direito moral de acesso aos recursos públicos para fazerem quantas inoculações sejam necessárias?;

3 – **A** e **B** não são casados, mas têm o mesmo tipo de problema, acima referido, e pretendem recorrer ao Estado para a realização do direito à paternidade. Neste caso coloca-se um problema moral que tem a ver com a diferença entre o Estado apoiar o nascimento de uma criança sem pai ou adotar uma política de *laissez-faire*;

4 – A questão moral torna-se mais aguda à medida que nos defrontamos com as novas tecnologias. Tome-se, por exemplo, uma mulher casada que necessita para superação do obstáculo à procriação de receber uma implantação do óvulo, fecundado extra-corporalmente. Esse problema, que aparentemente estaria resolvido no caso 2, apresenta um complicador que consiste na produção de *foetus* em excesso, levando-nos a sopesar a moralidade dos bancos de embriões. A tecnologia médica provoca o número extra de embriões (através de multiovulação por meio de hormônios com fecundação simultânea) a fim de conservar no congelador uma reserva de óvulos fecundados, e, assim, não ser necessário extrair cada vez um novo óvulo. Neste caso, outras variáveis intervêm numa questão até então resolvida pelo

---

[494] JONAS, Hans. Ob. cit., p. 172.

indivíduo e, quando muito, pelo apoio dado pelo Estado. Encontram-se envolvidos o médico, o laboratório e a paciente, que têm recursos tecnológicos que poderão satisfazer o direito à descendência, mas que suscitam problemas morais extremamente complexos. Renunciando-se ao procedimento de fecundação extracorpórea, não se atende ao direito à maternidade, surgindo então a questão: até que ponto justifica-se do ponto de vista moral o emprêgo de técnicas que têm consequências, ainda que não desejadas, mas que contrariam à consciência moral, ao provocar a grave questão da disponibilidade dos embriões? Duas soluções podem ser examinadas: de um lado, esperando-se da mulher que deseja ser mãe, a renúncia a esse desejo; de outro lado, atender o desejo da mulher, e dessa forma transferir para a comunidade o custo moral de lidar com os embriões em excesso. Existe, também, a possibilidade prática de reimplantar na mãe a totalidade dos óvulos fecundados, provocando assim o nascimento de gêmeos, trigêmeos, quadrigêmeos ou mais. Do ponto de vista moral, parece-me essa ser uma solução imperfeita, pois permite-se criar artificialmente um destino familiar múltiplo, que, às vezes, é produzido pela própria natureza. A aparente vantagem reside na solução de problema mais grave, que é o da necessidade de conservar os embriões congelados;

5 – A situação provocada em virtude da esterilidade do marido e o desejo de ter uma criança com a esposa pode ser solucionada pela fecundação do esperma de um doador conhecido ou desconhecido. Essa solução, entretanto, suscita uma série de interrogações morais e jurídicas, que aguardam, também, uma solução não casuística. O papel do médico neste caso é inusitado na história da medicina, pois pela primeira vez ele se tornou o agente que irá encontrar o doador do esperma, salvo no caso de doador conhecido. Dessa forma, o médico assume a responsabilidade pela boa qualidade genética do esperma. O Código de Ética Médica, certamente, tem os instrumentos regulamentares para estabelecer a responsabilidade do médico de forma análoga à responsabilidade do médico nas transfusões de sangue. O médico pode escolher individualmente o doador ou então dirigir-se a um banco de esperma, o que faz surgir a responsabilidade do Estado no processo – pela licença concedida ao banco de esperma e pela supervisão das atividades do banco, garantindo a qualidade do material conservado e o anonimato dos doadores e a isenção de responsabilidade face à exigências futuras dos seus filhos naturais. Para isto, esses doadores devem abster-se de inquirir sobre os seus filhos naturais, de se fazer conhecido por eles e jamais procurá-los. Problemas semelhantes são encontrados no campo da adoção. O ponto de vista ético nesta questão enfatiza o aspecto de que é indefensável retirar do descendente o direito natural de conhecer a sua origem e, em caso de necessidade, procurar o pai natural. A mãe, por outro lado, também tem um direito moral de conhecer o pai do seu filho. A tecnologia procura contornar as dificuldades jurídicas suscitadas neste caso, através dos chamados "cocktails de esperma", onde o *exceptio plurum* é erigido em princípio que procura ilidir o princípio da responsabilidade. Vemos, então, como a resposta tecnológica, e aceita na argumentação jurídica, até pelo menos ao advento

do teste de DNA, como determinante da paternidade, pode tornar-se imoral. O banco de esperma suscita, portanto, problemas morais que têm a ver com a paternidade sem face e, principalmente, como o uso do legítimo anseio da mulher em ser mãe pode ser deturpado por finalidades comerciais, que serão os motivos últimos dos doadores desconhecidos de esperma, dos médicos responsáveis e dos próprios bancos de embriões;

6 – O progresso tecnológico permitiu, também, formas sofisticadas do ponto de vista jurídico da inseminação com vistas ao atendimento do direito à procriação. A gravidez de aluguel em suas duas formas principais suscitam, por outro lado, problemas que são mais especificamente morais do que jurídicos. No primeiro caso, a mulher recebe o óvulo fecundado por seu marido ou outro homem em outra mulher e terá a criança como seu próprio filho; no segundo caso, que provoca uma indagação mais de fundo moral, a mulher capaz de conceber, mas temendo a gravidez pessoal, implanta o seu próprio óvulo fecundado em uma outra mulher, que faz o papel de receptora ou mãe de aluguel. A pergunta central neste caso é se é possível impedir, mesmo quando por caminhos legais isto seja possível, a renúncia ao direito natural de maternidade da parturiente, que trouxe a criança ao mundo? Ou do ponto de vista daquela que cedeu o óvulo, estará a doadora obrigada a aceitar a criança, por circunstâncias de vida pessoal ou mesmo porque o nascituro apresenta, por exemplo, defeitos congênitos? E, por fim, a própria criança estará mais ligada à mãe, que lhe trouxe ao mundo, ou à mãe biológica?

As tecnologias no contexto do "direito à descendência" permitem, atualmente uma variedade de opções, mas que se tornam mais problemáticas se consideramos as novas tecnologias, ainda que com cores futuristas, no momento atual, da clonagem humana. O que se encontra por detrás da vontade de clonagem é uma questão mais ponderável do ponto de vista moral e que consiste em determinar até que ponto a pessoa humana pode escolher, o sexo, o grau de inteligência – caso da pretensão ridícula do banco de espermas dos prêmios Nobel –, a cor e o tamanho dos seus descendentes. Enquanto as tecnologias até então desenvolvidas lidavam com situações em que se encontravam envolvidas duas ou mais pessoas, mas que empregavam mecanismos biológicos e naturais para reproduzir, com as novas tecnologias abre-se a oportunidade para a modificação direta do próprio genoma humano.

Encontramo-nos, então, no limiar de uma era na qual a ciência e suas aplicações práticas deixaram de contentar-se em lidar com o mundo natural como se encontra criado, e passaram pretender alterar a própria natureza. Como escreve Hans Jonas, as finalidades da ciência e da tecnologia genética não se encontram mais, como nos tempos inocentes da simples aspiração ao conhecimento, na descoberta de como são as coisas naturais e a pessoa humana, mas sim como podemos transformá-las, ou de "um modo ainda mais preciso e mais típico: se podemos com elas realizar tal ou qual desejo".[495] O

---

[495] JONAS, Hans. Ob. cit., p. 185.

tema torna-se ainda mais urgente quando constatamos o fato de que existe uma quase simultaneidade na ciência contemporânea entre o pensar e o fazer, pois a experiência tornou-se parte integrante da especulação teórica. Para sabermos se é possível a clonagem de pessoas adultas ou a cruza entre homens e animais, por exemplo, torna-se necessário realizar experiências que implicam ações concretas, fazendo com o que o tempo da especulação teórica e da experimentação científica torne-se quase simultâneo. Essas ações trazem consigo uma carga de responsabilidades morais, que têm a ver com o respeito a um princípio estruturante da ordem constitucional dos estados democráticos de direito: a dignidade da pessoa humana. Neste contexto, é que o direito deve procurar na argumentação moral os fundamentos para normas que controlem, em função do respeito ao princípio constitucional, as novas relações sociais surgidas no seio da civilização tecnocientífica da contemporaneidade.

3. Biopoder e os limites éticos da sociedade tecnocientífica

3.1. Introdução

As relações do homem com a natureza sofreram nos últimos anos uma radical modificação. O aumento das possibilidades abertas pelo conhecimento científico e pelas tecnologias de interferência do homem sobre a natureza, física e propriamente humana, adquiriu nos últimos cem anos dimensões nunca antes pensadas, ou mesmo imaginadas, pela inteligência humana. A tecnociência e, principalmente, aquela nascida no contexto da revolução da biotecnologia, possibilitou à ação humana o exercício de poderes tornaram o potencial da intervenção humana na natureza como uma promessa de um futuro melhor para a humanidade, mas também se constituindo numa espada de Dâmocles, que ameaça a própria sobrevivência do homem.

O poder da ciência e da tecnologia alterou radicalmente a natureza da cultura e da sociedade através de interferências quantitativas e qualitativas na natureza e no ser humano. O homem passou a manipular a sua própria natureza, bem como a natureza extra-humana, tornando imprevisíveis, em muitos casos, as consequências das suas ações. O exame dos problemas éticos suscitados pela biologia e a engenharia genética, entre os quais a questão das células-tronco o exemplo mais atual desse desafio, pressupõe o estabelecimento de paradigmas ético-filosóficos para o seu entendimento e formulação, tanto do ponto de vista moral, como do político e jurídico. Isto porque essas questões vitais para a humanidade não encontram solução no campo específico do conhecimento científico e nem do sistema político e jurídico. Necessitam, antes, que sejam submetidas a uma análise ético-filosófica, que considere os avanços do conhecimento científico, as suas aplicações tecnológicas e o sistema econômico que alimenta a ciência e a tecnologia. Para tanto, é necessário que a reflexão crítica abandone as abstrações da ética tradicional ou dogmática.

Hans Jonas desenvolve o argumento de que toda capacidade humana, "como tal" ou "em si", é boa, tornando-se má apenas quando se abusa dela. Portanto, é sensato formular-se o seguinte *caveat* diante do avanço do conhecimento científico e suas aplicações tecnológicas: utilize este poder, mas dele não abuse. O pressuposto para que se possam determinar os limites ao poder de intervenção do ser humano, especificamente, aquele exercido pelo biopoder,[496] reside na determinação do uso correto e do uso abusivo de uma mesma capacidade.[497] Nesse sentido, podemos dizer que o biopoder (ou biopolítica) está relacionado a questões de gestão e regulação social, nacional e internacional das implicações do desenvolvimento da biomedicina e da biotecnologia. Particularmente, a biopolítica tem por objeto as políticas da saúde e do meio ambiente, o tratamento equitativo das desigualdades, e a gestão do risco diante a emergência da complexidade em todos os âmbitos da sociedade. Emílio Muñoz diz que:

> A biopolítica pode ser definida como a parte da bioética que transforma os problemas da interação entre as sociedades e os sistemas biológicos em decisões e acções políticas através de acordos, normas, regulamentações e leis. Em resumo, a biopolítica enfrenta os aspectos políticos e regulamentares da bioética, encarando-a no plano, não dos indivíduos, mas da sociedade em geral.[498]

Na sociedade tecnocientífica, a ação humana se identifica com a ação técnica, produzindo efeitos que não podem ser determinados como "bons" ou "maus", através de distinções qualitativas evidentes por si. Neste sentido é que Jonas refere-se ao surgimento de um novo paradigma ético, que implica em considerar a coexistência de efeitos benéficos e maléficos convivendo na ação humana.

O uso da capacidade de criar e produzir em grande escala, por melhores que sejam as intenções, fazem com que as ações na sociedade tecnocientífica provoquem, de forma crescente, efeitos maus que são inseparáveis dos efeitos bons. O lado ameaçador da técnica existe não só quando ocorre o abuso dela por má vontade, mas também quando ela é empregada de boa vontade para fins próprios legítimos. Ocorre o que Boudon chamou de "efeitos perversos" da ação social.[499]

Contra o alerta relativo aos riscos da ambivalência da técnica e, ao mesmo tempo, procurando justificá-la, teóricos da ciência levantam o argumento de que na natureza mesma há processos que também comportam falhas ou imperfeições, como a reprodução humana. Essa pode ter insucesso ou imperfeições, mas esses efeitos não são prejudiciais à natureza humana e extra-humana por integrarem o processo evolutivo que possui leis intrínsecas para harmonizar a diferença que surge das mutações.

A simples equiparação dos efeitos perversos da técnica com a contingência da natureza pode ser tomado como exemplo do horizonte do ima-

---

[496] AGAMBEN, Giorgio. *Homo Sacer. O poder soberano e a vida nua.* Trad. Henrique Burigo.Belo Horizonte: Editora UFMG, 2004.

[497] JONAS, Hans. *Técnica, Medicina y Ética.* Barcelona: Paidós, 1997, p. 33.

[498] MUÑOZ, Emílio. "Biopolítica", in: HOTTOIS, Gilbert; MISSA, Jean-Noël. *Nova enciclopédia da bioética.* Lisboa: Instituto Piaget, p. 119.

[499] BOUDON, Raymond. *Efeitos Perversos e Ordem Social.* Trad. Analúcia T. Ribeiro. Rio de Janeiro: Zahar Editores, 1979.

ginário científico, que não reconhece valores e fins que são intrínsecos à natureza, tomando-a como matéria bruta, suscetível de transformação de acordo com os critérios da vontade humana.

Essa forma de pensar pode ser compreendida como produto, e ao mesmo tempo como implicação, de alguns problemas, que são considerados resultados de um niilismo que se fortaleceu no século XX, tanto no âmbito das ciências, quanto do pensamento humano em geral. O niilismo caracteriza-se, assim, por considerar que: (a) o homem encontra-se deslocado do mundo, mas existe e pensa apesar do mundo;[500] (b) a extrema contingência da existência humana a priva do sentido do todo, sendo o sentido não mais encontrado e sim dado pelo próprio homem; (c) ocorre uma separação dos domínios objetivo e subjetivo, a partir da qual o homem, através da técnica, passou a manipular a natureza segundo a sua vontade; (d) modifica-se a imagem da natureza, tornando relativa a ideia de que o homem vive em um ambiente cósmico; (e) a obrigação é uma invenção humana, não uma descoberta baseada no ser objetivo do bem em si mesmo; (f) o fundamento do ser é indiferente para a nossa experiência de obrigação. Essa indiferença do ser é a própria indiferença da natureza, impossibilitando assim que a ciência moderna apreenda em toda a sua complexidade quais os fins intrínsecos à natureza, que balizariam a atividade humana.

Neste ponto, é importante dizer que a ciência está situada em um âmbito ôntico, desenvolvendo-se em uma racionalidade apofântica que constrói enunciados fundados no método que estrutura a ciência. O limite do pensar da ciência é o limite imposto por seu próprio método.[501] Portanto, a ciência compreende apenas o que o seu método permite que ela compreenda. A ciência por si só não é suficiente para alcançar o âmbito ontológico da manifestação dos valores que consubstanciam o agir humano a fim de projetar referenciais éticos para a produção científica e manipulação da natureza.

A falta de referenciais ético-filosóficos para a ciência contemporânea impede que ela possa se posicionar adequadamente diante dos problemas que surgem da sua própria produção. Ao projetar os seus questionamentos éticos levando em consideração a estrutura e eficiência do seu próprio método, a ciência reduz de forma equivocada a tematização ética a problemas como "produção de sucessos ou falhas" ou a "busca humana pela perfeição", tratando-as como questões fundamentais. Na verdade, essas são questões localizadas no âmbito ôntico das ciências, no qual o pensar está reduzido à técnica em si mesma e às suas possibilidades, que por essa razão não conseguem resolver as suas aporias essenciais.

---

[500] "No mundo só ele pensa, não porque é parte do mundo, mas apesar de ser parte do mundo. Como já não participa mais de um sentido da natureza, mas apenas – através do seu corpo – de sua condição mecânica, assim também a natureza não participa de seus anseios internos". JONAS, Hans. *O princípio vida*: fundamentos para uma biologia filosófica. Petrópolis: Vozes, 2004, p. 235-236.

[501] STEIN, Ernildo. *Pensar é pensar a diferença*: filosofia e conhecimento empírico. Ijuí: Editora Unijuí, 2002.

A questão que propomos aqui como fundamental para a compreensão da problemática da tecnologia – e, portanto, do agir técnico – pressupõe a superação de dualismos como consciência e mundo exterior, forma e matéria, sujeito e mundo, liberdade e necessidade, bem como de monismos que oferecem maior dignidade ou à morte ou à vida.

O dualismo retirou da matéria todo o conteúdo que pudesse dizer respeito a sentimentos, ao espírito, interiorizando na consciência do sujeito todos esses atributos. A matéria passou a ser concebida como matéria pura e sem vida. O homem descobriu-se como ser alheio ao mundo. Esta oposição levou o homem a retirar o sentido do mundo, implicando na mecanização da natureza. Todo sentido ou sentimento passou a ser considerado como pura representação que um sujeito faz com relação ao mundo. Como afirma Hans Jonas:

> [...] a simples possibilidade de se conceber um "universo não animado" surgiu como oposição à ênfase cada vez mais exclusiva colocada sobre a alma humana, sobre sua vida interior e sobre a impossibilidade de compara-la a qualquer coisa da natureza. Esta separação trágica, que se tornou cada vez mais aguda até o ponto de os elementos separados deixarem de ter qualquer coisa em comum, passou desde então a definir a essência de ambos, precisamente através desta exclusão mútua. Cada um deles é o que o outro não é. Enquanto a alma, que se voltava para si própria, atraía para si todo significado e toda dignidade metafísica, e se concentrava em seu ser mais íntimo, o mundo era despido de todas estas exigências.[502]

Com a radicalidade do dualismo, o corpo, e o mundo material como um todo, passou a ser concebido como uma prisão da alma, um túmulo para o espírito. Esse monismo baniu a vida universal, não estando mais apoiada por nenhum polo transcendente. Assim, a vida finita e particular passou a ser valorizada como um aqui e agora, que se este entre um início e um fim. Isto significa que o lugar da vida no âmbito do ser ficou reduzido ao caso particular do organismo nos seus condicionamentos terrenos. O que condiciona e possibilita a vida é um improvável acaso do universo, alheio à própria vida humana e dotada de leis materiais indiferentes ao fenômeno vital.[503]

Todos esses movimentos apresentam continuidades e descontinuidades com relação aos binômios matéria/forma, corpo/alma, vida/morte. Mas chama atenção o fato de que estas orientações nos obrigam a fazer uma opção entre um conceito ou outro. Hans Jonas propõe uma superação deste dualismo a partir da ideia de que existe nos organismos não apenas algo que os movimenta – como o princípio interior à sua própria natureza, pensado por Aristóteles – como também uma maneira de existir que pode ser percebida objetivamente. Por essa razão, Hans Jonas diz que não há uma separação entre o orgânico e o espiritual. A percepção e o movimento são intrínsecos ao orgânico e seguem uma finalidade que a própria natureza possui.

---

[502] JONAS, Hans. *O princípio vida*: fundamentos para uma biologia filosófica. Petrópolis: Vozes, 2004, p. 23-24.

[503] Ibidem. p. 25.

Essa finalidade é encontrada a partir da pressuposição de uma *liberdade* intrínseca à natureza. Assim, a evolução e a vida não estão lançadas ao puro acaso ou a uma estrita necessidade. Hans Jonas escreve que

> [...] nos obscuros movimentos da substância orgânica primitiva, dentro da necessidade sem limites do universo físico, ocorre um primeiro lampejo de um princípio de liberdade – princípio este que é estranho aos astros, aos planetas e aos átomos[504]

Ao delinear os contornos do conceito de liberdade, Hans argumenta que:

> "Liberdade" tem que designar um modo de ser capaz de ser percebido objetivamente, isto é, uma maneira de existir atribuída ao orgânico em si, e que neste sentido seja compartilhada por todos os membros da classe dos "organismos", sem ser compartilhada pelas demais: um conceito ontologicamente descritivo, que de início só possa ser mesmo relacionado a fatos meramente corporais. Mesmo neste caso, no entanto, ele não pode deixar de estar relacionado com o significado que atribuímos a este conceito no âmbito humano, de onde foi tomado – pois do contrário o empréstimo e a aplicação mais ampla passariam a ser um simples e frívolo jogo de palavras. Apesar de toda a objetividade física, os caracteres por ele descritos no nível primitivo constituem a base ontológica e a antecipação daqueles fenômenos mais elevados a que pode ser aplicado diretamente o nome de "liberdade", e que lhe servem de exemplo manifesto: e mesmo os mais elevados destes fenômenos permanecem ligados aos inícios não aparentes na camada orgânica básica, como condição para que sejam possíveis. Desta maneira o primeiro aparecimento do princípio em sua forma pura e elementar implica a irrupção do ser em um âmbito ilimitado de possibilidades, que se estende até as mais distantes amplidões da vida subjetiva, e que como um todo se encontra sob o signo da liberdade.[505]

Em torno do conceito de liberdade, intrínseca ao organismo, é que Hans Jonas explicita a dimensão existencial da matéria viva. Essa maneira de existir atribuída ao orgânico deve ser compreendida como um fundamento para a objetividade dos fins e valores que a natureza possui.

Nesse horizonte, a natureza se organiza de tal forma a partir da sua liberdade intrínseca que comprova a hipótese de uma passagem da substância inanimada para a substância orgânica, resultante de uma mudança na profundidade do ser. Isto significa que o dinamismo elementar da natureza acontece em razão de uma liberdade por ela própria possuída. Hans Jonas não ignora a existência de uma necessidade que todo o organismo possui que se vai manifestar como "existência em risco". A existência depende, portanto, de uma tensão entre "ser e não ser", quando o organismo é dono de seu ser apenas de modo condicional e revogável. Hans Jonas diz que o "não ser entrou no mundo como uma alternativa ao próprio ser".[506] O sentido do ser é dado pela ameaça da sua negação, passando a ter que se afirmar, ao desejar a sua própria existência. Isto implicou em perceber o ser não mais como estado, mas sim como possibilidade imposta pela existência de uma ameaça. Assim, a vida deixa de ser compreendida como uma positividade isolada da

---

[504] JONAS, Hans. Op. cit., p. 13.
[505] Ibidem. p. 14.
[506] Ibidem. p. 14.

morte (ou da transformação), compreendida como um estado de ausência da vida. Ao fundamentar esta concepção, Hans escreve que:

> Suspenso, assim, na possibilidade, o ser é sob todos os aspectos um fato polar, e a vida manifesta sem cessar esta polaridade nas antíteses básicas que determinam sua existência: a antítese do ser e não ser, de eu e mundo, de forma e matéria, de liberdade e necessidade.[507]

Essas aparentes dualidades não podem ser vistas como domínios separados. Na verdade são ambivalências que propiciam o dinamismo da vida. O ser é constituído pelo não ser, a possibilidade pela necessidade. Com isso, temos delineado o horizonte para formularmos a questão fundamental sobre o desenvolvimento de tecnologias como as biotecnologias e nanotecnologias, consideradas sob a perspectiva de uma dimensão possível da liberdade, buscando superar os dualismos da modernidade e indicando valores e fins para o agir humano.

O pensamento dominante sobre as relações da técnica com a natureza ainda conserva resquícios de uma concepção mecanicista de mundo, que violenta a natureza para dela poder tirar melhor proveito para os interesses do homem. Ao se reduzir o problema das tecnologias ao sucesso ou fracasso de manipulações ou então à perfectibilidade da arte humana, alçada quase à categoria de divina providência, concentramos a nossa atenção apenas no âmbito do fazer, da *poiesis*, da criação humana, esquecendo que há uma objetividade na natureza que nos impõe a reflexão sobre o nosso agir.

Essa objetividade encontra-se na liberdade de todo organismo e daí resulta que a natureza possui objetivos e fins que não podem ser ignorados pela ação técnica do homem. Quando uma tecnologia interfere na liberdade da natureza, está determinando uma irrupção na harmonia do todo que não pode ser compreendida, tampouco prevista pelo homem em toda a sua magnitude e amplitude. Isto porque ao interferir na liberdade do organismo, o homem modifica a estrutura da própria natureza e provoca um desequilíbrio nas relações de liberdade e necessidade que o dinamismo interno da vida possui. Hoje, o organismo não mais apenas tem que lutar contra o não ser da morte ou de mudanças naturais do habitat. A luta se dá contra agentes e forças que não respeitam o dinamismo da vida, os fins e os valores intrínsecos da natureza. Portanto, a partir da intervenção na liberdade da natureza, o homem modifica o próprio processo de conservação e evolução da vida. A natureza passa a ser suscetível da manipulação humana a tal ponto que se procura objetivar uma realidade imaginada na consciência do próprio homem.

3.2. O homem como construtor da imagem da natureza

A possibilidade de o homem interferir na liberdade intrínseca dos organismos e no dinamismo da vida – por meio de técnicas como a manipulação

---
[507] JONAS, Hans. Op. cit., p. 15.

genética, a biotecnologia e a nanotecnologia – transforma, assim, a compreensão do homem e da natureza. Torna-se relevante, nesse contexto, uma reflexão sobre a imagem que o homem passa a ter de si e da natureza. Para tanto, surge a necessidade de uma antropologia que não apenas pergunte o que distingue o ser humano dos outros animais, mas em que medida as novas técnicas, vale dizer, a intervenção humana na natureza, repercutem na própria pessoa.

Hans Jonas esboça um conceito fundamental para tratar dessa nova antropologia. Ao compreender que o conceito de linguagem e de fala se tornou inseguro pela multiplicidade de orientações teóricas, Hans Jonas indica *a capacidade de imagem* como um meio privilegiado para o reconhecimento da igualdade essencial do ser, ou que, no mínimo, possa fornecer a possibilidade de se determinar a diferença do homem em relação ao animal.[508] O homem é um ser capaz de fazer uma representação imagística sem uma finalidade prática.[509] A imagem é uma forma de o homem representar o objeto, construindo uma nova relação com este.

A imagem pode ser caracterizada como a semelhança intencional com um objeto. Há, portanto, duas relações na configuração da imagem: (a) existe uma semelhança em si entre o objeto e a produção artificial (a imagem), e (b) existe um propósito em se produzir no artefato esta semelhança com o objeto. A semelhança em si conserva uma relação de reciprocidade entre objeto e artifício. Já a intenção daquele que produz a imagem consiste em uma relação unilateral.

Essa semelhança não é completa, reproduzindo apenas a aparência superficial em si, ou seja, a semelhança não se encontra, portanto, na substância. É essencial para compreendermos a ideia de imagem, situá-la em seus limites:

> Este limitar-se da intenção representativa à superfície que aparece é o sentido mais fundamental em que toda semelhança imagética é incompleta, por ser constitutiva do gênero "imagem". *Esta* incompletude portanto, que poderíamos chamar de ontológica, é decidida preliminarmente com a intenção da imagem como tal, no caso particular.[510]

O homem possui, assim, a liberdade de escolha dos traços representativos da coisa que constituirá a imagem. Assim, os aspectos omitidos na imagem também serão determinados por uma escolha, que passa a orientar o sentido da imagem. É importante notar, para os nossos propósitos, que a visão possui um papel importante na escolha dos traços da representação

---

[508] JONAS, Hans. "Homo Pictor: da liberdade da imagem", in: *O Princípio Vida*. Petrópolis: Vozes, 2004.

[509] Os animais produzem imagens para utilidades vitais: "Para nos convencermos espontaneamente de que nenhum mero animal seria capaz nem haveria de produzir uma imagem, basta em primeiro lugar a ausência de utilidade de toda mera representação. Os artefatos animais possuem um emprego direto para alcançar objetivos vitais, como a alimentação, a reprodução, o esconderijo, a hibernação. Eles próprios são algo dentro do contexto de realização de alguma coisa. Mas a representação de alguma coisa não modifica o ambiente nem o estado do próprio organismo". JONAS, Hans. "Homo Pictor: da liberdade da imagem", in: *O Princípio Vida*. Petrópolis: Vozes, 2004, p. 182-183.

[510] JONAS, Hans. "Homo Pictor: da liberdade da imagem". Op. cit., p. 184.

que dirigem o sentido. Hans Jonas, a propósito, argumenta como a natureza humana escolheu o aspecto visual como representativo das coisas:

> O limitar-se a este único sentido como meio de percepção da representação é ele próprio a primeira "escolha" que atua na produção da imagem, sua espécie sendo preliminarmente decida pela predominância da visão: a natureza humana fez a escolha prévia do aspecto visual como representativo das coisas.[511]

A representação parte da aparência do objeto, captada pela visão. É esse exercício de escolha dos traços representativos que possibilitam à imagem a sua expressividade, o que não existiria se a imagem refletisse a completude do objeto, reconstruindo um objeto equivalente.

Outro aspecto importante a se considerar é que aquilo que é "representado na imagem é destacado da interação causal das coisas e levado a uma existência não dinâmica, que é a existência da imagem em si (...)".[512] Isto significa dizer que a imagem representa algo sem sê-lo, por exemplo, a imagem pode representar um perigo sem ser perigosa, o desejado sem a satisfação do desejo. A substancialidade do objeto deixa de existir na dimensão simbólica.

Esses aspectos da imagem podem ser associados à atividade contemplativa do homem diante do mundo. Ao contemplar, o homem cria a imagem de si mesmo e dos objetos em conformidade com a medida dada pela natureza. Por isso, anteriormente foi ressaltada a importância da visão para a formação da imagem.

No horizonte da atividade contemplativa, a visão é o sentido privilegiado para se conhecer o mundo. Nesse sentido, Aristóteles escreve que:

> Todos os homens, por natureza, tendem ao saber. Sinal disso é o amor pelas sensações. De fato, eles amam as sensações por si mesmas, independentemente da sua utilidade e amam, acima de todas, a sensação da visão. Com efeito, não só em vista da ação, mas mesmo sem ter nenhuma intenção de agir, nós preferimos o ver, em certo sentido, a todas as outras sensações. E o motivo está no fato de que a visão nos proporciona mais conhecimentos do que todas as outras sensações e nos torna manifestas numerosas diferenças entre as coisas.[513]

A substancialidade do sentido está no próprio mundo. A objetividade da natureza (*phýsis*, compreendida como totalidade) é a medida do conhecimento e do agir humano. O homem encontra o sentido para sua vida inserido na totalidade que floresce diante dos seus olhos. Neste contexto, todo fazer humano é a produção de algo que esteja em harmonia com o mundo que lhe antecede. Os segredos da natureza são o mistério que simboliza para o homem da contemplação a sua pequenez diante do poder da natureza.

Assim, o homem construiu a sua ciência como imagem da natureza. O homem constrói os símbolos do seu saber como a representação daquilo que

---

[511] JONAS, Hans. "Homo Pictor: da liberdade da imagem". Op. cit., p. 184.

[512] Ibidem. p. 186.

[513] ARISTÓTELES. *Metafísica*. 980 a 21-27.

pode ser percebido pelo olhar, sem submeter a natureza à violência do experimento. Pierre Hadot diz que nesta orientação:

> [...] há lugar para uma física apegada à percepção, poder-se-ia dizer ingênua, que para compreender a natureza utiliza apenas o raciocínio, a imaginação, o discurso ou a atividade artística. Esta será sobretudo a físicia filosófica, aquela do *Timeu* de Platão, a da de Aristóteles, dos epicuristas e dos estóicos, também a dos astrônomos, como Ptolomeu, que mais tarde, nos tempos modernos e na época romântica, se tornará filosofia da natureza. Mas também a poesia se esforçará por fazer reviver a gênese do mundo. Enfim, a pintura aparecerá igualmente como um meio de acesso ao enigma da natureza.[514]

Ao representar a imagem da natureza, o homem não tem por objetivo apoderar-se dela para satisfazer os seus desejos de ultrapassar os limites do cosmos. O homem busca conhecer a natureza venerando-a. Esta concepção de mundo predomina no pensamento antigo e pré-moderno.

Entretanto, na aurora da modernidade, o homem passa a se autocompreender fora da totalidade da natureza. A reificação retira todo sentido da natureza e transforma o mundo e suas relações em um mecanismo vazio de finalidade e valor. Com isto, o homem passa a ser a medida do sentido do mundo, e a sua ação fica reduzida ao fazer. A *práxis* deixa de estar fundada em valores intrínsecos à natureza das coisas e do homem, e a *poiesis* passa a estar assentada nos limites representados na consciência do homem, sem uma medida que integre a totalidade.

A ausência de uma medida objetiva de mundo faz com que a construção da imagem tenha as suas propriedades alteradas. O homem deixou de ser contemplativo para se tornar produtor da própria realidade. A liberdade que o homem tinha para selecionar os traços do objeto que figurariam a imagem se transformou em liberdade para determinar a natureza. Esta liberdade passou a caracterizar o novo homem que surgia.

Com a confluência da ciência e da técnica, a ação humana foi incrementada qualitativamente. A liberdade do homem diante da natureza extrapolou os limites impostos pelas relações de causalidade e leis físicas existentes. O homem não se conteve na aparência do que estava diante dos seus olhos, passando a interferir no próprio dinamismo da vida. Os limites da liberdade humana deixaram de ser o limite de uma objetividade intrínseca à natureza. Agora, os limites da liberdade do homem estão restritos aos limites que a técnica lhe impõe para a produção do mundo.

A inexistência de objetividade do mundo leva toda a construção imagética a se confundir com o próprio objeto. O homem continua a ser um produtor de imagens, mas a representação não é mais resultado de uma aparência entre o "eu" e o "real". A relação entre imaginação, imagem e real corre o risco de deixar de ter mediações simbólicas que limitem o agir humano.

---

[514] HADOT, Pierre. *O véu de Ísis*. São Paulo: Loyola, 2006, p. 117.

3.3. Responsabilidade e técnica

A tematização de uma dimensão possível da liberdade intrínseca à matéria orgânica implica o reconhecimento de uma objetividade na natureza, levando-nos a perceber que o agir humano deve estar substancializado por valores e fins que estão dados pela própria natureza. Esta postura surge como uma alternativa crítica ao empreendimento moderno que reduziu o agir (*práxis*) ao fazer (*poiesis*), transformando a ética em política e, por consequência, dando legitimidade para que o homem atuasse de acordo com os interesses implícitos nas relações de poder. O mundo se torna objeto da produção humana e esta se constitui no princípio que o rege. Neste sentido, a substancialização do agir passa pela estratégica tematização de uma responsabilidade fundada em uma objetividade delineada por valores que são dados pela natureza, atendendo às demandas éticas de uma sociedade tecnocientífica.

Essas demandas estão projetadas em um futuro longínquo, fazendo com que a responsabilidade atual incorpore em seu horizonte o futuro. A técnica moderna ofereceu possibilidades para o agir humano que extrapolaram os limites da proximidade e da contemporaneidade. Dessa forma, os pressupostos da ética clássica se tornaram insuficientes para tratar os problemas da ação técnica, exigindo-se a reflexão sobre o desenvolvimento de um paradigma ético fundado em uma nova dimensão da responsabilidade.

Hans Jonas procurou caracterizar a tradição ética fazendo um paralelo com o estado atual das coisas engendrado pelo desenvolvimento tecnológico.[515] Estas características foram identificadas em quatro pontos:

a) O domínio da *téchne* era eticamente neutro – a atividade humana empreendida com o uso da técnica praticamente não afetava a estabilidade da natureza das coisas e não colocava, por isso, o perigo de um dano permanente à integridade de seu objeto, o conjunto da ordem natural. Além disso, o sujeito da ação compreendia a técnica como um instrumento para a satisfação de uma necessidade natural, e não como um progresso justificado em si mesmo como o fim último da humanidade. Assim, a interferência humana por meio da técnica em objetos extra-humanos (como a natureza) não constituía um âmbito de relevância ética, pois a ação humana não era capaz de transformar a natureza das coisas.[516]

b) A ética era antropocêntrica – a relevância ética estava nas relações inter-humanas, de um homem com outro, incluindo a relação consigo mesmo. Portanto, o modo como o homem se relacionava com a natureza não possuía

---

[515] JONAS, Hans. *O princípio responsabilidade*. Rio de Janeiro: Contraponto, PUC-RIO, 2006, p. 35-37.

[516] Um exemplo que podemos citar para isso é a forma como a técnica era utilizada na guerra. Antigamente, as batalhas aconteciam com o confronto entre soldados. O disparo de uma arma poderia ferir um soldado ou um grupo de soldados, mas os seus efeitos ficavam restritos a isto. Já com o desenvolvimento tecnológico, os efeitos de um ataque se tornaram imprevisíveis. Exemplo disso é o uso e desenvolvimento da bomba atômica. A bomba atômica não só destrói o espaço no qual ela é lançada, como também implica em alterações globais do ambiente e modifica geneticamente os seres vivos expostos a sua radiação, atingindo as gerações futuras.

relevância ética. Tampouco, havia alguma relevância as consequências para as gerações futuras dos atos praticados no presente.

c) A constância da entidade humana – a entidade "homem" e sua condição fundamental eram compreendidas como constantes em sua essência e não como objeto de uma técnica transfomadora.[517]

d) O alcance imediato do bem e do mal resultantes da ação – o bem e o mal que eram produzidos por uma ação estavam restritos às proximidades do ato, no âmbito de seu alcance imediato. A ética se concentrava na qualidade moral do ato momentâneo. Tanto o saber quanto o poder estavam muito limitados para incluir em sua previsão o futuro remoto e a possibilidade de uma causalidade que atingisse uma esfera global. A proximidade das consequências do ato se refere tanto à dimensão espacial quanto temporal.

A natureza das ações humanas se transformou em face do caráter dos seus efeitos destrutivos sobre toda a biosfera do planeta. O aspecto ambivalente de toda ação técnica passou a implicar na impossibilidade de se distinguir e separar os efeitos bons e maus. Essa ambivalência acarreta a imprevisibilidade dos efeitos que as ações humanas (realizadas a partir da técnica) poderão provocar. A única certeza que se tem é que, em longo prazo, toda ação técnica gera efeitos ameaçadores. Esta ameaça ao equilíbrio e à existência da vida justifica a exigência de reflexão ética sobre a ação técnica. Como escreve Hans Jonas, a tensão encontrada no seio da sociedade tecnocientítifca consiste na dupla face da técnica

> La dificultad es que no solo cuando se abusa de la técnica con mala voluntad, es decir, para malos fines, sino incluso cuando se emplea de buena voluntad para sus fines propios altamente legítimos, tiene un lado ameazador que podría tener la última palabra a largo plazo. Y el largo plazo está de algún modo inserto en la acción técnica. Mediante la dinámica interna que así la impulsa, se niega a la técnica el margen de neutralidad ética en el que sólo hay que preocuparse del rendimiento. El riesgo de "demasía" siempre está presente en la circunstancia de que el germen innato del "mal", es decir, lo útil y llevado a su madurez.[518]

Com a técnica moderna, a ação humana alcançou novas formas de poder,[519] que desenvolveram capacidades, antes desconhecidas pelo homem,

---

[517] Na modernidade, o homem se tornou objeto da tecnologia. As possibilidades criadas pelo uso e desenvolvimento de biotecnologias fizeram com que o homem pudesse manipular a sua própria constituição física. Esta nova potencialidade da ação humana torna vulnerável a própria natureza humana (Sobre o debate acerca da natureza humana ver HABERMAS, Jürgen. *O futuro da Natureza Humana:* a caminho de uma eugenia liberal?. Trad. Karina Janinni. São Paulo: Martins Fontes, 2004). O paradigma da ética clássica não dá conta dos riscos intrínsecos a este novo agir humano, que possui consequências que podem por em perigo toda existência no planeta.

[518] JONAS, Hans. *Técnica, medicina y ética*: sobre la práctica del principio de responsabilidad. Barcelona: Paidós, 1997, p. 33-34. Tradução Livre: A dificuldade é que não apenas quando se abusa da técnica com má vontade, isto é, para fins maus, mas inclusive quando se emprega de boa vontade para seus fins próprios altamente legítimos, tem um lado ameaçador que poderia ter a última palavra a longo prazo. E o longo prazo está de algum modo inserido na ação técnica. Mediante a dinâmica interna que a impulsiona desta forma, nega-se à técnica a margem de neutralidade ética na qual apenas esta tem que se preocupar com o rendimento. O risco de "excesso" sempre está presente na circunstância de que o germe inato do "mal", isto é, o útil é levado ao seu amadurecimento.

[519] A ideia da formação de novos objetos de poder a partir do desenvolvimento tecnológico foi tratada por Hans Jonas: A descrição "formal" do movimento tecnológico como tal ainda não nos tem dito nada

de manipular as leis da natureza humana e extra-humana. O ser humano tornou-se, então, extremamente vulnerável na sua individualidade e com isto ameaça toda a existência humana futura no planeta.

A partir desses pressupostos, Hans Jonas pensa em uma *heurística do temor* como um caminho para a fundamentação de uma responsabilidade orientada para o futuro. É necessário se fazer um exercício para se saber o que deve ser protegido e por qual motivo. Quando falamos que o ser humano está ameaçado em razão da intervenção técnica sobre si, nós o fazemos com base em uma antecipação da desfiguração do homem tendo em vista uma ideia de homem que deve ser preservada desta ameaça.

A relação ética do homem com a natureza e consigo mesmo a partir da intervenção técnica está sustentada pela imperativa previsão do perigo dos efeitos nocivos que a ação humana pode provocar no futuro, exigindo-se que toda ação humana seja realizada a partir de uma relação de cuidado. Essa relação de cuidado somente poderá configurar-se na medida em que se considere a dimensão do valor do bem e da ameaça do mal. Para tanto, torna-se necessário considerar-se ambas as opções que se abrem para a ação humana.

Em relação ao conhecimento do *bonum*, o conhecimento do *malum* é mais evidente, por estar menos suscetível às diversidades de critérios.[520] Já o bem precisa ser buscado. E nem sempre conseguimos determinar com certeza se é este ou aquele bem que estamos procurando. Conseguimos definir muito melhor o que não queremos do que aquilo que queremos. Dessa forma, toda ação humana deve ter em vista a representação de um mal que deve ser evitado.

Assim, Hans Jonas propõe uma filosofia moral que esteja orientada mais por nossos temores do que por nossos desejos. A heurística do temor consiste basicamente na necessidade de nos guiarmos mais pelo que tememos, no sentido de evitá-lo, do que por aquilo que desejamos. Com a exigência de previsão dos males que poderão ser provocados pela ação técnica do presente, a relação ética passa a não se constituir apenas no âmbito presente, mas também passa a estar orientada para o futuro. A previsão de um *malum* futuro significa temer algo que ainda não foi experimentado. Como o que é

---

sobre as coisas com as quais está relacionada, como sua "matéria". A ela nós nos dirigiremos agora, ou seja, as novas formas de poder, coisas e objetivos que, concretamente, o homem moderno recebe da técnica. A questão de tecnologias reflexas da ciência: mecâninca, química, eletrodinâmica, física nuclear, biologia. Em geral, uma ciência está madura para sua aplicação à tecnologia quando nela – para usar os termos de Galileu – a "via resolutiva" – a análise – está tão avançada que a "via compositiva" – a síntese – pode empregar os elementos básicos assim liberados e quantificados. Apenas agora a biologia chegou neste ponto: com a biologia molecular vem a construtibilidade de formações biológicas. (JONAS, Hans. *Técnica, medicina y ética*: sobre la práctica del principio de responsabilidad. Barcelona: Paidós, 1997, p. 25)

[520] Aristóteles diz que "é possível errar de várias maneiras (com efeito, o mal pertence à categoria do ilimitado, segundo a imaginação dos pitagóricos, e o bem à categoria do limitado), ao passo que só é possível acertar de uma maneira (também por esta razão é fácil errar e difícil acertar – fácil errar o alvo, e difícil acertar nele); também é por isso que o excesso e a falta são características da deficiência moral, e o meio termo é uma característica da excelência moral [virtude]: 'a bondade é uma só, mas a maldade é múltipla'" (in: *Ética a Nicômacos*, 1106 b 28-35. Tradução publicada pela Editora UnB em 1985).

temido ainda não foi experimentado, temos que representar este *malum*. O *malum* representado deve assumir o *malum* experimentado. Esta representação deve ser buscada intencionalmente.

Traçando um paralelo com a ética clássica – de caráter individualista –, a partir de Hobbes,[521] Hans Jonas entende que a representação de um *malum* futuro não é algo que se dá espontaneamente, devendo ser intencionalmente representado. Mas até mesmo esta representação do *malum* apresenta algumas dificuldades de realização.

Hans Jonas diz que a representação do *malum* não é tão simples como o era para Hobbes. O ponto de partida da filosofia moral de Hobbes não era o amor ou o bem supremo (*summum bonum*), mas o temor a um mal supremo (*summum malum*), que consistia no temor à morte violenta. Neste caso, o temor à morte violenta é algo que está sempre próximo e está intrínseco ao nosso instinto de preservação. Este tipo de temor é sentido espontaneamente pelo indivíduo, sem necessidade de representação. Afinal, no quadro traçado por Hobbes, a vida individual está permanentemente colocada em perigo.

A dificuldade de uma ética orientada para o futuro começa pelo imaginário individualista que se tem em relação à projeção da vida e do destino humano. Há a necessidade da construção de um imaginário que dê conta da alteridade presente e futura como forma de se garantir a existência. A representação do *malum* futuro estaria, assim, intimamente relacionada à representação do destino dos homens futuros e do planeta. Esse temor não atinge a pessoa de modo direto e individual, mas serve como base da reflexão ética sobre as consequências das nossas ações para a preservação da liberdade das gerações futuras.

Nunca o homem teve à sua disposição a evolução da sua espécie ou das demais formas de vida. Com o uso da técnica, o homem pode desenvolver esta possibilidade. Antes disso, a evolução humana e de toda a natureza era realizada por uma mutação produzida naturalmente, onde a ordem do todo era assegurada pela seleção natural (a forma como a natureza garantia a coerência das suas mutações).

A manipulação da vida pelo uso e desenvolvimento de tecnologias provoca mudanças na estrutura natural dos seres vivos sem se ter a possibilidade de previsão de todos os efeitos. Além disso, essas ações são cumulativas, determinando as possibilidades de ações futuras. Os experimentos tecnológicos possuem a tendência de se tornarem autônomos e, por isso, são irreversíveis e incontroláveis. A autonomia é uma das características da técnica. Segundo Jacques Ellul, a autonomia da técnica tem como implicação o fato das necessidades externas não a determinarem, operando apenas a partir de suas necessidades internas. Para ele,

> A técnica tornou-se uma realidade em si, que se basta a si mesma com suas leis particulares e suas determinações próprias. [...] um grau acima e a autonomia se revela com relação à moral

---

[521] Ver HOBBES, Thomas. *Do Cidadão*. São Paulo: Martins Fontes, principalmente o primeiro capítulo intitulado "Da condição humana fora da sociedade civil", 1998, p. 25-36.

e aos valores espirituais. A técnica não suporta nenhum julgamento, não aceita limitação alguma. [...] seu poder sua autonomia, acham-se tão bem estabelecidos que ela se transforma por sua vez em juiz da moral, em construtora de uma nova moral. E nisso também desempenha seu papel de criadora de uma civilização.[522]

Toda ação humana realizada com a tecnologia, depois de iniciada, gera consequências que fogem do controle do agir humano, e todos os fatos consumados a partir da ação inicial se convertem, cumulativamente, na lei de sua continuação.

Por essa razão, o desenvolvimento tecnológico pode restringir a liberdade de escolha das gerações futuras, pois estas já não terão as mesmas condições que nós temos hoje. A possibilidade de uma alteração da natureza humana e extra-humana pelo desenvolvimento tecnológico pode resultar no fim da herança da evolução passada. Este vínculo com o passado deve ser preservado, pois é ele que nos oferece a capacidade de julgar o que é o bem e o mal. Esta tradição é o que nos constitui como pessoas e agentes morais.

É neste sentido que Hans Jonas se refere ao caráter sacrossanto do sujeito da evolução:

> Deve-se pensar que há a herança de uma evolução anterior anterior a ser preservada. Ela não pode ser tão má, já que legou aos seus proprietários atuais a capacidade (que eles atribuem a si próprios) de julgar o bem e o mal. Mas essa herança pode se perder.[523]

O uso e o desenvolvimento da tecnologia pelos cientistas transcorrem imbuídos pelo espírito de uma liberdade do jogo criador. É uma liberdade que está guiada apenas por um impulso lúdico e que não abriga outra pretensão que a de dominar as regras do jogo, isto é, a aspiração à competência técnica.[524] Assim, em preterimento da liberdade das gerações futuras, as decisões do presente são tomadas como forma do supremo direito de exercício de liberdade científica.

Com os fundamentos que estamos trabalhando, podemos concluir que a forma como a ciência pensa a sua liberdade de ação e a relação que possui com o futuro não possuem legitimidade em um contexto onde o cuidado com o outro extrapola os limites da contemporaneidade e da proximidade, e se dirigem às futuras gerações.

A preocupação com as gerações futuras tem como primeira exigência o dever de não sermos abusivos. Toda preocupação pelo futuro é abusiva quando procuramos impor nossa concepção sobre como as coisas devem ser, nossa visão do desejável e do não desejável, nossas distinções entre o bem e o mal ou entre aquilo que é normal e o que é monstruoso. A preocupação pelo futuro deve ser a de não negar para as próximas gerações um

---

[522] ELLUL, Jacques. *A Técnica e o Desafio do Século*. Rio de Janeiro: Paz e Terra, 1968, p.135.

[523] JONAS, Hans. *O princípio responsabilidade*. Rio de Janeiro: Contraponto, PUC-RIO, 2006, p. 79.

[524] Idem, p. 74.

mundo com menos liberdade, não fechando definitivamente os caminhos que não seguimos por razões e sentimentos que são apenas nossos.[525]

A inovação de uma ética da responsabilidade dirigida ao futuro consiste na obrigação de não deixarmos que o futuro longínquo cuide de si mesmo. A responsabilidade possui um caráter total, em que há uma relação de cuidado contínua. O exercício da responsabilidade não pode ser interrompido. Hans Jonas compara a responsabilidade orientada para o futuro com a responsabilidade dos pais ou do governo. O cuidado dos pais ou do governo não pode tirar férias.

Isto é diferente da responsabilidade que o capitão de um barco possui com os seus passageiros. Esta responsabilidade tem um início e um fim determinados, coincidindo com o início e fim da viagem. O mesmo ocorre com a responsabilidade do médico, que tem a obrigação de cuidar do paciente enquanto durar o tratamento.

A responsabilidade orientada para o futuro é uma responsabilidade total, que se realiza historicamente, abarcando o seu objeto em sua historicidade. Por isso, ela é contínua. Este futuro não é um futuro imediato (como o amanhã), mas é um futuro da existência, da existência daqueles que ainda não são e que o vir-a-ser é protegido.

Para Hans Jonas, a responsabilidade orientada para o futuro exige do governante políticas públicas que preservem as condições de existências daqueles que estão por vir. Para tanto, deverão ser realizadas projeções do futuro para a tomada de decisões no presente.

É muito difícil se determinar quais ações realizadas no presente poderão comprometer a existência do futuro. Hans Jonas diz que em relação a isso só é possível ter um imperativo muito genérico: *"não fazer nada que impeça a continuidade do surgimento de seus semelhantes"*.

As projeções em relação ao futuro podem ter um alcance mais próximo ou mais longínquo. Os de alcance mais próximo são os mais factíveis. O congestionamento do tráfego em 10 ou 20 anos decorrente do aumento do número de veículos, o crescimento populacional de uma região. Mesmo nestas hipóteses, sobre as quais possuímos conhecimento mais concreto, as previsões podem ser desmentidas pelo surgimento de variáveis que eram desconhecidas.

As projeções realizadas para um horizonte mais remoto são mais problemáticas ainda. Há uma série de condições imprevisíveis que surgem cumulativamente com elementos que interagem, sem grandes probabilidades de conseguirmos representar estes acontecimentos futuros. Hans Jonas sugere que se façam predições para que o governante tenha cuidado com o futuro e tenha ações responsáveis. Estas predições poderiam ser realizadas a partir de projeções pessimistas, objetivando-se prevenir o acontecimento

---

[525] HOTTOIS, Gilbert. *El paradigma bioético*: una ética para la tecnociencia. Barcelona: Anthropos Editorial, 1999, p. 162.

real de uma catástrofe. Esta seria uma forma de se garantir um contrapeso às possibilidades desenfreadas do desenvolvimento tecnológico.

Hans Jonas nos alerta para o fato de que a era da estabilidade não existe mais. Os nossos antepassados viviam em um estado permanente, aparentemente estático, em que se podia prever que as instituições sociais, os sentimentos, as ideias, o ambiente e a natureza humana não seriam diferentes na geração posterior às suas.

A modernidade transforma tempo e espaço, fazendo com que não possamos constituir nossa consciência voltada para o presente apenas. O ser humano deixou de ser uma essência imutável. A sua constituição passou a estar fundada na existencialidade. O homem concebido existencialmente é uma síntese do seu passado com as projeções do futuro. Suas decisões presentes são produtos dessa síntese

Por outro lado, o homem passa a assumir a responsabilidade pelo cuidado com aquele que está por vir. Portanto, a sua relação com o futuro se transforma em uma obrigação moral pela preservação da liberdade das próximas gerações.

3.4. Conclusão

Ao refletir sobre os desafios provocados pelas novas tecnologias, a ciência ficou restrita ao questionamento dos efeitos da técnica sem alcançar o problema fundamental que a tecnologia desencadeia: a questão da liberdade. Com isso, ficou obscurecida a pergunta por uma dimensão existencial da natureza, a qual, indicando valores e fins, orienta o agir humano. A tematização da liberdade intrínseca à natureza nos conduz à objetividade fundadora da responsabilidade em Hans Jonas.

No contexto do pensamento de Hans Jonas, o poder humano deve ser restringido pelo dever de cuidado diante da vulnerabilidade da natureza. Essa ideia vincula a liberdade humana a um dever que emerge como consequência de um poder, cujos limites são reprojetados com o avanço da tecnociência. O homem torna-se, assim, responsável pelo que estiver no âmbito do seu poder de interferência na natureza e, em consequência, pela repercussão da sua ação atual nas gerações futuras.

Podemos, dessa forma, inferir a ideia de que as dimensões humana e orgânica da liberdade devem ser compreendidas em uma totalidade. Essa liberdade atual em virtude do exercício do biopoder encontra-se vinculada à possibilidade das gerações futuras terem a mesma liberdade das gerações atuais. A liberdade orgânica, como considerada por Jonas, significa, assim, uma liberdade que tem como referência ética final a integração do homem com a natureza humana e com a natureza extra-humana.

Com o desenvolvimento tecnológico, a liberdade humana alcançou tamanhas proporções que passou a atingir a liberdade dos organismos e a colocar em risco o dinamismo da vida e a existência de toda natureza. A presença desta ameaça fica obscurecida por um niilismo que trata a matéria exterior como um mecanismo disponível ao domínio do ser humano, sem qualquer valor e sem finalidade. Nesta concepção niilista do mundo, o homem compreende que possui legitimidade para violentar a natureza e dela se apoderar segundo seu interesse.

Assim, o homem esvazia o sentido do mundo e, portanto, da dimensão existencial da vida no seu significado mais completo. A inexistência de um parâmetro objetivo para a maneira de viver do homem o transforma em um autômato do próprio ser. O homem passa a reconstruir a imagem da natureza, mas perde a liberdade e a autonomia para existir como humano em todas as suas possibilidades de ser.

O mesmo niilismo, que produz o dualismo entre homem e mundo é o niilismo que sustenta posturas científicas de que o orgânico e o inorgânico devem ser compreendidos como dois domínios da natureza que são naturalmente separados. As nanotecnologias se desenvolvem, sobretudo, no domínio inorgânico e, por isso, muitas delas são compreendidas como tecnologias que não provocam prejuízos ao ambiente por poderem ser isoladas do meio orgânico. Esse raciocínio ignora a totalidade da vida e as implicações, que possam ocorrer no fato da técnica ser uma forma de reduzir a existência orgânica a um artefato humano.

Diante disso, torna-se imperativo pensar as relações entre responsabilidade e natureza. A responsabilidade passa a se caracterizar como uma nova dimensão da ética que se impõe frente aos efeitos globais que as ações humanas passaram a implicar. As ideias de tempo e espaço, essenciais na apuração e na atribuição da responsabilidade moral ou jurídica, sofreram modificações profundas, tendo ambas perdido as suas características originárias, passando a adotar uma nova e significante roupagem conceitual. As implicações do exercício do biopoder apontam, precisamente, para a necessidade de serem repensadas algumas categorias jurídicas fundamentais da sociedade tecnocientífica.

A nova categoria definidora do tempo refere-se à preocupação do ser humano, para além de estabelecer o momento de sua ação, em situá-lo no contexto da sua própria possibilidade de ser e de existir. Não se trata mais, portanto, de uma sequência temporal de atos ou fatos produzidos pelo ser humano que irá servir de parâmetro no julgamento de suas ações, mas como essas ações suscitam perguntas anteriores e que se referem a questões morais nodais na convivência humana, como a vida e a morte, a serem necessariamente tratadas sob a perspectiva do cuidado para com o outro.[526]

---

[526] BARRETTO, Vicente de Paulo. "O Vaso de Pandora da Biotecnologia: impasses éticos e jurídicos." In: TÔRRES, Heleno Taveira. (Org.). *Direito e Poder*. São Paulo: Manole, 2005, p. 673-674.

4. A questão da eugenia e os novos direitos

4.1. Introdução

A contribuição de Habermas para o exame das questões relativas à eugenia deve ser precedida pela explicitação do método empregado nesta análise. Procura-se dimensionar o possível estabelecimento de uma ordem jurídica, que atenda às exigências morais e jurídicas suscitadas no âmbito da sociedade tecnocientífica contemporânea, tendo em vista a crítica de Habermas aos argumentos e às políticas da eugenia liberal.

Quanto ao método, a principal regra diz respeito ao rompimento de certos *"obstáculos epistemológicos"*, que se processa, como ensina Gaston Bachelard,[527] através da libertação de conceitos materialmente instáveis, prejudiciais e advindos de um realismo ingênuo. Assim, deve evitar-se a chamada *"paralisia cognoscitiva"*, isto é, a não diversidade de métodos sobre os objetos de estudo, bem como a inexistência de hipóteses de especulação.

Desse modo, torna-se necessário que na análise substantiva das questões suscitadas, considere-se a dupla perspectiva transdisciplinar[528] e a interdisciplinar, como elementos necessários para que se possa estabelecer a ligação entre a Bioética, o Biodireito e as teorias relativas às práticas eugênicas, especialmente, aquelas formuladas por Jürgen Habermas. Nesse tipo de análise deve-se, também, considerar que a responsabilidade moral e jurídica, constitui-se em "[...] categoria central do sistema social e jurídico e serve como parâmetro de imputação dos atos individuais".[529]

---

[527] BACHELARD, Gaston. *A formação do espírito científico*. Edições 70. São Paulo, 2001.

[528] A transdisciplinaridade deve ser entendida como uma perspectiva metodológica que pressupõe a unidade e a totalidade do conhecimento, ligada à confluência cognoscitiva entre os campos de estudo de diferentes disciplinas condizente com o nível profundo de integração, portanto, postando-se além de abordagens identificadas como multidisciplinares, haja vista corresponder à ultrapassagem de barreiras demarcatórias de campos de estudo disciplinares a fim de abarcar toda a complexidade epistemológica (MORIN, 1998, p. 138).

[529] BARRETTO, Vicente de Paulo. Bioética, responsabilidade e sociedade tecnocientífica. *In*: MARTINS-COSTA, Judith. *Bioética e responsabilidade*. Rio de Janeiro: Forense, 2009, p. 1.

Após o estabelecimento das regras de adequação metodológica, passa-se aos objetivos do presente estudo acerca das repercussões da introdução das novas tecnologias genéticas no campo ético e normativo da sociedade contemporânea, especialmente através da compreensão *habermasiana* dessa problemática.

A questão da técnica representa o referencial necessário para que se possam avaliar as implicações eugênicas na sociedade tecnocientífica contemporânea. Para tanto, vamos nos valer do entendimento *habermasiano* da natureza e da função da técnica, e, com isso, verificar a possibilidade de um liame de causalidade entre o que Habermas chama de *dammbruchargumente*[530] (efeito bola-de-neve) e a ameaça à compreensão da espécie humana como agente moral no quadro da natureza.

No segundo momento da proposta desse estudo, investigam-se as possíveis implicações da teoria *habermasiana contra-eugênica* no estabelecimento de um futuro Direito da natureza humana, onde a proibição da autoinstrumentalização da natureza humana e da heterodeterminação se constitui na razão de ser de uma nova ordem biopolítica e jurídica na sociedade tecnocientifica.[531] A ênfase dada por Habermas na dimensão ética do ser humano é que permitirá a leitura crítica de sua proposta, que será examinada com referência a dois contrapontos argumentativos, desenvolvidos de perspectivas diferentes, por Ronald Dworkin[532] e Álvaro Valls.[533]

4.2. A compreensão do "efeito bola de neve"

Preliminarmente, antes de considerar as bases teóricas de Habermas que possibilitem a compreensão do efeito bola-de-neve, como ameaça à autocompreensão ética da espécie humana, é necessário explicitar o significado de alguns dos termos a serem utilizados durante esse estudo, quais sejam,

---

[530] Esta linha de objeção geralmente é denominada de *slippery slope argument* (argumento da ladeira escorregadia) ou *dammbruchargumente* (argumento efeito bola-de-neve), a ser demonstrada como uma das ilações necessárias à *contra-eugenia habermasiana* (FELDHAUS, 2005, p.311).

[531] Na sociedade moderna tecnocientifica, as indeterminações e as incertezas passam a ser a norma fundante da sociedade. Nesse sentido, Ellul (1968) preconiza que a técnica tende a uma universalização que envolve os homens, os quais não têm capacidade de escolher ligar-se ou não a objetos técnicos. Para Ellul, a técnica não possui limites, e no futuro, será eliminado tudo aquilo que não for técnico (ANDRADE, 2006, p. 44).

[532] DWORKIN, Ronald. *Life's Dominion*. New York: Alfred A. Knopf, 1993; *Sovereign Virtue*. Cambridge: Harvard University Press, 2000.

[533] VALLS, A. L. M. *Habermas e o futuro do gênero humano; Genética e Biossegurança*. Manuscrito da palestra proferida em 06 de outubro de 2005 no IV Bioética Sul, realizado na Pontifícia Universidade Católica do Rio Grande do Sul (PUC/RS).

eugenia liberal,[534] *eugenia positiva*,[535] *eugenia negativa*,[536] *DGPI*[537] e *células-tronco totipotentes*.[538]

Nesse contexto, o que se entende por "argumento do efeito bola-de-neve" habermasiano? Qual é o perigo que se esconde, na perspectiva de Habermas, no cerne desse argumento? Quais as suas possíveis interferências na autocompreensão ética da espécie humana?

O *dammbruchargumente habermasiano*[539] (argumento da ladeira escorregadia/efeito bola-de-neve) sustenta que pela aceitação prévia de uma eugenia negativa/terapêutica (atitude clínica), corre-se o risco, pela habitualidade moral das transformações genéticas de cunho preventivo (evitar doenças), por critérios pragmático-liberais, de cair-se numa eugenia positiva/aperfeiçoamento. Nesse sentido, estaríamos tratando a questão eugênica meramente como se fosse solucionada por uma atividade artesanal, caracterizada por ocupar-se exclusivamente com a construção de objetos, e, assim, ignorar, por irrelevante, as dimensões morais da pessoa.

A questão, portanto, encontra-se no perigo da queda em argumentos e políticas eugênicas de aperfeiçoamento (positivas), pois se torna difícil estabelecer critérios *do que é* ou o *do que não é* terapêutico. Aceitando-se essa premissa, Habermas aponta para o medo da mudança da autocompreensão da espécie humana, que ocorreria em duas etapas. Em primeiro momento, pela consagração de uma eugenia liberal negativa, para, após, no segundo momento, cair-se no abismo moral da eugenia positiva (de aperfeiçoamento), pois, torna-se, sobretudo, "[...] relevante a questão que indaga se o processo

---

[534] Sobre a eugenia liberal, referira Habermas que: "Nas sociedades liberais, seriam os mercados que, regidos, por interesses lucrativos e pelas preferências da demanda, deixariam as decisões eugênicas às escolhas individuais dos pais e, de modo geral, aos desejos anárquicos de fregueses e clientes [...]." (HABERMAS, 2004, p. 65-66).

[535] Enquanto a eugenia liberal é gênero, a eugenia positiva (aperfeiçoamento) é espécie, sendo que: "[...] não reconhece um limite entre intervenções terapêuticas e de aperfeiçoamento, mas deixa às preferências individuais dos integrantes do mercado a escolha dos objetivos relativos a intervenções que alteram características." (HABERMAS, 2004, p. 27).

[536] A eugenia negativa (clínica) refere-se às intervenções genéticas para evitar doenças genéticas graves, sem intenção de aperfeiçoamento (HABERMAS, 2004).

[537] Sobre o DGPI (diagnóstico genético de pré-implantação), Habermas escreve que: "torna possível submeter o embrião que se encontra num estágio de oito células a um exame genético de precaução. Inicialmente, esse processo é colocado à disposição de pais que querem evitar o risco da transmissão de doenças hereditárias. Caso se confirme alguma doença, o embrião analisado na proveta não é reimplantado na mãe; desse modo, ela é poupada de uma interrupção da gravidez, que, do contrário, seria efetuada após o diagnóstico pré-natal." (HABERMAS, 2004, p. 24).

[538] Ao referir-se a este tipo de célula, Habermas identificara que as mesmas são responsáveis pela "produção de tecidos de órgãos específicos a partir de células-tronco embrionárias e, num futuro mais distante, evitar doenças graves, condicionadas monogeneticamente, por meio de uma intervenção de correção no genoma." (HABERMAS, 2004, p. 24).

[539] Importante mencionar-se a compreensão de que a *ladeira escorregadia* é iniciada anteriormente à manipulação genética extracorporal, pois: "A ladeira escorregadia (*dammbruchargumente*) da qual Habermas fala, inicia bem antes da manipulação genética extracorporal. Justamente a autocompreensão da espécie sustentada por Habermas faz da tendência de subtrair-se ao próprio destino natural um dado antropológico irrenunciável, ou seja, o homem moderno se identifica com a luta sem fim contra o sofrimento físico, o destino natural da decadência corpórea e da morte certa." (HECK, 2006, p. 53).

de diagnóstico genético de pré-implantação e a pesquisa em células-tronco de embriões humanos estimulam em grande escala as atitudes que favorecem a passagem da eugenia negativa para a positiva".[540]

Quanto ao segundo questionamento sobre qual seria o sinal do perigo desse argumento, Habermas busca fundamento na questão dos interesses econômico-político-individuais[541] que rondam as questões relativas à eugenia liberal, pois, como a pesquisa biogenética ligou-se aos interesses de aproveitamento dos investidores e à pressão dos governos nacionais, "o desenvolvimento biotécnico revela uma dinâmica que ameaça derrubar os longos processos normativos de esclarecimento na esfera pública".[542]

Nesse ponto, parece que se encontra a oposição habermasiana à permissão do DGPI (diagnóstico genético de pré-implantação), bem como das células-tronco embrionárias, eis que seria moralmente problemático adotar-se uma atitude subjacente a uma eugenia liberal, permeada pelos riscos biotecnológicos, eis que "[...] podem trazer efeitos nefastos para a vida humana. Técnicas que tinham por objetivo principal a melhoria da saúde do homem produziram, no exercício da medicina e nas possibilidades que abriram para manipulações, uma gama de intervenções que em vez de serem curativas, tornaram-se fonte de patologias".[543]

Habermas desenvolve o seu argumento, procurando demonstrar como na sociedade liberal, os interesses representam uma gama variada de motivações coletivas e individuais. Os motivos variam de grupo social para grupo social. Assim, os pesquisadores podem ser movidos pela busca da reputação e do reconhecimento acadêmico e científico; os fabricantes procuram o sucesso econômico do empreendimento farmacêutico; por fim, assinala Habermas, nesse processo, o próprio beneficiário último e comprador dos produtos da pesquisa e da tecnologia biogenética termina por ficar enredado nas malhas do sistema pesquisa – empresa – medicamento. Escreve, Habermas, sobre como os produtos do sistema econômico-produtivo "[...] vão ao encontro dos interesses dos compradores. E esses interesses frequentemente são tão convincentes que com o passar do tempo a preocupação moral empalidece".[544]

Assim, o esvaziamento da questão moral, pela aceitação condescendente do paradigma eugênico-liberal negativo prévio, surge como o maior desa-

---

[540] HABERMAS, Jürgen. *O Futuro da natureza humana: a caminho de uma eugenia liberal?* São Paulo: Martins Fontes, 2004, p. 130.

[541] Quanto às relações entre técnica, ciência e interesses individuais, Jürgen Habermas sublinhara que: "com a crescente liberdade de escolha incentiva a autonomia privada do indivíduo, a ciência e a técnica estiveram até o momento informalmente aliadas ao princípio liberal de que todos os cidadãos devem ter a mesma chance de moldar sua própria vida de maneira autônoma." (HABERMAS, 2004, p. 35).

[542] HABERMAS. Op. cit., 2004, p. 25.

[543] BARRETTO, Vicente de Paulo. Bioética, responsabilidade e sociedade tecnocientífica. *In*: MARTINS-COSTA, Judith. *Bioética e responsabilidade*. Rio de Janeiro: Forense, 2009, p. 17.

[544] HABERMAS, Jürgen. *A Constelação pós-nacional: ensaios políticos.* Tradução de Márcio Seligmann-Silva. São Paulo: Littera Mundi, 2001, p. 209.

fio para a adoção de políticas de eugenia liberal negativa. Nesse contexto é que Habermas situa o risco da incidência do fenômeno, por ele denominado de *dammbruchargumente*, que terminaria por levar na sociedade biotecnológica às *assimetrias discursivas intergeracionais*,⁵⁴⁵ fruto da atitude de artesão (eugenia positiva/aperfeiçoamento). O processo de construção de um artefato realiza-se independente de considerações de caráter moral e, dessa forma, torna-se a causa final e legitimadora da atividade de pesquisa e de suas aplicações tecnológicas.

Um dos principais problemas na introdução de políticas eugênico-liberais no contexto das novas biotecnologias reside na impossibilidade de se estabelecer uma responsabilidade moral. Isto porque, o binômio *manifestação de autonomia/imputação da responsabilidade moral* não encontra guarida na atitude de artesão descrita por Jürgen Habermas.

As assimetrias discursivas, no caso de utilização das técnicas de aperfeiçoamento, gerariam a impossibilidade do *ser* não ser compreendido como único autor de seu destino, impossibilitando a própria manifestação da *autonomia volitiva*.⁵⁴⁶ Essa autonomia expressa uma vontade de agentes morais, que têm duas características identificadoras da própria pessoa humana: é uma vontade consequência do uso da razão no quadro da liberdade. Dessa forma, pode-se constatar que a vontade autônoma, resultante da razão e da liberdade, termina por ser esvaziada de suas características humanas em virtude do uso de tecnologias que impossibilitam a manifestação da pessoa como ser autônomo, portanto, agente moral.

O terceiro questionamento de Habermas trata das interferências do *dammbruchargumente* na autocompreensão ética da espécie humana, mais precisamente, da queda moral nas eugenias de aperfeiçoamento após o prévio empalidecimento moral nas eugenias negativas (terapêuticas). A pergunta feita por Habermas consiste em situar as consequências da tecnização da natureza humana como fator de alteração da autocompreensão ética da espécie "[...] de tal modo que não possamos mais nos compreender como seres vivos eticamente livres e moralmente iguais, orientados por normas e fundamentos".⁵⁴⁷

---

⁵⁴⁵ As compreensões acerca das assimetrias intergeracionais discursivas no Direito serão melhor desenvolvidas no item 3. Para efeitos de pré-compreensão do tema, Habermas delineara que: "A disposição arbitrária sobre a configuração genética de uma outra pessoa fundaria uma relação interpessoal desconhecida até agora entre o gerador e o gerado, entre o modelo e a cópia genética. Essa relação de dependência diverge das conhecidas relações interpessoais à medida que ela subtrai a possibilidade de transformação em uma relação entre iguais, entre posicionados normativamente iguais e tratados de modo igual. O *designer* fixa de modo irrevogável e assimétrico a figura inicial do seu produto – fundamentalmente sem deixar aberta a possibilidade de uma troca de papéis." (HABERMAS, 2001, p. 218).

⁵⁴⁶ No mesmo sentido acerca da necessária existência da manifestação da vontade na delimitação da autonomia do indivíduo: "Esses atos são considerados morais porque expressam a manifestação de vontade autônoma do indivíduo e permitem a atribuição de responsabilidade moral a cada um" (BARRETTO, 2009, p. 2).

⁵⁴⁷ HABERMAS, Jürgen. *O Futuro da natureza humana: a caminho de uma eugenia liberal?* São Paulo: Martins Fontes, 2004, p. 57.

Ao ver de Habermas, essas intervenções (tecnização da natureza humana) atentam contra as condições de formação da identidade do ser afetado, eis que provocam uma "alteração da autocompreensão ética da espécie – uma autocompreensão que não pode mais ser harmonizada com aquela autocompreensão normativa, pertencente a pessoas que determinam sua própria vida e agem com responsabilidade".[548]

As manipulações genéticas, portanto, poderiam alterar perigosamente a nossa autocompreensão enquanto seres morais e os próprios fundamentos normativos da integração social, impedindo que os indivíduos se considerassem como autores de suas próprias vidas, no entendimento de que "as questões éticas na contemporaneidade transcendem o espaço restrito das relações interindividuais, pois em virtude da tecnociência refletem os problemas encontrados no âmbito da ecologia, da natureza humana e do futuro da espécie humana".[549]

Esse vácuo axiológico encontrado na esteira da introdução das novas biotecnologias representa um desafio para o Direito.[550] Para Habermas o sistema de normas jurídicas serve como instrumento *contraeugênico*, eis que junto "[...] com a instrumentalização da vida pré-pessoal está em jogo uma autocompreensão da ética da espécie, que determina se ainda podemos continuar a nos compreender como seres que agem e julgam de forma moral".[551]

4.3. Por um futuro direito da natureza humana?

A concepção habermasiana, oposta à clonagem humana, à eugenia liberal, à pesquisa com células embrionárias e ao diagnóstico genético de pré-implantação, demonstra a preocupação em discutirem-se, apesar do caráter hipotético de discussão,[552] as interferências das técnicas genéticas na autocompreensão normativa da espécie humana. Frente a esse perigo de

---

[548] HABERMAS. Op. cit., 2004, p. 58-59.

[549] BARRETTO, Vicente de Paulo. Bioética, responsabilidade e sociedade tecnocientífica. *In*: MARTINS-COSTA, Judith. *Bioética e responsabilidade*. Rio de Janeiro: Forense, 2009, p. 18.

[550] Sobre a importância do Direito nessa proteção contra a eugenia liberal, Habermas sublinhara que: "A tentativa de prevenir, mediante recursos jurídicos, que nos acostumemos a uma eugenia liberal, que vai se instalando lenta e discretamente, e de garantir à procriação, ou seja, à fusão de seqüências de cromossomos dos pais, um certo grau de contingência ou naturalidade seria algo diferente da expressão de uma resistência apática e antimodernista como *garantia* das *condições de preservação* da autocompreensão prática da modernidade, essa tentativa seria, antes, um ato político de uma ação moral relativa a si mesma." (HABERMAS, 2004, p. 36). A insuficiência revela-se tanto na teoria da responsabilidade quanto na teoria da justiça: "Os avanços da biotecnologia trouxeram consigo uma gama de questionamentos éticos, que terminaram por demonstrar a insuficiência teórica dos fundamentos da teoria clássica da responsabilidade e da justiça" (BARRETTO, 2009, p. 17-18).

[551] HABERMAS. Op. cit., 2004, p.98.

[552] Neste caso, a expressão *"caráter hipotético de discussão"* é empregada para designar que muitas das questões discutidas "dependem de certo desenvolvimento do progresso científico, ainda não alcançado." (FELDHAUS, 2007, p. 94).

"instrumentalização técnica da vida humana"[553] pela engenharia genética, imprescindível repensar o papel do Direito como regulador eugênico, mais especificamente no sentido habermasiano, como regulador e limitador eugênico, respectivamente, das eugenias terapêuticas/negativa (atitude clínica) e das eugenias de aperfeiçoamento/positiva (atitude do artesão).

Antes de maiores reflexões acerca do papel do Direito nessa nova realidade técnico-científica, torna-se necessário um retorno ao pensamento de Jürgen Habermas. Encontra-se na obra do filósofo a sugestão de que o correto entendimento da heterodeterminação externa e irreversível determina as razões em virtude das quais ocorre uma necessária dependência deste conceito ao de perigo da autoinstrumentalização da natureza humana.

A heterodeterminação externa irreversível em Habermas diz respeito ao processo de intervenções eugênicas de aperfeiçoamento que "[...] prejudicam a liberdade ética na medida em que submetem a pessoa em questão a intenções fixadas por terceiros, que ela rejeita, mas que são irreversíveis, impedindo-a de se compreender livremente como autor de sua própria vida".[554] O que isto significa? Habermas responde que é a perda da *consciência de autoria da vida própria*, isto é, a perda da contigencialidade natural do humano, bem como a desnaturalização da espécie humana pelo binômio tecnização/cientifização da cultura moderna.

Assim, para Jürgen Habermas, a manutenção das condições igualitárias de discursividade entre os seres morais, na indisponibilidade da vida humana, surge como *razão de ser* da garantia da autocompreensão da espécie humana e fundamenta um novo papel para o Direito, que irá preencher o vácuo axiológico deixado pela introdução das novas biotecnologias. Nas questões biotecnológicas suscitadas na pós-modernidade, a responsabilidade passa da esfera essencialmente *individual* para uma esfera *metaindivual*, onde "[...] atende a necessidade de se encontrar respostas às indagações de caráter ético e jurídico, suscitadas pelo progresso científico e técnico".[555]

Habermas demonstra que a utilização das técnicas genéticas viola os pressupostos essenciais das ações responsáveis surgidas num contexto de igualdade das condições discursivas, ausente na incidência da heterodeterminação externa irreversível.[556] Nesse repensar das garantias da convivência social, qual o novo papel do Direito frente à relação de *não semelhantes* (gera-

---

[553] O medo *habermasiano* consiste na recaída no que Alvin Toffler desenvolveu no *Choque do Futuro*, ou seja, "De fato, chegará um dia, talvez, em que educaremos nossas máquinas." (TOFFLER, 1994, p. 220). No mesmo sentido acerca da dominação técnico-científica, dissertara Gilbert Hottois: "La tecnociencia transtorna, hace estallar, física y conceptualmente, el mundo y el orden llamado natural. Esto puede ilustrarse con algunos ejemplos tomados de la literatura científica. [...] Se utiliza técnicamente o vivo, o parcelas de lo vivo, como instrumentos para producir, por ejemplo, seres vivos sin precedentes." (HOTTOIS, 1999, p. 54-55).

[554] HABERMAS. Op. cit., 2004, p. 87.

[555] BARRETTO, Vicente de Paulo. Bioética, responsabilidade e sociedade tecnocientífica. *In*: MARTINS-COSTA, Judith. *Bioética e responsabilidade*. Rio de Janeiro: Forense, p. 01-22, 2009, p. 4.

[556] HABERMAS, Jürgen. *A Constelação pós-nacional:* ensaios políticos. Tradução de Márcio Seligmann-Silva. São Paulo: Littera Mundi, 2001, p. 95.

do e não gerado), isto é, de seres em *assimetria discursiva*? São questões a serem pensadas à luz das interferências entre Direito, Ciência e Moral na era das biotecnologias.

Importante mencionar que o reconhecimento da autonomia igualitária pública e privada ganharia conotações jurídicas importantes. Isso porque na ordem pública do estado democrático de direito, os cidadãos só podem gozar dessa autonomia caso todos se reconheçam reciprocamente como autônomos, ou seja, quando a reciprocidade e, por consequência, a responsabilidade, não sejam afetadas pela manipulação genética. Além disso, o instituto da responsabilidade jurídica[557] sofreria grandes transformações, eis que "o clone assemelha-se ao escravo na medida em que ele pode empurrar para outras pessoas uma parte da responsabilidade que normalmente deveria caber a ele mesmo".[558]

O Direito como limitador eugênico surge como instrumento para "impedir" e como ferramenta decisória para a *não violação* da assimetria intergeracional pela eugenia liberal, pois, como escreve Habermas,[559] torna-se clara a ocorrência de um deslocamento moral-discursivo e, por consequência, de todo o estatuto jurídico relativo às questões da responsabilidade nas relações sociais. As necessárias limitações dessa eugenia liberal de aperfeiçoamento, onde a heterodeterminação externa irreversível[560] (atitude do artesão) e, por consequência, a *autoinstrumentalização da espécie humana*,[561] exigem uma nova compreensão do Direito.

Dessa forma, o Direito como limitador eugênico ganharia um novo significado ao impedir essa *assimetria discursiva intergeracional*, pois a pessoa programada geneticamente "[...] não poderia se compreender como única autora de sua vida e nem como nascida sob as mesmas condições. Há um tipo de determinação externa, anterior à entrada na comunidade moral".[562]

---

[557] A responsabilidade, entretanto, frente à complexidade das relações demonstradas entre Direito, Moral e Ciência, "[...] antes de ser jurídica, permanece como uma questão filosófica, pois suscita a indagação a respeito da unidade da pessoa, sobre a identidade pessoal, procurando determinar os limites da autonomia racional e como se situa a questão da alteridade" (BARRETTO, 2009, p. 6).

[558] HABERMAS, Op. cit., 2001, p. 211.

[559] HABERMAS, Jürgen. Ob. cit., 2004.

[560] Quanto às interferências da heterodeterminação externa irreversível na relação direitos/deveres dos seres em questão (sofredores das intervenções eugênicas), a compreensão eugênico-habermasiana "[...] acredita que estes indivíduos poderão sofrer uma heterodeterminação irreversível, que não se situa simplesmente na relação dos direitos e deveres compartilhados pelos seres morais. A heterodeterminação aludida por Habermas possui um caráter externo à comunidade moral vivenciada pelos agentes, e remonta ao estágio de vida pré-pessoal. Nessas sociedades crescem progressivamente tendências violentas de limitação das capacidades decisórias sobre aspectos íntimos da pessoa humana e que deveriam ser intransferíveis (FELDHAUS, 2007, p. 97).

[561] "Esse tipo de controle deliberado de qualidade coloca um novo aspecto em jogo – a instrumentalização de uma vida humana, produzida sob condições e em função de preferências e orientações axiológicas de terceiros." (HABERMAS, 2004, p. 43).

[562] FELDHAUS, Charles. *O futuro da natureza humana de Jürgen Habermas*: um comentário. Ethic@, (4): 315., 2005.

A importância do Direito como limitador eugênico surge, assim, da preservação da própria autocompreensão da espécie humana, numa tentativa de salvar o homem da autoinstrumentalização científico-tecnicista moderna apontada por Jürgen Habermas, principalmente, na obra *Técnica e Ciência como Ideologia*.[563] Trata-se, entretanto, da exigência de uma ordem jurídica qualificada por sua dimensão necessariamente democrática. Nesse sentido é que se torna relevante recuperar os argumentos da democracia deliberativa habermasiana, onde se preconiza a necessidade do debate público-democrático na regulação das questões eugênicas, eis que "[...] todas as intervenções terapêuticas, inclusive as realizadas no período pré-natal, precisam passar a depender de um consenso das possíveis pessoas envolvidas, a ser suposto pelo menos de forma contrafactual".[564]

A necessidade de *regulamentação jurídica*[565] das eugenias terapêuticas (negativas) e de proibição das eugenias de aperfeiçoamento (positivas) é essencial na análise da contraeugenia habermasiana. O argumento de Habermas procura suscitar na sociedade tecnocientífica contemporânea uma reação de não passividade diante dos projetos da eugenia liberal, isto é, dos perigos decorrentes do *dammbruchargumente* de uma autocompreensão ética da espécie humana, como referida acima.

Quais os desafios de um futuro Direito *eugênico* da Natureza Humana, na definição da tênue linha do clínico/artesão, da eugenia positiva/negativa, numa tentativa de interromper as nefastas influências normativas da autoinstrumentalização na autocompreensão da espécie humana? Como situar a ameaça técnico-cientificista moderna no quadro dos fundamentos jurídico-filosóficos da responsabilidade?[566] Como impedir as assimetrias intergeracionais-discursivas decorrentes da eugenia liberal e, por consequência, manter um estatuto jurídico único[567] frente à pluralidade genético-discursiva?

---

[563] HABERMAS, Jürgen. *Técnica e Ciência como "Ideologia"*. Lisboa: Edições 70, 1987.

[564] HABERMAS, Jürgen. Op. cit., 2004, p. 127.

[565] Sobre a necessidade da regulamentação (eugenia negativa – atitude clínica) e da proibição (eugenia positiva – atitude de artesão) na compreensão *habermasiana* acerca da eugenia: "Habermas defende a regulação das intervenções terapêuticas, eugenia negativa, e a proibição das intervenções aperfeiçoadoras, eugenia positiva. A justificação desta distinção é o critério normativo do consentimento presumido. Habermas defende que intervenções visando eliminar ou evitar doenças com base genética poderiam ser aceitas ou ao menos se pode presumir que seriam aceitas ou consentidas pela pessoa geneticamente manipulada, ao passo que as intervenções que adentram no terreno do aperfeiçoamento não poderiam contar com esse tipo de consentimento, portanto, deveriam ser proibidas." (FELDHAUS, 2007, p. 99).

[566] Os fundamentos jurídico-filosóficos da responsabilidade serão afetados pela introdução ou ameaça de consecução das novas biotecnologias, pois "A ideia de responsabilidade justifica-se como a espinha dorsal da vida social em virtude da qual os homens concebem-se uns aos outros como pessoas morais, *i.e.*, seres capazes de atos racionais que se formalizam através de direitos e deveres. Considerar alguém responsável, ou não, por um ato, consistem em estabelecer o núcleo moral pétreo da vida social, que se molda por atitudes de aprovação ou reprovação em relação ao outro" (BARRETTO, 2009, p. 6).

[567] Imprescindível visualizar-se que a ideia de responsabilidade, frente à essa assimetria discursiva ocasionada pela impossibilidade do *ser* entender-se como autor de sua própria vida, "torna-se impensável quando se ignora a definição de pessoa formulada por Kant: "uma pessoa é um sujeito cujas ações são suscetíveis de imputação", enquanto as coisas são tudo aquilo que não é suscetível de imputação" (BARRETTO, 2009, p. 7).

A proposta habermasiana consiste no preenchimento jurídico desses vácuos deixados pela biotecnologia, tornando indisponível juridicamente o que está se tornando disponível pela técnica, ou seja, a vida humana lançada no *genetic supermarket* liberal. O grande desafio da reflexão jusfilosófica, nessas questões, consiste em recuperar "[...] a dimensão perdida da ideia de responsabilidade e situá-la no espaço da moralidade, que lhe é próprio".[568] O Direito *eugênico* surge, portanto, mais como meio de defesa da autocompreensão ética da espécie humana, num processo de moralização da natureza humana pela proibição da heterodeterminação externa irreversível e da autoinstrumentalização da espécie humana.

4.4. Os caminhos e descaminhos da eugenia liberal

A defesa mais consequente da eugenia liberal encontra-se na obra de Ronald Dworkin. Dworkin sustenta que as proposições de Jürgen Habermas contra a chamada *eugenia liberal*, baseado no argumento de que a eugenia liberal funda-se na heterodeterminação externa irreversível, como visto anteriormente no item 3, não se sustenta argumentativamente. As críticas desenvolvidas por Ronald Dworkin a Jürgen Habermas têm origem, especialmente, nos debates realizados durante o Colóquio *Law, Philosophy & Social Theory*[569] organizado por Ronald Dworkin e Thomas Nagel, na Universidade de Nova Iorque.

As considerações de Habermas sobre a crítica de Dworkin[570] encontram-se desenvolvidas no Posfácio à edição brasileira de "*O Futuro da Natureza Humana*",[571] na obra "*A Constelação Pós-Nacional: ensaios políticos*".[572] Por sua vez, as principais objeções de Ronald Dworkin acham-se nas obras "*Virtude Soberana: a teoria e a prática da igualdade*"[573] e "*Domínio da Vida*".[574]

Para efeitos de melhor visualização da crítica *dworkiniana*, delinear-se-á uma divisão entre críticas gerais ao modelo *contraeugênico*, e críticas especí-

---

[568] BARRETTO, Vicente de Paulo. Bioética, responsabilidade e sociedade tecnocientífica. *In*: MARTINS-COSTA, Judith. *Bioética e responsabilidade*. Rio de Janeiro: Forense, 2009, p. 8.

[569] *The Program in Law, Philosophy and Social Theory*, NYU Law School, outono de 2001.

[570] Os textos em que Jürgen Habermas desenvolve suas posições acerca das questões eugênicas estão enumerados, cronologicamente e originalmente, a seguir: 1) *Die Zukunft der menschlichen Natur. Auf dem Weg zu einer liberalen Eugenik?* 2) *Die geklonte Person wäre kein zivilrechtlicher Schadensfal*; 3) *Nichte die Natur verbietet das Klonen. Wir müssen selbst entscheiden*; 4) *Sklavenherrschaft der Gene*; 5) *Moralische Grenzen des Fortschritt*; 6) *A sketch of L'avenir de la nature humaine*; 7) *Replik auf einwände* e 8) *Auf schiefer Ebene* (FELDHAUS, 2007, p. 94).

[571] HABERMAS, Jürgen. *O Futuro da natureza humana: a caminho de uma eugenia liberal?* São Paulo: Martins Fontes, 2004.

[572] HABERMAS, Jürgen. *A Constelação pós-nacional: ensaios políticos*. Tradução de Márcio Seligmann-Silva. São Paulo: Littera Mundi, 2001.

[573] DWORKIN, Ronald. *A virtude soberana:* a teoria e a prática da igualdade. São Paulo: Martins Fontes, 2005.

[574] DWORKIN, Ronald. *Domínio da Vida*. São Paulo: Martins Fontes, 2003.

ficas, enfatizando-se, sobretudo, a relação de causalidade *heterodeterminação externa irreversível/estremecimento da autocompreensão da espécie humana* proposto por Jürgen Habermas.

4.4.1. Ronald Dworkin e a contraeugenia

No contexto da não aceitação da tese de proibição da clonagem e da engenharia genética[575] (alteração genética e clonagem humana), Dworkin,[576] na esteira de crítica aos seguidores da *contra-eugenia*, sustenta que os problemas comuns de justiça social e pessoal ainda não foram alterados pelas novas tecnologias genéticas. Dessa forma, não ocorreria o perigo apontado por Habermas do efeito bola de neve. Além disso, torna-se necessário demonstrar como as novas tecnologias genéticas proporcionariam aos cientistas e aos médicos as condições de criação e de (re) criação da própria espécie humana.

Por outro lado, Dworkin chama a atenção para o fato de que diante das primeiras experiências de clonagem feitas com animais,[577] num processo de cristalização de choque e de indignação, a engenharia genética permaneceu ainda num total descrédito e repulsa moral, por parte da sociedade e do Estado.[578] O medo dos argumentos contra-eugênicos seria então injustificado ou, pelo menos, prematuro face ao estado atual dos conhecimentos científicos e suas aplicações tecnológicas.

Qual, então, seria o motivo de tamanho temor, expresso nos argumentos de Habermas? O principal motivo de preocupação, ao ver de Dworkin, resultou de pura especulação. Imaginou-se que seria tecnicamente possível a clonagem de seres humanos, o que em consequência, sem que houvesse uma relação de causa e feito, provocou uma onda de reação à manipulação da composição genética do zigoto e, por consequência, do código genético humano.

Nesse sentido, Dworkin,[579] ao fazer dura crítica à retórica do Parlamento europeu,[580] argumenta que a "resolução" institucionalizada do órgão so-

---

[575] Ronald Dworkin utiliza o termo engenharia genética para se referir tanto às alterações genéticas totais quanto à clonagem humana, embora reconheça que são técnicas distintas (DWORKIN, 2005, p. 625).

[576] DWORKIN, Ronald. *A virtude soberana: a teoria e a prática da igualdade*. São Paulo: Martins Fontes, 2005, p. 625.

[577] Neste ponto, Dworkin refere-se à clonagem da ovelha Dolly como sendo um divisor de águas na repulsa à engenharia genética, eis que "comissões foram nomeadas às pressas pelos governos e pelos órgãos internacionais que denunciaram a idéia imediatamente. O Presidente Clinton decretou que não se poderiam empregar verbas federais para financiar a pesquisa da clonagem humana, e o Senado dos Estados Unidos considerou proibir, por meio de leis totalmente abrangentes e impacientes, toda e qualquer pesquisa nesse sentido." (DWORKIN, 2005, p. 624).

[578] Ibidem, p. 625.

[579] Ibidem.

[580] Em sua manifestação acerca da clonagem do embrião humano, o Parlamento Europeu assim dispusera: "firme convicção de que a clonagem de seres humanos, tanto experimental, no contexto dos tratamentos de fertilidade, diagnósticos pré-implantes, para transplante de tecidos, quanto para qualquer

bre a clonagem do embrião humano reconhece as três principais objeções feitas à liberalização do uso das novas tecnologias oriundas da engenharia genética, quais sejam:

1) **Pesquisa Genética como perigo (cautela)**: geração de inúmeros abortos e de crianças deformadas;

2) **Problemas de Justiça Social (predominância econômica)**: acesso somente aos ricos, por vaidade, num processo de aumento das desigualdades pela riqueza.

3) **Valorização Estética – Ausência de variabilidade genética**: perpetuação de características de altura, inteligência, cor e personalidade, ou seja, seres *prêt-à-porter*.

Não considerando os argumentos utilizados por Habermas no sentido da preservação e de certa absolutização-sacral da vida humana, Dworkin responde aos três argumentos (segurança, justiça e estética) do Parlamento Europeu da seguinte maneira:

Primeiramente, quanto à objeção de que as pesquisas genéticas trazem perigo, numa concretização da engenharia genética total, ou seja, sobre a questão da *Segurança*, Dworkin preconiza que os abortos realizados, as deformidades eventualmente encontradas e os exemplos tomados das clonagens em animais, por si só, não se constituem razões moralmente suficientes para impedir a pesquisa e, com isto, prejudicar o avanço dos conhecimentos técnicos.[581]

Dworkin admite que se torna necessário uma regulamentação pontual sobre a utilização dessas novas tecnologias, quando se deverá avaliar os riscos com esses novos experimentos. Isto porque não se pode pura e simplesmente correr-se o risco de prejudicar o melhoramento de características humanas, somente sob o argumento de *"mero perigo"* da espécie humana.[582]

Quanto à segunda objeção levantada pelo Parlamento Europeu acerca dos problemas de justiça social, que procuraria assegurar o privilégio de *quem paga mais leva o melhor produto (o humano)*, Dworkin considera que as vaidades dos ricos não representam os únicos objetivos das novas técnicas. Pelo contrário, sustenta Dworkin, a biotecnologia abre novas possibilidades médicas, que nunca dantes foram imaginadas, e muito menos garantidas, sobretudo para aqueles com menos condições financeiras.

Nesse sentido, na tentativa de refutação da principal objeção à justiça social, que se encontraria também no corpo da legislação do Parlamento Europeu, Dworkin sugere uma argumentação alternativa à proibição das pesquisas. Sustenta que a regulamentação das pesquisas no campo da euge-

---

outra finalidade, é antiético, moralmente repugnante, contrário ao respeito pela pessoa e grave violação dos direitos humanos fundamentais, o que não pode, em hipótese alguma, ser justificado ou aceito." (DWORKIN, 2005, p. 625).

[581] DWORKIN, Ronald. *A virtude soberana: a teoria e a prática da igualdade*. São Paulo: Martins Fontes, 2005. p. 626.

[582] Ibidem, p. 627.

nia não deve obedecer a critérios de igualdade por baixo, ou seja, nivelar a igualdade por baixo.

Outrossim, refere que "[...] no caso da medicina genética mais ortodoxa, técnicas disponíveis durante algum tempo somente para os muito ricos quase sempre geram descobertas de valor muito mais geral para todos".[583] Portanto, Dworkin, no seio da doutrina liberal, reconhece que a fuga das injustiças, neste caso, está muito mais ligada à redistribuição, e não precisamente à recusa de introdução de novas tecnologias (autorização das pesquisas), beneficiando temporariamente alguns em face de outros, em virtude de insuficiência econômica.

Quanto à terceira objeção realizada pela retórica *proibitiva* da engenharia genética, qual seja, a da valorização da estética e da ausência de variabilidade genética, Dworkin[584] ressalta que, embora a reprodução tratada pela engenharia genética seja diversa, a sociedade já possui clones fruto da chamada *loteria genética* de nascimentos múltiplos geneticamente idênticos (tratamentos de infertilidade).

Destarte, essa relação de uma exata sincronia entre engenharia genética, valorização estética e invariabilidade genética não é vista como algo claro para Dworkin,[585] pois remete a um universo de escolhas possíveis, bem como a uma dimensão qualitativo-temporal, ou seja, os pais podem variar suas escolhas de acordo com o tempo e com as preferências intergeracionais.[586]

Além disso, as preocupações principais vão muito além das assimetrias sexuais, pois se referem muito mais ao problema da espécie humana, especialmente, na questão relativa aos fenótipos culturais dominantes. Lembra Dworkin (2005, p.630), que são apenas probabilidades, isto é, são apenas hipóteses científicas contidas nesses termos de supervalorização estética e de perda da hibridização cultural.[587]

Ao final de suas primeiras críticas às proibições eugênicas, Dworkin refere-se ao *Brincar de Deus*,[588] isto é, a sociedade moderna, sob o manto do vago

---

[583] DWORKIN, Ronald. Op. cit., p. 628.

[584] Ibidem, p. 628.

[585] Ibidem, p. 629.

[586] Quanto ao aspecto das escolhas possíveis, Dworkin refere-se ao exemplo das comunidades do Norte da Índia, salientando que: "É verdade que em certas comunidades no norte da Índia, por exemplo, preferem-se filhos às filhas. Mas tal preferência parece tão sensível às circunstâncias econômicas, bem como a preceitos culturais que mudam, que não oferece motivo para pensar que o mundo será, de repente, inundado por uma geração dominada por homens" (DWORKIN, 2005, p. 629). Além disso, refere-se à questão do aborto seletivo pelo gênero: "O aborto seletivo pelo sexo já existe a algum tempo, resultante da amniocentese e de leis liberais relativas ao aborto, e parece que não se estabeleceu como tendência geral. Em todo caso, não se justificaria a interrupção das experiências com base em especulação tão fraca" (DWORKIN, p. 629).

[587] Sobre a história do hibridismo cultural, bem como sobre as suas principais manifestações modernas, ver os interessantes estudos realizados por Peter Burke (BURKE, 2006) e Néstor García Canclini (CANCLINI, 2003).

[588] Nesse contexto de provocações às proibições eugênicas, Dworkin faz interessantes questionamentos: "Qual a diferença, afinal, entre inventar a penicilina e usar genes alterados pela engenharia e clonados para curar doenças ainda mais pavorosas do que aquelas curadas pela penicilina? Qual a diferença entre

conceito de *direitos humanos fundamentais*, fundamenta a repulsa da introdução de novas tecnologias e, por consequência, qualquer sorte de modificações genéticas. Nesse contexto de repulsa à engenharia genética, a retórica do Parlamento Europeu prevalece e *brincar de Deus* é errado em si, mesmo que sob a cegueira humana das consequências que possam advir para a espécie humana, isto é, a negação plena das novas tecnologias genéticas frente ao desconhecimento dos riscos.

Dworkin avança e procura situar o que se pode entender por *Brincar de Deus* e o porquê disso ser errado. Por acaso é errada a resistência da humanidade às catástrofes naturais ou ao aprimoramento da espécie? Dworkin sublinha que a problemática que envolve o debate sobre a eugenia situa-se no argumento de que ocorre um deslocamento de moralidade, onde esse "[...] limite fundamental entre acaso e escolha é a espinha dorsal de nossa ética e da nossa moralidade, e qualquer alteração profunda nessa fronteira é um deslocamento grave.[589] Ao final, o que isso significa?

Na resposta a esse questionamento, considera-se muito mais a percepção de vida bem vivida, eis que é primordialmente preenchida por "*supostos dados sobre os limites superiores da abrangência da vida humana*". Qual a relação dessa afirmação com a ciência genética? Ronald Dworkin responde a questão, preconizando que "[...] a ciência genética nos mostrou a possibilidade de um deslocamento moral semelhante e iminente, embora maior".[590]

Deste modo, frente a esse possível e repentino deslocamento moral, o homem sente-se ameaçado pela engenharia genética eis que "tememos a possibilidade de pessoas criarem outras pessoas porque tal possibilidade em si altera [...] – o limite entre a sorte e a escolha que estrutura todos os nossos valores".[591] Ao fim das críticas, Dworkin vê-se tomado pela contrariedade diante dos argumentos habermasianos, pois acredita que esse deslocamento moral não agride nossos valores atuais, pelo contrário, "*torna absoluta grande partes deles*".[592]

Ao concluir suas objeções gerais, Dworkin disserta sobre a não prevalência do argumento de proibição da eugenia (*brincar de Deus/brincar com fogo*), pois *brincar de Deus* é, de fato, *brincar com fogo*, "Mas é isso que nós, os mortais, temos feito desde os tempos de Prometeu, o deus padroeiro da perigosa descoberta. Brincamos com fogo e assumimos as consequências, pois a alternativa é a covardia perante o desconhecido".[593]

---

obrigar seu filho a fazer exercícios extenuantes para ganhar ou perder peso e alterar os genes, ainda em embrião, com a mesma finalidade?" (DWORKIN, 2005, p. 631).

[589] DWORKIN, Ronald. *A virtude soberana: a teoria e a prática da igualdade*. São Paulo: Martins Fontes, 2005, p. 632.

[590] Ibidem, p. 633.

[591] Ibidem, p. 633.

[592] Ibidem, p. 633.

[593] Ibidem, p. 636.

As críticas gerais de Ronald Dworkin ao modelo *contraeugênico*, portanto, referem-se substancialmente a três argumentos essenciais, quais sejam, a segurança, a justiça e a estética, donde conclui que estes não são suficientemente fortes como mantenedores das proibições de introdução das técnicas de engenharia genética e, por consequência, da eugenia liberal.

A seguir, serão examinadas as críticas específicas de Ronald Dworkin ao modelo proposto por Jürgen Habermas, especialmente na questão da dependência causal entre modificação genética para aperfeiçoamento e a limitação da autocompreensão normativa da espécie humana.

4.4.2. As críticas específicas de Ronald Dworkin ao modelo habermasiano de contraeugenia

Primeiramente, é preciso referir que apesar das duras críticas feitas por Ronald Dworkin no Colóquio *Law, Philosophy & Social Theory*, Habermas tem refletido sobre a tomada de consciência do caráter filosófico que envolve a discussão referente aos fundamentos de autocompreensão da espécie humana, principalmente no tocante às ações humanas responsáveis. Habermas crê que o pragmatismo americano, marcado por autores como Ronald Dworkin e Thomas Nagel, não aceita substancialmente os seus argumentos acerca da eugenia, em virtude de possuírem uma crença inquebrantável na ciência e na técnica modernas, bem como no liberalismo clássico.[594] Além disso, os autores americanos, adeptos à eugenia liberal interessam-se somente pelo modo do desenvolvimento científico, fruto dos novos conhecimentos. Em consequência, não mais discutem o processo de produção biogenética, que "[...] além da aplicação de terapias genéticas, termina com um *shopping in the genetic supermarket* [compras no supermercado genético]".[595]

Na concepção liberal as questões referentes à eugenia, os direitos individuais dos pais, na qualidade de consumidores, são independentes das imposições estatais, ou seja, são como *vontades soberanas*. Desse modo, o pragmatismo americano nas questões relativas à ciência e à técnica não consegue perceber as modificações a serem implementadas pelas intervenções eugênicas, nem mesmo a alteração da própria autocompreensão da espécie humana. Ao final, na perspectiva eugênico-liberal, tudo se resume como se ao indivíduo a ser alterado geneticamente fosse facultada a possibilidade de intervenções reparadoras.

Após esta introdução das críticas *dworkinianas* específicas, delinear-se-ão as 04 (quatro) críticas principais aos argumentos da *contraeugenia* estabelecida por Habermas,[596] no *Futuro da Natureza Humana*,[597] quais sejam:

---

[594] HABERMAS, Jürgen. *O Futuro da natureza humana: a caminho de uma eugenia liberal?* São Paulo: Martins Fontes, 2004, p. 104-105.

[595] Ibidem, p. 104.

[596] Ibidem, p. 117-1'23.

[597] Ibidem.

1) Crítica à premissa que estabelece que a intervenção genética é realizada por uma terceira pessoa, e não pela própria pessoa em questão;

2) Crítica à premissa que estabelece que a pessoa em questão toma retrospectivamente conhecimento da intervenção pré-natal;

3) Crítica à premissa do entendimento/reconhecimento pelo ser modificado em características genéticas particulares, mas que permaneceu idêntico a ele mesmo, de forma que é capaz de adotar uma atitude hipotética em relação à intervenção genética;

4) Crítica à premissa de que o ser em questão recusa-se a se apropriar das modificações genéticas como "parte de sua pessoa".

A primeira objeção[598] baseia-se no fato de que para Dworkin, o argumento da heterodeterminação não prospera[599] no caso de imaginar-se que a pessoa em questão (que sofre a intervenção) poderia, a qualquer momento, inverter/reverter o procedimento genético realizado antes de seu nascimento. Dworkin acredita que o próprio ser geneticamente modificado "[...] poderia proceder a uma intervenção genética, à maneira que uma terapia genética em células somáticas – o que não seria muito diferente de uma cirurgia estética".[600]

Enquanto na primeira objeção Dworkin refere-se ao argumento da heterodeterminação, na segunda crítica[601] ao modelo *habermasiano*, dispõe sobre o reconhecimento/conhecimento retrospectivo da intervenção pré-natal pelo ser em questão (que sofreu alteração/modificação genética). O que isso significa? Ao ver de Dworkin, a questão de conhecimento/reconhecimento da intervenção pré-natal não é imprescindível, o *segredo* não surge como algo ofensivo, pois "só pode haver conflito entre projetos de vida pessoais e intenções geneticamente estabelecidas por outra pessoa se o indivíduo em crescimento tomar conhecimento do design da intervenção pré-natal".[602]

---

[598] Com vistas apenas à visualização da resposta *habermasiana* a esta crítica, transcreve-se: "Essa variante da automanipulação é útil porque revela o sentido pós-metafísico do argumento. A crítica da heterodeterminação não se baseia absolutamente numa desconfiança subjacente em relação à análise e à recombinação artificial de componentes do genoma humano. Com efeito, ela não parte da suposição de que a tecnização da natureza humana representa algo como uma transgressão de limites naturais. A crítica é válida independentemente de uma idéia de uma ordem jusnatural ou ontológica, que poderia ser "transgredida" de maneira criminosa." (HABERMAS, 2004, p. 118).

[599] No mesmo sentido crítico de Ronald Dworkin, Wolfgang Kersting refere que a proposta *habermasiana* possui um *Calcanhar de Aquiles Consequencialista* na necessidade de reconhecimento da dependência causal entre a intervenção genética para aperfeiçoamento e a limitação de liberdade para construção de um projeto de vida (KERSTING, 2005, p. 95).

[600] HABERMAS, 2004, p. 118.

[601] A visão de Habermas sobre esta crítica surge com um questionamento sobre o segredo das intervenções eugênicas: "Precisamos concluir a partir disso que não haveria nenhum dano caso a informação fosse mantida em segredo? Tal suspeita nos coloca na pista falsa da tentativa ontologizante de situar o prejuízo causado à autonomia num espaço independente de qualquer consciência do conflito, seja no 'inconsciente' da pessoa em questão, seja numa área de seu organismo inacessível à consciência, uma área, por assim dizer, 'vegetativa'. Essa variante da intervenção genética ocultada suscita apenas a questão moral de saber se é lícito uma pessoa de tomar conhecimento de dados importantes de sua biografia." (HABERMAS, 2004, p. 118-119).

[602] Ibidem, p. 118.

Quanto à terceira objeção *dworkiniana* acerca do entendimento/reconhecimento pelo ser modificado em características genéticas particulares, mas que permaneceu idêntico a ele mesmo, de forma que é capaz de adotar uma atitude hipotética em relação à intervenção genética, Habermas refere que isso só "[...] vale para a determinação de uma característica fundadora da identidade – e esse é o sentido da objeção –, a modificação genética de características distintas, de disposições ou capacidades também não poderia ser condenada".[603] Assim, essa terceira crítica[604] de Dworkin a Habermas manifesta-se, mais uma vez, na questão da heterodeterminação, eis que para Habermas "a heterodeterminação se manifesta, com efeito, na divergência que pode surgir entre a pessoa envolvida e o designer sobre as intenções da manipulação genética".[605]

Ao final de suas críticas, Dworkin disserta acerca da questão em que o *ser* (que sofreu intervenção eugênica) recusa-se a se apropriar das modificações genéticas como *"parte de sua pessoa"*. Na proposição habermasiana, qual seria a ilação lógica dessa dependência causal? Enquanto que para Habermas, o ser recusaria as modificações genéticas para aperfeiçoamento, pois gostaria de desenvolver outros dons, para Dworkin não haveria problema nisso, pois o *ser* em questão não obstaria o recebimento de tais artifícios genéticos, que melhorariam a sua qualidade de vida e, por consequência, aumentariam a sua longevidade.

Em síntese, essas constituem as objeções dworkinians às proposições habermasianas acerca das questões eugênicas, onde Ronald Dworkin considera o debate eugênico-liberal como um conflito entre a liberdade de reprodução e a proteção da vida pré-concebida. Além disso, na posição dworkiniana acerca da continuação ou não das pesquisas genéticas e da liberação ou não das decisões individuais (vontades individuais), preponderaria sempre a liberação, eis que a ausência de danos cientificamente comprovados e a falta de interesse do embrião corroborariam a refutação da tese habermasiana.

4.5. Considerações críticas finais

As novas biotecnologias, inseridas numa era dos progressos técnico-científicos, das leis de mercado e da valorização estética, devem ser reguladas pelo Direito a fim de preservar a autocompreensão ética da espécie humana?

Em suma, essa foi a preocupação central do presente estudo, tendo, como questão filosófico-jurídica principal, duas concepções de responsabili-

---

[603] HABERMAS, Op. cit., 2004, p. 120.

[604] Nesse contexto, um dos pontos mais criticados por Dworkin, na esteira da terceira crítica, reside na afirmação de Habermas, segundo a qual: "A razão moral para a crítica continua sendo a mesma, ainda que a pessoa prejudicada na sua consciência da autonomia não possa se pronunciar, já que ela simplesmente não tem capacidade de se opor." (HABERMAS, 2004, p. 121).

[605] Ibidem, p. 121.

dade não excludentes, "[...] a responsabilidade do bem – que obriga a autopreservação – e a responsabilidade do melhor – que determina o progresso ou o aperfeiçoamento qualitativo da vida humana".[606] Assim, duas teses principais foram problematizadas.

A primeira indagação permite que se esclareça o efeito bola de neve e de suas influências na contra-eugenia de Jürgen Habermas. Percebe-se que no propósito de estabelecer uma dependência causal entre modificação genética para aperfeiçoamento e limitação da autocompreensão normativa da espécie humana, Habermas funda sua proposta na *escolha de ser si mesmo* (autoidentidade individual), de Søren Kierkegaard,[607] na tentativa de obter respostas pós-metafísicas, mas não religiosas, ao problema da *vida correta*.[608]

Entretanto, a fim de determinar o que precisa ser definitivamente indisponível, aproveita-se do potencial formal do pensamento existencial de forma limitada e somente até certo ponto, pois a ética pós-metafísica, mas não religiosa, de Kierkegaard "[...] não se definia previamente em termos de conteúdo." É nesse ponto que Habermas distancia-se de Kierkegaard, pois, o rompimento da *abstinência (cautela) justificada*[609] da filosofia quanto aos conteúdos "[...] chega ao seu limite quando toca as questões relativas a uma "ética da espécie" (*Gattungsethik*)".[610]

Nesse ponto, reside a grande preocupação de Habermas: podemos dispor de nós mesmos, dos nossos recursos genéticos, das nossas futuras gerações? Ao ver de Habermas, realizadas as modificações genéticas, na determinação do ser manipulado por um terceiro, a decisão torna-se irreversível (fatalismo determinista), gerando uma relação de assimetria discursiva intergeracional, ferindo a responsabilidade moral nas relações de reconhecimento legalmente institucionalizadas.[611] Entretanto, como assinala Álvaro Valls, "seria este um juízo de valor definitivo, ou apenas a constatação de um fato da sensibilidade comum diante de algo novo e estranho?" (Valls, 2005, p. 8).

A segunda hipótese parece ser mais adequada à análise da estrutura contra-eugênica, pois Habermas tem certa tecnofobia, certo pessimismo

---

[606] BARRETTO, Vicente de Paulo. Bioética, responsabilidade e sociedade tecnocientífica. *In*: MARTINS-COSTA, Judith. *Bioética e responsabilidade*. Rio de Janeiro: Forense, 2009, p. 19.

[607] Jürgen Habermas recorreu a duas obras principais de Søren Kierkegaard, "*A alternativa*", de 1843 e "*A doença para a morte*", de 1849.

[608] VALLS, A. L. M. *Habermas e o futuro do gênero humano; Genética e Biossegurança*. Manuscrito da palestra proferida em 06 de outubro de 2005 no IV Bioética Sul, realizado na Pontifícia Universidade Católica do Rio Grande do Sul (PUC/RS).

[609] O rompimento da *abstinência (cautela) justificada* diz respeito ao abandono do exclusivismo das propriedades formais nos processos de autocompreensão. Assim, a filosofia intervém nos conteúdos dos processos.

[610] VALLS, A. L. M., 2005, p. 7.

[611] HABERMAS, Jürgen *O Futuro da natureza humana: a caminho de uma eugenia liberal?* São Paulo: Martins Fontes, 2004, p. 20.

quanto à técnica e à ciência (1987), pois as qualifica de maneira pejorativa. Além disso, a utilização de termos como "coisificação do embrião" demonstra a adoção disfarçada e não convincente do segundo imperativo categórico kantiano por Habermas "[...] ao acusar confusão de limites entre pessoas e coisas".[612] (Valls, 2005, p. 10).

Logo após, o segundo questionamento realizado no presente estudo foi o de qual postura o Direito deveria assumir frente à introdução das novas biotecnologias? Qual o papel do Direito na contraeugenia de Habermas?

Como bem salientou Álvaro Valls, há uma espécie de fatalismo na argumentação habermasiana, pois nega a dialética existencial de Kierkegaard, que aceita o passado como fato contingente, reformando-o para o futuro, ou seja, na própria dimensão da liberdade (VALLS, 2005, p. 10). Além disso, Habermas aponta para um possível ressentimento futuro do ser modificado geneticamente em relação aos seus pais, originado na irreversibilidade das modificações genéticas determinadas, o que levaria a um novo papel do Direito como limitador eugênico.

A crítica ao fatalismo habermasiano reside no fato de que os seres modificados "[...] têm de se arranjar com sua história prévia, seja ela determinada num laboratório, seja determinada por um namoro num bailão de periferia: filhos nascem com condições herdadas, que podem ou não apreciar, no primeiro momento.". Assim, a diferença central, portanto, é que na dialética existencial de Kierkegaard, diferentemente da postura habermasiana, o indivíduo não se apropria de seu passado ingenuamente, mas o faz de maneira autocrítica, tendo como referencial as ações futuras.

A relação entre os "possíveis" fatalismo determinista, ressentimento do ser modificado e assimetria discursiva, leva o Direito a um claro caráter de regulação e de limitação eugênicas, numa clara proposta tecnofóbica e antiliberal, de proibição da heterodeterminação externa, tanto para as eugenias terapêuticas como para as de aperfeiçoamento.

Ao final, fica a provocação de Álvaro Valls ao debate contraeugênico de Habermas, "[...] não é decerto a proibição dos avanços biotecnológicos que acabará com o fatalismo ou com o ressentimento! Pois, para falar a verdade, há ressentidos pré- e pós-tecnológicos!".[613]

---

[612] VALLS, A. L. M. 2005, p.09.

[613] Ibidem, p. 11.

5. Bioética, liberdade e a heurística do medo

5.1. Introdução

A ação humana no espaço da ciência biológica contemporânea e de suas aplicações tecnológicas desenvolve-se no espaço da liberdade, que se objetiva através da regulação. A Bioética e o Biodireito, novas áreas de conhecimento de disciplinas seculares, como a Filosofia e o Direito, têm na ideia da liberdade, da autonomia, da regulação e da responsabilidade os seus referenciais teóricos e práticos. A necessária complementaridade entre a Bioética e o Biodireito, a mesma que ocorre entre a Ética e o Direito, torna-se evidente pela constatação de que a primeira sem o segundo é simples convicção subjetiva e o segundo, sem a primeira, mera vontade de arbítrio.

O presente trabalho tem por objetivo analisar como se integram no campo da Bioética a questão da liberdade e a da regulação.[614] A bioética, mais do que uma área específica do conhecimento, tornou-se um ponto de encontro de diversas disciplinas, discursos e organizações, que tratam das indagações éticas, legais e sociais provocadas pelos avanços na medicina, na ciência e na biotecnologia.[615] Em torno da ideia de liberdade e de regulação, consideradas no contexto da realidade social, pode-se definir e justificar com objetividade a interconexão necessária entre a Bioética e o Direito. Para tanto, busca-se um liame conceitual que possa justificar racionalmente a complementaridade entre a ética e o direito, na sociedade tecnocientífica contemporânea.

Proponho, para tanto, considerar o instituo da responsabilidade, como sendo o conceito base e integrador das duas áreas normativas. Isto porque tanto na ética, quanto no direito é, precisamente, a responsabilidade que objetiva e formaliza os conceitos de regulação e de liberdade. Entre as diferentes teorias da responsabilidade, éticas ou jurídicas, existentes elegemos o princípio responsabilidade de Hans Jonas como paradigma ético-filosófico, que apesar de não responder a complexidade das questões envolvidas, serve como parâmetro referencial para situarmos o debate sobre o tema.

---

[614] Agradeço à colaboração de Luis Fernando de Mello na redação desse texto.

[615] O'NEILL, Onora. *Autonomy and Trust in Bioethics*. Cambridge: Cambridge University Press, 2004, p. 1.

Deve-se atentar, primeiramente, para as mudanças sociais que provocaram o surgimento de uma reflexão bioética, destacando como essa reflexão processou-se, não em patamar teorético, mas respondendo à questões práticas e objetivas, nascidas no seio da comunidade científica e, posteriormente, envolvendo toda a sociedade. Essas questões de caráter moral provocaram a necessidade de regulação da pesquisa e das aplicações tecnológicas da biologia e da medicina contemporânea. A regulação se manifestou no primeiro momento mais como regra moral estabelecida pela própria comunidade científica, mas logo se tornou, em virtude da expansão das novas biotecnologias, em normas jurídicas editadas pelo poder público.

As questões suscitadas pela nova ciência e suas aplicações tecnológicas irão procurar respostas, que não se percam no subjetivismo e tampouco no exercício da vontade arbitrária do poder, mas que deitem seus fundamentos na ideia moral da liberdade e na ideia jurídica da lei regulatória. A complementaridade entre valores morais e direito, exigida no âmbito da ciência biológica contemporânea, encontra-se subjacente a essa problemática Mas exige para a sua objetivação uma forma específica de organização estatal, o estado democrático de direito, que pressupõe valores e normas constitucionais com nítidas raízes ético-filosóficas.

5.2. Progresso científico, técnica e consciência moral

Diante das mais modernas e revolucionárias técnicas de tratamento já proporcionadas pelo avanço do conhecimento científico, a sociedade vivencia hoje um verdadeiro ciclo de descobertas e transformações. Nunca a natureza, aqui compreendida a pessoa, sofreu tantas intervenções pela mão do ser humano. A ciência, fruto da capacitação humana, mais do que nunca, é capaz de alterar o curso natural da vida e da natureza. O grau de desenvolvimento tecnocientífico permite atualmente não só o prolongamento de uma vida além de sua expectativa natural, como também a influência direta na geração de novos seres através de técnicas de inseminação artificial, por exemplo. As novas terapêuticas, os novos medicamentos e o tratamento aplicáveis a seres humanos, implicam em indagações que remetem para a questão da autonomia, da liberdade e da regulação do comportamento humano.

Entretanto, como em muitos setores da reflexão ética e jurídica, não se encontram respostas consistentes do ponto de vista moral e jurídico. Tornou-se clara a insuficiência do modelo jurídico clássico, onde a lei teria, por hipótese, resposta para todos os problemas sociais e, também, a necessidade da construção de uma ordem jurídica que respondesse às demandas da sociedade tecnocientífica. O modelo jurídico da sociedade liberal-burguesa, que deitou as suas raízes, e sua justificativa última, no tripé da propriedade, da família e do contrato, como consagrado no Código Civil de Napoleão e nos que lhe seguiram, incluindo o Código Civil Brasileiro de 1917, substituído pelo Novo Código Civil Brasileiro de 2002, tornou-se insuficiente para lidar com a variedade de desafios próprios na sociedade contemporânea e, especificamente, aqueles provocados pelas novas descobertas científicas no campo da biologia e suas aplicações tecnológicas.

A realidade social contemporânea terminou por esvaziar as pretensões da racionalidade utilitarista do direito, como aparece no modelo do positivismo jurídico mais radical. Encontra-se, precisamente, nesse vácuo ético e jurídico, a necessidade de uma reflexão crítica sobre o Direito, a fim de que este possa contribuir, como ciência liberta das amarras do reducionismo positivista, para a construção de um paradigma bioregulatório da sociedade democrática e plural contemporânea.

As primeiras tentativas de regulação das aplicações tecnológicas da ciência biológica contemporânea foram realizadas no âmbito de um novo ramo da ética filosófica, a bioética. Surgida nos Estados Unidos quando a opinião pública tomou conhecimento dos casos de manipulação em pesquisas com enfermos social e mentalmente fragilizados (pacientes de diálise, de síndrome de Down e sifilíticos negros), o termo "bioética" foi empregado pela primeira vez pelo cancerologista e professor da Universidade de Wisconsin, Van Rensselaer, no título de seu livro *Bioethics: Bridge to the future* (1971). A reação da opinião pública a essas práticas de pesquisa levou o Congresso Americano a instituir a *National Commission for the Protection of Human Subjects of Biomedical and Behavioral Research*, com o objetivo de estabelecer os princípios éticos básicos, que deveriam nortear a experimentação em seres humanos nas ciências do comportamento e na biomedicina. O trabalho da comissão foi concluído com a publicação, em 1974, do *Relatório Belmont*.

O referido documento estabeleceu os três princípios clássicos da Bioética, bem como os procedimentos práticos deles derivados para a solução dos conflitos éticos. Os princípios da bioética – o princípio da autonomia (necessidade do consentimento informado), o da beneficência (atenção aos riscos e benefícios), e de seu desdobramento o princípio da não maleficência, e o da justiça (equidade quanto aos sujeitos da experimentação) – serviram para suprir a anomia moral e jurídica existente e atender, momentaneamente, à problemática ética suscitada pelo progresso científico.

As dificuldades na aplicação dos princípios da bioética surgiram nas suas próprias origens intelectuais. Os princípios da bioética nasceram de três diferentes tradições éticas, que provocaram aporias em sua aplicação prática.. Assim, o princípio da autonomia deita as suas raízes na filosofia moral de Kant; o princípio da beneficência no utilitarismo de Stuart Mill; e o princípio da justiça, no contratualismo, dentro da perspectiva de John Rawls.

Os princípios constituem, portanto, uma proposta eclética, que não tem um mesmo fundamento ético, que assegurasse entre eles uma unidade sistemática. Essa falta de unidade criou problemas práticos e teóricos, pois a falta de uma base sistemática para os princípios impede que os mesmos sejam interligados entre si e terminem não assegurando, também, uma orientação unitária no estabelecimento de um sistema regulatório claro e coerente.

Não se encontra, portanto, nos princípios da bioética um sistema ético comum, que ajude a determinar o que é mais apropriado na solução de questões que envolvam a vida humana. Por essa razão, ocorrem na prática conflitos entre os três princípios, conflitos esses que agravam ainda mais os problemas éticos que esperam solução. A bioética principialista, que tem os seus fundamentos nos três princípios clássicos, apresenta um principal defeito, qual seja a de ser eclética e, em consequência, ofuscar os fundamentos morais e o raciocínio ético. Os princípios da bioética, nessa linha de argumentação, podem ser caracterizados como "princípios penúltimos",[616] somente válidos na medida em que não colidam um com o outro, o que obrigaria a determinar qual deles deve ser considerado como prioritário.

Precisamente, em virtude dessa natureza dos princípios da Bioética é que têm sido aplicados, não como princípios éticos, mas como normas dogmáticas, modeladas no arquétipo jurídico clássico. A crise do principialismo na bioética encontra-se nessa vocação utilitarista que tornam o tema da liberdade, próprio da ética, e o tema da regulação, próprio do direito, encontrem-se ameaçados pelo racionalismo utilitarista. Em outras palavras, como escreve Roque Junges, o paradigma dos princípios ignora a experiência moral dos sujeitos, que se expressa nas múltiplas ações e situações humanas. A bioética principialista escorrega nessa armadilha, típica do positivismo jurídico, ao procurar subordinar a ação livre do ser humano a um processo de subsunção dos fatos aos três princípios da bioética, erigindo-os como categoria dogmática.

Ocorre, entretanto, que as aporias suscitadas pelos três princípios da bioética podem ser superadas na medida em que se considerar um conceito comum à ética e ao direito. O conceito central que poderá permitir vincular as questões da bioética ao direito pertence às duas áreas do conhecimento e serve, se considerado de forma complementar, como um instrumento heurístico comum: trata-se da ideia da responsabilidade. Isto porque toda questão jurídica reduz-se à determinação de uma responsabilidade, e o mesmo corre com toda questão moral.

Nesse sentido, podemos indagar em que medida a ideia de responsabilidade torna-se legitimadora da regulação no espaço da liberdade. Não qualquer responsabilidade, mas uma responsabilidade obediente ao seu caráter eminentemente moral, que irá ser formulada na regulação do exercício da liberdade de seres autônomos. O princípio responsabilidade de Hans Jonas talvez constitua um instrumento teórico válido, que venha atender a essa exigência ao considerar a dimensão da liberdade como integrada na natureza e supere a pretensão do positivismo de regular *a priori* a imprevisibilidade das situações humanas, através da formulação de alguns princípios morais abstratos ou da lei positiva.

---

[616] JUNGES, Roque. *Bioética, perspectivas e desafios*. São Leopoldo: Editora UNISINOS, 1999, p. 66.

5.3. As duas faces da responsabilidade

Quando se fala em responsabilidade pode-se estar fazendo referência a dois tipos de conceitos: um moral e outro jurídico. Em ambos, entretanto, encontra-se a ideia de que os seres humanos consideram-se uns aos outros como agentes morais, ou seja, seres capazes de aceitarem regras, cumprirem acordos e de agirem obedecendo a essas determinações. Em torno desses compromissos, constitui-se o tecido de direitos e obrigações, regulatório da vida social humana, que tem na pessoa o seu epicentro.

A vida social é objetivada mediante atos individuais, que expressam a vontade do indivíduo, agente moral dotado de racionalidade e autonomia. Por essa razão, os atos humanos caracterizam-se por uma necessária dimensão de responsabilidade, que se constitui no eixo das relações sociais e as torna possíveis e previsíveis. A responsabilidade constitui-se, assim, na categoria central do sistema social e jurídico e serve como parâmetro para a imputação dos atos individuais. O tema da responsabilidade por perpassar a multiplicidade dos atos humanos pode ser analisado segundo três perspectivas: a responsabilidade moral, a responsabilidade jurídica e a responsabilidade coletiva.[617]

Quando Nietzsche se refere à longa história da responsabilidade humana, enfatiza como essa história foi um processo no qual se procurou responder ao desafio de "tornar o homem até certo ponto necessário, uniforme, igual entre iguais, constante, e, portanto, confiável".[618] A construção da moralidade aparece neste contexto no qual o homem em período pré-histórico consegue tornar-se confiável. O argumento de Nietzsche é o de que o homem, apesar de conservar na sua personalidade características de tirania, dureza, estupidez e idiotismo, passou a ser confiável por meio da ajuda da moralidade e da camisa de força social.[619] Em torno da confiança, consequência de uma relação moral, o indivíduo abandona o seu estado primitivo pré-histórico e passa a participar de relações com os seus semelhantes, pautadas em valores definidos no patamar da moralidade.

A vida humana, portanto, torna-se possível na medida em que cada indivíduo possa ser considerado responsável moralmente por atos praticados, que tenham repercussões em suas relações sociais. Esses atos são considerados morais porque expressam a manifestação da vontade autônoma do indivíduo e, em consequência, permitem a atribuição de responsabilidade moral a cada um. A responsabilidade resulta, assim, da aplicação de critérios racionais sobre o que é o "certo" ou o "errado" em face de atos praticados pelos indivíduos. O julgamento moral é exercido préviamente no âmbito da refle-

---

[617] RIBEIRO, Luiz Antônio Cunha. "Responsabilidade", in *Dicionário de Filosofia do Direito*. São Leopoldo/Rio de Janeiro, Editora UNISINOS e Editora Renovar, 2006; Neuberg, Marc. "Responsabilité", in *Dictionnaire d'éthique et de philosophie morale,* sous la direction de Monique Canto-Sperber. Paris, PUF, 2003.

[618] NIETZSCHE, Friedrich. *Genealogia da Moral,* trad. Paulo César de Souza. São Paulo: Companhia das Letras, p. 48, 2005.

[619] Ibidem, p. 29.

xão ético-filosófica, somente sendo inteligível em virtude de a pessoa humana ser caracterizada como agente moral, dotado de autonomia da vontade e da liberdade de escolha.

A responsabilidade jurídica, por sua vez, tem outras características, pois se objetiva no contexto de instituições sociais e sistemas de normas jurídicas, e exige para a sua concretização o estabelecimento de critérios específicos, através de normas que determinem os contornos próprios desse tipo de responsabilidade. A hipótese que se pretende desenvolver neste texto é a de que, em primeiro lugar, existe uma ligação estreita entre a responsabilidade moral e a responsabilidade jurídica; em segundo lugar, que essa ligação somente poderá ser racionalmente explicável no quadro de uma nova teoria da responsabilidade, nascida no contexto dos avanços da ciência, particularmente, da pesquisa e da engenharia genética.

Na teoria da responsabilidade jurídica distinguem-se dois tipos de responsabilidade, já referidos por Aristóteles:[620] uma que ocorre na relação entre indivíduos e que serve como critério resolutório de litígios ou nas questões indenizatórias; outra forma de responsabilidade jurídica é a responsabilidade penal, quando o ato do indivíduo confronta-se com as normas da sociedade. Essa responsabilidade jurídica não se objetiva sem a consideração de suas raízes morais, que se manifestam através da manifestação da vontade autônoma do indivíduo. A tese problemática, que se discute, por exemplo, no campo penal, consiste em analisar em que medida uma decisão penal para ser justa, moralmente correta, necessita originar-se da constatação de uma responsabilidade moral, mesmo quando atende às finalidades específicas do sistema jurídico.

5.4. As transformações do agir humano e a responsabilidade

Ainda que o tema da responsabilidade moral tenha estado presente, desde os primórdios da elaboração ético-filosófica na Grécia clássica, somente a partir da sua tipificação como categoria jurídica é que se irá ter condições de falar de uma teoria da responsabilidade moral e jurídica. A distinção entre essas duas categorias de responsabilidade tornou-se possível porque o próprio agir humano sofreu, no curso da história, transformações radicais, fazendo com que o âmbito da moral ficasse diferenciado do âmbito do direito. A distinção entre a teoria da virtude e a teoria do justo, que perpassa a história do pensamento filosófico, expressa a progressiva separação entre esses dois tipos de sistemas normativos, ainda que na contemporaneidade o estado democrático de direito pressuponha a necessária complementaridade entre a moralidade e o direito.

A etimologia da palavra "responsabilidade" mostra como se considerava "responsável" todo o indivíduo que pudesse ser convocado pelos tri-

---

[620] ARISTÓTELES. *Ética a Nicômaco*. v. 5, 1131 *a* 3., 1990.

bunais em virtude de pesar sobre ele certa "obrigação", dívida procedente, ou não, de um ato de vontade livre. Esse é o significado jurídico original da palavra, encontrado no direito romano. Tratava-se, portanto, de uma prestação determinada pela lei e que seria finalmente resolvida nos tribunais, caracterizando-se, assim, a responsabilidade como referida ao futuro, mas consequência de um ato pretérito. A responsabilidade helênica, porém, foi uma categoria antes moral do que jurídica. Isto porque o direito nasceu no contexto do *ethos*, legitimado por razões morais e religiosas, e somente, posteriormente, destacam-se normas que recebem uma formatação jurídica.

O Cristianismo incorporou o termo jurídico em universo conceitual mais amplo. Estabeleceu-se, então, o vínculo da categoria jurídica de responsabilidade com a moral do Cristianismo. Procurou-se justificar teologicamente essa relação, partindo-se da aceitação de que existia uma prioridade hierárquica da lei divina no sistema normativo da sociedade humana. A lei divina legitimaria a lei humana e traria consigo sanções que estabeleceriam os critérios básicos para o julgamento das ações individuais. Ao contrário da justiça humana, que tem por finalidade decidir litígios entre diversos sujeitos de direito, sejam eles indivíduos, grupos sociais ou sociedade, a justiça divina ocupa-se, exclusivamente, de um único sujeito.

A originalidade do Cristianismo consistiu em considerar, em primeiro lugar, a responsabilidade como o elo entre um único indivíduo e o Criador, numa relação bilateral em que a pessoa tinha uma posição dependente e subordinada; em segundo lugar, o cristianismo estabeleceu critérios para considerar alguém responsável por atos a serem definidos em função da intenção subjetiva desse indivíduo em sua relação de consciência com Deus.

A responsabilidade deixa, portanto, o campo estrito da juridicidade, como até então fora considerada pelo direito romano, e vai encontrar a sua morada na consciência da pessoa, sendo um dos componentes da "lei moral natural". Escreve Villey que o homem passou a ser responsável diante da sua consciência, da sociedade e do futuro, "esses substitutos de Deus".[621] O surgimento dessa responsabilidade metaindividual veio atender nos primórdios da Idade Moderna às indagações de caráter ético e jurídico, que prepararam as bases do Estado e do Direito modernos.

5.5. Esterilização moral da ordem jurídica

Como o homem destina-se por natureza a conviver com os seus semelhantes, a função primordial da norma jurídica seria regular deveres mútuos, que tornassem possível essa convivência social. O direito tornou-se o sistema de normas destinado a governar a conduta humana em relação ao seu semelhante. Para que tal sistema pudesse funcionar, o direito passou a

---

[621] VILLEY, Michel. "Esquisse historique sur le mot responsable", in *Archives de Philosophie du Droit,*, tome 22, 1977, p. 54.

utilizar alguns conceitos e categorias, que forneceriam uma base racional para a solução dos conflitos. A ideia clássica de justiça ou da justa distribuição de bens, núcleo da teoria da justiça, deu lugar, entretanto, ao império da lei posta, que teve a sua consagração nos sistemas jurídicos da tradição continental europeia. O positivismo jurídico veio no século XIX e XX sedimentar ideologicamente esse processo de esterilização moral da ordem jurídica.

A responsabilidade passou a ser estabelecida em função da "imputabilidade" da ação do indivíduo ao que se encontrava previsto em lei. Introduziu-se no conceito a dimensão da subjetividade, que iria resguardar o exercício da autonomia e da liberdade individual, mas ao mesmo tempo imputar às ações humanas consequências para os agentes por elas responsáveis. A consideração como prioritária da subsunção da ação individual à letra da lei positiva trouxe então a consequência lógica na aplicação da lei, qu estabelece o sistema da responsabilidade puramente legal.

Por sua vez, a responsabilidade penal, que até o Iluminismo era determinada em função de leis morais, ganhou autonomia própria. A pena justificava-se, desde os Dez Mandamentos, como um ressarcimento à violação de uma lei divina, enquanto a lei em matéria penal copiava a lei divina. A influência do Iluminismo no corpo do Direito Penal provocou uma revolução copernicana no Direito e na legislação. O indivíduo tornou-se o responsável único por seus atos, sendo que a pena passou a ser aplicada na sua pessoa e nela extinguindo-se, eliminando-se as penas extensivas a familiares. A pena passou a ser aplicada em obediência ao princípio moral de que a responsabilidade tem a ver com ações, que são manifestações do exercício consciente da vontade do indivíduo, no uso e gozo de suas faculdades mentais, e que o direito considera como passíveis de uma obrigação retributiva.

O direito civil moderno ordenou-se como um prolongamento desse sistema de moralidade. Neste contexto, o jusnaturalismo representou um conjunto sistemático de preceitos morais a serem consagrados pelo sistema jurídico positivo; assim, a regra cristã-estoica de que cada indivíduo deve cumprir a palavra empenhada, irá servir de fundamento para a lei dos contratos – *pacta sunt servanda*. As raízes morais da responsabilidade civil moderna serão encontradas nas regras jurídicas medievais e no pensamento de filósofos, como por exemplo, Tomás de Aquino,[622] os escolásticos espanhóis e os moralistas do século XVII. Em todos, determinava-se que cada indivíduo tinha a obrigação de "restituir" ou reparar os danos provocados por atos culposos ou dolosos.

Esse preceito de natureza estritamente moral foi consagrado como regra de direito. Assim, por exemplo, Grotius estabelece que entre os três axiomas a que se reduz o direito propriamente dito encontra-se o de reparar o dano provocado por sua culpa (*Prolegomenos:* § 8).[623] O *Código de Napoleão*, no

---

[622] AQUINO, Tomás de, *Suma Teológica*, 2-2. q. 62.

[623] GROTIUS, Hugo. *Del derecho de la Guerra y de la Paz*, trad. Jaime Torrubiano Ripoli. Madrid, Editorial Reus, 1925.

art. 1382, incorporou a fórmula grociana e evita mesmo a palavra "responsabilidade". Somente durante as primeiras décadas do século XIX é que a doutrina jurídica irá elaborar uma teoria da responsabilidade civil, especificamente jurídica, liberta de seus vínculos morais.

5.6. Um projeto de regulação e liberdade

Dentro desse processo evolutivo do conceito de responsabilidade os avanços do conhecimento científico e suas aplicações tecnológicas, principalmente no âmbito das ciências da vida, provocaram novos questionamentos sobre a natureza moral e jurídica do instituto da responsabilidade. As relações do homem com a natureza sofreram nos últimos anos uma radical modificação. O aumento das possibilidades abertas pelo conhecimento científico e pelas tecnologias de interferência do homem sobre a natureza, física e propriamente humana, adquiriu nos últimos cem anos dimensões imprevistas ou mesmo pensadas pela inteligência humana. A tecnociência e, principalmente, aquela nascida no contexto da revolução da biotecnologia, possibilitou à ação humana o exercício de poderes que tornaram o potencial da intervenção humana na natureza como uma promessa de um futuro melhor para a humanidade, mas, também e ao mesmo tempo, se constituindo numa espada de Dámocles, que em diversas de suas realizações ameaçam a própria sobrevivência do homem.

O poder da ciência e da tecnologia alterou radicalmente a natureza da cultura e da sociedade através de interferências quantitativas e qualitativas na natureza e no ser humano. O homem passou a manipular a sua própria natureza, bem como a natureza extra-humana, tornando imprevisíveis, em muitos casos, as consequências das suas ações. O exame dos problemas éticos suscitados pela biologia e a engenharia genética, entre os quais a questão das células-tronco, o exemplo mais atual desse desafio, pressupõe o estabelecimento de paradigmas ético-filosóficos para o seu entendimento e formulação, tanto do ponto de vista moral, como político e jurídico, que não encontram resposta nos princípios da bioética.

Isto porque essas questões vitais para a humanidade não encontraram respostas no campo específico do conhecimento científico e nem do sistema político e jurídico. Constata-se, dentro e fora da comunidade científica, que esses problemas necessitam, prioritariamente, uma análise ético-filosófica, que considere os avanços do conhecimento científico, as suas aplicações tecnológicas e o sistema econômico que alimenta a ciência e a tecnologia. Somente trazendo esses dados para o corpo da reflexão ético-filosófica é que se poderá vislumbrar uma resposta para esses problemas. Para tanto, torna-se necessário que a reflexão crítica abandone as abstrações da ética tradicional ou dogmática, prisioneira de uma camisa de força interpretativa, e elabore uma ética hermenêutica crítica, baseada na facticidade.[624] Somente assim pode-se considerar uma ética da responsabilidade para uma sociedade complexa e plural como a existente.

Hans Jonas desenvolveu o argumento de que toda capacidade humana, "como tal" ou "em si", é boa, tornando-se má apenas quando se abusa dela. Portanto, é sensato formular-se o seguinte *caveat* diante do avanço do conhecimento científico e suas aplicações tecnológicas: utilize este poder, mas dele não abuse. O pressuposto para que se possam determinar os limites ao poder de intervenção do ser humano, especificamente, aquele exercido pelo biopoder,[625] reside na determinação do uso correto e do uso abusivo de uma mesma capacidade.[626]

Nesse sentido, podemos dizer que o biopoder (ou biopolítica) está relacionado a questões de gestão e regulação social, nacional e internacional das implicações do desenvolvimento da biomedicina e da biotecnologia. Particularmente, a biopolítica tem por objeto as políticas da saúde e do meio ambiente, o tratamento equitativo das desigualdades, e a gestão do risco diante a emergência da complexidade em todos os âmbitos da sociedade. Emílio Muñoz diz que:

> A biopolítica pode ser definida como a parte da bioética que transforma os problemas da interação entre as sociedades e os sistemas biológicos em decisões e acções políticas através de acordos, normas, regulamentações e leis. Em resumo, a biopolítica enfrenta os aspectos políticos e regulamentares da bioética, encarando-a no plano, não dos indivíduos, mas da sociedade em geral.[627]

Na sociedade tecnocientífica, a ação humana se identifica com a ação técnica, produzindo efeitos que não podem ser determinados como "bons" ou "maus", através de distinções qualitativas evidentes por si. Neste sentido é que Jonas refere-se ao surgimento de um novo paradigma ético, que implica em considerar a coexistência de efeitos benéficos e maléficos convivendo na ação humana.

O uso da capacidade de criar e produzir em grande escala, por melhores que sejam as intenções, fazem com que as ações na sociedade tecnocientífica provoquem, de forma crescente, efeitos maus que são inseparáveis dos efeitos bons. O lado ameaçador da técnica existe não só quando ocorre o abuso dela por má vontade, mas também quando ela é empregada de boa vontade para fins próprios legítimos. Ocorre o que Boudon chamou de "efeitos perversos" da ação social.[628]

---

[624] CONNILL SANCHO, Jesus. *Ética Hermenêutica*. Madrid: Tecnos, 2006, p. 15 e segs.

[625] AGAMBEN, Giorgio. *Homo Sacer. O poder soberano e a vida nua*. Trad. Henrique Burigo. Belo Horizonte: Editora UFMG, 2004.

[626] JONAS, Hans. *Técnica, Medicina y Ética*. Barcelona: Paidós, 1997, p. 33.

[627] MUÑOZ, Emílio. "Biopolítica", in: HOTTOIS, Gilbert; MISSA, Jean-Noël. *Nova enciclopédia da bioética*. Lisboa: Instituto Piaget, p. 119.

[628] BOUDON, Raymond. *Efeitos Perversos e Ordem Social*. Trad. Analúcia T. Ribeiro. Rio de Janeiro: Zahar Editores, 1979.

Contra o alerta relativo aos riscos da ambivalência da técnica e, ao mesmo tempo, procurando justificá-la, teóricos da ciência levantaram o argumento de que na natureza mesma há processos que também comportam falhas ou imperfeições, como a reprodução humana. Essa pode ter insucesso ou imperfeições, mas esses efeitos não são prejudiciais à natureza humana e extra-humana por integrarem o processo evolutivo que possui leis intrínsecas para harmonizar a diferença que surge das mutações.

A simples equiparação dos efeitos perversos da técnica com a contingência da natureza pode ser tomado como exemplo do horizonte do imaginário científico, que não reconhece valores e fins que são intrínsecos à natureza, tomando-a matéria bruta, suscetível de transformação de acordo com os critérios da vontade humana.

Essa forma de pensar pode ser compreendida como produto, e ao mesmo tempo como implicação, de alguns problemas, que são considerados resultados de um niilismo que se fortaleceu no século XX, tanto no âmbito das ciências, quanto do pensamento humano em geral. O niilismo caracteriza-se, assim, por considerar que: (a) o homem encontra-se deslocado do mundo, mas existe e pensa apesar do mundo;[629] (b) a extrema contingência da existência humana a priva do sentido do todo, sendo o sentido não mais encontrado e sim dado pelo próprio homem; (c) ocorre uma separação dos domínios objetivo e subjetivo, a partir da qual o homem, através da técnica, passou a manipular a natureza segundo a sua vontade; (d) modifica-se a imagem da natureza, tornando relativa a ideia de que o homem vive em um ambiente cósmico; (e) a obrigação é uma invenção humana, não uma descoberta baseada no ser objetivo do bem em si mesmo; (f) o fundamento do ser é indiferente para a nossa experiência de obrigação. Essa indiferença do ser é a própria indiferença da natureza, impossibilitando assim que a ciência moderna apreenda em toda a sua complexidade quais os fins intrínsecos à natureza, que balizariam a atividade humana.

Nesse ponto, é importante dizer que a ciência está situada em um âmbito ôntico, desenvolvendo-se em uma racionalidade apofântica que constrói enunciados fundados no método que estrutura a ciência. O limite do pensar da ciência é o limite imposto por seu próprio método.[630] Portanto, a ciência compreende apenas o que o seu método permite que ela compreenda. A ciência por si só não é suficiente para alcançar o âmbito ontológico da manifestação dos valores que consubstanciam o agir humano a fim de projetar referenciais éticos para a produção científica e manipulação da natureza.

A falta de referenciais ético-filosóficos para a ciência contemporânea impede que ela possa se posicionar adequadamente diante dos problemas

---

[629] "No mundo só ele pensa, não porque é parte do mundo, mas apesar de ser parte do mundo. Como já não participa mais de um sentido da natureza, mas apenas – através do seu corpo – de sua condição mecânica, assim também a natureza não participa de seus anseios internos". (JONAS, Hans. *O princípio vida*: fundamentos para uma biologia filosófica. Petrópolis: Vozes, 2004, p. 235-236.)

[630] STEIN, Ernildo. *Pensar é pensar a diferença*: filosofia e conhecimento empírico. Ijuí: Editora Unijuí, 2002.

que surgem da sua própria produção. Ao projetar os seus questionamentos éticos levando em consideração a estrutura e eficiência do seu próprio método, a ciência reduz de forma equivocada a tematização ética a problemas como "produção de sucessos ou falhas" ou a "busca humana pela perfeição", tratando-as como questões fundamentais. Na verdade, essas são questões localizadas no âmbito ôntico das ciências, no qual o pensar está reduzido à técnica em si mesma e às suas possibilidades, que por essa razão não conseguem resolver as suas aporias essenciais.

A questão que propomos aqui como fundamental para a compreensão da problemática da biotecnologia – e, portanto, do agir técnico – pressupõe a superação de dualismos como consciência e mundo exterior, forma e matéria, sujeito e mundo, liberdade e necessidade, bem como de monismos que oferecem maior dignidade ou à morte ou à vida.

O dualismo retirou da matéria todo o conteúdo que pudesse dizer respeito a sentimentos, ao espírito, interiorizando na consciência do sujeito todos esses atributos. A matéria passou a ser concebida como matéria pura e sem vida. O homem descobriu-se como ser alheio ao mundo. Esta oposição levou o homem a retirar o sentido do mundo, implicando a mecanização da natureza. Todo sentido ou sentimento passou a ser considerado como pura representação que um sujeito faz com relação ao mundo. Como afirma Hans Jonas:

> [...] a simples possibilidade de se conceber um "universo não animado" surgiu como oposição à ênfase cada vez mais exclusiva colocada sobre a alma humana, sobre sua vida interior e sobre a impossibilidade de compará-la a qualquer coisa da natureza. Esta separação trágica, que se tornou cada vez mais aguda até o ponto de os elementos separados deixarem de ter qualquer coisa em comum, passou desde então a definir a essência de ambos, precisamente através desta exclusão mútua. Cada um deles é o que o outro não é. Enquanto a alma, que se voltava para si própria, atraía para si todo significado e toda dignidade metafísica, e se concentrava em seu ser mais íntimo, o mundo era despido de todas estas exigências.[631]

Com a radicalidade do dualismo, o corpo, e o mundo material como um todo, passou a ser concebido como uma prisão da alma, um túmulo para o espírito. Esse monismo baniu a vida universal, não estando mais apoiada por nenhum pólo transcendente. Assim, a vida finita e particular passou a ser valorizada como um aqui e agora, entre um início e um fim. Isto significa que o lugar da vida no âmbito do ser ficou reduzido ao caso particular do organismo nos seus condicionamentos terrenos. O que condiciona e possibilita a vida é um improvável acaso do universo, alheio à própria vida humana e dotada de leis materiais indiferentes ao fenômeno vital.[632]

Todos esses movimentos apresentam continuidades e descontinuidades com relação aos binômios matéria/forma, corpo/alma, vida/morte, liberdade/regulação. Mas chama atenção o fato de que estas orientações nos

---

[631] JONAS, Hans. *O princípio vida*: fundamentos para uma biologia filosófica. Petrópolis: Vozes, 2004, p. 23-24.

[632] Ibidem, p. 25.

obrigam a fazer uma opção entre um conceito ou outro. Hans Jonas propõe uma superação desse dualismo a partir da ideia de que existe nos organismos não apenas algo que os movimenta – como o princípio interior à sua própria natureza, pensado por Aristóteles – como também uma maneira de existir que pode ser percebida objetivamente. Por essa razão, Hans Jonas diz que não há uma separação entre o orgânico e o espiritual. A percepção e o movimento são intrínsecos ao orgânico e seguem uma finalidade que a própria natureza possui.

Essa finalidade é encontrada a partir da pressuposição de uma *liberdade* intrínseca à natureza. Assim, a evolução e a vida não estão lançadas ao puro acaso ou a uma estrita necessidade. Hans Jonas escreve que

> [...] nos obscuros movimentos da substância orgânica primitiva, dentro da necessidade sem limites do universo físico, ocorre um primeiro lampejo de um princípio de liberdade – princípio este que é estranho aos astros, aos planetas e aos átomos.[633]

Ao delinear os contornos do conceito de liberdade, Hans argumenta que:

> "Liberdade" tem que designar um modo de ser capaz de ser percebido objetivamente, isto é, uma maneira de existir atribuída ao orgânico em si, e que neste sentido seja compartilhada por todos os membros da classe dos "organismos", sem ser compartilhada pelas demais: um conceito ontologicamente descritivo, que de início só possa ser mesmo relacionado a fatos meramente corporais. Mesmo neste caso, no entanto, ele não pode deixar de estar relacionado com o significado que atribuímos a este conceito no âmbito humano, de onde foi tomado – pois do contrário o empréstimo e a aplicação mais ampla passariam a ser um simples e frívolo jogo de palavras. Apesar de toda a objetividade física, os caracteres por ele descritos no nível primitivo constituem a base ontológica e a antecipação daqueles fenômenos mais elevados a que pode ser aplicado diretamente o nome de "liberdade", e que lhe servem de exemplo manifesto: e mesmo os mais elevados destes fenômenos permanecem ligados aos inícios não aparentes na camada orgânica básica, como condição para que sejam possíveis. Desta maneira o primeiro aparecimento do princípio em sua forma pura e elementar implica a irrupção do ser em um âmbito ilimitado de possibilidades, que se estende até as mais distantes amplidões da vida subjetiva, e que como um todo se encontra sob o signo da liberdade.[634]

Em torno do conceito de liberdade, intrínseca ao organismo, é que Hans Jonas explicita a dimensão existencial da matéria viva. Essa maneira de existir atribuída ao orgânico deve ser compreendida como um fundamento para a objetividade dos fins e valores que a natureza possui.

Nesse horizonte, a natureza se organiza de tal forma a partir da sua liberdade intrínseca que comprova a hipótese de uma passagem da substância inanimada para a substância orgânica, resultante de uma mudança na profundidade do ser. Isto significa que o dinamismo elementar da natureza acontece em razão de uma liberdade por ela própria possuída. Hans Jonas não ignora a existência de uma necessidade que todo o organismo possui que se vai manifestar como "existência em risco". A existência depende, por-

---

[633] JONAS, Hans. Op. cit., p. 13.

[634] Ibidem, p. 14.

tanto, de uma tensão entre "ser e não ser", quando o organismo é dono de seu ser apenas de modo condicional e revogável.

Hans Jonas diz que o "não ser entrou no mundo como uma alternativa ao próprio ser".[635] O sentido do ser é dado pela ameaça da sua negação, passando a ter que se afirmar, ao desejar a sua própria existência. Isto implicou em perceber o ser não mais como estado, mas sim como possibilidade imposta pela existência de uma ameaça. Assim, a vida deixa de ser compreendida como uma positividade isolada da morte (ou da transformação), compreendida como um estado de ausência da vida. Ao fundamentar esta concepção, Jonas escreve que:

> Suspenso, assim, na possibilidade, o ser é sob todos os aspectos um fato polar, e a vida manifesta sem cessar esta polaridade nas antíteses básicas que determinam sua existência: a antítese do ser e não ser, de eu e mundo, de forma e matéria, de liberdade e necessidade.[636]

Essas aparentes dualidades não podem ser vistas como domínios separados. Na verdade são ambivalências que propiciam o dinamismo da vida. O ser é constituído pelo não ser, a possibilidade pela necessidade. Com isso, temos delineado o horizonte para formularmos a questão fundamental sobre o desenvolvimento de tecnologias como as biotecnologias e nanotecnologias, consideradas sob a perspectiva de uma dimensão possível da liberdade, buscando superar os dualismos da modernidade e indicando valores e fins para o agir humano.

O pensamento dominante sobre as relações da técnica com a natureza ainda conserva resquícios de uma concepção mecanicista de mundo, que violenta a natureza para dela poder tirar melhor proveito para os interesses do homem. Ao se reduzir o problema das tecnologias ao sucesso ou fracasso de manipulações ou então à perfectibilidade da arte humana, alçada quase à categoria de divina providência, priorizamos apenas o âmbito do fazer, da *poiesis*, da criação humana, deixando de lado a objetividade da natureza que nos impõe a reflexão sobre o nosso agir.

Essa objetividade encontra-se na liberdade de todo organismo e daí resulta que a natureza possui objetivos e fins que não podem ser ignorados pela ação técnica do homem. Quando uma tecnologia interfere na liberdade da natureza, está determinando uma irrupção na harmonia do todo que não pode ser compreendida, tampouco prevista pelo homem em toda a sua magnitude e amplitude. Isto porque ao interferir na liberdade do organismo, o homem modifica a estrutura da própria natureza e provoca um desequilíbrio nas relações de liberdade e necessidade que o dinamismo interno da vida possui. Hoje, o organismo não mais apenas tem que lutar contra o não ser da morte ou de mudanças naturais do habitat. A luta se dá contra agentes e forças que não respeitam o dinamismo da vida, os fins e os valores intrínsecos da natureza. Portanto, a partir da intervenção na liberdade da natureza, o homem modifica o próprio processo de conservação e evolução

---

[635] JONAS, Hans. Op. cit., p. 14.

[636] Ibidem, p. 15.

da vida. A natureza passa a ser suscetível da manipulação humana a tal ponto que se procura objetivar uma realidade imaginada na consciência do próprio homem.

Para Hans Jonas, foram os experimentos com a bomba atômica e suas consequências que direcionaram o pensamento para um novo tipo de questionamento, que reconhece o perigo que o nosso próprio poder representa para nós, o poder do homem sobre a Natureza. Foi o que Jonas caracterizou como sendo "uma crise crônica e gradual decorrente do perigo crescente dos riscos do progresso da tecnociência e seu uso perverso". Se antes a natureza não era objeto da responsabilidade humana, agora, em virtude de sua apropriação pelo homem, passamos a manter para com ela uma relação de responsabilidade, fundando uma nova proposição ética que contempla não somente os humanos, mas também a natureza.

Para tanto, propõe um novo imperativo, buscando a essência do ser e, mais do que isso, o estabelecimento de uma ética que assegure a sobrevivência humana no futuro: "Age de tal maneira que os efeitos de tua ação sejam compatíveis com a permanência de uma vida humana autêntica" ou ainda "não ponhas em perigo a continuidade indefinida da humanidade na Terra."

Jonas procura demonstrar com esse argumento como a natureza, exposta aos avanços tecnocientíficos do homem, torna-se extremamente vulnerável, o que traduz a necessidade do homem dela cuidar e procurar agir pelo seu bem, e não somente pelo bem da Humanidade. E mais, agir pelo bem da natureza vamos agir pelo bem da Humanidade.

Propõe, nesse contexto, a ideia da previsão do perigo como a orientação basilar para a reflexão ética. A previsão de possíveis desfechos no futuro da intervenção do homem na natureza humana e extra-humana, a heurística do medo, a previsão da desfiguração e da autodestruição do Homem, necessidade de se conhecer o perigo antes que ele aconteça, a ameaça da sobrevivência da humanidade no plano de sua sobrevivência constituem as categorias em função das quais Hans Jonas irá construir o paradigma da ética responsabilidade.

Preocupação de que deva haver também no futuro um planeta saudável para que outros homens o habitem. Assim, para que haja uma ética da responsabilidade, ou melhor, para que haja responsabilidade é preciso que existam homens conscientes, o que entra em desacordo com o princípio tecnológico determinista.

E é este princípio tecnológico que nos obriga a considerar a as suas consequências práticas: o problema não é gerar o conhecimento, o problema é a forma como ele é aplicado. Assim, a ética responsabilidade de Hans Jonas, pressupõe algumas virtudes, tais como a sabedoria, o conhecimento e a humildade. Sabedoria para tomar decisões e para guiar nosso agir prudente; conhecimento para que nos permita admitir, avaliar e corrigir as nossas falhas e incertezas, reconhecendo a irreversibilidade de nossas ações e ainda assim buscar o melhor apoio científico, um conhecimento exigente que busque as informações e os resultados mais consequentes e adequado; humildade para que saibamos trabalhar com o poder da técnica a serviço do homem, ou seja, evitar a desproporção entre a capacidade de fazer relativamente á capacidade de prever, valorizar ou julgar.

Essa responsabilidade moral implica na própria limitação da liberdade individual, ou ainda, a autocensura da ciência sob o peso da responsabilidade. Esse imperativo orienta as ações do ser humano para o futuro, o futuro onde não mais nos será possível reparar os danos hoje causados, ou ainda, sermos punidos pelos delitos que possamos cometer e tenham seus resultados perpetuados. É o perigo que o homem de hoje representa para o homem do futuro. E é com base neste perigo que se fundamenta a necessidade de se ter responsabilidade por todas as formas de vida.

Por sua vez, a responsabilidade por todas as formas de vida nada mais é do que a preservação da condição de existência da humanidade, direcionando o interesse dos homens para com o interesse de todos os seres vivos da natureza, já que todos usufruem do mesmo planeta. No entanto, como somos nós, os homens, que temos o poder de transformação e a consciência, nossa obrigação e responsabilidade torna-se ainda maior. Preservar a natureza para preservar os seres humanos. Mas essa responsabilidade também tem o caráter subjetivo, que se evidencia no modo como o autor da ação assume sua conduta, o que se dá sob a forma de sentimentos, restando às ações passadas que geraram danos, a instauração de um sentimento de remorso, o sofrimento moral.

A presença da reflexão ética, que não se coloca coercitiva, diferentemente da reflexão feita no plano jurídico, prevê sanções em caso de ações onde não esteja presente a responsabilidade.Eis a necessidade de se estabelecer a relação entre o presente e o futuro, para que se possa estabelecer um sistema de deveres e direitos. É com base no imperativo de Hans Jonas que as políticas públicas devem ser trabalhadas, tendo em vista o longo prazo, mas que ao mesmo tempo sejam aplicáveis no presente, tempo real para decidir o futuro. Deste modo, e para que assim possa ser feito, não somente os governantes, mas principalmente os legisladores têm papel fundamental no estabelecimento desta nova ética. O legislador deverá aspirar ao estabelecimento duma forma política viável que tenha duração, se possível inalterada, promovendo e zelando o melhor para o futuro.

A ética proposta por Hans Jonas pretende então guiar a legislação e a sua aplicação pelo judiciário, para que não ocorram falhas na responsabilidade, e se possa realmente aplicar as normas aos problemas para os quais foram criadas ou concebidas, procurando uma aproximação entre a legitimidade política e a legitimidade técnica. Além disto, deve guiar toda a análise de problemas bioéticos para que possamos encontrar respostas não somente eticamente adequadas, mas juridicamente responsáveis.

Bibliografia

ACKERMAN, Bruce A. *Social Justice in the Liberal State*. New Haven: Yale University Press, 1980
AGAMBEN, Giorgio. *Homo Sacer. O poder soberano e a vida nua*. Trad. Henrique Burigo. Belo Horizonte: Editora UFMG, 2004
ALEXY, Robert. *Teoria de los Derechos Fundamentales*, Madrid: Centro de Estudios Constitucionales, 1993.
AMARAL, Francisco. *Direito Civil, Introdução*, 2ª ed. Rio de Janeiro: Renovar, 1998.
ANDRADE, T. H. N. *O futuro da técnica*: intimização e imprevisibilidade. Teoria & Pesquisa. (48): 37-49, 2006.
APEL, Karl-Otto. "O problema do multiculturalismo à luz da ética do discurso", In: *Ethica, Cadernos Acadêmicos*, vol. 7, n. 1, 2000.
——. Transformação da Filosofia II, O a priori da Comunidade de Comunicação.Trad. bras. São Paulo: Edições Loyola, 2000.
ARENDT, Hannah. *Eichmann in Jerusalem*. A report on the banality of Evil. New York: The Viking Press, 1963.
——. *Lectures on Kant's Political Philosophy*. Chicago: The University of Chicago Press, 1992.
——. *The Origins of Totalitarianism*. Cleveland: Meridian Book, 1992.
ARISTÓTELES. "Política", In: *Obras*, Trad. e notas de Francisco de P. Samaranch. Madrid: Aguilar, 1964.
——. *Éthique à Nicomaque*, trad. J. Tricot. Paris : Librairie Philosophique J. VRIN. V, 5, 1131 *a* 3, 1990.
——. *Metafísica*. São Paulo: Loyola, 2002.
ARNAUD, André-Jean. *Le droit trahi par la philosophie*. Rouen: CESPJ, 1977.
BACHELARD, Gaston. *A formação do espírito científico*. São Paulo: Edições 70, 2001.
BADIE, Bertrand. *Un Monde sans Souveraineté*. Paris: Fayard, 1999.
BAERTSCHI, Bernard. *Ensaio Filosófico sobre a dignidade*. Trad. Paula Silvia Rodrigues Coelho da Silva. São Paulo: Edições Loyola, 2009.
BAERTSCHI, Bernard. *La valeur de la vie humaine et l'intégrité de la personne*, Paris: PUF, 1995.
BAKER, Catherine. *Pourquoi faudrait-il punir?* Sur l'abolition du système penal. Lyon: Éditions Tahin Party, 2004.
BARRETO, Tobias. Fundamento do direito de punir. In: *Estudos de Direito*. Campinas: Bookseller, 2000.
BARRETTO, Vicente de Paulo. "O Vaso de Pandora da Biotecnologia: impasses éticos e jurídicos." In: TÔRRES, Heleno Taveira. (Org.). *Direito e Poder*. São Paulo: Manole, 2005.
——. Bioética, responsabilidade e sociedade tecnocientífica. *In*: MARTINS-COSTA, Judith. *Bioética e responsabilidade*. Rio de Janeiro: Forense, 2009.
BARROSO, Luiz Roberto. *O Direito Constitucional e a efetividade de suas normas*. Rio de Janeiro: Renovar, 1999.
BATIFOL, Henri. "Préface", In: *Archives de Philosophie du Droit*. 1977.
BAYLE, Pierre. *De la Tolerance, Commentaire Philosophique*. Introduction and Commentary by Jean-Michel Gros. Paris: Presses Pockets, 1992.
BEBIN, Xavier. Pourquoi punir? L'approche utilitariste de la sanction pénale. Paris: L'Harmattan. 2006.
BECCARIA, Cesare (2002). *Dos Delitos e das Penas*. Trad. Marcílio Teixeira. Rio de Janeiro:Editora Rio.
BECK, Ulrich (1998). La sociedad del riesgo: hacia una nueva modernidad. Barcelona: Paidós.
BEETHAM, David (1998). "Human Rights as a Model for Cosmopolitan Democracy" em Archibugi, Danielle, Held, David & Köhler, Martin (edits.). *Re-imagining Political Community*. Stanford: Stanford University Press.
BENEVIDES, Maria Victoria (1991). *A Cidadania Ativa*. São Paulo: Editora Ática.
BENHABIB, Seyla (2002). *The Claims of Culture*. Princeton and Oxford: Princeton University Press.

BENTHAM, Jeremy (1970). *An Introduction to the Principles of Morals and Legislation.* Ed. by BURNS, J.H. and HART, H.L.A. London and New York: Methuen.
BERLIN, Isaiah (1969). *Four Essays on Liberty.* London: Oxford University Press.
BERMAN, Harold J (1983). *Law and Revolution.* Cambridge: Harvard University Press.
BIDART, German J.; HERRENDORF, Daniel E (1991). *Principios de Derechos Humanos y Garantias.* Buenos Aires: Ediar.
BINOCHE, Bertrand (1989).*Critiques des Droits de L'Homme.* Paris: Presses Universitaires de France.
BLEICHER, Joseph (1992). *Hermenêutica Contemporânea.* Lisboa: Edições 70.
BOBBIO, Norberto (1992). *A Era dos Direitos,* trad. Carlos Nelson Coutinho, Rio de Janeiro: Editora Campus.
——. *A Era dos Direitos.* Rio de Janeiro: Editora Campus, 1992.
——. *El Problema del Positivismo Juridico.* Trad. Ernesto Garzón Valdés. Buenos Aires: Editorial Universitaria de Buenos Aires, 1965.
BOETHIUS. *Tractates. The Consolation of Philosophy.* Transl. by STEWART, H. F., RAND, E.K., TESTER, S. J. Cambridge, Massachusetts: Harvard University Press, 2003.
BOETIUS. *The Theological Tractates, Contra Eutychen.* Trad. H.F.Stewart, E. K. Rand and S. J. Tester. Cambridge, Massachusetts/ London, England: Harvard University Press, 2003.
BOUDON, Raymond. *Efeitos Perversos e Ordem Social.* Trad. Analúcia T. Ribeiro. Rio de Janeiro. Zahar Editores, 1979.
BOUTMY, Emile. Études Politiques. In: *Droits de l'Homme et Philosophie.* Presses Pocket, 1993.
BRINGAS, Martinez de. *Globalización y Derechos Humanos.* Bilbao: Universidad de Deusto, 2001.
BURKE, Peter (2006). *Hibridismo Cultural.* São Leopoldo: Unisinos, 2006.
BURLAMAQUI, Jean-Jacques. *The Principles of Natural and Politic Law.* Ed. Petter Korkman e trad. Thomas Nugent. Indianopolis : Liberty Fund, 2006.
CALLAHAN, Daniel. "Bioethics", em *Encyclopedia of Bioethics,* ed. Warren T. Reich, New York, Simon & Schuster and Prentice Hall International. vol. II, 1995.
CAMPILONGO, Celso Fernandes. "O trabalhador e o direito à saúde: a eficácia dos direitos sociais e o discurso neoliberal", em *Direito, cidadania e justiça: ensaios sobre lógica, interpretação, teoria sociológica e filosofia jurídica,* coord. Beatriz di Giorgi, Celso Fernandes Campilongo e Flávia Piovesan. São Paulo: Revista dos Tribunais, 1995.
CANCLINI, Néstor García. Culturas híbridas: estratégias para entrar e sair da modernidade. 4. ed. São Paulo: EDUSP, 2003.
CASTILLO, Monique. La Responsabilité des Modernes.Essai sur l'universalisme kantien. Paris : Éditions Kimé, 2007.
CHARLESWORTH, Max. *Bioethics in a Liberal Society,* Cambridge: University Press, 1993.
CHOMSKY, Noam ; FOUCAULT, Michel. *Sur la Nature Humaine.* Bruxelles: Editions Aden, 2006.
CHRISTIN, Olivier (1997). La Paix de Religion, l'autonomisation de la raison politique au XVI e. siécle. Paris: Seuil, 1997.
COMPARATO, Fabio Konder. *Afirmação Histórica dos Direitos Humanos.* São Paulo: Saraiva, 1999.
CONNILL SANCHO, Jesus. *Ética Hermenêutica.* Madrid: Tecnos, 2006.
CORTINA, Adela. Ciudadanos del Mundo: hacia une teoria de la ciudadanía. Madrid: Alianza Editorial, 1998.
CORWIN, Edward S. The "Higher Law" Background of the American Constitution. Indianapolis: Liberty Fund, 2008.
COSTA DOUZINAS. *O Fim dos Direitos Humanos.* Trad. Luzia Araujo. São Leopoldo: Editora Unisinos, 2009.
DAHRENDORF, Kalf. *O Conflito Social Moderno.* Rio de Janeiro: Zahar Editores/Edusp, 1992.
DELMAS-MARTY, Mireille. *Pour un droit comum.* Paris: Seuil, 1994.
——. *Vers un droit commun de l'humanité ?* Rio de Janeiro: Conjunto Universitário Cândido Mendes, mmo, 1997.
——. "Le Paradoxe Penal" in *Libertés et droits fundamentaux.* Sous la direction de DELMAS-MARTY, Mireille et LEYSSAC, Claude Lucas de. Paris: Éditions du Seuil, 1996.
DIAZ, Elias. *Estado de Derecho y Sociedad Democrática.* Madrid: Editorial Cuadernos para El Dialogo, 1975.
DIGESTO DE JUSTINIANO, Livro I, Título I, 1.
DOMENACH, Jean-Marie. *La Responsabilité.* Paris: Hairiwe, 1994.
DURKHEIM, Émile. *Da divisão do trabalho social.* 2. ed. São Paulo: Martins Fontes, 1999.
DUTRA, D. J. V. Razão e consenso em Habermas: teoria discursiva da verdade, da moral, do direito e da biotecnologia. 2. ed. Florianópolis: UFSC, 2005.

DWORKIN, Ronald. *Taking rights seriously*. Cambridge: Harvard University Press, 1977.

——. "Judicial Discretion", In: *Journal of Philosophy* 60, 1963.

——. "Law, Philosophy and Interpretation", In: *Archiv fur Rechts-und- Sozialphilosophie*, vol. 80, 4. Quartal, 1994.

——. *A virtude soberana: a teoria e a prática da igualdade*. São Paulo: Martins Fontes, 2005.

——. *Life's Dominion*.New York: Alfred A. Knopf, 1996.

——. *Sovereign Virtue*. Cambridge: Harvard University Press, 2000.

——. *Ética privada e igualitarismo político*. Barcelona: Paidós, 1993.

——. *Freedom's law*. Cambridge: Harvard University Press, 1996.

——. *Law's Empire*. Cambridge: Harvard University Press, 1995.

EDELMAN, Bernard. *La personne en danger*. Paris: Presses Universitaires de France, 1999.

EISLER, Rudolf. *Kant-Lexikon*. Trad. Anne-Dominique Balmés et Pierre Osmo. Paris: Gallimard, 1994.

ELLUL, Jacques. *A técnica e o desafio do século*. Rio de Janeiro: Paz e Terra, 1968.

ENGELHARDT, H. Tristram. *The Foundations of Bioethics*, New York, Oxford University Press, 1996.

EWALD, François. "Pour un positivisme critique: Michel Foucault et la philosophie du droit", In: *Droits*, n° 3., 1986.

——. *Histoire de l'Ëtat Providence*. Paris: Grasset, 1996.

FABRE-MAGNAN, Muriel. "Dignité Humaine", in *Dictionnaire des Droits de l'Homme*. Orgs. Andriantsimbazovina ; Gaudin Helene ; Marguénaud, Jean-Pierre ; Rials, Stéphane ; Sudre Frédéric. Paris: PUF, 2008.

FACHIN, Luiz Edson. *Teoria Crítica do Direito Civil*. Rio de Janeiro: Editora Renovar, 2003.

FAGOT-LARGEAULT, Anne. "Problèmes d'ethique médicale posés par de nouvelles techniques thérapeutiques: greffes d'organes, des tissus et de cellules", em Pierre Livet, (éd.), *L'Ethique à la croisée des savoirs*, Paris, J. Vrin, 1996.

FAGOT-LARGEAULT, Anne et PARSEVAL, Geneviève Delaisi de. (1989). "Qu'est-ce qu'un embryon?", in *Esprit*, juin., p. 92.

FAGUNDES, Seabra. *O controle dos atos administrativos pelo poder judiciário*. Rio de Janeiro: José Kofino Editor, 1991.

FELDHAUS, Charles. O futuro da natureza humana de Jürgen Habermas: um comentário. Ethic@, (4): 309-319, 2005.

——. "Habermas, ética da espécie e seus críticos, *Princípios*, (15): 99-127, 2007.

FERNANDEZ, Eusebio. *Teoria de la Justicia y Derechos Humanos*. Madrid: Editorial Debate, 1987.

FERRAJOLI, Luigi. *Derecho y razón: Teoría del garantismo penal*. Madrid: Editorial Trotta, 1995.

FERRY, Luc. *A Sabedoria dos Mitos Gregos- Aprender a Viver II.* Trad. Jorge Bastos. Rio de Janeiro: Editora Objetiva, 2009.

FICHTE, Johann Gottlieb. *Fundamento Del Derecho Natural*. Trad. José L. Villacañas Berlanga, Manuel Ramos Valera y Faustino Oncina Coves. Madrid: Centro de Estúdios Constitucionales, 1994.

FINNIS, John. *Natural Law and Natural Rights*. Oxford: Clarendon Press, 1989.

FITZPATRICK, Peter. *A Mitologia na Lei Moderna*. Trad. Nélio Schneider. São Leopoldo: Editora Unisinos, 2007.

FOUCAULT, Michel. *Power*. Ed. By Faubion, James d..Allen Lane. London: The Penguin Press, 2001.

GADAMER, Hans-Georg. *El estado oculto de la salud*, trad. Nélida Machain, Barcelona, Gedisa Editorial, 1996.

——. *Langage et Vérité*. Trad.Jean-Claude Gens.Paris: Éditions Gallimard, 1995.

——. Vérité et Méthode. Trad. Pierre Fruchon. Paris : Éditions du Seuil, 1996.

GALEOTTI, Anna Elisabetta. "Tólérance et justice sociale", em *Pluralisme et Équité*. Paris: Éditions Esprit, 1995.

GARAPON, Antoine. "Le droit, nouveau langage de la tolérance". In: *Diogène*, 176, oct.-dec., 1996.

GERNET, Louis. *Droit et Institutions en Grèce Antique*. Paris: Flammarion, 1982.

GIACOIA JUNIOR, Oswaldo. "Livre arbítrio e responsabilidade", *Filosofia UNISINOS*, vol. 8, n.1, janeiro/abril, 2007.

GOMES, Luiz Roldão de Freitas. *Elementos de Responsabilidade Civil*, Rio de Janeiro: Renovar, 2000

GOYARD-FABRE, Simone. "Responsabilité morale et responsabilité juridique selon Kant", In : *Archives de Philosophie du Droit*, 1977.

GRAU, Eros Roberto. *Ensaio e Discurso sobre a Interpretação/ Aplicação do Direito*. 2. ed. São Paulo: Malheiros, 2003.

GRAY, John. *Falso Amanhecer, os equívocos do capitalismo global*. Rio de Janeiro/ Trad. São Paulo: Record, 1999.

GROTIUS, Hugo. *Del Derecho de la Guerra y de la Paz*. Trad.Jaime Torrubiano Rippoll. Madrid: Editorial Réus, 1925.

GUARDIOLA-RIVERA, Oscar. *Being against the World. Rebellion and Constitution*. Oxon: Birkbeck Law Press, 2009.

GUEST, Stephen. *Ronald Dworkin*. 2nd. edition. Edinburgh: Edinburgh University Press, 1997.

HABERMAS, Jürgen. *A Constelação pós-nacional: ensaios políticos*. Tradução de Márcio Seligmann-Silva. São Paulo: Littera Mundi, 2001.

——. *Direito e Democracia, entre facticidade e validade*. Trad. Flávio Beno Siebeneichler. Rio de Janeiro: Tempo Brasileiro, 1997.

——. *Droit et Démocratie, entre faits et norms* Trad. Reiner Rochlitz. Paris : Gallimard, 1997

——. *L'intégration républicaine*. Trad. Rainer Rochlitz. Paris: Fayard, 1999.

——. *La Paix Perpétuelle*. Trad. Rainer Rochlitz. Paris: Cerf, 1996.

——. *Mudança Estrutural da Espera Pública*. Trad. Flávio R. Kothe. Rio de Janeiro: Tempo Brasileiro, 1984.

——. *O Futuro da natureza humana: a caminho de uma eugenia liberal?* Trad. Karina Janinni. São Paulo: Martins Fontes, 2004.

——. "Struggles for Recognition in the Democratic Constitucional State". In: TAYLOR, Charles, *Multiculturalism*. Princeton: Princeton University Press, 1994.

——. *De l'éthique de la discussion*. Paris: Cerf, 1992.

HADOT, Pierre. *O véu de Ísis: ensaio sobre a história da ideia de natureza*. São Paulo: Loyola, 2006.

HALLOWELL, John H. *The moral foundation of democracy*. Indianápolis: Liberty Fund, 2007.

HART, H. L. A. *The Concept of Law*. Oxford: Clarendon Press, 1972.

——. *Punishment and Responsibility*. Oxford: Clarendon Press, 1970.

——. *Law, Legislation and Liberty*. Vol. 3. London: Routledge & Kegan Paul, 1979.

HECK, José Nicolau. *Eugenia Negativa/Positiva*: o suposto colapso da natureza em J. Habermas. Veritas, (51): 42-55.

HEGEL, G. W. F. *Estética*. Trad. R. Gabás. Barcelona: Ediciones Península, 1991.

——. *Principes de la philosophie du droit*. Trad. par André Kaan. Paris: Galimard, 1968.

HEGEL, G. W. F. *Filosofia do Direito*. trad. Paulo Meneses, Agemir Bavaresco, Alfredo Moraes, Danilo Vaz-Curado R. M. Costa, Greice Ane Barbieri e Paulo Roberto Konzen, 2010.

HELD, David. "Democracy and Globalization". In: Archibugi, Danielle, Held, David & Köhler, Martin (edits.). *Re-imagining Political Community*. Stanford: Stanford University Press, 1998.

HERRERO, Javier Francisco. *Religião e História em Kant*. São Paulo: Loyola, 1991.

HOBBES, Thomas. *Do Cidadão*. Trad. Renato Janine Ribeiro. São Paulo: Martins Fontes, 1998.

——. *Leviathan*. Ed. C.B. Macpherson. Penguin Books, 1968.

HÖFFE, Otfried. *Introduction a la Philosophie Pratique de Kant. La morale, le droit et la religion*. Trad. François Rüegg e Stéphane Gillioz. Albeuve. Suisse: Éditions Castella, 1985.

——. *L'État et la Justice*. Paris: Vrin, 1998.

——. *Immanuel Kant*. Trad. Marshall Farrier. New York : State University of New York Press, 1994.

——. *Introduction a la Philosophie Pratique de Kant. La morale, le droit et la religion*. Trad. François Rüegg et de Stéphane Gillioz. Albeuve: Éditions Castella, 1985.

——. *Principes du Droit*. Trad. Jean-Christophe Merle. Paris: Cerf, 1993.

——. *Derecho Intercultural*. Trad. Rafeal Sevilla. Barcelona : Gedisa Editorial, 2000.

——. *Justiça Política*. Trad. Ernildo Stein. São Paulo: Martins Fontes, 2001.

HOTTOIS, Gilbert. "Introduction", em Gilbert Hotois (éd.), *Aux fondements d'une éthique contemporaine*, H.Jonas et H.T. Engelhardt, Paris, J. Vrin, 1993.

——. *El paradigma bioético: una ética para la tecnociencia*. Barcelona: Anthropos Editorial, 1999.

——. *El paradigma bioético*: una ética para la tecnociencia. Barcelona: Anthropos, 1999.

——. *Essais de philosophie bioéthique et biopolitique*, Paris, J.Vrin, 1999.

HUSSON, Leon. *Les Transformations de la Responsabilité*. Paris: PUF, 1947.

JELLINEK, Georg. *La Declaracion de los Derechos del Hombre y del Ciudadano*. Trad. Adolfo Posada. Madrid: Libreria General de Victoriano Suárez, 1908.

——. *Teoria General del Estado*. Buenos Aires: Editorial Albatros, 1970.

JONAS, Hans. *Pour une éthique du futur*, trad. Sabine Cornille et Philippe Ivernel, Paris, Editions Payot, 1998.

——. *Philosophical Essays*, Chicago, The University of Chicago Press, 1980

JONAS, Hans. *Le Príncipe Responsabilité*. Trad.Jean Gresch. Paris: Les Éditions du Cerf, 1996.

——. *Évolution et Liberté*. Trad. Sabine Cornille e Philippe Ivernel. Paris: Payot & Rivages, 2000.

——. *O Princípio Vida*. Trad. Carlos Almeida Pereira. Petrópolis: Vozes, 2004.

———. Técnica, medicina y ética: sobre la práctica del principio de responsabilidad. Trad. Carlos Fortea Gil. Barcelona: Paidós, 1997.
JULIEN, François. *O Diálogo entre as Culturas. Do universal ao multiculturalismo*. Trad. André Telles. Rio de Janeiro: Jorge Zahar Editor, 2009.
JUNGES, José Roque. *Bioética, perspectivas e desafios*. São Leopoldo: Editora Unisinos, 1999.
———. *Bioética, hermenêutica e casuística*. São Paulo: Edições Loyola, 2006.
KANT, Immanuel. "Perpetual Peace: a philosophical sketch", em *Kant's Political Writings*, ed. Hans Reiss, trad. H.B. Nisbet, Cambridge, Cambridge University Press, 1970.
———. *Crítica da Razão Prática*. Trad. Artur Morão. Lisboa. Edições 70, 1989.
———. *Métaphisique des Moeurs. Doctrine du Droit*. Traduction par Philonenko, A. Paris: Librairie Philosophique J. VRIN, 1971.
———. *La Religion dans les limites de la simple raison*. Traduction par J.Gibelin .Paris: Librairie Philosophique J. VRIN, 1996.
———. *Idéia de uma história universal de um ponto de vista cosmopolita*, trad. Rodrigo Naves e Ricardo R. Terra, São Paulo, Editora Brasiliense, 1986.
———. Qu'est-ce que les Lumières?, In : *Aufklärung. Les Lumières allemandes*. Textes et commentaires par Gerard Raulet. Paris: GF-Flamarion, 1995.
———. *Crítica da Razão Prática*. Trad. Artur Morão. Lisboa: Edições 70, 2004.
———. *Critique de la Raison Pure*. Trad. A. Tremesaygues et B.Pacaud. Paris: Libririe Félix Alcan, 1927.
———. *Doctrine de la Vertu*. Trad. A.Philonenko. Paris: Librairie Philosophique J.VRIN, 1985.
———. *Fundamentação da Metafísica dos Costumes*. Trad. Guido Antônio de Almeida. São Paulo: Discurso Editorial e Editora Barcarolla, 2009.
———. *Kant's Political Writings*. Ed. Hans Reiss. Cambridge: Cambridge University Press, 1970.
———. *Leçons d'Éthique*. Trad. Par Luc Langlois. Paris: Le Livre de Poche, 1997.
———. *A Metafísica dos Costumes*. A Doutrina do Direito. Trad. BINI, EDSON. São Paulo: Edipro, 2008.
———. *The Moral Law. Kant's Groundwork of the Metaphusic of Morals*. Trad. H. J. Paton. London and New York: Routledge, 1991.
KELSEN, Hans. "Juristischer Formalismus und reine Rechtslehre", *apud* Olivier Jouanjan, "Presentation", em Friedrich Müller, *Discours de la Méthode Juridique*. Paris: Presses Universitaires de France, 1996.
———. "Justicia y Derecho Natural', In: *Crítica del Derecho Natural*. Introdução e tradução de Elias Diaz. Madrid: Taurus, 1966.
———. *Algemeine Staatslehre*, *apud* Strauss, Leo *Droit Naturel et Histoire*. Trad. Monique Nathan e Eric de Dampierre. Paris: Librairie Plon, 1954.
———. *General Theory of Law and State*. Trad. Anders Wedberg. Cambridge : Harvard University Press, 1954.
———. *The Pure Theory of Law*. Transl. by Max Knight. Berkeley: University of California Press, 1970.
———. *Teoria Pura do Direito*. Trad. João Baptista Machado. São Paulo: editora Martins Fontes, 1987.
KERCHOVE, Michel van de. "Penal, Ética", in *Dicionário de Ética e Filosofia Moral*. Organizadora, CANTO-SPERBER, Monique. São Leopoldo: Editora UNISINOS, 2003.
KIERKEGAARD, Søren. *L'Alternative*. *In*: Oeuvres complètes. Paris: Éditions de L'Orante, 1970.
———. *La maladie e La morte*. *In*: Oeuvres complètes. Paris: Éditions de L'Orante, 1970.
KLEIN, Zivia. La notion de dignité humaine dans la pensée de Kant et de Pascal. Paris : Librairie Philosophique J. VRIN, 1968.
KORNSTEIN, Daniel J. *Kill all the Lawyers? Shakespeare's legal appeal*. Princeton: Princeton University Press, 1995.
KRELL, Andréas. "Controle judicial dos serviços públicos básicos na base dos direitos fundamentais sociais", em *A Constituição Concretizada*. Porto Alegre: Livraria do Advogado Editora, 2000.
———. Direitos Sociais e Controle Judicial no Brasil e na Alemanha, Porto Alegre, Sérgio Antônio Fabris Editor. 2002.
LABROUSSE, Elizabeth. *Pierre Bayle*. Paris: Albin Michel. 1996.
LADRIÈRE, Jean. *L'Éthique dans l'Univers de la Rationalité*. Québec: Éditions Fides, 1997.
LAFER, Celso. *A Reconstrução dos Direitos Humanos*. São Paulo: Companhia das Letras, 1991.
LEGENDRE, Pierre. *Sur la question dogmatique en Occident*. Paris: Fayard, 1999.
LEPARGNEUR, Hubert. "Força e Fraqueza dos Princípios da Bioética", em *Bioética*, vol. 4, n° 2, 1996.
LEVINAS, E. *Outside the Subject*. Trad. Michael B. Smith. London: The Athlone Press, 1993.
LÉVI-STRAUSS, C. "Mito", in *Enciclopédia di Filosofia*. Consultor geral Gianni Vattimo. Garzanti Editore: Milão, 2003.
LIMA VAZ, Henrique de Lima. "Presença de Tomás de Aquino no Horizonte Filosófico do Século XXI", em *Síntese, Nova Fase*, v. 25, n. 80, 1998.

——. *Escritos de Filosofia IV, Introdução à Ética 1*, Belo Horizonte, Edições Loyola, 1999.
LIMA VAZ, Henrique. "Democracia e Dignidade Humana", *Síntese*, n. 44, 1988.
LOCKE, John. *Carta sobre a Tolerância*. Trad. João da Silva Gama. Lisboa: Edições 70, 1987.
MACEDO, Stephen. *Liberal Virtues*. Oxford: Clarendon Press, 1991.
MACPHERSON, C. B. *The Political Theory of Possessive Individualism*. London: Oxford University Press, 1962.
MAILLARD, Jean de; MAILLARD, Camille de. *La Responsabilité Juridique* , Paris, Flamarion, 1999.
MAITLAND, F. W. *The Constitutional History of England*. Ed. H. A. L. Fisher. Cambridge: Cambridge University Press, 1963.
MARCUSE, Herbert. *A Critique of Pure Tolerance*. London: Jonathan Cape, 1969.
MARITAIN, Jacques. "Introdução", In: *Los Derechos del Hombre*. Barcelona: Editorial Laia, 1976.
——. *Les Droits de L'Homme et la Loi Naturel*. Paris: Paul Hartmann Éditeur, 1947.
MARSHALL, T. H. *Cidadania, Classe Social e Status*. Rio de Janeiro: Zahar Editores, 1992.
MARTINS-COSTA, Judith (Coord.). *Bioética e responsabilidade*. Rio de Janeiro: Forense, 2009.
MELKEVIK, Bjarne. *Horizons de la Philosophie du Droit*. Paris/ Montreal: L'Harmattan / Les Presses de L'Université Laval, 1998.
MELLO, Celso D. de Albuquerque. *Direitos Humanos e Conflitos Armados*. Rio de Janeiro: Editora Renovar, 1997.
MENDUS, Susan. *Toleration and the Limits of Liberalism*. Atlantic Highlands: Humanities Press International, 1989.
MILL, John Stuart. *On LIberty*. Ed. Gertrud Himmelfarb. Harmondsworth, Penguin, 1978.
MOBERLY, Sir Walter. *The Ethics of Punishment*. London: Faber and Faber, 1968.
MOREIRA NETO, Diogo de Figueiredo. *Direito da Participação Política*. Rio de Janeiro: Renovar, 1992.
MORIN, Edgar. *Ciência com consciência*. 2.ed. Rio de Janeiro: Bertrand Brasil, 1998.
MUELLER-VOLLMER, Kurt. "Introduction". In: *The Hermeneutics Reader*. Edited by Kurt Mueller-Vollmer. New York: Continuum, 1997.
MUÑOZ, Emílio. "Biopolítica", in: HOTTOIS, Gilbert; MISSA, Jean-Noël. *Nova enciclopédia da bioética*. Lisboa: Instituto Piaget.
NEIMAN, Susan. *O Mal no Pensamento Moderno* . trad. Fernanda Abreu. Rio de Janeiro: DIFEL, 2003.
NEUBERG, Marc. Responsabilité. In : *Dictionnaire d'éthique et de philosophie morale,* sous la direction de Monique Canto-Sperber. Paris: PUF, 2003.
NEVES, Marcelo. Legalismo e impunidade: intolerância e permissividade jurídicas na América Latina. Rio de Janeiro, UNESCO/ UFRJ, mmo, 1994.
NIETZSCHE, Friedrich. *Escritos sobre Direitos*.Trad. Noéli Correia de Melo Sobrinho. Rio de Janeiro:Editora PUC e Edições Loyola, 2009.
——. *Genealogia da Moral,* trad. Paulo César de Souza. São Paulo, Companhia das Letras, 2005.
NINO, Carlos S. *Ética e Direitos Humanos Derechos Humanos*. Trad. Nélio Schneider.São Leopoldo: Editora Unisinos, 2011.
NOZICK, Robert. *Anarchy, State, and Utopia*. Oxford: Basil Blackwell, 1974.
NUSSBAUM, Martha C. *Frontiers of Justice*. Cambridge, Massachusetts. Harvard University Press, 2006.
——. *The Fragility of Goodness*. Cambridge: Cambridge University Press, 1995.
O'NEILL, Onora. *Em direção à justiça e à virtude* trad. Leila Mendes. São Leopoldo: Editora UNISINOS, 2006.
——. *Autonomy and Trust in Bioethics*. Cambridge: Cambridge University Press, 2004.
OST, François. *Contar a Lei – as fontes do imaginário jurídico*. Trad. Paulo Neves. São Leopoldo: Editora UNISINOS, 2005.
—— ; KERCHOVE, Michel van de. *De la pyramide au réseau?* Bruxelles: Publications des Facultés Universitaires Saint- Louis, 2002.
PAINE, Thomas. *The Rights of Man*. New York: Dolphin Books, 1961.
PARAMO, Juan Ramón. *Tolerancia y Liberalismo*. Madrid: Centro de Estúdios Constitucionales, 1993.
PAREKH, Bhikhu. "Non-ethnocentric universalism", In: *Human Rights in Global Politics,* ed. Tim Dunne and Nicholas J. Wheeler. Cambridge: University Press, Cambridge, 1999.
PARIZEAU, M. H. *"Bioéthique",* em *Dictionnaire d'Éthique et de Philosophie Morale*, dir. Monique Canto-Sperber, Paris, PUF, 1996.
PERELMAN, Chaïm. *Ética e Direito*. São Paulo: Martins Fontes, 1996.
PERINE, Marcelo. *Eric Weil e a compreensão do nosso tempo*. São Paulo: Edições Loyola, 2004.
PERLINGIERI, Pietro. *Perfis do Direito Civil*. Trad. Maria Cristina de Cicco. Rio de Janeiro: Renovar, 1997.
PERRY, Michael. *The Idea of Human Rights*. Oxford: Oxford University Press, 1998.

――. *Toward a theory of human rights*. Cambridge: Cambridge University Press, 2007.
PICO DELLA MIRANDOLA, Giovanni. *Discurso sobre a Dignidade do Homem*. Trad. Maria de Lurdes Sigardo Ganho. Lisboa: Edições 70, 1989.
PLATÃO. *Oeuvres Completes*. Traduction par Leon Robin. Paris: Plêiade, 1955.
POLANYI, Karl. *The Great Transformation*. New York: Octagon Books, 1975.
PUFENDORF, Samuel. *On the Duty of Man and Citizen According to Natural Law*. Ed. James Tulle e trad. Michael Silverthorne. Cambridge: Cambridge University Press, 1991.
RAWLS, John. *A Theory of Justice*. Massachusetts: Harvard University Press, 1972.
――. *Le Droit des Gens*. Trad. Bertrand Guillaume. Paris: Editions Esprit, 1996.
――. *Political Liberalism*. New York: Columbia University Press, 1993.
RAZ, Joseph. *The Morality of Freedom*. Oxford: Clarendon Press, 1990.
REINHARDT, Karl. *Sófocles*. Trad. Oliver Tolle. Brasília: UnB, 2007.
RENAUT, Alain. L'Ère de l'individu. Paris: Gallimard, 1989.
―― ; SOSOE, Lukas. *Philosophie du Droit*. Paris : Presses Universitaires de France, 1991.
RIBEIRO, Luiz Antônio Cunha. "Responsabilidade", In: *Dicionário de Filosofia do Direito*. São Leopoldo/ Rio de Janeiro: Editora UNISINOS e Editora Renovar, 2006.
RICOEUR, Paul. *Em torno do político*. Trad. Marcelo Perine. São Paulo: Edições Loyola, 1991.
――. *Éthique et philosophie de da biologie chez Hans Jonas*, in Lectures 2. La contrée des philosophes. Paris: Le Seuil, 1999.
――. *Le Juste*. Paris: Éditions Esprit, 1995.
――. *Lectures 1*. Paris: Editions du Seuil, 1991.
ROBERTSON, R. "Globalization: Time-Space and Homogeneity- Heterogeneity". In: *M. Featherstone, S. Lash e R. Robertson* (edits.). *Global Modernities*. London: Sage, 1995.
ROMILLY, Jacqueline de. *La Loi dans la Pensée Grecque*. Paris : Les Belles Lettres, 2002.
ROMMEN, Heinrich A. *The State in Catholic Thought*. St. Louis: B. Herder Book Co, 1955.
ROSENFIELD, Kathrin H. "Getting Inside Sophocles Mind Through Hölderlin's Antígone", In: *New Literary History* 30. 1., 1999.
ROUSSEAU, Jean-Jacques. *Le Contrat Social*. Oeuvres Complètes, III. Paris: Bibliothèque de la Pléiade, 1970.
SARLET, Ingo Wolfgang. *A Eficácia dos Direitos Fundamentais*. Porto Alegre: Livraria do Advogado, 2001.
――. *Dignidade da Pessoa Humana e Direitos Fundamentais*. Porto Alegre: Livraria do Advogado, 2001.
SHAKESPEARE. *2 Henrique VI*, IV, 2. in *The Complete Works of Wiliam Shakespeare*, ed. Farquson Johnson. Cleveland / New York: The World Syndicate Publishing Company, 1933.
SÓFOCLES. *Antígona*. Trad. Millor Fernandes. São Paulo: Paz e Terra, 2005.
SOLOVIEV,Vladimir. *La Justification du Bien*. Trad. par T. D. M. Genève: Editions Slatkine, 1997.
STEIN, Ernildo. *Pensar é pensar a diferença*: filosofia e conhecimento empírico. Ijuí: Editora Unijuí, 2002.
STRAUSS, Leo. *Droit Naturel et Histoire*. Trad. Monique Nathan e Eric Dampierre. Paris: Librairie Plon, 1954.
STRECK, Lenio Luiz. *Jurisdição Constitucional e Hermenêutica*. 2. ed. Porto Alegre: Livraria do Advogado Editora. 2004.
――. *Hermenêutica Jurídica e (em) crise*, 2. ed. Porto Alegre, Livraria do Advogado, 2000.
TATTERSALL, Ian. *L'émergence de l'homme*, Paris, Gallimard, 1999.
TAYLOR, Charles. *Multiculturalism*. Princeton: Princeton University Press, 1994.
TEPEDINO, Gustavo. *Temas de Direito Civil*. Rio de Janeiro: Renovar, 1999.
TODOROV, Tzvetan. *A Conquista da América*. Trad. Beatriz Perrone Moises. São Paulo: Martins Fontes, 1999.
TOMÁS DE AQUINO. *Suma Teológica*, ed.bras. coordenação geral: Carlos-Josaphat Pinto de Oliveira, OP. 2. ed. São Paulo: Edições Loyola, 2003.
TORRES, Ricardo Lobo. "A cidadania multidimensional na era dos direitos", In: *Teoria dos Direitos Fundamentais*, org. Ricardo Lobo Torres. Rio de Janeiro: Renovar, 1999.
――. *Os Direitos Humanos e a Tributação*. Rio de Janeiro: Editora Renovar, 1995.
TROPER, Michel. *Pour une Théorie Juridique de l'État*. Paris: Presses Universitaires de France, 1994.
TUCIDIDES. *La Guerre du Péloponèse*. Paris: Éditions Gallimard, Plêiade, 1964.
VALLS, A. L. M. *Habermas e o futuro do gênero humano; Genética e Biossegurança*, Manuscrito da palestra proferida em 06 de outubro de 2005 no IV Bioética Sul, realizado na Pontifícia Universidade Católica do Rio Grande do Sul (PUC/RS), 2005.
VITORIA, FRANCISCO DE. *Relecciones de Índios y del Derecho de la Guerra*. Trad. Marques de Olivart. Madrid: Espasa- Calpe, 1928.

VOLTAIRE. *Tratado sobre a Tolerância*. Trad. Paulo Neves. São Paulo: Martins Fontes, 1993.

WALKER, Graham. *Moral Foundations of Constitutional Thought*. Princeton, Princeton: University Press, 1990.

——. *Cosmopolitan meta-constitutionalism*. XIX World Congress on Philosophy of Law and Social Philosophy – IVR: New York, mimeo, 1999.

WALZER, Michael. *Thick and Thin*. Notre Dame/London: University of Notre Dame Press, 1994.

WEBER, Max. *Le Savant et le Politique*. Trad..Julien Freund. Paris: Librairie Plon, 1959.

——. *Economia y Sociedad*. México: Fondo de Cultura Econômica, 1944.

Wilkie, Tom. *Projeto Genoma Humano*, Rio de Janeiro, Jorge Zahar Editor, 1994

WILLIAMS, Bernard. *Ethics and the Limits of Philosophy*, Cambridge, Massachusetts, Harvard University Press, 1985.

WILSON, William. "What's wrong with murder?" in *Criminal Law and Philosophy*. Volume 1, No. 2., 2007.

WOLFF, Robert Paul. "Beyond Tolerance". In: Wolff, Robert Paul, Barrington Moore Jr. e Marcuse, Herbert. *A Critique of Pure Tolerance*. London: Jonathan Cape, 1969.

ZAFFARONI, Eugenio Raúl. *Em busca das penas perdidas* – a perda de legitimidade do sistema penal. Rio de Janeiro: Revan, 1991.

Impressão:
Evangraf
Rua Waldomiro Schapke, 77 - POA/RS
Fone: (51) 3336.2466 - (51) 3336.0422
E-mail: evangraf.adm@terra.com.br